Les 46 Présidents des États-Unis

Leur histoire, leur réussite et leur héritage - Édition augmentée (livre de l'Histoire américaine pour les jeunes, les adolescents et les adultes)

Par Student Press Books

Table des matières

Table des matières 2

Introduction 5

Votre cadeau 6

1. George Washington (1789-1797) 7

2. John Adams (1797-1801) 21

3. Thomas Jefferson (1801-1809) 31

4. James Madison (1809-1817) 49

5. James Monroe (1817-1825) 65

6. John Quincy Adams (1825-1892) 81

7. Andrew Jackson (1829-1837) 96

8. Martin Van Buren (1837-1841) 116

9. William Henry Harrison (1841-1841) 128

10. John Tyler (1841-1845) 133

11. James K. Polk (1845-1849) 138

12. Zachary Taylor (1849-1850) 144

13. Millard Fillmore (1850-1853) 150

14. Franklin Pierce (1853-1857) 155

15. James Buchanan (1857-1861) 159

16. Abraham Lincoln (1861-1865) 165

17. Andrew Johnson (1865-1869) 193

18. Ulysses S. Grant (1869-1877) 199

19. Rutherford B. Hayes (1877-1881) 211

20. James A. Garfield (1881-1881) 221

21. Chester A. Arthur (1881-1885) 229

22. & 24. Grover Cleveland (1885-1889, 1893-1897) 238

23. Benjamin Harrison (1889-1893) 246

25. William McKinley (1897-1901) 253

26. Theodore Roosevelt (1901-1909) 264

27. William Howard Taft (1909-1913) 279

28. Woodrow Wilson (1913-1921) 289

29. Warren G. Harding (1921-1923) 303

30. Calvin Coolidge (1923-1929) 312

31. Herbert Hoover (1929-1933) 319

32. Franklin D. Roosevelt (1933-1945) 333

33. Harry S. Truman (1945-1953) 374

34. Dwight D. Eisenhower (1953-1961) 388

35. John F. Kennedy (1961-1963) 405

36. Lyndon B. Johnson (1963-1969) 421

37. Richard Nixon (1969-1974) 436

38. Gerald Ford (1974-1977) 456

39. Jimmy Carter (1977-1981) 470

40. Ronald Reagan (1981-1989) 485

41. George H. W. Bush (1989-1993) 496

42. Bill Clinton (1993-2001) 504

43. George W. Bush (2001-2009) 514

44. Barack Obama (2009-2017) 528

45. Donald Trump (2017-2021) 543

46. Joe Biden (2021-maintenant) 563

Votre cadeau 568

Livres de la presse étudiante 569

Conclusion 575

Introduction

Rencontrez les 46 présidents des États-Unis d'Amérique — biographies pour les 12 ans et plus.

Il s'agit de l'édition étendue, qui comprend les profils complets de chaque président : 600 pages au total !

Bienvenue dans la série des Dirigeants du monde. Ce livre vous présente les 46 présidents des États-Unis d'Amérique. Lisez les biographies inspirantes de tous ces hommes courageux qui ont osé diriger l'Amérique !

Ce livre, factuel et informatif, vous présente les traits les plus importants des présidents américains, leur décision de se présenter aux élections, leurs succès et leurs échecs.

Ce livre vous apprendra tout sur les présidents américains, y compris leurs histoires et leurs grandes réalisations, de George Washington à Joe Biden. Vous apprendrez également quelques anecdotes peu connues à leur sujet !

Vous allez adorer apprendre à connaître ces hommes courageux qui ont osé être Président des États-Unis.

Ce livre de la série Dirigeants du monde re**couvre :**

- Des biographies fascinantes — Découvrez la vie des 46 présidents américains et leurs réalisations.
- Des portraits vivants — Faites vivre ou revivre ces présidents américains grâce à des illustrations attrayantes.

À propos de la série : La **série** Leaders du monde de **Student Press Books** présente des perspectives nouvelles sur les présidents américains, qui inviteront les jeunes lecteurs à réfléchir à leur place dans la société, et à s'informer sur la politique et son histoire.

Les 46 Présidents des États-Unis va plus loin que les autres livres de biographies et met en lumière des informations que les autres laissent de côté. Quel sera votre président américain préféré ?

Votre cadeau

Vous avez un livre dans les mains.

Ce n'est pas n'importe quel livre, c'est un livre de Student Press Books ! Nous écrivons sur les héros noirs, les femmes qui prennent le pouvoir, la mythologie, la philosophie, l'histoire et d'autres sujets intéressants !

Puisque vous avez acheté un livre, nous voulons que vous en ayez un autre gratuitement.

Tout ce dont vous avez besoin, c'est d'une adresse électronique et de la possibilité de vous abonner à notre newsletter (ce qui signifie que vous pouvez vous désabonner à tout moment).

Alors, qu'attendez-vous ? Inscrivez-vous dès aujourd'hui et recevez votre livre gratuit instantanément ! Tout ce que vous avez à faire est de visiter le lien ci-dessous et d'entrer votre adresse e-mail. Vous recevrez immédiatement le lien pour télécharger la version PDF du livre afin de pouvoir le lire hors ligne à tout moment.

Et ne vous inquiétez pas, il n'y a pas d'attrape ou de frais cachés, juste un bon vieux cadeau de notre part ici à Student Press Books.

Visitez ce lien dès maintenant et inscrivez-vous pour recevoir votre exemplaire gratuit de l'un de nos livres !

Lien : https://campsite.bio/studentpressbooks

1. George Washington (1789-1797)

Parti non affilié | Vice-président : John Adams

"Il vaut mieux être seul qu'en mauvaise compagnie."

De nombreux présidents des États-Unis ont été honorés pour leurs grandes réalisations, et les réalisations de George Washington l'ont distingué comme le Père de son pays. Washington a été commandant en chef de l'armée continentale pendant la Révolution américaine, président de la convention qui a rédigé la Constitution des États-Unis et premier président des États-Unis.

Washington a dirigé le peuple qui a transformé les États-Unis d'une colonie britannique en une nation autonome. Ses idéaux de liberté et de démocratie ont servi de modèle aux futurs présidents et au pays tout entier.

La première vie de George Washington

En 1657, John Washington, l'arrière-grand-père de George Washington, est arrivé d'Angleterre en Virginie. Il obtient une concession de 61 hectares dans le comté de Westmoreland, sur le fleuve Potomac. Il a rapidement vu un avenir dans les régions sauvages en amont de la rivière. En 1674, John obtient une deuxième concession de 2 023 hectares à environ 24 kilomètres au sud de l'actuelle ville de Washington, où il établit la plantation Wakefield pour sa famille.

Le petit-fils de John, Augustine Washington, était également un propriétaire terrien prospère. Augustine gérait des fermes, des entreprises et des mines. Augustine a agrandi la plantation Wakefield jusqu'à ce qu'elle comprenne toute la péninsule entre Popes Creek et Bridges Creek, de petits cours d'eau se jetant dans le fleuve Potomac.

La première femme d'Augustin meurt en 1730, et l'année suivante, il épouse Mary Ball. Leur premier enfant, George Washington, est né le 22 février (11 février dans le calendrier de l'époque), 1732, sur la plantation Wakefield dans le comté de Westmoreland, en Virginie.

Le couple a eu cinq autres enfants : Elizabeth, Samuel, John Augustine, Charles et Mildred (qui est morte en bas âge). George avait également deux demi-frères plus âgés, Lawrence et Augustine, enfants du premier mariage d'Augustine.

En 1735, la famille Washington s'installe plus haut sur le Potomac, dans la plantation d'Epsewasson (Little Hunting Creek), nommée d'après le cours d'eau auquel elle fait face. Quelques années plus tard, ils s'installent à Ferry Farm, sur la rivière Rappahannock, en face de Fredericksburg, en Virginie. Ferry Farm est le cadre des aventures d'enfance de George décrites par Mason Locke Weems dans son livre The Life and Memorable Actions of George Washington (1800).

Selon Weems, George Washington a abattu un cerisier avec une hachette et l'a avoué plus tard à son père, déclarant qu'il ne savait pas mentir. Weems a également raconté comment George a jeté une pierre à travers la rivière Rappahannock, mais on ne sait pas si ces histoires sont basées sur des faits.

Le père de George meurt en 1743, et ses biens sont divisés entre ses héritiers les plus proches. La ferme Ferry est laissée à la mère de George, Mary Ball Washington. Le demi-frère de George, Lawrence, hérite d'Epsewasson, et son autre demi-frère, Augustine, hérite de Wakefield. Lawrence épouse Anne Fairfax, une voisine, et ajoute ses terres attenantes à la propriété d'Epsewasson. Washington rebaptise le domaine Mount Vernon, en l'honneur de l'amiral Edward Vernon, l'officier de marine britannique sous les ordres duquel il a servi dans les Antilles.

Après la mort de son père, George va vivre avec Augustine à Wakefield et fréquente l'école d'Henry Williams, l'une des meilleures écoles de Virginie. A l'âge de 15 ans, George est doué en mathématiques et en cartographie et s'intéresse à l'arpentage pratique.

En 1748, George Washington part vivre avec son autre demi-frère, Lawrence, à Mount Vernon. Il y rencontre Lord Thomas Fairfax, un cousin d'Anne Fairfax. Lord Fairfax possède plus de cinq millions d'acres (deux millions d'hectares) en Virginie, et il engage George pour l'aider à arpenter ses terres au-delà des Blue Ridge Mountains. L'arpentage est un travail difficile et dangereux, mais George s'adapte bien et excelle dans sa nouvelle profession.

Le 20 juillet 1749, grâce à l'influence de Lord Fairfax, George Washington est nommé arpenteur du comté de Culpeper, sa première fonction publique. Grâce à ses expériences en tant qu'arpenteur, Washington acquiert une meilleure connaissance de la terre et devient enthousiaste à l'idée de coloniser l'Ouest.

La guerre française et indienne sous la présidence de George Washington

Pendant les années où George Washington a vécu avec Lawrence et sa famille à Mount Vernon, Washington a entendu de nombreuses histoires sur les expériences de son frère dans la marine britannique. Ces récits ont inspiré Washington à poursuivre une carrière militaire. Lorsque Lawrence mourut en juillet 1752, Washington hérita de Mount Vernon, devenant ainsi propriétaire terrien. En novembre 1752, le lieutenant-gouverneur Robert Dinwiddie de Virginie nomma Washington adjudant, ou officier adjoint, pour le district sud de la Virginie.

L'année suivante, Dinwiddie fait de George Washington le major d'une milice de l'armée et l'envoie avec un message au commandant français du Fort Le Boeuf (aujourd'hui Waterford, Pennsylvanie). Le message exigeait que les Français abandonnent leurs forts sur le territoire britannique entre le lac Ontario et la rivière Ohio. Washington transmit le message et retourna en Virginie en janvier 1754 avec un rapport complet sur le plan de l'armée française pour prendre possession de la vallée de la rivière Ohio.

Après avoir étudié le rapport de Washington, Dinwiddie convainquit le gouvernement britannique que les Français représentaient une menace sérieuse pour les colonies britanniques. Le périlleux voyage de Washington avait duré 10 semaines, et par deux fois il avait failli perdre la vie. Une fois, un Amérindien lui a tiré dessus à bout portant ; quelques jours plus tard, Washington a été jeté d'un radeau dans un ruisseau rempli de glace.

En avril 1754, George Washington est nommé lieutenant-colonel de la milice. Il reçoit l'ordre de diriger près de 200 soldats pour prendre possession du fort Duquesne, situé dans la vallée de l'Ohio, au confluent des rivières Allegheny et Monongahela. Les Français avaient une forte emprise sur le fort Duquesne, et la petite milice de Washington n'était pas en mesure de prendre le fort. Il trouva une zone à proximité, à Great Meadows (aujourd'hui Confluence, Pennsylvanie) et construisit Fort Necessity pour son armée.

Le 28 mai 1754, les troupes de George Washington et leurs alliés amérindiens ont tendu une embuscade à un groupe d'éclaireurs français près de Fort Necessity et ont tué ou capturé tous les membres de ce groupe. Le commandant français, Coulon de Jumonville, a été tué lors de l'attaque, et cette rencontre a contribué au début de la guerre franco-indienne.

Les manœuvres habiles de George Washington lors de l'embuscade contre le groupe d'éclaireurs français sont reconnues par ses officiers supérieurs, et il est immédiatement promu colonel. On lui confie le commandement d'une petite armée composée de troupes de Virginie et de Caroline du Nord et d'alliés amérindiens. En juillet 1754, les troupes de Washington attaquent les forces françaises au fort Duquesne, mais les Français et les Amérindiens qui leur sont fidèles sont plus nombreux qu'eux et obligent Washington à se rendre. Les Français autorisèrent l'armée de Washington à retourner en Virginie après qu'il eut libéré les prisonniers de guerre français.

Malgré sa défaite, George Washington est félicité pour ses valeureux efforts contre les Français par la Chambre des Burgess de Virginie, l'assemblée représentative de la Virginie coloniale.

En février 1755, George Washington fut envoyé pour servir d'aide au major-général britannique Edward Braddock lors d'une autre offensive contre Fort Duquesne. Braddock reconnut et respecta le mérite et les capacités de leadership de Washington. Il permit à Washington de conseiller et d'exprimer ses opinions sur les stratégies militaires.

Le 9 juillet 1755, les forces françaises tendirent une embuscade aux forces de Braddock et les battirent, Braddock fut tué au cours de la bataille. Washington fit preuve d'initiative et de sang-froid lorsqu'il rassembla les troupes restantes et les ramena en Virginie.

En août 1755, le lieutenant-gouverneur Dinwiddie nomma Washington commandant de toutes les forces de la milice de Virginie. La Virginie étendit ses forces à 1 000 soldats, et Washington dirigea les patrouilles et la défense de toute la frontière occidentale de 640 kilomètres. En 1758, Washington accompagna le général britannique John Forbes et vainquit finalement les Français au fort Duquesne, qui fut réduit en cendres par les troupes françaises en retraite. Forbes établit Fort Pitt (aujourd'hui Pittsburgh, Pennsylvanie) sur le site, et George Washington démissionna de l'armée avec le rang honorifique de général de brigade. Alors qu'il participe à la campagne finale contre Fort Duquesne, Washington est élu à la Chambre des Burgess de Virginie.

George Washington entre en politique

Le 6 janvier 1759, George Washington épouse une jeune veuve, Martha Dandridge Custis. Martha avait deux enfants de son précédent mariage : un fils nommé John et une fille, Martha, qui était appelée Patsy. Le domaine des Custis s'étendait sur près de 6 000 hectares de terres près de Williamsburg, en Virginie. Dès son mariage, Washington supervisa à la fois le Mont Vernon et le domaine Custis, devenant ainsi l'un des propriétaires terriens les plus riches et les plus industrieux de Virginie.

En plus de l'agriculture, de la plantation et de l'industrie prospères sur ses domaines, Washington continue de servir à la Chambre des Burgess de Virginie. Pendant ses sessions, Washington assiste à des danses et des banquets organisés par d'autres membres de l'aristocratie de Virginie, et en retour, il organise des pique-niques et des dîners à Mount Vernon.

Après la fin de la guerre française et indienne en 1763, la Grande-Bretagne était endettée en raison des dépenses de guerre. Une armée britannique plus forte était nécessaire pour protéger les possessions britanniques accrues dans les colonies acquises pendant la guerre. Le Parlement, l'organe législatif du gouvernement de la Grande-Bretagne, a mis en œuvre plusieurs lois visant à générer des revenus des colonies pour alléger ces coûts. Le Stamp Act de 1765 imposait une taxe sur les journaux, les documents juridiques et autres papiers d'affaires.

Les colons considèrent cette loi comme une intrusion dans leurs droits, et la Grande-Bretagne l'abroge en 1766. Cependant, la Grande-Bretagne continua à réglementer les colonies en matière de fiscalité et de législation avec les Townshend Acts de 1767, qui imposaient des taxes sur les produits britanniques importés. En avril 1769, Washington présenta à la Chambre des Burgess un plan de boycott des produits fabriqués en Grande-Bretagne.

Les hostilités entre les colons et le gouvernement britannique se sont intensifiées après le massacre de Boston, le 5 mars 1770, lorsque des soldats britanniques ont tiré sur un groupe de citoyens en colère à Boston qui menaçaient les soldats. Les colons protestent avec véhémence contre la taxation britannique sans représentation coloniale au Parlement. Le 16 décembre 1773, un groupe de colons a jeté 342 coffres de thé dans le port de Boston pour protester contre une taxe sur le thé. Cette rébellion, connue sous le nom de Boston Tea Party, a incité la Grande-Bretagne à riposter en adoptant les Intolerable Acts en 1774. Ces actes sont une série de lois punitives dirigées contre les colonies ; ils prévoient notamment la fermeture du port de Boston et l'installation d'un gouvernement militaire au Massachusetts. Ces lois obligent également les colons à loger les troupes britanniques dans les habitations coloniales.

La carrière politique de George Washington s'est développée au fur et à mesure que les dissensions entre les colons et la Grande-Bretagne augmentaient. Il pensait que les Britanniques avaient attaqué les droits des colons avec de lourds impôts et des lois oppressives, et il était prêt à défendre ces droits. En mai 1774, Washington et d'autres législateurs de Virginie signèrent les résolutions appelant à un Congrès continental. Il fut élu à la délégation de Virginie qui assista au premier Congrès continental à Philadelphie le 5 septembre 1774. Il a également assisté au deuxième Congrès continental en 1775.

De nombreux membres du Congrès continental réclament l'indépendance de la Grande-Bretagne. En avril 1775, les escarmouches entre les troupes britanniques et les colons à Lexington et Concord intensifient encore les hostilités coloniales envers la Grande-Bretagne. George Washington n'était pas encore favorable à l'indépendance, mais il était prêt à soutenir la résistance armée contre l'autorité britannique dans toutes les colonies.

Reconnaissant l'expérience militaire et le leadership de Washington, le Congrès continental le nomma commandant en chef de toutes les forces militaires coloniales en juin 1775. Il ne demanda aucune rémunération au-delà de ses dépenses réelles car il considérait que cette mission était son devoir de protéger les droits et les valeurs des citoyens qu'il servait.

Les rapports sur le courage avec lequel la milice coloniale a combattu les soldats britanniques à Bunker Hill en juin 1775 ont donné à Washington confiance dans la guerre imminente. Cependant, il a dû faire face à une multitude de difficultés alors qu'il rassemblait l'armée continentale. Ses recrues n'étaient pas formées et mal payées, les conditions d'engagement dans l'armée étaient courtes et ses officiers se querellaient fréquemment entre eux. Washington a persévéré pour faire de son armée des soldats entraînés et équipés de fournitures adéquates.

George Washington a gagné le respect de ses troupes grâce à son assurance, son sang-froid et sa détermination en tant que général. En mars 1776, son armée organisa un siège et finit par expulser les troupes britanniques de Boston. Washington a également inculqué un sentiment de fierté nationale à ses troupes. Il maintint la discipline au sein de son armée en punissant les soldats malhonnêtes et les déserteurs. Dans le même temps, il veillait au bien-être de ses hommes en demandant au Congrès continental de meilleures rations et une meilleure solde.

Le 4 juillet 1776, le Congrès continental a adopté la Déclaration d'indépendance pour les 13 colonies. Le Congrès a rédigé les Articles de la Confédération, la première constitution des États-Unis, pour mettre en place un gouvernement national.

En décembre 1776, les forces de George Washington traversent le fleuve Delaware de la Pennsylvanie au New Jersey et remportent les batailles de Trenton et Princeton. L'armée continentale prend l'avantage dans la guerre avec la victoire du général Horatio Gates à New York lors de la bataille de Saratoga en octobre 1777. Cependant, l'armée de Washington subit des pertes contre les forces britanniques en Pennsylvanie lors des batailles de Brandywine et Germantown à l'automne 1777. En décembre 1777, Washington se retira à Valley Forge, en Pennsylvanie, où il installa ses quartiers d'hiver et réorganisa son armée malgré le froid glacial.

En 1778, la France reconnaît les États-Unis comme une nation indépendante et envoie un soutien militaire pour aider les forces de Washington à combattre les Britanniques. En juillet 1778, une flotte navale française bloque les troupes britanniques à New York, laissant les

Britanniques isolés des renforts. Après 1779, le théâtre de la guerre se déplaça vers le Sud avec des batailles majeures à Charleston, en Caroline du Sud, et à Richmond, en Virginie.

Le 19 octobre 1781, l'armée de Washington, associée à la flotte navale et aux troupes terrestres françaises, organise un siège à Yorktown, en Virginie. Le commandant de l'armée britannique, le général Charles Cornwallis, est contraint de se rendre. Le Traité de Paris fut signé le 3 septembre 1783, mettant officiellement fin à la Révolution américaine. Washington reste au Congrès continental jusqu'en décembre 1783, date à laquelle il démissionne de son poste et retourne chez lui à Mount Vernon.

La belle-fille de George Washington, Patsy, est morte en 1773, et son beau-fils, John, est mort en 1781. George et Martha Washington adoptèrent les deux enfants de John, George et Eleanor Custis. Washington acquit plus de 20 234 hectares dans les territoires de l'Ouest, et ses fermes continuèrent à prospérer. Il reconnut que le fleuve Potomac était une grande voie d'eau pour les colons et les marchandises commerciales, et il prédit que les territoires de l'Ouest tels que le Kentucky, le Tennessee et l'Ohio deviendraient des États.

George Washington a été choisi pour présider la Convention constitutionnelle de 1787 à Philadelphie. Sous le régime des Articles de la Confédération, le gouvernement des États-Unis était incapable de gérer les instabilités qui existaient au sein des États. En juillet 1788, une nouvelle constitution avait été rédigée et 11 des 13 États avaient ratifié la Constitution des États-Unis. En 1790, les deux États restants, la Caroline du Nord et le Rhode Island, avaient également ratifié la Constitution, et le Congrès devint l'organe directeur du gouvernement des États-Unis.

La présidence de George Washington

Le 4 février 1789, les grands électeurs accordent les 69 voix des grands électeurs à George Washington, l'élisant ainsi à l'unanimité comme président des États-Unis. John Adams a été élu vice-président. Washington a été investi dans ses fonctions le 30 avril 1789. Sa présidence devait être une période d'adaptation à un nouveau type de gouvernement pour le peuple des États-Unis.

Le gouvernement des États-Unis nouvellement formé se composait d'un pouvoir législatif, le Congrès, d'un pouvoir judiciaire, la Cour suprême, et d'un pouvoir exécutif, dirigé par Washington et comprenant son Cabinet. Les premiers membres du Cabinet comprenaient Thomas Jefferson comme secrétaire d'État, Henry Knox comme secrétaire à la guerre, Edmund Randolph comme procureur général et Alexander Hamilton comme secrétaire au trésor. En 1790, Washington approuva un emplacement permanent pour la capitale des États-Unis sur le fleuve Potomac. La capitale fut déplacée de New York à Philadelphie jusqu'à ce que la nouvelle capitale soit établie.

Sous l'administration de George = Washington, l'autorité du gouvernement fédéral a été considérablement renforcée. Washington et Alexander Hamilton ont créé la Banque des États-Unis en 1791, et le gouvernement fédéral a assumé la responsabilité des dettes nationales et des dettes des États. Des taxes sont imposées sur les marchandises importées et sur certaines propriétés privées dans les États, et l'argent est déposé dans le trésor national pour payer les dettes. En 1791, les États ont également ratifié la Déclaration des droits, les 10 premiers amendements à la Constitution, qui accordent aux citoyens des États-Unis leurs droits fondamentaux.

George Washington fut réélu pour un second mandat présidentiel en 1792, John Adams étant à nouveau son vice-président. Trois nouveaux États furent admis aux États-Unis pendant le mandat de Washington : le Vermont en 1791, le Kentucky en 1792 et le Tennessee en 1796.

Lorsque la guerre éclata entre la France et la Grande-Bretagne en 1793, Washington décida que les États-Unis devaient rester neutres dans les affaires étrangères. Bien que les États-Unis aient une dette envers la France pour son aide dans la Révolution américaine et qu'ils aient promis de l'aider dans tout conflit futur, George Washington estimait que les États-Unis n'étaient pas prêts à entrer dans une autre guerre si tôt. En conséquence, il publia la Proclamation de neutralité en avril 1793, qui stipulait que les États-Unis devaient conserver un sentiment d'identité nationale, indépendant de l'influence de tout autre pays. Plusieurs futurs présidents, dont James Monroe, suivirent la politique de neutralité de Washington.

Les partis politiques nationaux sont apparus à la suite de la politique étrangère de Washington. George Washington et Alexander Hamilton étaient opposés à la ségrégation du gouvernement que les partis politiques créaient. Hamilton, cependant, dirigea le parti fédéraliste avec John Adams pour soutenir leurs politiques. James Madison et Thomas Jefferson ont fondé le parti républicain (appelé plus tard le parti démocrate-républicain). Les Fédéralistes prônaient un gouvernement central fort et voulaient maintenir des liens étroits avec la Grande-Bretagne.

Les Républicains s'opposaient à l'autorité d'un gouvernement national fort qui diminuait le pouvoir des États et des gouvernements locaux. Les républicains voulaient également préserver leur ancienne alliance avec la France. George Washington favorisait les idéaux fédéralistes du gouvernement mais s'efforçait de maintenir un équilibre entre les deux partis.

Les défis et les litiges frontaliers auxquels George Washington a dû faire face

Le gouvernement des États-Unis a rencontré son premier défi intérieur sérieux avec la rébellion du whisky en juillet 1794. Washington a fixé une taxe sur le whisky pour aider à payer la dette nationale. Les fermiers de l'ouest de la Pennsylvanie, qui dépendaient des revenus de la vente de whisky, furent indignés par cette taxe. Ces fermiers ont résisté à la taxe en attaquant les agents fédéraux du fisc. Après l'échec des négociations entre le gouvernement fédéral et les fermiers, George Washington envoie les milices des États locaux et les troupes fédérales pour réprimer la rébellion. Le gouvernement national a vaincu un adversaire rebelle et a obtenu le soutien des gouvernements des États pour faire appliquer la loi fédérale dans les États.

L'administration de George Washington est confrontée à des litiges frontaliers avec les Amérindiens sur la frontière occidentale, la Grande-Bretagne au nord-est et au nord-ouest, et l'Espagne au sud. Les colons de la vallée de la rivière Ohio se sont battus contre les Amérindiens pour des revendications sur les frontières de la frontière occidentale. Washington envoie une armée sous le commandement du général Anthony Wayne pour défendre les colonies contre les Amérindiens. Wayne construit une chaîne de forts de l'Ohio à l'Indiana pour protéger les colonies. Il finit par vaincre les Amérindiens à la bataille de Fallen Timbers le 20 août 1794.

George Washington autorise John Jay, juge en chef de la Cour suprême, à négocier les différends frontaliers avec la Grande-Bretagne. Dans le traité Jay, signé le 19 novembre 1794, la Grande-Bretagne et les États-Unis négocient les frontières entre les États-Unis et l'Amérique du Nord britannique. La Grande-Bretagne accorde également aux États-Unis des privilèges commerciaux avec l'Angleterre et les Indes orientales britanniques.

Thomas Pinckney, un diplomate américain, fut envoyé en Espagne pour des négociations concernant les intérêts américains dans les territoires appartenant à l'Espagne. Le traité de Pinckney, signé le 27 octobre 1795, établit la frontière sud des États-Unis à 31° de latitude nord, ouvre le fleuve Mississippi au commerce américain à travers les territoires espagnols et accorde aux Américains un port exempt de taxes à la Nouvelle-Orléans.

De 1794 à 1798, les pirates barbaresques d'Afrique du Nord attaquent les navires marchands américains dans l'Atlantique. La marine continentale, créée en 1775 et dissoute en 1784, fut rétablie en 1794 pour protéger les navires américains. Washington a signé la première commission de la marine à John Barry, qui a été nommé capitaine de la frégate United States. En avril 1798, le Congrès a créé le département de la Marine.

Les derniers jours du mandat de George Washington

Lorsque le second mandat de George Washington prit fin en 1796, il refusa de se présenter pour un troisième mandat. Le discours d'adieu de

Washington a été publié pour la première fois dans l'American Daily Advertiser, un journal de Philadelphie, le 19 septembre 1796. Il a été écrit en grande partie par Alexander Hamilton mais a été remanié par Washington et exprimait les idées de Washington. Le discours donnait au peuple des États-Unis les raisons pour lesquelles Washington n'acceptait pas un troisième mandat. Il considérait qu'il était peu judicieux qu'une seule personne occupe un poste aussi puissant pendant aussi longtemps. Tous les présidents américains successifs n'ont pas fait plus de deux mandats, à l'exception de Franklin D. Roosevelt, qui a été élu pour quatre mandats. En 1951, le 22e amendement à la Constitution des États-Unis a été ratifié et stipulait : "Personne ne pourra être élu au poste de président plus de deux fois".

Dans son discours d'adieu, George Washington a donné son avis au pays sur plusieurs questions. Il dénonce le nouveau système de partis politiques, qu'il juge diviseur et dangereux pour l'unité de la nation. En matière d'affaires étrangères, il mettait en garde ses successeurs en leur recommandant de "se tenir à l'écart des alliances permanentes avec toute partie du monde étranger" et de ne pas "mêler notre paix et notre prospérité aux tourments de l'ambition, de la rivalité, de l'intérêt, de l'humour ou du caprice des Européens". Ses mises en garde ont jeté les bases de la politique étrangère isolationniste de l'Amérique - une politique nationale de neutralité, ou d'évitement de tout engagement politique ou économique avec d'autres pays - qui a duré pendant la majeure partie de l'histoire des États-Unis avant la Seconde Guerre mondiale. Ses avertissements ont également préparé le terrain pour la doctrine Monroe.

Les années de George Washington après la présidence

Washington se retira à Mount Vernon, où il passa du temps avec sa famille et reprit la gestion de ses fermes et domaines. En 1798, la perspective d'une guerre avec la France amena le président John Adams à nommer Washington commandant en chef d'une armée provisoire. La menace de guerre s'est toutefois atténuée et Washington n'a jamais pris le commandement.

Le 12 décembre 1799, Washington rentra chez lui après une promenade à cheval dans ses fermes par un temps froid et neigeux. Il développa une laryngite et devint faible et malade. Il mourut deux jours plus tard, le 14 décembre 1799, dans sa maison de Mount Vernon et fut enterré dans le caveau familial à Mount Vernon. John Marshall, qui servit Washington à Valley Forge, cita une partie d'un éloge funèbre de Washington par l'officier de la Révolution américaine Henry "Light-Horse Harry" Lee. La citation illustre la place de Washington dans l'histoire des États-Unis : "Premier dans la guerre, premier dans la paix, et premier dans le cœur de ses compatriotes."

En 1800, la capitale des États-Unis a été déplacée de Philadelphie à la ville nouvellement développée de Washington, D.C., nommée en l'honneur de George Washington. La ville est située sur le fleuve Potomac, dans une région qui faisait autrefois partie du Maryland et de la Virginie. George Washington avait aidé à concevoir le plan de la ville lorsqu'il était en fonction. En 1853, le Congrès a créé le territoire de Washington, qui est devenu un État en 1889, et l'a nommé en mémoire du premier président de la nation. Trente-deux comtés de différents États ont ensuite été nommés en l'honneur de George Washington. Le Washington Monument, à Washington, D.C., est un autre hommage durable à l'homme considéré par la plupart des Américains comme le père de leur pays.

Questions de recherche

1. Quelle est votre opinion sur le premier président des États-Unis ?
2. George Washington doit-il être considéré comme un héros ou un méchant ?
3. À votre avis, comment les fondateurs de notre pays auraient-ils réagi s'ils avaient vu la situation des Afro-Américains aujourd'hui en Amérique ?

2. John Adams (1797-1801)//
Parti fédéraliste | Vice-président : Thomas Jefferson

"Tout dans la vie devrait être fait avec réflexion."

En tant que premier vice-président et deuxième président des États-Unis, John Adams était l'un des pères fondateurs de la nouvelle nation. Adams était un délégué du Congrès continental de 1774 à 1777 et l'un des deux seuls présidents dont la signature figure sur la Déclaration d'indépendance. Adams a également participé à la négociation du traité de Paris de 1783 qui a mis fin à la Révolution américaine.

John Adams a mis à profit ses compétences en matière de politique étrangère pour assurer la diplomatie avec la Grande-Bretagne après la Révolution américaine et pour éviter une guerre potentielle avec la France pendant sa présidence. Adams a été le vice-président de George Washington de 1789 à 1797, puis a succédé à Washington à la présidence, de 1797 à 1801. Pendant son mandat, Adams a dirigé le pays en défendant les valeurs de liberté et de démocratie énoncées dans la Constitution des États-Unis.

Les premières années de John Adams

John Adams est né le 30 octobre (19 octobre selon le calendrier de l'époque), en 1735, à Braintree (aujourd'hui Quincy), dans le Massachusetts. Ses parents, John et Susanna Boylston Adams, étaient des descendants de la première génération de colons puritains en Nouvelle-Angleterre. L'aîné des Adams était fermier, homme d'affaires, lieutenant de milice et diacre de l'église congrégationaliste de Braintree. Le couple a ensuite eu deux autres fils, Peter et Elihu.

Après avoir pris en considération les conseils de son père concernant la poursuite d'une carrière dans le ministère, Adams s'inscrit au Harvard College à Cambridge, Massachusetts, en 1751. Il obtint son diplôme en 1755 mais choisit d'enseigner à l'école plutôt que d'entrer dans le ministère. Pendant les trois années suivantes, il enseigna dans une école primaire à Worcester, dans le Massachusetts. Pendant cette période, Adams s'intéresse au droit et étudie pendant son temps libre auprès de James Putnam, l'un des avocats les plus éminents de Boston.

John Adams est admis au barreau du Massachusetts en 1758 et établit son propre cabinet d'avocats à Braintree. Le 25 octobre 1764, Adams épousa Abigail Smith, fille d'un pasteur congrégationaliste de Weymouth, Massachusetts. Le couple eut quatre enfants : Abigail Amelia, John Quincy, Charles et Thomas Boylston.

L'entrée de John Adams en politique

La carrière politique d'Adams débuta à Boston en 1765 lorsqu'il fut nommé procureur de la ville pour contester la légalité de la fiscalité britannique dans les colonies. Le Parlement britannique avait institué une loi sur le timbre en 1765, qui prélevait une taxe sur toutes les publications et tous les documents juridiques dans les colonies. Cette loi a rendu les colons furieux, suscitant des émeutes et d'autres actes de désobéissance civile, ainsi qu'un boycott de toute marchandise nécessitant des papiers timbrés. Adams et les autres représentants des colonies soutenaient que la taxe portait atteinte aux droits des colons, car ces derniers n'étaient pas dûment représentés au Parlement.

Les protestations généralisées, associées aux arguments juridiques passionnés de John Adams et de ses collègues, obligèrent le Parlement à abroger la loi en 1766. Adams a également mené l'opposition contre les Townshend Acts de 1767, qui imposaient des taxes sur les produits britanniques importés dans les colonies, tels que le verre, le papier et la peinture.

Bien qu'hostile au gouvernement britannique, Adams utilisa ses compétences juridiques pour défendre les soldats britanniques après le massacre de Boston du 5 mars 1770. Il a attesté que la foule de citoyens avait raillé et menacé les soldats britanniques, provoquant les soldats à tirer leurs mousquets sur la foule, tuant ainsi cinq des colons. John Adams a obtenu l'acquittement de six des huit soldats britanniques impliqués. Les deux autres sont reconnus coupables d'homicide involontaire et libérés après avoir été marqués au fer rouge sur les pouces en guise de punition.

Les colons continuèrent à s'agiter contre la Grande-Bretagne en raison du manque de représentation coloniale au Parlement. Adams a soutenu les revendications des colons et les actes de protestation qui ont suivi, notamment l'action connue sous le nom de Boston Tea Party : le 16 décembre 1773, un groupe de colons s'est révolté contre la taxe britannique sur le thé en jetant 342 coffres de thé dans le port de Boston.

John Adams participe au Congrès continental

En 1774, John Adams assista au premier Congrès continental à Philadelphie en tant que délégué du Massachusetts. Avec les autres membres, il rejette toute nouvelle réconciliation avec la Grande-Bretagne. Lors du deuxième Congrès continental en 1775, Adams nomma George Washington commandant en chef de toutes les forces militaires coloniales au début de la Révolution américaine.

John Adams a joué un rôle majeur dans la composition de la Déclaration d'indépendance. Il a persuadé Thomas Jefferson de la rédiger et a exigé le soutien unanime du Congrès continental pour déclarer l'indépendance vis-à-vis de la Grande-Bretagne. Le 4 juillet 1776, Adams a signé la Déclaration avec d'autres délégués du Congrès, dont son cousin, Samuel Adams, et Jefferson. Le Congrès continental a ensuite formulé un plan pour un gouvernement national avec les Articles de la Confédération, qui ont servi de première constitution des États-Unis.

John Adams est resté une figure centrale du Congrès continental pendant les deux années suivantes. Il fut choisi pour diriger le Board of War and Ordnance, où il était chargé de lever et d'équiper l'armée et la marine continentales. Il rédige le Plan des Traités en juillet 1776, un document qui fournit le cadre de la politique étrangère des États-Unis. En 1778, le Congrès continental envoya Adams à Paris pour se joindre à Benjamin Franklin, l'ambassadeur des États-Unis en France, afin de former une alliance avec la France contre la Grande-Bretagne lors de la Révolution américaine.

John Adams revint de Paris en 1779 à temps pour participer à la Convention constitutionnelle du Massachusetts. Il a composé la constitution du Massachusetts en 1780 ; le nouveau document autorisait la formation d'une législature bicamérale, ou à deux chambres, et la séparation des pouvoirs au sein du gouvernement de l'État.

John Adams encouragea les autres États à adopter leurs propres constitutions. La constitution du Massachusetts a servi de base aux constitutions des autres États et a ensuite servi de modèle à la Constitution des États-Unis.

John Adams en tant que diplomate étranger

Après la convention du Massachusetts en 1780, Adams fut envoyé comme commissaire américain aux Pays-Bas pour obtenir un prêt afin d'aider le Trésor américain à financer la dette nationale. Les Pays-Bas et la France furent les deux seuls pays à reconnaître les États-Unis comme une nation indépendante avant la fin de la Révolution américaine.

Le 19 octobre 1781, les Britanniques se rendirent aux États-Unis. L'année suivante, Adams rejoignit à nouveau Benjamin Franklin à Paris, cette fois pour négocier un traité de paix avec la Grande-Bretagne qui dissoudrait les relations entre les deux pays. Le résultat fut le traité de Paris, qui fut signé le 3 septembre 1783 et marqua officiellement la fin de la Révolution américaine. Adams et Franklin, diplomates étrangers expérimentés et astucieux, eurent le mérite d'obtenir des conditions favorables dans le traité avec la Grande-Bretagne, notamment l'établissement de la frontière occidentale des États-Unis au niveau du fleuve Mississippi.

En 1784, le Congrès continental envoya Thomas Jefferson remplacer Benjamin Franklin à Paris en tant qu'ambassadeur des États-Unis en France. Ensemble, ils obtinrent un autre prêt des Pays-Bas qui permit au gouvernement des États-Unis de consolider ses dettes européennes. La relation entre Adams et Jefferson se transforma en une grande amitié, mais elle allait bientôt se transformer en une amère rivalité politique.

En 1785, John Adams est nommé premier ambassadeur des États-Unis en Grande-Bretagne. Il tente d'obtenir des droits commerciaux avec les Britanniques, mais aucun des deux pays ne parvient à conclure d'accord. Adams passe les trois années suivantes à Londres à analyser les forces et les faiblesses de la politique européenne. L'objectif de ces recherches était de concevoir des plans pour une forme démocratique de gouvernement aux États-Unis, contraire à tout gouvernement européen.

À cette époque, John Adams écrivit A Defence of the Constitutions of Government of the United States of America (1787), un recueil en trois volumes de ses réflexions sur la politique et le gouvernement. Dans ces ouvrages, Adams explique que le gouvernement des États-Unis doit disposer d'une autorité suffisante pour contrôler les ambitions des classes sociales concurrentes et canaliser ces ambitions au profit du public. Adams pensait qu'un chef de l'exécutif des États-Unis était nécessaire pour maintenir un équilibre des pouvoirs au sein du gouvernement et avec les citoyens de la nation.

Ses années en tant que vice-président

Lorsque John Adams rentra de Londres aux États-Unis en 1788, la plupart des États avaient ratifié la Constitution des États-Unis, qui désignait le Congrès américain nouvellement établi comme le chef officiel du gouvernement national. Adams fut placé sur le bulletin de vote avec George Washington lors de la première élection présidentielle, qui eut lieu en 1789. Washington fut élu président des États-Unis, Adams étant choisi comme vice-président. Le rôle principal d'Adams en tant que vice-président était d'exprimer le vote décisif au Sénat pour briser une égalité. Il décrivit plus tard la vice-présidence comme "la fonction la plus insignifiante que l'homme ait jamais inventée ou que son imagination ait jamais conçue".

Malgré sa vision cynique de la vice-présidence, John Adams défendit les principales politiques et actions du gouvernement de Washington, notamment la charte de la Banque des États-Unis en 1791, la Proclamation de neutralité en 1793, la répression de la rébellion du Whiskey dans l'ouest de la Pennsylvanie en 1794 et la gestion des conflits frontaliers avec les Amérindiens à l'ouest, la Grande-Bretagne au nord et l'Espagne au sud. En 1792, Washington fut réélu président, Adams restant vice-président pour un nouveau mandat.

Des partis politiques apparurent pendant l'administration de Washington, créant des dissensions au sein du gouvernement. Adams et Alexander Hamilton, le secrétaire au Trésor, organisèrent le parti fédéraliste pour soutenir leurs politiques. L'ami d'Adams et homme d'État, Thomas Jefferson, créa le parti républicain avec l'aide de James Madison. Les Fédéralistes sont favorables à un gouvernement central fort, tandis que les Républicains préfèrent que les États et les collectivités locales aient davantage de contrôle sur leurs domaines respectifs.

Lorsque la guerre éclate entre la Grande-Bretagne et la France en 1793, les Fédéralistes souhaitent des conditions amicales avec la Grande-Bretagne, tandis que les Républicains se sentent obligés d'honorer l'alliance établie avec la France en 1778. Les points de vue opposés de leurs partis respectifs mettent à rude épreuve l'amitié entre Adams et Jefferson.

La présidence de John Adams

Lors de l'élection présidentielle de 1796, John Adams se présenta comme le candidat fédéraliste contre Thomas Jefferson, le candidat républicain. Adams l'emporta par une marge étroite de voix électorales (71-68) et fut investi dans ses fonctions le 4 mars 1797. Selon la Constitution, le candidat présidentiel ayant obtenu le deuxième plus grand nombre de voix devenait vice-président - Jefferson devait donc être le vice-président d'Adams, même si les deux hommes étaient membres de partis politiques opposés. Cette loi a ensuite été modifiée par le 12e amendement de la Constitution des États-Unis, qui stipulait que les candidats à la présidence et à la vice-présidence devaient être élus par des bulletins de vote individuels, ce qui augmentait la probabilité que les deux vainqueurs soient membres du même parti.

La sélection du Cabinet de John Adams fut moins litigieuse. Il a conservé les membres du cabinet de George Washington, estimant que cela faciliterait la transition du gouvernement fédéral après l'administration présidentielle précédente.

France

Lorsque John Adams a commencé sa présidence, les États-Unis étaient impliqués dans un conflit naval avec la France depuis 1795. Les corsaires français attaquaient les navires marchands américains dans les Antilles. En 1797, Adams a envoyé trois délégués à Paris pour établir un accord de paix avec la France. Lorsque les délégués américains arrivent, trois fonctionnaires français exigent un pot-de-vin de 250 000 dollars payable au ministre français des affaires étrangères, Talleyrand, avant que toute négociation ne puisse commencer. Outré par l'audace de la France, Adams ordonna à ses délégués de rentrer chez eux et commença à préparer les forces militaires américaines à une guerre avec la France. Dans sa correspondance avec le Congrès, Adams désigna les trois fonctionnaires français sous les noms de X, Y et Z, et l'incident fut connu sous le nom d'affaire XYZ.

Alors que la guerre se poursuit entre la Grande-Bretagne et la France, les Fédéralistes et les Républicains continuent de débattre pour savoir quelle nation soutenir. Le Congrès, contrôlé par les fédéralistes, était impatient d'entrer en guerre avec la France après l'affaire XYZ. Les navires de la marine américaine ont combattu la marine française et les corsaires dans la mer des Caraïbes pendant les deux années suivantes. Adams, cependant, était réticent à déclarer la guerre et envoya une autre délégation de paix en France en 1799. Bien que ses collègues fédéralistes s'opposent à cette tactique, les négociations avec Talleyrand sont couronnées de succès et les États-Unis n'ont pas à s'engager dans une guerre coûteuse.

Préoccupations domestiques

L'affaire XYZ a incité les fédéralistes du Congrès à promulguer les Alien and Sedition Acts en 1798. Pour affirmer leur mécontentement envers la France, le Congrès persuade Adams de signer ces lois. Visant particulièrement les résidents nés en France, les Alien Acts font passer la période d'attente pour la naturalisation de cinq à quatorze ans.

Ces lois donnaient également au président le pouvoir d'emprisonner ou d'expulser les immigrants d'une nation ennemie qui étaient considérés comme une menace pour les États-Unis. La loi sur la sédition permettait aux autorités fédérales d'incriminer toute personne qui publiait des critiques malveillantes à l'égard du gouvernement américain. En 1802, toutefois, ces lois avaient été abrogées ou laissées en suspens.

En prévision d'une guerre avec la France en 1798, les États-Unis avaient besoin de générer des revenus pour construire l'armée. Le Congrès a imposé une taxe fédérale sur toutes les propriétés privées du pays, une mesure qui a suscité du ressentiment envers l'administration Adams. En 1799, John Fries a pris la tête d'un groupe de fermiers de l'ouest de la Pennsylvanie qui ont riposté à cette taxe en organisant une rébellion armée contre les collecteurs d'impôts fédéraux. Adams a déployé la milice fédérale pour réprimer la rébellion et arrêter les insurgés. Fries fut reconnu coupable de trahison et condamné à la pendaison, mais en 1800, Adams le gracia.

En novembre 1800, la capitale des États-Unis fut transférée de Philadelphie à son site permanent dans la ville nouvellement créée de Washington, sur le fleuve Potomac. Adams fut le premier président à résider dans le manoir présidentiel. Adams et Thomas Jefferson, désormais adversaires politiques acharnés, s'affrontèrent lors de l'élection présidentielle de 1800. Jefferson remporta la majorité des voix des grands électeurs (73-65) et prit ses fonctions le 4 mars 1801.

Malgré la perte du pouvoir exécutif, John Adams était déterminé à maintenir le contrôle de son parti sur le pouvoir judiciaire. En janvier 1801, avant l'expiration de son mandat, Adams place plusieurs juges, greffiers et avocats fédéralistes à des postes clés. Il nomme également John Marshall au poste de juge en chef de la Cour suprême. Adams refusa d'assister à l'investiture de Jefferson et rentra chez lui à Quincy (anciennement Braintree), dans le Massachusetts.

Retraite

John Adams passa ses années de retraite avec sa famille à Quincy. Il lit la littérature nouvelle et classique et étudie la politique. Il écrivit de manière prolifique, sur des sujets allant du commentaire politique à l'agriculture en passant par ses propres mémoires.

John Adams renoua également son amitié avec Jefferson durant cette période, entamant une correspondance vers 1812, après la fin du mandat présidentiel de Jefferson. Les anciens adversaires politiques ont surmonté leurs différences au fil de leur correspondance pendant une douzaine d'années, à travers près de 160 lettres. Leur dialogue aborde des sujets tels que la religion, le processus de vieillissement humain, la langue anglaise et les affrontements entre partis politiques dans les années 1790. Adams exprima à Jefferson : "Vous et moi ne devrions pas mourir avant de nous être expliqués l'un à l'autre."

En 1820, John Adams participa à la convention de l'État du Massachusetts en tant que délégué et vota l'un des votes électoraux de l'État pour James Monroe, qui fut ensuite élu à son deuxième mandat de président. John Adams observa également la carrière politique ascendante de son fils

John Quincy Adams, qui devint le sixième président des États-Unis en 1825.

Adams mourut à Quincy le 4 juillet 1826, le jour du 50e anniversaire de la Déclaration d'indépendance. Jefferson mourut le même jour, quelques heures avant Adams, une coïncidence symbolique dans l'histoire des États-Unis. Abigail était morte en 1818, et Adams fut enterré à ses côtés sur le terrain de l'église congrégationaliste de Quincy.

Bien que certaines de ses actions aient suscité des dissensions, l'engagement d'Adams envers la loi et son recours au raisonnement moral et à la retenue en politique étrangère lui valurent une admiration et un respect généralisés. Son héritage a inspiré une croissance du leadership au sein du gouvernement et a instillé une fierté nationaliste dans le pays.

Questions de recherche

1. Que diriez-vous à John Adams s'il était vivant aujourd'hui pour voir ce que notre pays est devenu ?
2. Quel était le point de vue de John Adams sur la Constitution ?
3. A quel autre président le compareriez-vous ?

3. Thomas Jefferson (1801-1809)

Parti démocrate-républicain | Vice-présidents : Aaron Burr et George Clinton

"Si vous voulez quelque chose que vous n'avez jamais eu, vous devez être prêt à faire quelque chose que vous n'avez jamais fait."

Auteur de la Déclaration d'indépendance en 1776, Thomas Jefferson est ensuite devenu le troisième président des États-Unis, de 1801 à 1809. Pendant sa présidence, le territoire des États-Unis a doublé avec l'achat de la Louisiane. Pour explorer l'immensité de ces terres nouvellement acquises à l'Ouest, il a envoyé deux des plus célèbres explorateurs de l'histoire des États-Unis, Meriwether Lewis et William Clark, pour tracer une piste à travers les montagnes Rocheuses jusqu'à l'océan Pacifique.

Dans la première guerre outre-mer de l'histoire des États-Unis, Thomas Jefferson envoie des forces militaires en Méditerranée pour écraser les menaces de piraterie de Tripoli.

Thomas Jefferson est entré dans l'arène politique en 1769 en tant que législateur de l'État de Virginie. De 1775 à 1801, il a occupé plusieurs postes publics importants, dont ceux de délégué au Congrès continental, de gouverneur de Virginie, de secrétaire d'État américain et de vice-président des États-Unis. Son séjour à Paris dans les années 1780 en tant qu'ambassadeur des États-Unis en France a suscité plus de controverses concernant sa vie privée que ses réalisations en matière de relations étrangères.

Thomas Jefferson, qui possédait des esclaves, a fait venir Sally Hemings, une femme asservie, de chez lui à Paris. Leur relation présumée a suscité un débat sur la question de savoir s'il était le père de certains de ses enfants, débat qui a persisté longtemps après sa mort.

Thomas Jefferson est à l'origine de la gratuité de l'enseignement public et de la séparation de l'Église et de l'État en Virginie ; ces initiatives ont été les pierres angulaires de réformes similaires dans tout le pays. En tant que militant des droits des États, Jefferson a fondé le parti républicain (qui deviendra plus tard le parti démocrate-républicain) pour lutter contre les idéaux fédéralistes d'un gouvernement fédéral puissant. Père fondateur de son pays, Jefferson a inspiré aux États-Unis un sentiment de fierté nationaliste fondé sur la liberté et les droits de l'homme.

Les débuts de la vie de Thomas Jefferson

Thomas Jefferson est né le 13 avril (2 avril selon le calendrier utilisé à l'époque), 1743, à Shadwell, en Virginie. Ses parents sont Peter Jefferson et Jane Randolph Jefferson. Peter Jefferson était un propriétaire terrien, un arpenteur et un fonctionnaire du comté d'Albemarle. Jane Randolph Jefferson descendait de l'une des familles les plus éminentes de Virginie. Le couple a eu deux fils, dont Thomas était l'aîné, et six filles.

En 1745, Peter Jefferson déplaça sa famille à Tuckahoe, la plantation Randolph près de Richmond, en Virginie. Thomas est éduqué par des tuteurs privés jusqu'en 1752, date à laquelle sa famille retourne à Shadwell. Il poursuit son éducation dans deux pensionnats en Virginie, d'abord à Northam puis à Fredericksville, jusqu'à l'âge de 16 ans.

Enfant, Thomas Jefferson aime apprendre et développe une passion pour les arts. Il s'intéresse à la musique, notamment à la danse, au chant et au violon. Il lisait la littérature classique et maîtrisait le grec et le latin. Il passait également son temps à l'extérieur, à explorer et à étudier la nature dans les contreforts des Blue Ridge Mountains, près de Shadwell. Il excellait en sciences et en architecture et s'efforçait de recevoir une éducation complète.

Peter Jefferson mourut en 1757, et Thomas Jefferson devint propriétaire du domaine familial car une loi de Virginie accordait au fils aîné d'une famille le droit exclusif à l'héritage du père. Cette loi était appelée la loi de la primogéniture. Jane Jefferson est morte en 1776, mais on ne sait pas grand-chose d'autre sur sa vie entre 1757 et 1776, car Thomas ne la mentionne guère dans ses mémoires.

Thomas Jefferson s'inscrit au College of William and Mary de Williamsburg, en Virginie, en 1760. Au cours de ses deux premières années, il étudie les mathématiques et les sciences sous la direction de William Small et l'histoire et le droit sous la direction de George Wythe, l'un des plus grands érudits de Virginie.

Thomas Jefferson s'appliquait vigoureusement à ses leçons, passant souvent jusqu'à 15 heures par jour à étudier. Il poursuit une carrière juridique sous la direction de Wythe à partir de 1762. Il est admis au barreau de Virginie en avril 1767 et acquiert une réputation d'éminent juriste.

Thomas Jefferson revint à Shadwell en 1768 et mit à profit ses talents d'architecte pour construire un manoir sur une montagne de 867 pieds (264 mètres) près de Shadwell. Il baptisa son nouveau domaine Monticello, un mot italien signifiant "petite montagne".

Le 1er janvier 1772, Thomas Jefferson épousa Martha Wayles Skelton, une veuve dont le patrimoine fit plus que doubler celui de Jefferson lorsque le couple réunit ses propriétés. Thomas et Martha Jefferson eurent six enfants, mais seuls deux survécurent à leur enfance, Martha (appelée Patsy, née en 1772) et Maria (appelée Polly, née en 1778).

La déclaration d'indépendance

En 1769, Thomas Jefferson est élu à la Chambre des Burgess, l'assemblée représentative de la Virginie, à Williamsburg. Il utilise ses connaissances approfondies du droit pour soutenir l'opposition coloniale à la législation et à la fiscalité britanniques. Il souligne que la Grande-Bretagne n'a aucune autorité légale pour gouverner et déléguer l'autorité dans les colonies.

Le premier essai publié par Jefferson, "A Summary View of the Rights of British America" (1774), insistait sur l'indépendance vis-à-vis de la Grande-Bretagne comme seule solution pour libérer les colonies opprimées. Lorsque son essai est publié, la plupart des membres de l'assemblée législative de Virginie ne sont pas prêts à accepter une position aussi radicale contre la Grande-Bretagne. Cependant, au cours de l'année suivante, les hostilités entre les colons et les autorités britanniques atteignent un point d'ébullition, et la Révolution américaine débute dans le Massachusetts lors des batailles de Lexington et Concord en 1775.

La même année, la législature de Virginie nomme Jefferson délégué au deuxième Congrès continental à Philadelphie. Le Congrès continental reconnaît que son idée de séparer les colonies du pouvoir britannique est la meilleure solution.

Le 11 juin 1776, Thomas Jefferson a été choisi pour faire partie d'un comité, comprenant John Adams et Benjamin Franklin, chargé de rédiger un document officiel justifiant les raisons de la déclaration d'indépendance vis-à-vis de la Grande-Bretagne. Les membres du comité admirent le talent de Jefferson pour l'écriture influente et le choisissent pour préparer la première version.

Ses paroles exprimaient ce qu'une majorité de citoyens coloniaux souhaitaient lorsqu'il a écrit : "Nous tenons pour évidentes ces vérités, à savoir que tous les hommes sont créés égaux, qu'ils sont dotés par leur Créateur de certains droits inaliénables, que parmi ceux-ci se trouvent la vie, la liberté et la recherche du bonheur....".

Le Congrès continental adopte la Déclaration d'indépendance le 4 juillet 1776, qui annonce officiellement la séparation des 13 colonies de la Grande-Bretagne. Jefferson et d'autres délégués l'ont signée, mais il n'a été reconnu comme l'auteur principal qu'en 1790. Entre 1776 et 1777, le Congrès continental a rédigé les Articles de la Confédération, qui ont été ratifiés en 1781 comme la première constitution des États-Unis.

Thomas Jefferson comme gouverneur

Thomas Jefferson se retire du Congrès continental en octobre 1776 et revient siéger à l'assemblée législative de Virginie. Au cours des années suivantes, il s'emploie à réformer le code juridique de l'État pour le rendre conforme aux principes de la Révolution américaine. Thomas Jefferson a ensuite été gouverneur de Virginie avant de revenir à la politique nationale, d'abord comme délégué du Congrès continental, puis comme ambassadeur des États-Unis en France.

Avec l'aide de son collègue James Madison, Jefferson rédige la constitution de la Virginie, assortie d'une déclaration des droits. Les deux délégués proposent des réformes statutaires en Virginie qui finiront par servir de modèle à l'ensemble du pays. Jefferson a obtenu l'abolition de la primogéniture. Il a présenté des amendements visant à établir un système d'écoles publiques gratuites pour tous les citoyens de Virginie et a fait pression pour que l'État soutienne l'enseignement supérieur. La Constitution de la Virginie a servi de modèle à la Constitution des États-Unis.

En 1777, Thomas Jefferson rédige le statut de Virginie pour la liberté religieuse, qui prévoit la séparation totale de l'Église et de l'État. Après neuf ans de délibérations et les habiles tactiques de persuasion de

Madison, son principal soutien, la législature de Virginie a promulgué le statut en 1786.

En vertu de cette loi, l'État de Virginie était tenu de tolérer toutes les religions, sans préférence pour une dénomination particulière. Les habitants de la Virginie étaient autorisés à suivre leurs propres croyances religieuses sans discrimination politique. Les propositions de Jefferson reflètent sa vision de la création d'un gouvernement qui sert et protège les droits des citoyens.

Thomas Jefferson est élu gouverneur de Virginie en 1779. Cette fonction lui confère très peu d'autorité et aucun droit de veto, car le cabinet du gouverneur, appelé Conseil d'État, lui délègue les lois de l'État et le conseille sur toutes les tâches administratives. Sa réalisation la plus importante en tant que gouverneur a été de faire déplacer la capitale de l'État de Williamsburg à Richmond en 1780.

La Révolution américaine atteint la Virginie en 1780, lorsque les troupes britanniques envahissent Richmond. L'administration de Jefferson se retire de la capitale et établit une base temporaire à Charlottesville, tandis qu'il réunit sa famille à Monticello. La presse de Virginie le qualifie de lâche pour avoir abandonné ses fonctions de gouverneur. En 1781, il se retire de la vie publique après son mandat de gouverneur et retourne dans sa maison de Monticello.

Martha Jefferson meurt en septembre 1782, laissant Thomas élever leurs deux filles, Patsy et Polly. Il est dévasté par la perte de sa femme bien-aimée et se jure de ne plus jamais se marier. Sa retraite est cependant de courte durée, puisqu'il accepte de servir en tant que délégué de la Virginie au Congrès continental en décembre 1782.

Thomas Jefferson a demandé des lois au Congrès continental avec les mêmes valeurs de liberté et d'égalité qu'il défendait à l'assemblée législative de Virginie. La Révolution américaine se termine par le traité de Paris en 1783, et la frontière occidentale des États-Unis est fixée au fleuve Mississippi.

Thomas Jefferson demanda au Congrès continental d'autoriser les territoires situés à l'ouest du Mississippi à demander le statut d'État après avoir satisfait à certaines normes démographiques et organisationnelles. Il a également cherché à abolir l'esclavage dans tous les territoires américains nouvellement acquis et à libérer toutes les personnes asservies aux États-Unis nées après 1800. Ces deux propositions, qui auraient pu changer le cours de l'histoire des États-Unis, ont été rejetées de justesse par le Congrès continental.

Le séjour de Thomas Jefferson à Paris

Le Congrès continental envoie Jefferson à Paris en 1784 pour succéder à Benjamin Franklin en tant qu'ambassadeur des États-Unis en France. Thomas Jefferson se joint à John Adams pour négocier avec les pays européens l'ouverture des marchés commerciaux internationaux. Jefferson et Adams obtinrent également un prêt des Pays-Bas qui permit aux États-Unis de consolider leurs dettes étrangères. Pendant leur séjour à Paris, les deux diplomates nouent une amitié personnelle qui se transformera plus tard en une amère rivalité politique.

Thomas Jefferson a également tenté d'allier les pays européens aux États-Unis contre les pirates de Barbarie d'Afrique du Nord qui attaquaient les navires marchands en mer Méditerranée. Malgré ses efforts, Jefferson ne parvint pas à obtenir d'accords commerciaux ou d'alliances européennes solides pour les États-Unis pendant ses quatre années à Paris.

Pendant son temps libre à Paris, Thomas Jefferson s'adonne à l'abondance des arts et des divertissements français. Il visitait des musées et des jardins, assistait à des représentations théâtrales et à des opéras, et dégustait la meilleure cuisine et les meilleurs vins français. Il aimait l'architecture française et a conçu le nouveau Capitole de Virginie, qui a été construit en 1785, en le modelant sur la Maison-Carrée de Nîmes, en France.

C'est en assistant à des expositions d'art à Paris que Jefferson fit la connaissance de Maria Cosway. Maria était mariée à Richard Cosway, un miniaturiste anglais, ou peintre de petits portraits. Jefferson et Maria

Cosway partageaient des intérêts similaires lorsqu'ils visitaient ensemble des expositions d'art et des galeries à Paris.

Lorsque les Cosway quittent Paris en 1787, Thomas Jefferson échange des lettres avec Maria dans lesquelles il exprime sa profonde affection pour elle. Il se décourage ou pense mieux à leur relation et finit par mettre fin à leur correspondance. Par la suite, il se consacre à nouveau aux affaires à Paris.

La fille de Jefferson, Patsy, l'accompagna à Paris en 1784, et il fit venir Polly en 1787 pour les rejoindre. Une fois que ses filles furent avec lui à Paris, il les plaça toutes deux dans un couvent pour les protéger de ce qu'il pensait être les tentations de la société.

L'aspect le plus controversé de la vie personnelle de Jefferson est sa relation sexuelle présumée avec l'une de ses esclaves. Sally Hemings était une esclave d'ascendance mixte noire et blanche. Les historiens supposent que la relation entre Jefferson et Hemings a commencé après son arrivée à Paris avec Polly Jefferson en 1787. Les chercheurs ont estimé qu'il était le père d'au moins un et peut-être de six des enfants de Hemings. Les recherches se sont poursuivies et, en 1998, des scientifiques ont effectué une analyse ADN sur certains des descendants vivants de Jefferson et Hemings. Les tests ont montré qu'il était presque certain que Thomas Jefferson et Hemings avaient eu des enfants ensemble. Néanmoins, leur relation reste un sujet de débat.

Esclavage

La position de Jefferson sur l'esclavage était complexe. Dans les années 1760 et 1770, lui et ses collègues planteurs de Virginie, qui possédaient tous des esclaves, étaient favorables à la fin de la traite des esclaves dans les colonies. Dans son unique ouvrage, Notes on the State of Virginia (1781), Jefferson explique comment l'esclavage viole les droits de l'homme et contredit les principes de liberté et d'égalité sur lesquels les États-Unis ont été fondés.

Thomas Jefferson attribuait l'esclavage à la société aristocratique créée par la Grande-Bretagne dans les colonies. Ses propositions au Congrès continental dans les années 1780 visaient à abolir progressivement l'esclavage, en commençant par les nouveaux territoires américains et les personnes nées en esclavage après 1800. Ces déclarations et actions placent Thomas Jefferson à l'avant-garde du mouvement antiesclavagiste.

Toutefois, lorsqu'il rentra aux États-Unis en 1789, Jefferson avait renoncé à son rôle de leader contre l'esclavage. Sa position avait suscité une controverse, notamment au sein de la classe des planteurs de Virginie, que Jefferson voulait éviter. En outre, il était clair que la position de Jefferson était incohérente. Parallèlement à ses arguments anti-esclavagistes dans les Notes on the State of Virginia, il affirmait également que les personnes d'origine africaine étaient biologiquement inférieures aux Blancs.

Thomas Jefferson pensait que les Noirs et les Blancs ne pourraient jamais coexister pacifiquement, rendant ainsi inconcevable la fin de l'esclavage. La dépendance de Jefferson à l'égard du travail des esclaves à Monticello a donné à ses détracteurs une raison supplémentaire de qualifier son discours anti-esclavagiste d'hypocrite.

Politique et difficultés des partis

Thomas Jefferson est rentré aux États-Unis en 1789 pour occuper le poste de secrétaire d'État sous George Washington, le premier président des États-Unis. La Constitution des États-Unis ayant été rédigée et ratifiée alors que Jefferson se trouvait à Paris, il avait manqué l'occasion de participer à l'élaboration du document. Il a critiqué les auteurs de la Constitution pour avoir omis de rédiger une déclaration des droits, affirmant que chaque citoyen américain avait droit à des droits fournis par le gouvernement national. En ce qui concerne les droits des États, il conteste que l'autorité du gouvernement fédéral, en vertu de la Constitution, s'impose sévèrement aux affaires des États individuels. Ces positions allaient définir le rôle de leader de Jefferson alors que les premiers partis politiques du pays prenaient forme.

Pendant son mandat de secrétaire d'État, la principale responsabilité de Jefferson était la politique étrangère. Lorsque les guerres napoléoniennes entre la France et la Grande-Bretagne débutent en 1793, Washington publie la Proclamation de neutralité. Cependant, Thomas Jefferson cherche à maintenir l'alliance des États-Unis avec la France, conclue en 1778 pendant la Révolution américaine. Ses adversaires politiques, le vice-président John Adams et le secrétaire au Trésor Alexander Hamilton, étaient favorables à une version pro-britannique de la neutralité. En raison de leurs divergences politiques, l'amitié entre Jefferson et Adams qui s'était développée pendant leur travail à Paris était compromise.

Deux partis politiques ont émergé pendant l'administration de Washington. Le gouvernement américain était divisé entre les Fédéralistes et les Républicains. Le parti fédéraliste est né sous la direction d'Adams et d'Hamilton et prône un gouvernement central fort. Thomas Jefferson et son allié politique, James Madison, créèrent le parti républicain (plus tard parti démocrate-républicain), qui fut le précurseur du parti démocrate actuel.

Le parti de Thomas Jefferson et de Madison était favorable à une plus grande autonomie des gouvernements des États. Les républicains assimilaient le plan de gouvernement fédéraliste à celui d'une monarchie et qualifiaient les politiques pro-britanniques de trahison des relations des États-Unis avec la France. Frustré par l'administration contrôlée par les fédéralistes, Thomas Jefferson se retire du poste de secrétaire d'État en 1793 et retourne à Monticello.

Vice-président

Thomas Jefferson réintègre la politique nationale avec un parti républicain plus stable qui le soutient dans l'élection présidentielle à venir. Jefferson est battu par son ennemi juré, John Adams, dans une course très serrée (71 voix contre 68). Selon la Constitution américaine relative aux élections présidentielles de l'époque, Jefferson est nommé vice-président car il a obtenu le deuxième plus grand nombre de voix. Jefferson occupa ses années de vice-présidence à s'opposer aux actions législatives des fédéralistes dirigées par Hamilton.

En 1798, le président Adams fait passer les Alien and Sedition Acts, qui mettent en place des normes strictes pour que les immigrants puissent devenir citoyens des États-Unis. Ces lois incriminaient également les citoyens américains qui publiaient des calomnies anti-gouvernementales. Thomas Jefferson et Madison ont répondu par les Résolutions de Virginie et du Kentucky de 1798-99, qui protestaient contre le fait que ces lois étaient inconstitutionnelles car elles violaient la clause de liberté d'expression du premier amendement de la Constitution. Alors que les dissensions entre les fédéralistes et les républicains s'intensifiaient tout au long de l'administration d'Adams, Jefferson se préparait à une autre nomination présidentielle.

La présidence de Thomas Jefferson

Lors de l'élection présidentielle de 1800, Thomas Jefferson s'opposa à Adams dans une autre campagne compétitive entre les républicains et les fédéralistes. Deux républicains, Jefferson et Aaron Burr, de New York, sont à égalité pour la victoire avec 73 voix électorales chacun, et Adams termine avec 65 voix électorales.

La Constitution des États-Unis empêchait les électeurs de faire la distinction entre leur choix du président et du vice-président sur le bulletin de vote d'un parti politique. Bien que les électeurs aient préféré Jefferson, Burr refusa de lui céder la présidence. La Chambre des représentants se réunit donc pour examiner les votes et choisit Thomas Jefferson comme président et Burr comme vice-président. Pour éviter qu'une telle situation ne se reproduise, le 12e amendement à la Constitution est adopté en 1804. Il exige que les électeurs votent séparément pour le président et le vice-président.

L'élection présidentielle de 1800 fut l'une des campagnes les plus âprement disputées de l'histoire américaine. Thomas Jefferson est investi dans ses fonctions le 4 mars 1801. Il commence sa présidence par un appel à la réconciliation dans son discours inaugural : "Nous sommes tous républicains, nous sommes tous fédéralistes." Après l'amère division de la campagne électorale, Jefferson met l'accent sur l'unité.

Thomas Jefferson a également affirmé son engagement fort en faveur d'un gouvernement limité, notant que la "somme d'un bon gouvernement" est un gouvernement "qui empêche les hommes de se nuire les uns aux autres, qui les laisse libres de régler leurs propres activités industrielles et de perfectionnement, et qui ne retire pas de la bouche du travail le pain qu'il a gagné" (cette dernière partie faisant référence aux impôts).

Pendant son administration, Jefferson a réduit l'autorité du gouvernement américain en démantelant l'armée et en diminuant les impôts. Il a également diminué la dette nationale. Dans sa tentative de minimiser l'exposition de la fonction présidentielle, Jefferson délégua tous les messages exécutifs par écrit plutôt que par des discours publics.

Le cabinet de Jefferson comprenait James Madison comme secrétaire d'État et Albert Gallatin, de Pennsylvanie, qui était l'un des gestionnaires financiers les plus qualifiés du pays, comme secrétaire au Trésor. Lorsque la guerre entre la Grande-Bretagne et la France s'installe temporairement en 1801, Gallatin profite des opportunités commerciales avec ces deux pays pour renforcer l'économie américaine.

Guerre

Thomas Jefferson est confronté à son premier défi étranger de la part de l'État barbare nord-africain de Tripoli (aujourd'hui la capitale de la Libye). Les États de Barbarie d'Alger, de Tunis, du Maroc et de Tripoli exigeaient un tribut annuel des navires américains voyageant en Méditerranée en échange d'une immunité contre les attaques. Lorsque Tripoli a augmenté ses exigences monétaires, Jefferson a refusé d'effectuer tout paiement supplémentaire. Par conséquent, Tripoli déclara la guerre aux États-Unis en mai 1801, et Jefferson déploya des navires de guerre américains sur la côte nord-africaine.

Les États-Unis et Tripoli se sont engagés dans une guerre navale pendant les quatre années suivantes. En 1804, les forces tripolitaines capturèrent la frégate américaine Philadelphia. Un lieutenant de la marine américaine nommé Stephen Decatur mena un vaillant raid contre la frégate dépassée et la détruisit.

La combinaison d'un blocus naval américain sur la côte de Tripoli et d'une offensive terrestre américaine sur Tripoli depuis l'Égypte à l'est a finalement mis fin à la guerre. Un traité de paix entre les États-Unis et Tripoli fut signé le 4 juin 1805, abolissant tout tribut annuel des États-Unis.

Gains territoriaux et exploration sous Thomas Jefferson

Le Mississippi était une voie d'eau précieuse vers les territoires de l'Ouest pour les colons américains qui comptaient sur le fleuve pour le commerce. Lorsque Jefferson et le secrétaire d'État Madison apprirent que l'Espagne avait cédé le territoire de la Louisiane à la France par le traité de San Ildefonso en octobre 1800, les dirigeants américains s'inquiétèrent de perdre l'accès au port commercial vital de La Nouvelle-Orléans.

Thomas Jefferson chargea l'ambassadeur des États-Unis en France, Robert R. Livingston, de négocier avec les responsables français pour l'achat de la Nouvelle-Orléans. L'Espagne cède également la Floride occidentale à la France, et Jefferson craint que la France ne limite la navigation américaine sur l'ensemble du fleuve Mississippi.

Thomas Jefferson envoie James Monroe comme envoyé spécial pour aider Livingston dans les négociations avec la France. Dans une tournure surprenante des événements, Napoléon Ier offrit de vendre l'ensemble du territoire de la Louisiane, qui s'étendait des terres situées à l'ouest du fleuve Mississippi aux montagnes Rocheuses, aux États-Unis pour 15 millions de dollars. En mai 1803, les délégués américains signèrent un traité avec Napoléon Ier pour l'achat de la Louisiane, qui fut la réalisation la plus célèbre de Jefferson en tant que président. Les territoires de l'Ouest ont toujours intrigué Jefferson car il les voyait comme l'avenir des États-Unis.

En juillet 1803, Thomas Jefferson dépêche son secrétaire particulier, Meriwether Lewis, pour mener une expédition dans le territoire de la

Louisiane nouvellement acquis et trouver un passage vers l'océan Pacifique. Lewis a recruté son ami William Clark pour partager le commandement de l'expédition.

Le groupe d'exploration de Lewis et Clark quitta St Louis, Missouri, en mai 1804 et remonta le fleuve Missouri. Ils se dirigent vers l'ouest, traversent les montagnes Rocheuses et atteignent le Pacifique en novembre 1805. Au cours de leur voyage, ils ont dressé des cartes, établi des relations amicales avec plusieurs tribus amérindiennes et étudié la vie végétale et animale.

Lewis et Clark retournèrent à Saint-Louis en septembre 1806 avec des journaux détaillés, des cartes et divers spécimens de plantes et d'animaux pour la recherche. Leur parcours vers le Pacifique a ouvert la voie aux futurs explorateurs et commerçants qui ont cherché à coloniser l'Ouest.

Les défis intérieurs et extérieurs de Thomas Jefferson

Thomas Jefferson remporte une victoire facile lors de l'élection présidentielle de 1804 contre le candidat fédéraliste, Charles Cotesworth Pinckney, de Caroline du Sud. Pinckney était un diplomate étranger sous l'administration de John Adams. L'influence du parti républicain, sous la direction de Jefferson, a eu raison des fédéralistes, qui n'ont pas été en mesure de monter une campagne stimulante. George Clinton, ancien gouverneur de New York, remplace Aaron Burr comme vice-président de Jefferson.

Burr est arrêté et envoyé à Richmond, en Virginie, pour y être jugé pour trahison en mai 1807, et Jefferson témoigne contre lui lors du procès. Burr est accusé de préparer une invasion dans certaines parties du territoire de la Louisiane et dans les territoires tenus par les Espagnols plus à l'ouest. Son plan présumé était de former un mouvement sécessionniste pour établir un nouveau pays sous sa direction. Il est acquitté de ces accusations en septembre 1807, mais il perd par la suite sa crédibilité en tant que leader politique.

Lorsque les guerres napoléoniennes reprennent entre la Grande-Bretagne et la France en 1803, Jefferson insiste pour que les États-Unis respectent la Proclamation de neutralité émise par le président Washington en 1793. Cependant, les deux pays européens se méfient de la loyauté des États-Unis. Des navires de guerre britanniques et français, protégeant tous deux leurs propres intérêts, s'emparent de navires marchands américains soupçonnés de transporter des fournitures de guerre.

En réponse au harcèlement en mer de la Grande-Bretagne et de la France, Thomas Jefferson a signé l'Embargo Act en 1807, qui fermait tous les ports américains aux importations et aux exportations. Jefferson pensait que la restriction du commerce avec les États-Unis convaincrait la Grande-Bretagne et la France d'honorer la neutralité des États-Unis.

Malgré les intentions de Jefferson, la loi sur l'embargo s'est retournée contre l'économie américaine, car les deux pays européens disposaient déjà d'approvisionnements en produits américains. Les marchés agricoles et industriels américains ont souffert car ces entreprises dépendaient des revenus de l'exportation de leurs marchandises. À la suite de cette loi, les États-Unis ont connu des taux de chômage élevés.

En outre, l'application de l'Embargo Act par Thomas Jefferson s'écartait de son opposition aux mesures coercitives imposées par le gouvernement fédéral. Peu avant l'expiration de son mandat en 1809, Jefferson a signé la loi de non-intercours, qui autorisait les États-Unis à commercer avec tout pays autre que la Grande-Bretagne et la France.

Post-Présidence

Thomas Jefferson est retourné à Monticello en mars 1809 après l'investiture de James Madison comme quatrième président des États-Unis. Jefferson a maintenu une retraite active pendant les 17 dernières années de sa vie.

Dans les années qui suivirent sa présidence, Thomas Jefferson et sa famille reçurent de nombreux visiteurs à Monticello. À cette époque, la famille de Jefferson se composait de sa fille aînée, Martha (appelée auparavant Patsy), de son mari et de ses enfants (sa fille Polly était décédée en 1804). Ils organisaient des dîners et invitaient de nombreux hôtes de marque à séjourner dans les chambres de leur domaine. Afin de disposer d'une maison privée à l'écart de l'activité de Monticello, Jefferson fit construire un nouveau manoir, qu'il nomma Poplar Forest, sur son domaine de Bedford situé à 140 kilomètres de Monticello.

Un autre des chefs-d'œuvre architecturaux de Jefferson est l'université de Virginie à Charlottesville, qui a reçu sa charte en 1819. Jefferson a planifié la disposition du campus et conçu les bâtiments de ce qu'il appelait son "village académique". Il a également établi le programme d'études pour les étudiants, embauché le corps enseignant et sélectionné les livres pour la bibliothèque du campus. Les politiques de l'université reflétaient les principes que Thomas Jefferson avait défendus au cours de sa carrière politique. L'école n'avait aucune affiliation religieuse, était régie par un système d'honneur pour les étudiants plutôt que par un code de conduite, et n'avait ni président ni administration. L'université de Virginie, qui a ouvert ses portes en 1825, a commencé comme une institution autonome.

Malgré sa vie publique éminente, la vie privée de Jefferson était grevée par d'importantes dettes personnelles. Certains de ses problèmes financiers sont attribués aux obligations restantes de l'héritage de la dot de sa femme, mais la plupart de ses dépenses sont dues à son style de vie somptueux dans son pays et à l'étranger. L'année suivant la mort de Jefferson, les membres survivants de sa famille ont été contraints de vendre aux enchères le terrain, le manoir et le mobilier de Monticello pour financer les dettes.

Thomas Jefferson et John Adams se sont réconciliés et ont renoué leur amitié en 1812. Au cours des 14 années suivantes, ils ont échangé 158 lettres, relatant leurs opinions et attitudes personnelles sur des sujets tels que la politique, la philosophie et la religion. Leurs lettres sont devenues la correspondance la plus célèbre entre deux hommes d'État américains.

Une question dont même Adams et Jefferson ne pouvaient discuter franchement était l'esclavage. La position mûre de Jefferson sur le sujet représente un nouveau recul par rapport à tout rôle de leader pour mettre fin à cette pratique. En 1819, lors du débat au Congrès sur le Compromis du Missouri, il soutient l'expansion de l'esclavage dans les territoires occidentaux des États-Unis, à l'opposé de la position qu'il avait adoptée dans les années 1780.

En outre, Thomas Jefferson insistait fortement sur le fait que le gouvernement fédéral avait tort de tenter tout effort d'émancipation. Les lettres qu'il a adressées à ses compatriotes Virginiens au cours de ses dernières années reflètent une nette préférence pour la sécession si le gouvernement américain menaçait de mettre en place un plan obligatoire d'abolition de l'esclavage.

Thomas Jefferson est mort dans sa maison de Monticello le 4 juillet 1826, le jour du 50e anniversaire de la Déclaration d'indépendance. Il a été enterré dans le cimetière de sa famille sur le domaine. Dans une coïncidence symbolique de l'histoire des États-Unis, John Adams est mort quelques heures après Jefferson. Ces deux leaders légendaires des États-Unis ont illustré la préservation de la liberté et de la démocratie sous lesquelles le pays a été établi.

Bien que la réputation de Jefferson soit entourée de controverses concernant sa position sur l'esclavage et ses relations intimes, il est toujours considéré comme un ardent défenseur du bien-être du pays. Le Thomas Jefferson Memorial à Washington, D.C., a été achevé le 13 avril 1943. Une sculpture de la tête de Jefferson, représentant la philosophie politique du pays, est l'un des quatre présidents américains sculptés sur le Mont Rushmore, dans le sud-ouest du Dakota du Sud. Ces deux monuments rendent hommage à l'un des fondateurs les plus accomplis du pays.

Questions de recherche

1. En quoi Thomas Jefferson voyait-il le rôle d'un président différemment des fondateurs ?
2. Quelles sont les premières réflexions sur l'esclavage exprimées par Thomas Jefferson ?
3. Comment pensez-vous que Jefferson se sentirait si son visage était sur le dollar ?

4. James Madison (1809-1817)
Parti démocrate-républicain | Vice-présidents : George Clinton et Elbridge Gerry

"Des lois égales protégeant des droits égaux... la meilleure garantie de loyauté et d'amour de la patrie."

Père de la Constitution, James Madison fut le quatrième président des États-Unis, de 1809 à 1817. Succédant à Thomas Jefferson, Madison dut faire face aux menaces navales britanniques à l'étranger et à l'hostilité des Amérindiens, attisée par le ressentiment des Britanniques envers les États-Unis. Ces facteurs ont contribué à la guerre de 1812 contre la Grande-Bretagne. Bien qu'elle se soit soldée par une impasse, la guerre a fait de James Madison un dirigeant éminent de son pays. Il a atteint le prestige et la gloire nationale sans "porter atteinte à un droit politique, civil ou religieux".

James Madison s'est inspiré des idéaux de Jefferson lors de la convention de Virginie de 1776, où ils ont élaboré une constitution d'État. Les deux hommes d'État ont préconisé des réformes en matière de religion et d'éducation publique en Virginie, qui ont finalement été adoptées par d'autres États et par le gouvernement fédéral.

Lors de la Convention constitutionnelle de 1787, James Madison a joué un rôle déterminant dans la rédaction de la Constitution des États-Unis. Celle-ci est devenue le fondement de la liberté et des droits de l'homme offerts à tous les citoyens américains, acquis au cours de la Révolution américaine. James Madison et Jefferson ont établi une alliance politique qui a conduit à la naissance du parti républicain, qui s'est opposé au parti fédéraliste qu'ils percevaient comme ressemblant à la monarchie britannique.

James Madison a fait progresser sa carrière dans la politique nationale en tant que membre de la Chambre des représentants des États-Unis de 1789 à 1797. À la Chambre, il a obtenu l'idée de Jefferson d'inclure la Déclaration des droits dans la Constitution. En tant que secrétaire d'État américain dans le cabinet du président Jefferson, Madison s'est battu avec la Grande-Bretagne et la France au sujet des droits de neutralité des États-Unis en mer. Madison suivit les traces de Jefferson en tant que leader d'une nouvelle nation destinée à devenir une puissance mondiale.

Les débuts de la vie de James Madison

James Madison, Jr, est né le 16 mars (5 mars sur le calendrier utilisé à l'époque), 1751, à Port Conway, en Virginie. Il est l'aîné des sept enfants de sa famille à atteindre l'âge adulte. Ses parents sont James Madison, père, et Eleanor (Nelly) Conway.

James Madison, père, était l'un des plus importants propriétaires terriens du comté d'Orange et a élevé sa famille sur la plantation de Montpelier, près des Blue Ridge Mountains en Virginie. Il a occupé plusieurs fonctions publiques dans le comté d'Orange au cours de sa carrière, notamment celles de shérif et de juge de paix.

La guerre franco-indienne (1754-63) fait rage pendant la majeure partie de son enfance, et James Madison, fils, vit dans la crainte d'attaques amérindiennes près de chez lui. Madison a développé un préjugé contre les Amérindiens qui a perduré tout au long de sa vie. Bien que la guerre ait créé des troubles parmi les tribus des environs de Montpelier, le domaine des Madison n'a jamais été menacé.

James Madison reçoit de sa mère l'enseignement fondamental de la lecture et de l'écriture. De 11 à 16 ans, il fréquente un pensionnat sous la direction de Donald Robertson, un maître d'école d'origine écossaise, dans le comté de King and Queen, en Virginie. Au cours des deux années suivantes, Madison reçoit à Montpelier le soutien de Thomas Martin, ministre anglican du comté d'Orange.

Encouragé par Martin, James Madison entre au College of New Jersey (aujourd'hui l'université de Princeton) en 1769. Il est un étudiant dévoué et passe la plupart de son temps à étudier ses cours, qui comprennent le débat, le grec, le latin, les sciences, la littérature et la philosophie. Pendant ses études, Madison est intrigué par les étudiants et les professeurs qui s'opposent à la domination britannique dans les colonies. James Madison rejoint l'American Whig Society, un club d'étudiants anti-britanniques, et suit de près les débats sur la résistance coloniale à la délégation et aux impôts britanniques.

Après avoir obtenu son baccalauréat en 1771, Madison retourne à Montpelier et étudie la politique, l'histoire et le droit de manière indépendante. Il s'intéresse au droit mais ne cherche pas à s'inscrire au barreau. Il reste indécis quant à sa carrière jusqu'à ce que son père lui offre une opportunité en politique.

Les premières années de politique de James Madison

James Madison a été élu à sa première fonction publique en 1774 au sein du Comité de sécurité du comté d'Orange, une organisation que son père présidait. Madison entre dans la milice du comté d'Orange en 1775 en tant que colonel au début de la Révolution américaine. Cependant, sa mauvaise santé due à un trouble nerveux l'empêche de participer aux combats, et il ne sert que brièvement dans l'armée.

En 1776, James Madison est élu délégué à la convention de l'État de Virginie, où il travaille aux côtés de Thomas Jefferson à la rédaction de la constitution de l'État, un ensemble de lois qui deviendra le modèle de la Constitution des États-Unis. Jefferson venait de se retirer du Congrès continental, quelques mois après la signature de la Déclaration d'indépendance le 4 juillet 1776. Pendant la rédaction de la constitution de la Virginie, Madison et Jefferson ont proposé des modifications aux statuts éducatifs et religieux de l'État. Ces réformes ont servi de modèle à l'ensemble de la nation.

Les deux législateurs de Virginie souhaitaient une éducation publique gratuite pour tous les Virginiens et un soutien de l'État à l'enseignement supérieur. En 1777, Jefferson rédigea le Virginia Statute for Religious Freedom (statut de la Virginie pour la liberté religieuse), qui préconisait la séparation totale de l'Église et de l'État. Ce statut déclarait que l'État tolérerait toutes les religions, et les citoyens de Virginie étaient libres de pratiquer n'importe quelle confession sans craindre de discrimination politique. En travaillant ensemble, Madison et Jefferson ont formé une alliance politique qui s'est poursuivie dans d'autres fonctions étatiques et fédérales.

James Madison a fait partie du Conseil d'État de Virginie, le cabinet administratif du gouverneur, entre 1778 et 1779, sous deux gouverneurs, Patrick Henry et Thomas Jefferson. Le conseil déléguait des lois et conseillait le gouverneur sur les affaires de l'État, mais Madison était mécontent du pouvoir minimal attribué au gouverneur. Il considérait le conseil comme une entrave à l'efficacité de l'autorité exécutive dans l'État.

Après deux ans au cabinet du gouverneur, Madison est élu en 1780 pour représenter la Virginie au Congrès continental à Philadelphie. Pour soutenir les principes de la Révolution américaine, il recherche un équilibre des pouvoirs au sein du gouvernement national et est favorable au maintien de l'alliance avec la France établie en 1778.

James Madison demande un soutien financier accru pour l'armée continentale pendant la guerre. Il a également demandé que le fleuve Mississippi soit considéré comme la frontière occidentale des États-Unis, ce qui permettrait aux marchands américains de commercer dans les territoires contrôlés par les Espagnols le long du fleuve. Cet objectif a été atteint par le traité de Paris de 1783 qui a mis fin à la Révolution américaine.

Après s'être retiré du Congrès continental, James Madison réintègre la législature de Virginie en 1784. Il conteste le projet de loi de Patrick Henry visant à prélever une taxe pour le soutien financier de l'État aux "enseignants de la religion chrétienne". Militant pour la liberté religieuse, il vote contre le projet de loi de Henry, qui est ensuite rejeté. Une querelle politique amère s'ensuit entre Madison et Henry. James Madison obtient la promulgation du Virginia Statute for Religious Freedom de Jefferson en 1786 et présente un projet de loi qui interdit toute condition religieuse préalable à l'accès aux fonctions publiques de l'État.

James Madison a participé à la convention d'Annapolis de 1786 dans le Maryland avec les délégués de cinq États pour répondre aux préoccupations relatives au commerce interétatique. Les délégués ont déterminé qu'ils ne pouvaient pas traiter de telles questions domestiques dans le cadre des Articles de la Confédération en vigueur, qui servaient de constitution aux États-Unis depuis 1781. Ils prévoient de tenir une convention fédérale à Philadelphie l'année suivante pour réviser les articles inadéquats.

La constitution

Lors de la Convention constitutionnelle de 1787, James Madison et le gouverneur Edmund Randolph ont présenté le plan de la Virginie, un ensemble de 15 résolutions visant à établir un gouvernement national. Madison soulignait les faiblesses des articles de la Confédération et proposait ces résolutions pour les remplacer.

Le gouvernement fédéral comprendrait trois branches - un corps législatif national chargé de promulguer les lois, un chef exécutif chargé de gouverner la nation et un pouvoir judiciaire national composé des tribunaux - et les représentants élus de chaque branche occuperaient leur poste pour des mandats désignés. Les nouveaux États seraient admis dans l'union en fonction de critères démographiques. Le plan de la Virginie a fourni le cadre de base de la Constitution des États-Unis.

James Madison a rédigé une grande partie de la Constitution en se fondant sur ses principes d'un gouvernement national fort et d'une répartition équitable de l'autorité au sein de ses branches. Son attachement à ces valeurs et sa participation assidue à la convention lui ont valu le titre de Père de la Constitution.

James Madison et Patrick Henry s'opposent sur la question de la ratification de la Constitution. Leurs débats réchauffent la convention, les deux hommes d'État présentant leurs arguments. Dans un style oratoire dramatique, Henry décrit les libertés constitutionnelles comme un masque d'oppression sur des personnes qui jouissent déjà des fruits de la liberté. Madison, quant à lui, exprime dans son calme la nécessité d'un gouvernement stable et juste qui ne peut être maintenu que par la Constitution. Le pouvoir logique de persuasion de Madison se mesure à l'habileté rhétorique influente de Henry.

Pendant les délibérations, Madison a pris des notes sur tous les débats de la convention. Il a collaboré avec Alexander Hamilton et John Jay pour rédiger les Federalist Papers, une collection de 85 essais en faveur de la Constitution. Leur objectif initial était de convaincre les électeurs réticents de l'État de New York d'approuver la ratification. Les essais analysent une forme républicaine de gouvernement avec un système de freins et contrepoids pour les différentes branches. Madison et ses associés savaient qu'un gouvernement républicain ne pouvait pas protéger contre les motivations politiques égoïstes de certains représentants. Au lieu de cela, la Constitution permettrait le développement d'institutions politiques pour compenser les déficiences de ces individus.

Les essais de Madison dans The Federalist Papers proclamaient que la stabilité, la liberté et la justice dans le pays pouvaient être obtenues le plus efficacement par les décisions d'une majorité formée par le compromis et la conciliation. Le 17 septembre 1787, 39 délégués au total ont signé la Constitution, dont Madison, Hamilton et George Washington, qui présidait la convention.

James Madison a correspondu avec Thomas Jefferson, qui était à Paris en tant qu'ambassadeur des États-Unis en France, tout au long de l'élaboration de la Constitution. Jefferson a fait l'éloge des Federalist Papers, qu'il considère comme une excellente interprétation de la Constitution. Après avoir examiné une copie de la Constitution que Madison lui avait envoyée, Jefferson remarqua l'absence d'une déclaration des droits et convainquit Madison qu'elle était essentielle à la préservation des droits de l'homme. Lorsque Jefferson retourna aux États-Unis en 1789 et fut nommé secrétaire d'État américain, les partisans de Madison adoptèrent volontiers les principes jeffersoniens.

Le temps passé par James Madison dans les bureaux fédéraux

Élu à la Chambre des représentants des États-Unis en 1789, James Madison a parrainé la Déclaration des droits, les dix premiers amendements à la Constitution qui mettaient l'accent sur les libertés de religion, d'expression et de la presse. Madison a siégé à la Chambre pendant toute la durée du mandat du président George Washington.

Pendant le mandat de Madison à la Chambre des représentants, des partis politiques "mauvais" ont inévitablement émergé au sein du gouvernement. Les dirigeants se sont divisés sur les politiques concernant le pouvoir du gouvernement fédéral sur les États et le choix de l'allégeance à la Grande-Bretagne ou à la France. Le parti fédéraliste, dirigé par le vice-président John Adams et le secrétaire au Trésor Alexander Hamilton, préconisait un gouvernement central fort dont la loyauté allait à la Grande-Bretagne. Jefferson et Madison créent le parti républicain qui favorise une plus grande souveraineté des États et s'efforce de maintenir les liens étroits avec la France qui ont été établis en 1778.

Au milieu des luttes entre les fédéralistes et les républicains au Congrès, Madison est présenté à une jeune veuve nommée Dolley Payne Todd par son collègue républicain Aaron Burr. Dolley avait un enfant survivant, John Payne Todd, de son précédent mariage. Le couple se marie le 15 septembre 1794. Ils ont élevé John Todd, mais n'ont jamais eu d'enfants ensemble.

Lors de l'élection présidentielle de 1796, les républicains avaient acquis une influence significative au Congrès et choisirent Jefferson pour se présenter contre le candidat fédéraliste, le vice-président Adams. Au terme d'une campagne serrée et âprement disputée, Adams l'emporta avec un score de 71 à 68 voix pour succéder à Washington à la présidence, et Jefferson devint vice-président.

La guerre anticipée avec la France incita le président Adams à faire passer les Alien and Sedition Acts en 1798, quatre lois qui limitaient l'immigration et incriminaient toute personne qui imprimait de la propagande calomnieuse visant le gouvernement fédéral. En réponse à ces lois, Madison et le vice-président Jefferson rédigèrent les Résolutions de Virginie et du Kentucky, qui furent adoptées par les deux États entre 1798 et 1799. Les deux hommes attestaient dans leurs résolutions que les Alien and Sedition Acts étaient inconstitutionnels car ils violaient la clause de liberté d'expression du premier amendement de la Constitution.

En 1799, James Madison est élu pour un nouveau mandat à la législature de Virginie. Il rallia le soutien à Jefferson en tant que candidat républicain pour défier le président sortant Adams lors de l'élection de 1800. Adams se révéla être un adversaire moins redoutable dans cette campagne, et Jefferson fut élu après que les délibérations de la Chambre des représentants eurent brisé une égalité de 73 à 73 avec Aaron Burr, également candidat républicain. Jefferson prit ses fonctions en mars 1801 et nomma Madison au Cabinet en tant que secrétaire d'État chargé de déléguer les affaires étrangères des États-Unis.

James Madison défend la décision de Jefferson de cesser de payer des tributs annuels à l'État barbare nord-africain de Tripoli. Ces paiements protégeaient les navires marchands américains des attaques des pirates barbaresques en mer Méditerranée. Lorsque Jefferson refusa de tolérer ce chantage, Tripoli déclara la guerre aux États-Unis en mai 1801.

Jefferson déploya une flotte navale sur la côte de Tripoli pour établir un blocus, qui, combiné à une offensive terrestre américaine depuis l'est, força Tripoli à une trêve en juin 1805.

Lorsque Jefferson apprit que la France avait acquis le territoire de la Louisiane auprès de l'Espagne, il chargea Robert R. Livingston, ambassadeur des États-Unis en France, de négocier avec Napoléon Ier pour obtenir des droits commerciaux le long du Mississippi. Madison considérait que le port de la Nouvelle-Orléans était vital pour le commerce américain le long du Mississippi et envoya un envoyé spécial, James Monroe, accompagner Livingston à Paris pour acheter la Nouvelle-Orléans.

Le résultat des négociations fut l'achat de la Louisiane, qui fut une surprise inattendue pour le président et son secrétaire d'État. Le territoire de la Louisiane nouvellement acquis s'étendait des terres situées à l'ouest du fleuve Mississippi jusqu'aux montagnes Rocheuses et doublait presque la taille des États-Unis.

La guerre entre la Grande-Bretagne et la France se déroule par intermittence entre 1792 et 1815, et Jefferson insiste pour que les États-Unis restent neutres. Lorsque les navires de guerre britanniques et français s'en prennent à plusieurs reprises aux navires américains et obligent les marins américains à s'engager, Madison soutient le plan de Jefferson pour l'Embargo Act de 1807. Cette loi a entraîné la fermeture de tous les ports américains au commerce extérieur en tant que mesure punitive contre la Grande-Bretagne et la France pour avoir enfreint les droits de neutralité des États-Unis en mer.

Cependant, l'embargo a eu un effet inverse car les marchés britanniques et français ont survécu grâce à leur stock de marchandises américaines. L'absence de commerce international entraîne un surplus de marchandises que les marchands américains ne peuvent vendre, ce qui se traduit par un taux de chômage élevé et une économie globalement faible.

Avant de quitter ses fonctions en 1809, Jefferson abrogea la loi sur l'embargo et la remplaça par la loi sur le non-intercours, qui autorisait les États-Unis à commercer avec toutes les nations, à l'exception de la Grande-Bretagne et de la France. Madison a soutenu la loi de non-intercours comme une tentative d'établir une solution pacifique au harcèlement britannique et français de la marine marchande américaine.

James Madison comme président

Lors de la campagne présidentielle de 1808, James Madison est contraint de répondre de l'échec de l'Embargo Act préconisé par les républicains. Les fédéralistes gagnent du terrain en critiquant la mauvaise gestion des affaires internationales par Madison. Malgré les tactiques de l'opposition, Madison met en déroute le candidat fédéraliste, Charles Cotesworth Pinckney de Caroline du Sud, avec 122 voix électorales contre 47. Madison entre en fonction en mars 1809, alors que l'économie nationale est instable et que la Grande-Bretagne et la France font peser des menaces navales.

Le vice-président de Madison était George Clinton, de l'État de New York, qui avait été vice-président lors du second mandat de Jefferson. Pour apaiser les républicains déloyaux du Congrès, Madison choisit Robert Smith du Maryland comme secrétaire d'État au lieu d'Albert Gallatin de Pennsylvanie, plus digne de confiance. Gallatin est nommé secrétaire au Trésor. Smith, qui avait été secrétaire à la Marine dans l'administration de Jefferson, critiquait les politiques administratives de Madison et répandait des rumeurs de querelles internes au sein du cabinet du président. Madison remplace Smith par James Monroe, de Virginie, en 1812.

En 1810, James Madison a proposé un projet de loi visant à alléger les restrictions commerciales de l'un ou l'autre des deux pays européens qui respectaient les droits de neutralité des navires américains. Napoléon Ier accepte ces conditions comme un stratagème pour obtenir une alliance avec les États-Unis contre la Grande-Bretagne, et les États-Unis reprennent leurs relations commerciales avec la France.

Les Britanniques s'acharnent à saisir les navires américains et à forcer les marins américains à s'engager. La Grande-Bretagne fournit également des armes et des fournitures aux Amérindiens qui organisent des soulèvements contre les colons le long des frontières nord-ouest des États-Unis.

Le 7 novembre 1811, le général William Henry Harrison a mené une attaque américaine près de Battle Ground (Ind.), sur la rivière Tippecanoe, afin de supprimer la menace d'une alliance intertribale amérindienne dirigée par le chef shawnee Tecumseh. La bataille de Tippecanoe s'est soldée par un nombre égal de pertes pour les deux camps mais a été considérée comme une victoire américaine.

L'imminence de la guerre entre les États-Unis et la Grande-Bretagne donne aux faucons de guerre du Congrès, des républicains dirigés par Henry Clay et John C. Calhoun, l'occasion d'exploiter leurs ambitions territoriales dans le Nord-Ouest, notamment au Canada. Leur enthousiasme pour la guerre et leur animosité envers les hostilités britanniques persistantes contre les États-Unis étaient convaincants. Après avoir échoué à négocier des conditions de paix avec la Grande-Bretagne, Madison ne voit pas d'autre alternative et recommande au Congrès une déclaration de guerre.

Guerre

Le 18 juin 1812, le Congrès déclara la guerre à la Grande-Bretagne, et la guerre de 1812 était commencée. Les opposants fédéralistes l'appelèrent "la guerre de M. Madison" et proclamèrent que le président avait été poussé dans le conflit par les faucons de guerre.

En tant que commandant en chef pendant la guerre de 1812, James Madison et le secrétaire au Trésor Gallatin n'ont pas réussi à convaincre le Congrès d'augmenter les fonds destinés à soutenir l'armée. En conséquence, les États-Unis ne disposaient pas des troupes entraînées et des munitions nécessaires pour lancer une campagne de guerre réussie. Les réalisations américaines dans cette guerre se sont limitées à quelques assauts terrestres réussis et à des batailles navales stratégiques.

James Madison planifie des offensives au Canada et charge le général William Hull, vétéran de la Révolution américaine, de diriger les attaques américaines. Les tactiques de Hull sont mal organisées et il est contraint de se retirer à Détroit où il se rend aux troupes britanniques et à leurs alliés amérindiens en août 1812. D'autres tentatives d'invasion du Canada sont tout aussi désastreuses.

Au milieu de cette série de défaites sur le champ de bataille se déroule l'élection présidentielle de 1812, et les fédéralistes de la Nouvelle-Angleterre qualifient Madison de dirigeant incompétent pendant sa campagne. Ses adversaires utilisent leur rhétorique anti-guerre pour promouvoir leur candidat, DeWitt Clinton, de New York, qui était le neveu du vice-président George Clinton. Néanmoins, Madison n'a guère de difficultés à obtenir un second mandat. Lorsque le vice-président George Clinton meurt en 1812, Elbridge Gerry, du Massachusetts, est élu pour le remplacer.

Les États-Unis s'en sortent beaucoup mieux dans leurs campagnes navales. Les frégates Constitution et United States ont remporté des affrontements décisifs contre des navires de guerre britanniques en 1812. Lors de la bataille du lac Érié, le capitaine de vaisseau américain Oliver H. Perry prend le contrôle du lac Érié lors d'un engagement contre une flotte britannique en septembre 1813. Cette victoire a contribué à assurer le contrôle du Nord-Ouest par les États-Unis.

James Madison avait nommé le général William Henry Harrison commandant des forces américaines dans le Nord-Ouest après la reddition de Hull à Détroit. Harrison a chassé les Britanniques de Détroit et, le 5 octobre 1813, a vaincu l'armée britannique et ses Amérindiens à la bataille de la Tamise en Ontario, au Canada. Le chef shawnee, Tecumseh, est tué dans cette bataille, et par la suite, les Amérindiens fidèles à la Grande-Bretagne rompent leur alliance.

En août 1814, les troupes britanniques entrent dans Washington, D.C., et brûlent l'Executive Mansion, le Capitole et plusieurs autres bâtiments gouvernementaux. Madison et son cabinet se retirent en Virginie pendant l'attaque. Il réprimanda les membres de son équipe, notamment le secrétaire à la Guerre John Armstrong, pour avoir ignoré ses avertissements et ne pas avoir préparé les défenses nécessaires pour la ville.

Après avoir brûlé la capitale américaine, les Britanniques s'emparèrent d'Alexandrie, en Virginie, et se dirigèrent vers Baltimore, dans le Maryland, où ils rencontrèrent une résistance vigoureuse des forces américaines au fort McHenry le 13 septembre 1814. Le matin du 14 septembre, Francis Scott Key remarqua que le drapeau américain flottait toujours au-dessus du fort, ce qui lui inspira l'écriture de la "Bannière étoilée", que le Congrès adopta comme hymne national des États-Unis en 1931.

Ni les États-Unis ni la Grande-Bretagne n'ont obtenu d'avantages militaires ou territoriaux significatifs à la suite de la guerre de 1812, et aucun accord n'a été conclu concernant les droits de neutralité des États-Unis en mer. Le traité de Gand a été signé le 24 décembre 1814 en Belgique, mettant officiellement fin à la guerre.

La nouvelle du traité de paix n'était pas encore parvenue à La Nouvelle-Orléans, où le général américain Andrew Jackson défendait la ville contre une invasion britannique venue des rives sud du Mississippi. Le 8 janvier 1815, les superbes fortifications de Jackson et son habile direction ont permis aux États-Unis de remporter une victoire rapide et décisive lors de la bataille de la Nouvelle-Orléans. Jackson fut couronné héros de guerre et Madison exploita l'enthousiasme suscité par les suites de la bataille en proclamant que la guerre était un succès.

Préoccupations domestiques

Alors que la guerre se terminait, un groupe de fédéralistes de la Nouvelle-Angleterre, originaires du Connecticut, du Massachusetts et du Rhode Island, a tenu des réunions secrètes à Hartford (Connecticut) de décembre 1814 à janvier 1815. Leur objectif était de donner une plus grande autorité au Congrès aux États de la Nouvelle-Angleterre et de réduire l'influence politique des États du Sud et de l'Ouest. Lorsque la rumeur s'est répandue sur les motivations des délibérations de Hartford, ces fédéralistes ont été accusés de sédition. Leurs actions ont contribué à la disparition du parti fédéraliste et à la résurgence de la popularité de Madison dans tout le pays.

Parmi les autres événements notables de la présidence de Madison figure la charte du Congrès pour la deuxième Banque des États-Unis en 1816. La Louisiane et l'Indiana ont été admises comme États en 1812 et 1816, respectivement. Il a mené son pays à travers une guerre, en adhérant aux principes de la Constitution qu'il a contribué à établir, et a contribué à créer des opportunités pour que les États-Unis s'étendent à l'Ouest et renforcent leur potentiel en tant que puissance mondiale.

James Madison a soutenu le secrétaire d'État James Monroe lors de l'élection présidentielle de 1816, et Monroe l'a emporté pour devenir le cinquième président en mars 1817. Après l'investiture de Monroe, Madison retourne à Montpelier pour y prendre sa retraite.

Retraite

James Madison passe les 19 années suivantes à gérer sa ferme de 5 000 acres (2 000 hectares) à Montpelier. Il adopte des techniques de culture innovantes qui ouvrent la voie aux futures méthodes agricoles. En tant que président de la société agricole d'Albemarle, il avertit que la vie humaine dépend de la préservation de l'équilibre de la nature.

James Madison a versé des fonds pour aider Thomas Jefferson à construire le campus de l'université de Virginie à Charlottesville, qui a reçu sa charte en 1819 et a ouvert ses portes en 1825. Il s'agissait d'une institution autonome où les étudiants disposaient d'un certain degré d'autonomie concernant le programme d'études et les politiques scolaires, ce qui reflétait les principes de gouvernement que les deux hommes défendaient.

James Madison siège au conseil des visiteurs de l'université et devient recteur en 1826, l'année de la mort de Jefferson. En tant que recteur de l'université de Virginie jusqu'en 1834, Madison a conservé la structure organisationnelle de Jefferson. Avant de mourir, Madison a fait don de la majeure partie de sa bibliothèque personnelle à l'université, qu'il appelait "un temple dédié à la science et à la liberté".

Bien que propriétaire d'esclaves, Madison a œuvré pour l'abolition de l'esclavage en soutenant l'American Colonization Society. Son projet est que le gouvernement achète des esclaves et les réinstalle dans la colonie du Liberia, sur la côte ouest de l'Afrique, à partir de 1822. Les États-Unis financeraient cette opération par la vente de terres publiques.

James Madison fut élu président de l'organisation en 1833 et y resta jusqu'à sa mort. L'organisation n'a pas atteint son objectif d'éliminer l'esclavage aux États-Unis car les propriétaires terriens du Sud étaient réticents à soutenir un mouvement aussi radical. Le traitement équitable et éthique qu'il réservait à ses propres esclaves et son opposition proactive à l'esclavage témoignaient de sa sincérité à l'égard de la valorisation des droits de l'homme.

La dernière prise de position publique de Madison a lieu en 1829, lorsqu'il participe à la convention constitutionnelle de Virginie à Richmond en tant que représentant du comté d'Orange. Les délégués s'efforcent de réformer la constitution originale sur des questions telles que le droit de vote et l'esclavage dans l'État. Il conteste les articles sur l'annulation et la sécession qui permettraient aux États du Sud comme la Virginie de déclarer inconstitutionnelles les lois fédérales qu'ils jugent inadaptées à la structure de leurs États respectifs.

James Madison n'a guère eu d'influence sur l'issue de la convention, mais il est satisfait que certains accords aient été conclus au sein de la législature. À son départ, Madison espérait que les dirigeants de la Virginie maintiendraient la constitution de l'État et travailleraient à préserver la croissance politique et économique du pays.

Montpelier attirait de nombreux invités qui cherchaient à rendre visite à Madison et à en tirer des enseignements sur ses opinions politiques et sa carrière spectaculaire. Dolley Madison mettait à profit ses talents d'hôtesse gracieuse pour divertir ces visiteurs. Elle avait l'expérience de l'organisation de banquets et de réceptions à Washington, D.C., pendant les présidences de Jefferson et de son mari. Elle avait la capacité d'atténuer la gêne des interactions sociales entre les rivaux politiques, les diplomates étrangers et les citoyens ordinaires.

Pendant les derniers mois de James Madison, Dolley reste à ses côtés et le soigne jusqu'à son dernier jour. Il meurt le 28 juin 1836 dans sa maison et est enterré dans le cimetière familial sur le terrain de Montpelier.

James Madison, le Sage de Montpelier, a laissé derrière lui un héritage comme l'un des pères fondateurs les plus influents des États-Unis. Parmi ses papiers figure un message intitulé "Conseils à mon pays", qui demande que "l'Union des États soit chérie et perpétuée."

Questions de recherche

1. Quelle est votre citation préférée de James Madison ?
2. Quel fait important avez-vous appris sur James Madison que la plupart des gens ignorent ?
3. Comment pouvez-vous en savoir plus sur l'héritage de James Madison et ses réalisations en tant que président et père fondateur ?

5. James Monroe (1817-1825)
Parti démocrate-républicain | Vice-président : Daniel D. Tompkins

"Nous devons soutenir nos droits ou perdre notre caractère, et avec lui, peut-être, nos libertés."

Le cinquième président des États-Unis était James Monroe, dont la réalisation la plus célèbre au cours de son administration (1817-25) était la proposition de la Doctrine Monroe en 1823. Il s'agissait d'une politique historique de défense de l'Amérique du Nord et du Sud contre les intrusions étrangères. Ses deux mandats présidentiels ont été marqués par une richesse nationale croissante, une forte expansion vers l'ouest et un nouvel intérêt pour les routes, les canaux et les ponts.

Vétéran de la Révolution américaine et fervent partisan des principes de gouvernement de Jefferson, James Monroe est devenu un dirigeant influent au niveau national et des États. Il a joué un rôle essentiel en tant qu'ambassadeur des États-Unis dans la négociation de l'achat de la

Louisiane en 1803. L'absence d'esprit de parti a ouvert la voie à une période connue sous le nom d'"ère des bons sentiments", qui a commencé dès le début de sa présidence. Il acquiert le territoire de la Floride pour les États-Unis en 1819, et cinq territoires américains obtiennent le statut d'État pendant son administration, notamment le Mississippi (1817), l'Illinois (1818) et l'Alabama (1819). Le Maine (1820) et le Missouri (1821) ont été admis après d'âpres controverses au Congrès concernant l'esclavage. James Monroe fut le dernier président de la "dynastie de Virginie" pendant la période révolutionnaire de l'histoire des États-Unis.

Les premières années de James Monroe

James Monroe est né le 28 avril 1758, dans le comté de Westmoreland, en Virginie. Ses parents étaient Spence et Elizabeth Monroe, et James était le deuxième des cinq enfants de la famille à atteindre l'âge adulte. James Monroe avait une sœur aînée et trois frères plus jeunes. La famille vivait dans une modeste maison à ossature de bois sur un domaine de 600 acres (240 hectares). Spence Monroe était un charpentier et un planteur qui devint un fervent partisan des protestations contre la domination britannique dans les colonies.

À l'âge de 11 ans, James Monroe fréquente l'école de Campbelltown Academy, dans le comté de Westmoreland, sous la direction d'Archibald Campbell, un ecclésiastique local. L'un de ses camarades de classe à l'académie était John Marshall, qui devint plus tard le quatrième juge en chef de la Cour suprême des États-Unis. James Monroe parcourait chaque jour plusieurs kilomètres pour se rendre à l'école et en revenir à travers une zone boisée et emportait son fusil pour chasser le petit gibier. La chasse était l'un de ses passe-temps favoris, et il approvisionnait la table familiale avec le gibier à plumes qu'il abattait dans les bois près de sa maison.

Lorsque Spence Monroe meurt en 1774, James Monroe devient propriétaire des biens de son père car la loi de primogéniture en Virginie accorde l'héritage exclusivement au fils aîné d'une famille. Par la suite,

James était responsable de l'entretien des biens de la famille et de la prise en charge de ses trois frères.

L'année de la mort de son père, James Monroe s'inscrit au College of William and Mary à Williamsburg, la capitale de la Virginie de l'époque. Cependant, les études ne sont pas une priorité pendant les deux années qu'il passe au collège. La fièvre patriotique s'empare de lui et Monroe est actif dans le mouvement révolutionnaire étudiant qui se joint aux cris d'indépendance des colonies. Il participe au raid sur les arsenaux britanniques du palais du gouverneur pour aider à approvisionner la milice de Williamsburg.

La Révolution américaine a commencé avec les escarmouches de Lexington et Concord en 1775. James Monroe a quitté l'université en 1776 pour suivre une formation de base de l'armée continentale à Williamsburg et a été nommé lieutenant cette année-là dans un régiment de Virginie.

James Monroe faisait partie des soldats qui ont traversé le fleuve Delaware rempli de glace de la Pennsylvanie à Trenton, dans le New Jersey, avec le général George Washington en décembre 1776. La bataille de Trenton dura quatre jours au cours desquels les forces de Washington capturèrent la ville du contrôle britannique. Au cours d'un raid dans la bataille, Monroe a été blessé à l'épaule et a dû être transporté hors du champ de bataille. Pour ses efforts courageux au combat, Washington le récompensa par une promotion au grade de capitaine.

James Monroe a participé à deux batailles au cours de l'automne 1777 en Pennsylvanie, à Brandywine Creek et Germantown, et l'armée continentale a subi des défaites face aux forces britanniques dans les deux cas. Promu major après ces batailles, Monroe a servi pendant le dur hiver 1777-78 à Valley Forge comme aide du général William Alexander. Lors de la bataille de Monmouth, dans le New Jersey, en juin 1778, Monroe dirige un groupe d'éclaireurs pour le général Washington.

James Monroe démissionna de son poste dans l'armée en décembre 1778 après deux années de guerre épuisantes et retourna à Williamsburg. Washington le félicita pour son devoir d'officier courageux et honorable.

À Williamsburg, James Monroe tenta de former un régiment de Virginie sous son commandement, mais il ne parvint pas à générer des fonds suffisants ou à réunir suffisamment de volontaires pour le service.

James Monroe commence sa carrière politique

James Monroe reste à Williamsburg et étudie le droit auprès du gouverneur Thomas Jefferson, dont il admire les ambitions politiques en faveur des droits individuels. Le premier poste public de James Monroe est celui de membre de l'assemblée de l'État de Virginie, également appelée Conseil d'État, en 1782. Ce conseil de huit membres déléguait les lois de l'État et conseillait le gouverneur sur les affaires de l'État.

Représentant de la Virginie

James Monroe a été élu en tant que représentant de la Virginie au Congrès continental en 1783 et y a siégé pendant trois ans. Monroe a œuvré pour l'octroi de colonies frontalières aux vétérans de la Révolution américaine, pour l'acquisition de nouveaux territoires et l'admission de nouveaux États dans l'Ouest, et pour la libre navigation sur le fleuve Mississippi.

Alors qu'il siégeait au Congrès continental à New York, la capitale de la nation à l'époque, James Monroe rencontra l'éminente Elizabeth Kortright, dont le père était un ancien officier britannique et un marchand new-yorkais. James et Elizabeth se sont mariés le 16 février 1786 à New York. Le couple a eu deux filles - Eliza (née en 1787) et Maria (née en 1803) - et un fils qui est mort en bas âge. Le mariage de Maria avec Samuel L. Gouverneur en 1820 fit d'elle la première fille du président à se marier dans l'Executive Mansion.

James Monroe se retire du Congrès continental en 1786 et s'installe à Fredericksburg, en Virginie, où il est admis au barreau et pratique le droit pendant une courte période. En 1787, il se lance à nouveau dans la politique, d'abord à l'assemblée de l'État, puis à la convention de l'État de 1788 appelée à ratifier la nouvelle Constitution des États-Unis. Il vote contre la ratification parce que la Constitution ne contient pas de déclaration des droits et accorde au gouvernement fédéral une autorité excessive sur les États. Néanmoins, la Virginie ratifia la Constitution et il la soutint ardemment une fois qu'elle fut officiellement adoptée le 4 mars 1789.

James Monroe a été élu au Sénat en 1790, où il a vigoureusement contesté le Congrès contrôlé par les fédéralistes. Il s'oppose à la création de la Banque des États-Unis en 1791 et sa commission sénatoriale enquête sur la gestion des fonds publics par Alexander Hamilton. James Monroe a également évoqué le danger de la Proclamation de neutralité du président George Washington, publiée en 1793. Si le président avait le pouvoir de proclamer la neutralité, il pourrait également supplanter le pouvoir du Congrès de déclarer la guerre.

James Monroe s'associe au secrétaire d'État Thomas Jefferson et au représentant James Madison pour former le parti républicain (qui deviendra plus tard le parti démocrate-républicain). Les républicains défendent l'alliance américano-française conclue en 1778 et dénoncent la position pro-britannique des fédéralistes dans la guerre entre la Grande-Bretagne et la France.

En 1794, le président nomma James Monroe comme ministre américain en France. Comme les Français se méfiaient des États-Unis en raison de leurs liens avec la Grande-Bretagne, Washington espérait que l'envoi d'un républicain pro-français permettrait d'assurer des relations diplomatiques. James Monroe reçut un accueil chaleureux en France et montra un immense enthousiasme pour la Révolution française, qu'il considérait comme un successeur de la Révolution américaine.

Les fédéralistes méprisaient ses sympathies françaises et lui reprochaient de ne pas avoir réconcilié la France avec le traité Jay. Cet accord, conclu en novembre 1794, réglementait le commerce entre les États-Unis et la Grande-Bretagne et établissait des droits de navigation pour les deux pays le long du fleuve Mississippi. Monroe

James Monroe pensait que ce traité rompait l'alliance établie entre les États-Unis et la France qui avait assuré la victoire des États-Unis lors de la

Révolution américaine. Furieux du sentiment anti-fédéraliste de Monroe et de son manque de fiabilité dans la représentation des intérêts américains, Washington le rappela fin 1796.

James Monroe rentre aux États-Unis au printemps 1797 et publie un pamphlet de 500 pages intitulé A View of the Conduct of the Executive, in the Foreign Affairs of the United States, une défense de son soutien à la France et une critique de l'administration de Washington dominée par les fédéralistes.

James Monroe jouit toujours de la confiance des électeurs de Virginie qui l'ont élu gouverneur en 1799. Il est resté gouverneur jusqu'en 1802 et, pendant son mandat, il a légiféré pour le nettoyage des rivières de Virginie, l'élargissement du système scolaire de l'État et la construction des bâtiments de la capitale de l'État. Il a également rallié des partisans à la candidature du vice-président Thomas Jefferson à l'élection présidentielle de 1800.

James Monroe comme ministre des affaires étrangères

En janvier 1803, le président Jefferson et le secrétaire d'État James Madison convainquent Monroe de reprendre sa carrière diplomatique. Monroe fut envoyé comme envoyé spécial à Paris pour aider Robert R. Livingston, ministre américain en France, à négocier l'achat de La Nouvelle-Orléans, un port essentiel pour le commerce américain le long du Mississippi. La France avait acquis le territoire de la Louisiane auprès de l'Espagne aux termes du traité de San Ildefonso en 1800, et les responsables américains s'inquiétaient de la possibilité de perdre l'accès à la Nouvelle-Orléans.

James Monroe et ses supérieurs sont stupéfaits lorsque Napoléon Ier propose de vendre l'ensemble du territoire de la Louisiane aux États-Unis pour la modique somme de 15 millions de dollars. Un traité finalisant l'achat de la Louisiane est signé en mai 1803.

Après avoir terminé ses fonctions en France, James Monroe est nommé ministre des États-Unis en Grande-Bretagne en juillet 1803. Son objectif principal était de convaincre les Britanniques de cesser leurs attaques contre les navires américains et de forcer les marins américains à servir dans la marine britannique. Aucun accord n'est conclu et, à l'automne 1804, Jefferson ordonne à Monroe de quitter temporairement son poste à Londres pour une affectation à Madrid, en Espagne. Là, James Monroe travaille avec Charles Pinckney, ministre américain en Espagne, dans une tentative ratée d'acheter la Floride pour les États-Unis. L'acquisition de la Floride aurait étendu le territoire américain le long du littoral atlantique et aurait défini plus clairement les limites orientales du territoire de la Louisiane.

James Monroe retourne à Londres pour reprendre ses fonctions en mai 1805. Il signa un accord commercial avec les délégués britanniques en décembre 1806 que Jefferson rejeta car il ne traitait pas de la reconnaissance par la Grande-Bretagne des droits de neutralité des États-Unis en mer. James Monroe rentre aux États-Unis en décembre 1807, déçu que son traité avec la Grande-Bretagne n'ait pas été approuvé. Il est élu à la législature de Virginie en 1810 et redevient gouverneur en janvier 1811.

Le temps passé par James Monroe dans les bureaux fédéraux

En novembre 1811, James Monroe démissionne de son poste de gouverneur de Virginie lorsque le président James Madison le nomme secrétaire d'État américain en remplacement de Robert Smith, indigne de confiance et incompétent. Monroe prend ses fonctions au milieu d'une crise majeure avec la Grande-Bretagne. La marine britannique persiste à harceler les navires américains malgré les efforts de Monroe pour négocier avec les autorités britanniques afin de mettre fin aux hostilités de manière pacifique. Madison et James Monroe acceptent que la guerre soit la seule solution et, le 18 juin 1812, le Congrès déclare la guerre à la Grande-Bretagne. James Monroe attesta que la guerre n'était pas pire que l'état actuel des choses et qu'elle stimulerait également l'économie américaine grâce à la production industrielle.

Lorsque des rapports ont été publiés en 1814 au sujet d'une attaque britannique sur Washington, D.C., James Monroe a fait déplacer tous les dossiers et documents gouvernementaux, y compris la Déclaration d'indépendance, dans un endroit sûr en Virginie. Les Britanniques s'emparèrent de la ville en août 1814 et brûlèrent les bâtiments gouvernementaux, dont le Capitole et l'Executive Mansion.

Madison reprochait à son secrétaire à la guerre, John Armstrong, d'avoir négligé d'assurer des défenses adéquates pour la capitale après des avertissements répétés concernant une attaque britannique. Le président remplaça Armstrong par James Monroe, qui occupa simultanément ce poste et le département d'État. En tant que secrétaire à la guerre, James Monroe offrait des concessions de terres pour inciter les volontaires à s'engager dans l'armée. La guerre de 1812 a pris fin après la signature du traité de Gand en décembre 1814, et Monroe a démissionné de son poste de secrétaire à la guerre en mars 1815.

La présidence de James Monroe

James Monroe s'est présenté à l'élection présidentielle de 1816 avec le soutien de ses compatriotes Virginiens, l'ancien président Thomas Jefferson et le président sortant James Madison. James Monroe a dû faire face à son plus grand défi contre William H. Crawford de Géorgie lors du caucus républicain qui s'est tenu en mars 1816. Les partisans de Crawford se livrent à un combat étonnamment serré, mais Monroe l'emporte par une marge de 65 à 54 voix. Le parti fédéraliste est pratiquement obsolète après que les plans séditieux de la convention de Hartford ont été dévoilés vers la fin de la guerre de 1812. Cela permet à James Monroe de remporter une victoire confortable et sûre avec un minimum de campagne. Il remporte l'élection avec un score de 183-34 contre le fédéraliste Rufus King de New York.

James Monroe fut investi dans ses fonctions le 4 mars 1817, et Daniel D. Tompkins, l'ancien gouverneur de New York, fut élu vice-président. Le début du premier mandat de Monroe est connu sous le nom d'"ère de la bonne humeur", une expression inventée par le Boston Columbian Centinel lors de sa tournée des États de la Nouvelle-Angleterre et du Moyen-Atlantique en 1817. L'absence d'influence du parti fédéraliste facilita un soutien fort au président et un sentiment d'unité nationale dans tout le pays.

James Monroe nomme John Quincy Adams, du Massachusetts, au poste de secrétaire d'État. Au moment de sa nomination, Adams s'occupait des relations extérieures des États-Unis en Europe et le procureur général Richard Rush, de Pennsylvanie, fit office de secrétaire d'État par intérim jusqu'à la fin des missions diplomatiques d'Adams. Lorsque Adams revint en octobre 1817, Rush démissionna de ses deux postes pour devenir ministre des États-Unis en Grande-Bretagne, et William Wirt, du Maryland, fut nommé procureur général. Les autres nominations du Cabinet sont celles de John C. Calhoun (Caroline du Sud) au poste de secrétaire à la guerre et de William H. Crawford au poste de secrétaire au trésor.

La famille de Monroe ne put emménager dans l'Executive Mansion qu'en septembre 1817, lorsque les rénovations furent achevées après qu'un incendie eut failli le détruire lors de l'assaut britannique sur la capitale en 1814. De la peinture blanche fut utilisée pour dissimuler les importantes cicatrices de brûlures sur le bâtiment, ce qui permit de rebaptiser l'Executive Mansion en Maison Blanche.

La famille présidentielle menait une vie sociale relativement privée, sauf pour organiser occasionnellement des dîners et des réceptions à la Maison-Blanche. La fille aînée de Monroe, Eliza, remplaça sa mère en tant qu'hôtesse à plusieurs reprises car Elizabeth Monroe souffrait d'une maladie chronique et n'était souvent pas disponible pour recevoir leurs invités. Elizabeth était impopulaire auprès des mondains de Washington, D.C., parce qu'elle ne suivait pas les traces de sa prédécesseure, Dolley Madison, en tant que première dame gracieuse et élégante.

Accords et désaccords

Lorsqu'il prit ses fonctions, James Monroe hérita de certaines des questions non résolues entre les États-Unis et la Grande-Bretagne qui subsistaient depuis la fin de la guerre de 1812. Afin de prévoir la limitation des navires de guerre sur les Grands Lacs, le secrétaire d'État par intérim

Richard Rush fait un compromis avec Charles Bagot, ministre britannique aux États-Unis. Ils se sont rencontrés à Washington, D.C., en avril 1817 et ont convenu que chaque pays avait droit à un navire sur le lac Ontario et à deux sur les lacs supérieurs. Le poids des navires était limité à 100 tonnes et chaque navire n'avait droit qu'à un canon de 18 livres. Ces accords, appelés l'Accord Rush-Bagot, ont été ratifiés à l'unanimité par le Sénat en avril 1818.

Quatre pays sont mêlés aux luttes acharnées pour le précieux commerce des fourrures dans le territoire de l'Oregon. Richard Rush et Albert Gallatin, ministres des Affaires étrangères des États-Unis, négocient avec la Grande-Bretagne des revendications communes sur l'Oregon lors de la Convention de 1818 à Londres.

Parmi les autres accords de la convention figure l'établissement de la frontière entre les États-Unis et le Canada au 49e parallèle (49° de latitude nord) qui s'étend du lac des Bois (au nord de l'actuel Minnesota) à la crête des Rocheuses. La Grande-Bretagne accorde également aux États-Unis des droits de pêche au large des côtes de Terre-Neuve. L'Espagne et la Russie avaient également des intérêts dans le commerce des fourrures en Oregon, mais l'Espagne a renoncé à ses droits sur le territoire en 1819 et la Russie en 1825.

Au début de l'administration de Monroe, les autorités américaines tentaient de reprendre les esclaves en fuite qui s'étaient réfugiés en Floride, sous contrôle espagnol, pour vivre parmi les Séminoles. Les esclaves en fuite avaient rejoint les Séminoles dans leurs raids contre les colonies américaines en Géorgie. L'Espagne ayant refusé d'intervenir dans cette affaire, James Monroe dépêche le général Andrew Jackson en décembre 1817 pour réprimer ces raids. Jackson a mené une invasion américaine en Floride - attaquant les villages séminoles, s'emparant des villes de St. Marks et Pensacola, et renversant le gouverneur espagnol - dans ce qui est devenu la première guerre séminole.

Jackson a peut-être dépassé les bornes lorsqu'il a exécuté deux commerçants britanniques accusés d'avoir encouragé les Séminoles à commettre des atrocités contre des citoyens américains. Le Congrès et le secrétaire à la Guerre John C. Calhoun craignent que cet incident ne conduise à une confrontation avec la Grande-Bretagne, et ils exigent que Jackson soit puni.

James Monroe apaise leurs inquiétudes en déclarant que les villes envahies seront rendues au contrôle espagnol lorsque Jackson aura réprimé les troubles. En outre, la Grande-Bretagne n'émet aucune protestation au sujet des deux commerçants tués. Le secrétaire d'État John Quincy Adams plaida en faveur de Jackson, affirmant que ses actions fournissaient aux États-Unis l'occasion d'annexer la Floride.

La campagne militaire de Jackson en Floride a débouché sur le traité Adams-Onís de 1819, également appelé traité transcontinental, dans lequel le secrétaire d'État Adams a négocié avec le ministre espagnol Luis de Onís à Washington, D.C. Selon les termes du traité, l'Espagne cédait la Floride aux États-Unis et renonçait à sa revendication du territoire de l'Oregon. En contrepartie, les États-Unis accordent à l'Espagne la souveraineté sur le territoire du Texas.

La panique s'installe

James Monroe est confronté à une grave crise économique aux États-Unis qui atteint son point culminant en 1819. Les importations européennes moins chères ont provoqué la fermeture d'usines américaines, ce qui a entraîné des taux de chômage élevés. Les entreprises en faillite et les habitudes bancaires imprudentes des banques à charte d'État ont contribué à la récession.

Les détracteurs n'ont pas tardé à rendre la seconde banque des États-Unis responsable de la mauvaise économie du pays. Cependant, James Monroe soutenait la banque nationale parce qu'elle certifiait une monnaie nationale, collectait les impôts fédéraux, entretenait les forces armées et contrôlait les pratiques de prêt des banques des États. Après le procès McCulloch contre Maryland en 1819, qui remettait en question la constitutionnalité de la banque, Monroe a fait l'éloge du juge en chef John Marshall pour avoir maintenu les "pouvoirs implicites" du Congrès de constituer une banque nationale.

Les défauts de paiement des hypothèques étaient une source majeure du déficit américain. La réduction des prix agricoles a causé des difficultés aux spéculateurs fonciers qui avaient acheté des terres publiques dans l'Ouest, et Monroe a recommandé de leur offrir une "indulgence raisonnable". Le secrétaire au Trésor William H. Crawford conçoit un plan d'allègement de la dette que le Congrès approuve en 1820. Une option permettait aux débiteurs de bénéficier d'un rabais s'ils continuaient à payer à temps.

Une autre solution leur permettait d'accepter un titre pour la section de terre que leurs paiements précédents couvraient et de céder le reste de la terre au gouvernement fédéral. James Monroe a prévenu qu'il envisageait une augmentation des impôts en dernier recours pour soulager la dépression du pays.

Esclavage

Au milieu des périls économiques du pays se trouvait la question de l'esclavage dans le territoire du Missouri, qui avait demandé le statut d'État en 1817. Au début de l'année 1819, le Congrès a autorisé un projet de loi permettant au Missouri de rédiger la constitution de l'État. Le représentant James Tallmadge de New York a présenté un amendement antiesclavagiste au projet de loi qui a déclenché un débat sérieux au Congrès sur l'esclavage dans les nouveaux États. L'amendement de Tallmadge aurait interdit l'arrivée de nouveaux esclaves au Missouri et aurait émancipé ceux qui s'y trouvaient déjà lorsqu'ils atteignaient l'âge de 25 ans. L'amendement est adopté par la Chambre des représentants, qui favorise les États libres, mais échoue au Sénat, dont la loyauté est divisée entre États libres et États esclavagistes.

Bien que propriétaire d'esclaves, James Monroe était membre de l'American Colonization Society qui tenta sans succès de réinstaller des esclaves américains au Liberia, une colonie de la côte ouest de l'Afrique. Pour honorer ses efforts dévoués à la cause de la société, les directeurs de l'organisation ont nommé la capitale du Liberia Monrovia en 1822. Malgré son opposition à l'esclavage, James Monroe a refusé de soutenir son interdiction dans le Missouri, car une disposition relative à l'esclavage était incluse dans la Constitution pour les nouveaux États entrant dans l'Union.

Lorsque le Maine a demandé à devenir un État en 1819 en tant qu'État libre, le Sénat et la Chambre des représentants ont fait un compromis en mars 1820 sous la direction du président de la Chambre Henry Clay. Le compromis du Missouri permettait au Maine d'entrer aux États-Unis en tant qu'État libre et au Missouri en tant qu'État esclave, mais l'esclavage était interdit dans le territoire de la Louisiane au nord de 36°30' N de latitude. Le Maine a été admis comme 23e État en mars 1820. Le Missouri fut admis comme 24e État en août 1821 après que ses législateurs eurent accepté de se conformer à la demande du Congrès de ne pas porter atteinte aux droits des Noirs libres qui entraient dans l'État. Le Compromis du Missouri a été le premier règlement pacifique de l'esclavage dans l'histoire des États-Unis.

Améliorations internes

James Monroe et le vice-président Daniel D. Tompkins se sont présentés sans opposition à l'élection présidentielle de 1820. Aucun républicain n'était intéressé par la candidature de Monroe, et le parti fédéraliste s'était dissous. James Monroe a obtenu tous les votes des grands électeurs sauf un et a remporté les 24 États. Il a prêté serment pour un second mandat le 5 mars 1821.

James Monroe a proposé des amendements constitutionnels pour l'amélioration de l'intérieur du pays et a signé des lois qui ont contribué à la construction de routes, de canaux et de ponts. Ces projets ont permis de sortir l'économie nationale de la récession et le pays a commencé à prospérer pour la première fois depuis la fin de la guerre de 1812.

La route de Cumberland, dont la construction fut autorisée en 1806 par le Congrès, fut la première autoroute américaine financée par le gouvernement fédéral. Elle s'étendait de Cumberland, dans le Maryland, à Vandalia, dans l'Illinois. James Monroe avait signé un projet de loi approuvant l'extension de la route vers l'ouest, mais en 1822, il opposa son veto à une mesure prévoyant la perception de péages pour financer cette extension. Il déclara que la perception de péages le long de la route de Cumberland était une invasion de l'autorité fédérale sur les domaines des États.

Afin de préserver l'armée, il demande le maintien de l'armée à 20 000 hommes, mais le Congrès la réduit au chiffre d'avant-guerre de 10 000 hommes. Le déficit national a été réduit lorsque le Congrès a encore réduit l'armée à 6 000 hommes en 1821. James Monroe obtient l'approbation du Congrès pour la construction de fortifications côtières le long du littoral atlantique comme moyen de défense nationale.

La doctrine James Monroe

James Monroe a fait progresser considérablement la politique étrangère des États-Unis lorsqu'il a présenté sa déclaration novatrice au Congrès le 2 décembre 1823. Son message répondait à la menace potentielle des puissances européennes qui tentaient de coloniser ou de récupérer des territoires perdus sur les continents d'Amérique du Nord et du Sud. Les responsables américains craignaient que l'Espagne ne tente de reconquérir ses anciennes colonies d'Amérique latine devenues des pays indépendants. Les États-Unis craignent également que la Russie ne cherche à inclure le territoire de l'Oregon à ses revendications dans le Nord-Ouest.

James Monroe expose dans sa déclaration plusieurs règles visant à préserver les relations diplomatiques entre les pays d'Amérique du Nord et du Sud et l'Europe. Les États-Unis s'abstiendraient d'interférer dans les affaires politiques des nations européennes. En outre, les États-Unis reconnaissent les pays d'Amérique latine existants et ferment l'ensemble de l'hémisphère occidental à toute future colonisation européenne. Si un pays européen cherchait à opprimer ou à contrôler une partie du continent américain, cela serait considéré comme un acte hostile aux États-Unis.

James Monroe et le secrétaire d'État John Quincy Adams sont conscients que les États-Unis doivent compter sur la flotte britannique pour les aider à protéger l'Amérique latine d'éventuels agresseurs. L'armée américaine n'est pas assez puissante pour faire respecter ces conditions à elle seule. Cependant, lorsque la Grande-Bretagne propose une déclaration conjointe américano-britannique, Adams insiste pour qu'elle reste exclusivement une politique américaine.

Alors que les États-Unis devenaient une puissance mondiale, les futurs présidents tels que James K. Polk et Theodore Roosevelt ont maintenu et développé les principes de James Monroe. Dans les années 1850, sa déclaration définissant les affaires étrangères des États-Unis a été baptisée "Doctrine Monroe".

Une élection présidentielle compétitive a marqué l'année 1824. Le secrétaire d'État Adams l'emporte de justesse sur Andrew Jackson et William H. Crawford. Les résultats ont dû être déterminés par la Chambre des représentants, aucun candidat n'ayant obtenu la majorité des voix des grands électeurs.

Les années suivantes

Après l'entrée en fonction de John Quincy Adams le 4 mars 1825, Monroe se retire dans sa plantation récemment construite à Oak Hill, en Virginie. En 1826, il est nommé au conseil d'administration de l'université de Virginie à Charlottesville. Il considérait l'université de Thomas Jefferson comme un chef-d'œuvre éducatif. James Monroe est élu président de l'assemblée législative de Virginie en 1829, lors de la convention constitutionnelle de l'État. Sa santé défaillante l'a empêché d'avoir un impact important dans sa dernière fonction publique.

Au cours de ses missions diplomatiques en Europe au début de sa carrière, James Monroe a dû dépenser une grande partie de ses finances personnelles. Il a accumulé d'importantes dettes personnelles au cours des années passées à l'étranger et a vigoureusement demandé au Congrès de le rembourser pour ces dépenses. En 1831, le Congrès a finalement accepté de payer une partie de ses demandes.

Lorsque sa femme meurt en septembre 1830, Monroe est accablé par le chagrin et le poids de sa propre fragilité. James Monroe s'installe à New

York pour vivre avec sa fille cadette, Maria Gouverneur. La Banque des États-Unis prend en charge son domaine des Highlands, et sa famille vend le domaine d'Oak Hill pour compenser le reste de ses dettes.

James Monroe est mort le 4 juillet 1831, dans la maison du Gouverneur à New York. Des milliers de citoyens se sont joints à un cortège funèbre le 7 juillet pour l'enterrer au cimetière de Marble, dans le centre-ville de New York. En 1858, le gouverneur de Virginie fit déplacer la dépouille de Monroe au cimetière d'Hollywood à Richmond, en Virginie, pour un service commémoratif en l'honneur du centenaire de sa naissance.

Plusieurs hommes d'État américains remarquables de l'époque - Thomas Jefferson, James Madison et John Quincy Adams - ont salué James Monroe comme un dirigeant accompli et dévoué de son pays. L'héritage de Monroe est enraciné dans les valeurs de la Constitution, et sa présidence a englobé une politique étrangère durable et des progrès intérieurs dans une nation jeune et en développement.

Questions de recherche

1. Quelle a été la première chose que James Monroe a faite en tant que président ?
2. Quelles ont été les réalisations de Monroe en tant que président ?
3. Existe-t-il un équivalent au 21e siècle de l'embargo contre le commerce international que James Monroe a demandé en 1807 avec l'unité de toutes les autres nations sauf la Grande-Bretagne et la France ?

6. John Quincy Adams (1825-1892)

Parti démocrate-républicain et Parti républicain national | Vice-président : John C. Calhoun

"Essaie et échoue, mais n'échoue pas à essayer."

Fils aîné de John Adams, le deuxième président des États-Unis, John Quincy Adams suivit les traces de son père pour devenir le sixième président des États-Unis, de 1825 à 1829. Le jeune Adams ne réalisa que très peu de ses projets d'amélioration du pays.

Dès le début de sa présidence, il dut faire face à un examen impitoyable de la part de son adversaire politique, Andrew Jackson, qui affirmait qu'un "marché corrompu" avait donné l'avantage à John Quincy Adams lors de l'élection de 1824. L'incapacité à surmonter les critiques mordantes des partisans de Jackson, combinée à l'adoption d'un tarif (ou taxe) protecteur élevé en 1828, empêcha Adams de remporter un second mandat.

John Quincy Adams a consacré sa carrière au service de son pays. En tant que diplomate étranger, il dirigea la délégation américaine lors du traité de Gand qui mit fin à la guerre de 1812. Adams a également aidé à négocier l'acquisition de la Floride à l'Espagne et a fait un compromis avec la Grande-Bretagne pour le territoire du Nord-Ouest. Sa contribution à la doctrine Monroe en 1823, pendant son mandat de secrétaire d'État américain, a fourni une base solide à la politique étrangère des États-Unis.

Après sa présidence, John Quincy Adams a siégé à la Chambre des représentants pendant les 17 dernières années de sa vie, s'efforçant de limiter l'expansion de l'esclavage aux États-Unis. Malgré des luttes personnelles et politiques tout au long de sa vie, Adams s'est battu avec diligence pour la préservation de la liberté et le bien-être de la nation.

Les premières années de John Quincy Adams

John Quincy Adams est né le 11 juillet 1767 à Braintree (aujourd'hui Quincy), dans le Massachusetts. Il avait une sœur aînée et deux frères cadets. Son homonyme était John Quincy, son arrière-grand-père maternel qui était un membre éminent de la législature du Massachusetts et un officier militaire. Fils de John Adams et d'Abigail Smith Adams, John Quincy Adams a grandi au milieu des soulèvements coloniaux qui ont conduit à la Révolution américaine.

Souvent, les parents d'Adams l'emmenaient au Boston Common pour voir le défilé des soldats britanniques détestés. Il écoutait attentivement son père lui raconter les détails du massacre de Boston en 1770 et de la Boston Tea Party en 1773, peu après que ces événements se soient produits. Pendant la Révolution américaine, John Quincy Adams a assisté à la bataille de Bunker Hill, le 17 juin 1775, depuis Penn's Hill et a entendu le tonnerre des canons.

Enfant, John Quincy Adams s'adonnait à une multitude de passe-temps. Pour faire de l'exercice, il faisait de l'équitation, des promenades dans la nature, et était également un nageur passionné. Il jouait au billard et appréciait les représentations dans les théâtres voisins. Ses activités intellectuelles l'amènent à lire des œuvres telles que Shakespeare et la Bible, et il écrit dans un journal pour exprimer ses sentiments sur des questions personnelles et publiques. John Quincy Adams a tenu un journal intime tout au long de sa vie, illustrant des détails vivants de ses affaires quotidiennes. Dans ses dernières années, il décrivait fièrement son journal comme suit : "après les Saintes Écritures, le livre le plus précieux et le plus utile jamais écrit par des mains humaines".

En tant que fils aîné de la famille, John Quincy Adams assumait les responsabilités de la maison de Braintree lorsque son père s'occupait des affaires coloniales à Boston. Les écoles de Braintree ayant été fermées pendant la guerre, Adams reçut son éducation de base de ses parents et du tutorat de deux des clercs de son père.

Accompagnant son père en France en 1778, John Quincy Adams fréquenta l'Académie de Passy à Paris pendant que son père s'occupait des affaires étrangères des États-Unis auprès du gouvernement français. À Paris, Adams a étudié la danse, la musique, les mathématiques et la littérature classique.

John Quincy Adams et son père retournèrent brièvement à Braintree en 1779 avant d'embarquer pour une autre mission diplomatique aux Pays-Bas, où Adams s'inscrivit à l'université de Leyde en 1780. Dès son plus jeune âge, Adams avait appris à communiquer couramment en français et en néerlandais.

À l'âge de 14 ans, John Quincy Adams fut choisi pour accompagner Francis Dana, envoyé des États-Unis en Russie, à la cour de Saint-Pétersbourg. Le français était la langue officielle de la diplomatie en Russie, et Adams servait de secrétaire privé de Dana et d'interprète français. Dana ne réussit pas à faire reconnaître l'indépendance des États-Unis par la Russie. Après un séjour de 14 mois à Saint-Pétersbourg, John Quincy Adams visita les Pays-Bas, la Scandinavie et l'Allemagne avant de rejoindre son père en France.

John Quincy Adams arriva à Paris à temps pour prendre part au traité de Paris de 1783 qui mit fin à la Révolution américaine. Il a servi de secrétaire informel aux ambassadeurs américains qui négociaient le traité avec les responsables britanniques. Il acquiert une expérience précieuse dans le domaine des affaires étrangères qui lui rapportera d'énormes dividendes pour sa carrière dans la fonction publique. Lorsque son père est affecté à Londres comme ministre des États-Unis en Grande-Bretagne en 1785, John Quincy Adams retourne dans le Massachusetts où il entre au Harvard College à Cambridge.

John Quincy Adams est un étudiant assidu et acquiert une plus grande confiance en lui qui avait commencé lors de ses voyages en Europe. Il est diplômé de Harvard en 1787 et commence à étudier le droit sous la direction de Theophilus Parsons (futur juge en chef du Massachusetts) à Newburyport. John Quincy Adams est admis au barreau du Massachusetts en 1790 et ouvre un cabinet d'avocats à Boston.

Politique : John Quincy Adams en tant que ministre des affaires étrangères et politique nationale.

Sa pratique du droit n'attirant que très peu de clients, Adams consacre une grande partie de son temps à la lecture de l'histoire et de la littérature. Il écrivit également des articles politiques, dont l'un faisait l'éloge de la politique de neutralité du président George Washington en 1793, au début de la guerre entre la France et la Grande-Bretagne. Certains de ses autres articles louaient également l'administration de Washington, et en mai 1794, le président le récompensa en le nommant ministre des États-Unis aux Pays-Bas.

John Quincy Adams était l'un des rares fonctionnaires américains à parler couramment le néerlandais. Aux Pays-Bas, il s'est occupé du paiement des dettes américaines découlant des emprunts néerlandais contractés pendant la Révolution américaine.

John Quincy Adams se tenait au courant de toutes les affaires européennes et rapportait au gouvernement américain les détails de la guerre entre la France et la Grande-Bretagne. Il écrivait également des lettres personnelles à son père, le vice-président des États-Unis de l'époque, décrivant l'état politique de l'Europe.

John Quincy Adams endossa le rôle de Thomas Pinckney, ministre américain en Grande-Bretagne, qui était absent, et raconta le déroulement du traité Jay de novembre 1794 entre les États-Unis et la Grande-Bretagne aux responsables américains à Philadelphie, la capitale des États-Unis à l'époque. Le président Washington reconnut la polyvalence d'Adams en tant que diplomate étranger et le nomma ministre des États-Unis au Portugal en 1796. Lorsque le père d'Adams succéda à Washington en tant que président en 1797, Adams fut réaffecté comme ministre américain en Prusse.

Avant son départ pour Berlin, Adams épousa Louisa Catherine Johnson le 26 juillet 1797, à Londres. John Quincy Adams l'avait rencontrée pour la première fois en France lors d'une des missions diplomatiques de son père. Née à Londres, Louisa était la fille de Joshua Johnson, consul des États-Unis en Grande-Bretagne. Elle devint la première première dame née à l'étranger et se révéla être une hôtesse exceptionnelle à la Maison-Blanche.

Le couple a connu beaucoup d'adversité tout au long de son mariage. Louisa souffre de migraines et d'évanouissements et fait plusieurs fausses couches. Ils ont tous deux souffert d'épisodes de dépression à certains moments. Deux de leurs fils, George Washington Adams et John Adams II, connurent des difficultés personnelles et moururent en tant que jeunes adultes. Un troisième fils, Charles Francis Adams, poursuivit une carrière politique qui incluait un mandat à la Chambre des représentants des États-Unis (1859-61) et la fonction d'ambassadeur des États-Unis en Grande-Bretagne (1861-68) pendant la guerre civile américaine (1861-65). Après le mariage de John Quincy et Louisa Adams, ils ont voyagé ensemble en Europe pendant les années où il était ministre des affaires étrangères.

À Berlin, la seule réalisation importante d'Adams fut la négociation d'un traité de commerce avec la Prusse. Son père le rappela de ce poste après l'élection de Thomas Jefferson à la présidence des États-Unis en 1800.

Adams retourna à Boston et siégea au Sénat du Massachusetts pendant un an avant d'être élu au Sénat des États-Unis en 1803.

John Quincy Adams était considéré comme un fédéraliste, mais il n'adhérait pas au concept des partis politiques. Il se considérait comme un "homme de [son] pays tout entier" et restait fidèle à ses principes. Il a voté contre le douzième amendement à la Constitution des États-Unis, adopté en 1804, qui prévoyait des bulletins de vote séparés pour l'élection du président et du vice-président.

John Quincy Adams a également contesté la constitutionnalité d'un projet de loi qui permettrait au président de nommer des fonctionnaires pour gouverner le territoire de la Louisiane nouvellement acquis. Il a fait valoir que ce projet de loi violait le droit à l'autonomie des territoires américains.

Dans le même temps, John Quincy Adams défendit de nombreuses politiques républicaines du président Jefferson, notamment l'achat de la Louisiane en 1803 et la loi sur l'embargo en 1807. L'embargo a mis fin au commerce des États-Unis avec tous les pays jusqu'à ce que la Grande-Bretagne et la France reconnaissent les droits de neutralité des États-Unis en mer.

Les fédéralistes s'opposent amèrement à l'embargo et sont furieux du soutien qu'Adams apporte à l'administration de Jefferson. Les législateurs fédéralistes du Massachusetts obligèrent Adams à démissionner de son siège au Sénat en juin 1808. John Quincy Adams s'allia immédiatement aux républicains et soutint la candidature de James Madison à l'élection présidentielle de 1808.

En 1809, le président Madison envoya Adams à Saint-Pétersbourg en tant que ministre américain en Russie. Adams fut témoin du désastre qui frappa l'armée française de Napoléon Ier lorsqu'elle envahit la Russie en 1812. John Quincy Adams fait candidement l'éloge de la stratégie militaire de la Russie qui a épuisé les forces françaises et les a obligées à se retirer de Moscou. En ce qui concerne les relations américano-russes, il négocia avec la cour de Saint-Pétersbourg un accord commercial permettant aux navires américains neutres d'accéder aux ports russes.

Lorsque la guerre de 1812 éclate entre les États-Unis et la Grande-Bretagne, le tsar Alexandre Ier propose de servir de médiateur entre les deux pays. Madison accepte l'offre et envoie le secrétaire au Trésor Albert Gallatin et le sénateur James Bayard du Delaware en Russie pour aider John Quincy Adams dans les négociations, mais la Grande-Bretagne ne veut pas faire de compromis.

Traités et expansion territoriale

Alors que la guerre de 1812 était dans l'impasse, les deux parties étaient prêtes à conclure un pacte pour mettre fin à la guerre. John Quincy Adams conduisit une délégation de cinq personnes - Gallatin, Bayard, le président de la Chambre Henry Clay et le ministre américain en Suède Jonathan Russell - en Belgique pour le traité de Gand en août 1814. Le traité fut conclu en décembre 1814 sans régler le différend sur l'embrigadement des marins américains et sans qu'aucun des deux pays n'obtienne d'avantages territoriaux significatifs en Amérique du Nord.

Pendant les deux années suivantes, John Quincy Adams travailla aux côtés de Clay et Gallatin à Londres pour un accord commercial entre les deux pays. Adams ouvre également des négociations pour le désarmement des navires américains et britanniques sur les Grands Lacs et les droits de pêche américains dans l'est du Canada.

Au cours de l'été 1817, John Quincy Adams rentra aux États-Unis pour prendre son poste de secrétaire d'État dans le cabinet du président James Monroe. Avec la disparition du parti fédéraliste et la popularité écrasante de Monroe dans tout le pays, l'"ère des bons sentiments" avait commencé. Les années passées en tant que diplomate étranger faisaient d'Adams le candidat idéal pour gérer les affaires étrangères des États-Unis.

John Quincy Adams a rencontré des représentants britanniques lors de la Convention de 1818 pour établir la frontière entre les États-Unis et le

Canada au 49e parallèle (49° de latitude nord), qui s'étendait de l'actuel Minnesota aux montagnes Rocheuses. Lors de cette convention, les États-Unis et la Grande-Bretagne ont également convenu de revendiquer conjointement le territoire de l'Oregon afin d'exploiter le commerce florissant et lucratif des fourrures.

Dans une autre entreprise territoriale, John Quincy Adams annexa la Floride à l'Espagne par les termes du traité Adams-Onís, ou traité transcontinental, en 1819. Adams a défendu les tactiques sévères du général américain Andrew Jackson lors de ses conquêtes militaires en Floride. D'autres membres du Cabinet, comme le secrétaire à la Guerre John C. Calhoun, voulaient que Jackson soit réprimandé pour ses actions, mais Adams soutenait que Jackson avait fourni aux États-Unis l'occasion dont ils avaient besoin pour acquérir enfin la Floride.

John Quincy Adams et le ministre espagnol Luis de Onís tiennent des négociations à Washington, D.C. L'Espagne cède la totalité du territoire de la Floride aux États-Unis et renonce à ses prétentions sur le territoire de l'Oregon. En échange, les États-Unis accordent à l'Espagne la souveraineté sur le territoire situé à l'ouest de la rivière Sabine, qui est aujourd'hui le Texas. Adams est responsable de l'élargissement de l'étendue des États-Unis dans le Nord-Est et le Sud-Ouest.

La doctrine Monroe et John Quincy Adams

Alors que les États-Unis s'étendaient sur le continent nord-américain, certaines colonies sud-américaines étaient devenues des républiques indépendantes. Les pays européens tels que l'Espagne cherchaient à récupérer ces colonies perdues. Dans un discours prononcé devant la Chambre des représentants des États-Unis le 4 juillet 1821, Adams souligna à la fois son opposition au colonialisme et l'importance de maintenir une stricte neutralité. Il affirma que, bien que les États-Unis soutiendraient les pays nouvellement indépendants, ils ne s'impliqueraient dans aucune guerre pour les aider : Partout où l'étendard de la liberté et de l'indépendance a été ou sera déployé, là seront son cœur [l'Amérique], ses bénédictions et ses prières. Mais elle ne va pas à l'étranger, à la recherche de monstres à détruire. Elle est le bienfaiteur de la liberté et de l'indépendance de tous. Elle n'est le champion et le justicier que des siens.

John Quincy Adams a travaillé en étroite collaboration avec le président Monroe pour formuler un schéma spécifique des directives de la politique étrangère des États-Unis, plus tard appelé la Doctrine Monroe. Le 2 décembre 1823, Monroe remit au Congrès le message exposant les conditions que lui et Adams avaient conçues pour protéger les deux continents américains de l'invasion européenne. Toute tentative de colonisation de l'hémisphère occidental par une puissance européenne serait considérée comme un acte d'agression contre les États-Unis.

Les États-Unis éviteraient, quant à eux, de s'ingérer dans les affaires européennes. Lorsque la Grande-Bretagne proposa de collaborer avec les États-Unis sur cette déclaration, John Quincy Adams insista sévèrement pour qu'elle reste une politique exclusivement américaine. La Doctrine Monroe devint la pierre angulaire de la gestion des affaires étrangères dans les futures administrations présidentielles.

Année électorale 1824

L'"ère des bons sentiments" touche à sa fin lorsque le second mandat du président Monroe s'achève en 1824. Cinq candidats s'alignent pour remplacer Monroe : Adams, le secrétaire à la Guerre John C. Calhoun de Caroline du Sud, le secrétaire au Trésor William H. Crawford de Géorgie, le président de la Chambre Henry Clay du Kentucky et le général Andrew Jackson du Tennessee. Calhoun se retire finalement pour se présenter à la vice-présidence. La campagne présidentielle de 1824 fut très disputée, et chaque prétendant avait des antécédents politiques influents et des personnalités contrastées qui se mêlaient à la course.

Soutenu par les États de la Nouvelle-Angleterre, Adams était réservé dans son comportement et modeste quant à ses chances de gagner. Jackson entre dans la course avec un esprit fort et ses exploits militaires acclamés dans le Sud lui valent le soutien des États du Sud et de l'Ouest. Ancien ambassadeur à l'étranger et membre du Cabinet des deux administrations précédentes, Crawford n'était pas en mesure de monter une campagne solide en raison de sa santé défaillante due à une attaque cérébrale. Clay utilise ses talents d'orateur pour rassembler des voix et obtenir un certain soutien de l'Ouest.

Jackson remporta le vote populaire, mais aucun des candidats ne reçut la majorité nécessaire des votes électoraux. Jackson a terminé avec 99, Adams avec 84, Crawford avec 41, et Clay avec 37. Conformément à la Constitution concernant les résultats des élections où personne n'a obtenu la majorité des votes électoraux, la décision a été confiée à la Chambre des représentants.

Clay ne fut pas pris en considération car la Constitution permettait à la Chambre de ne choisir que parmi les trois premiers candidats. Clay a immédiatement soutenu Adams, donnant à John Quincy Adams les voix dont il avait besoin pour s'assurer une victoire. Dès son élection, Adams nomme Clay secrétaire d'État.

Jackson et ses partisans étaient indignés par ce qu'ils appelaient un "marché corrompu" entre John Quincy Adams et Clay. Jackson se sentait privé de la présidence après avoir remporté le vote populaire, et il pensait que Clay avait apporté son soutien à Adams en échange d'une nomination au Cabinet. Bien que Jackson et ses acolytes (les jacksoniens) n'aient pu fournir aucune preuve de l'existence d'un tel marché, ils ont impitoyablement tourmenté l'administration Adams pendant les quatre années suivantes.

La présidence de John Quincy Adams

John Quincy Adams est inauguré le 4 mars 1825, conscient du sentiment contre lui. Il reconnut devant le peuple des États-Unis, dans son discours inaugural, qu'il était "moins possédé par votre confiance... qu'aucun de mes prédécesseurs". John C. Calhoun est élu vice-président tandis que Richard Rush, ancien procureur général et ministre auprès de la Grande-Bretagne, occupe le poste de secrétaire au Trésor. William Wirt, issu du cabinet de Monroe, est maintenu au poste de procureur général. En tant que dirigeant du pays, Adams s'accroche à ses principes pour servir les meilleurs intérêts d'un gouvernement démocratique.

Fervent adepte de l'exercice physique, John Quincy Adams avait pour habitude de se baigner tôt le matin dans le fleuve Potomac et de se promener le soir dans les jardins de la Maison Blanche et du Capitole. Adams consignait méticuleusement sa vie dans son journal intime et lisait la Bible avec ferveur. John Quincy Adams commença sa présidence en se concentrant sur les améliorations internes du pays.

Défaillance de l'administration

John Quincy Adams a créé un programme visant à stimuler l'économie nationale et à augmenter la valeur des terres publiques. Il cherche à obtenir l'approbation du gouvernement fédéral pour parrainer davantage d'exploration et de colonisation dans l'Ouest. Pour les transports, il a demandé au Congrès une aide fédérale pour construire davantage de routes et de canaux. Pour renforcer l'enseignement supérieur et stimuler de nouveaux intérêts pour la science, John Quincy Adams proposa de créer une université nationale, une académie navale et des observatoires astronomiques nationaux. Cependant, ses nombreux ennemis politiques au Congrès ont rejeté ses projets ambitieux. Sa principale réalisation intérieure fut l'extension de la route de Cumberland dans l'Ohio.

Les querelles entre Adams et les jacksoniens étaient sans répit, car ses adversaires dépeignaient son administration comme une aristocratie et le qualifiaient de " sauvage social " et de " misanthrope lugubre. " En raison des critiques et du mépris, il gouvernait avec une faible estime de soi, se rendant souvent responsable des échecs de ses propositions. Le nouveau parti démocrate émergea sous la direction des jacksoniens qui cherchaient à saper et à discréditer les politiques d'Adams.

À la fin de l'année 1825, Adams reçut une invitation du " libérateur " sud-américain Simón Bolívar pour que les États-Unis participent à un sommet latino-américain durant l'été 1826, connu sous le nom de Congrès de Panama. Bolívar cherchait à établir un traité d'alliance entre les républiques d'Amérique latine et souhaitait que les États-Unis servent de médiateur.

John Quincy Adams a expliqué au Congrès que la participation des États-Unis serait bénéfique pour les relations commerciales avec les pays d'Amérique latine et renforcerait la doctrine Monroe. Les membres du Congrès du Sud ont dénoncé la demande d'Adams d'envoyer une délégation et ont affirmé que le Congrès de Panama chercherait à interférer avec le commerce des esclaves. Le Congrès retarda l'autorisation d'un envoyé au Panama, rendant ainsi la présence des États-Unis au sommet sans conséquence.

D'autres hostilités à l'égard d'Adams se développèrent en 1828 lorsque John Quincy Adams proposa un tarif (ou une taxe) élevé sur les produits industriels importés. Ce projet de loi visait à protéger les usines de la Nouvelle-Angleterre, le centre de l'industrie américaine, des concurrents européens. Les jacksoniens du Congrès s'opposèrent au tarif mais l'amendèrent pour inclure une taxe sur les matières premières importées utilisées dans les usines de la Nouvelle-Angleterre. Ils espéraient que cette taxe supplémentaire rallierait les Nordistes à se joindre aux Sudistes pour condamner le tarif.

Au grand dam des jacksoniens, les législateurs de la Nouvelle-Angleterre approuvèrent le tarif, et Adams signa le projet de loi que la législature de Virginie appela le " Tarif des abominations ". Les militants des droits des États, comme le représentant John Randolph de Virginie, ont soutenu que le tarif favorisait les intérêts personnels d'Adams aux dépens des consommateurs américains.

Le vice-président Calhoun a déclaré dans son essai "South Carolina Exposition and Protest" que les tarifs protecteurs étaient "oppressifs et inconstitutionnels". Calhoun défend la doctrine de la nullité qui permet aux États de déclarer nulles et non avenues les lois fédérales qui imposent des intérêts aux États. Le tarif protecteur est la question clé de l'élection présidentielle de 1828.

John Quincy Adams se présente à la réélection sur le ticket républicain national avec le secrétaire au Trésor Richard Rush de Pennsylvanie comme colistier. Ils s'affrontent à Jackson du parti démocrate et au vice-président Calhoun qui cherche à conserver son poste. L'impopularité du tarif protecteur et l'animosité des Jackson à l'égard de sa présidence nuisent sérieusement à la campagne d'Adams. Jackson s'assura de l'Ouest et remporta une majorité écrasante de voix dans le Sud, tandis qu'Adams ne remporta que certains États du Nord. Jackson l'emporta avec 178 voix électorales contre 83 pour Adams.

La retraite de John Quincy Adams

À l'expiration de son mandat, Adams refusa d'assister à l'investiture de Jackson et retourna chez lui à Quincy (anciennement Braintree), dans le Massachusetts. En 1830, la législature du Massachusetts élit John Quincy Adams à la Chambre des représentants des États-Unis, où il siègera jusqu'à la fin de sa vie.

John Quincy Adams joua un rôle actif dans les questions politiques qui passaient par la Chambre. Il préconisa le maintien de la deuxième banque des États-Unis et s'opposa à l'annexion du Texas en 1845. John Quincy Adams a voté contre la déclaration de guerre contre le Mexique en 1846, affirmant qu'il s'agissait d'une tentative des États du Sud d'étendre l'esclavage aux États-Unis.

Bien que John Quincy Adams ne se soit jamais considéré comme un abolitionniste, il a œuvré pour faire reculer l'esclavage dans le pays. Il proposa un amendement constitutionnel qui accordait la liberté à tous les enfants nés aux États-Unis après le 4 juillet 1842. En outre, son amendement interdisait l'admission des territoires américains dans l'union en tant qu'États esclavagistes.

Entre 1836 et 1840, les membres du Congrès favorables à l'esclavage adoptèrent une série de résolutions appelées " règles du bâillon ", interdisant les débats du Congrès sur l'esclavage. Ces résolutions ont empêché l'amendement d'Adams de faire l'objet d'une discussion ouverte, et il s'est battu avec acharnement pour abolir les règles du bâillon. Il affirmait qu'elles violaient le premier amendement de la Constitution. Pour protester, il a rassemblé des pétitions anti-esclavagistes provenant d'abolitionnistes de tout le pays et les a présentées au Congrès. Sa lutte acharnée a pris fin lorsque le Congrès a finalement abrogé les règles du bâillon en 1844.

Au milieu de ses batailles pour supprimer l'esclavage aux États-Unis, John Quincy Adams a défendu les esclaves africains qui s'étaient révoltés contre leurs ravisseurs à bord du navire négrier espagnol Amistad. Les esclaves ont tué l'équipage du navire au large des côtes de Cuba et ont pris le contrôle du navire. Ils ont débarqué par inadvertance sur les côtes de New York où ils ont été arrêtés par la marine américaine. L'affaire a été portée devant la Cour suprême des États-Unis et, en 1841, Adams a obtenu la libération des captifs et leur retour en Afrique.

En dehors de la politique, John Quincy Adams se consacrait à l'avancement des arts et des sciences dans tout le pays. James Smithson, un scientifique britannique décédé en 1829, légua des fonds de sa succession aux États-Unis pour le développement d'une institution visant à promouvoir "l'augmentation et la diffusion des connaissances". En 1846, Adams a supervisé la création du Smithsonian Institute à Washington, D.C.

Pendant son séjour à Boston à l'automne 1846, Adams subit une légère attaque cérébrale. Il se rétablit au bout de quelques semaines et reprit ses fonctions au Congrès à Washington, D.C. Le 21 février 1848, peu après avoir protesté contre la reconnaissance honorable des généraux américains qui avaient servi pendant la guerre du Mexique, il s'effondra sur le sol de la Chambre après une nouvelle attaque.

John Quincy Adams mourut le 23 février 1848 au Capitole et fut enterré à côté de ses parents sur le terrain de l'église congrégationaliste de Quincy. Louisa Adams est morte en 1852 et a été enterrée à côté de son mari. Leur seul fils survivant, Charles Francis Adams, hérita du domaine familial de Quincy ainsi que du journal et des papiers personnels de son père.

John Quincy Adams a gagné le titre de "Old Man Eloquent", non pas pour ses talents d'orateur, mais pour la passion avec laquelle il parlait. Il a défendu ses valeurs au milieu d'une tempête de critiques acerbes de la part de ses adversaires politiques. Patriote américain dans l'âme, Adams a perpétué l'héritage de son père en tant qu'ambassadeur étranger avisé et président américain honorable, dévoué au bien-être d'une nation en pleine expansion.

Questions de recherche
---

1. Pourquoi John Quincy Adams était-il "l'intrus" parmi tous les présidents ?
2. Quelles sont les plus grandes réalisations de son mandat ?
3. Que pensait-il de l'esclavage et de la liberté de religion ?
4. Que pensez-vous de JQA en tant que président ?

7. Andrew Jackson (1829-1837)
Parti démocrate | Vice-présidents : John C. Calhoun et Martin Van Buren

"Ne t'occupe jamais de tes peurs."

Issu d'un milieu politique modeste, Andrew Jackson a introduit un nouveau type de démocratie dans le pays lorsqu'il est devenu le septième président des États-Unis en 1829. Plutôt que de remporter une élection grâce au soutien traditionnel d'un parti politique puissant, Andrew Jackson a triomphé en faisant directement appel à la masse des électeurs. Il a été le premier président des États-Unis originaire de la région située à l'ouest des Appalaches et a apporté une nouvelle approche de la politique à Washington, D.C. Son mouvement en faveur de la démocratie populaire et de l'homme du peuple est connu sous le nom de démocratie jacksonienne.

Doté d'une forte volonté et d'une détermination audacieuse, Andrew Jackson dirigea le pays avec la même rigueur que celle avec laquelle il mena ses conquêtes militaires lors de la guerre de 1812 et de la première guerre séminole, qui ouvrit la voie à l'annexion de la Floride par les États-Unis. Son tempérament fougueux forçait le respect de ses subordonnés, de ses amis et de ses ennemis. À la Maison-Blanche, Jackson surmonte une crise avec la Caroline du Sud au sujet de la nullité (ou déclaration d'invalidité) des lois fédérales.

Andrew Jackson a poussé les tribus amérindiennes plus à l'ouest. Pour éliminer la corruption bancaire, il opposa son veto à la charte de la banque fédérale. Jackson a également influencé la croissance du parti démocrate qui a stimulé le renouveau du bipartisme.

Les débuts de la vie d'Andrew Jackson

Les parents de Jackson sont Andrew Jackson, dont il porte le nom, et Elizabeth Jackson. Le couple vivait dans une ferme dans le nord de l'Irlande (aujourd'hui Irlande du Nord), près de Belfast. Leurs deux premiers fils, Hugh et Robert, sont nés en Irlande. La famille a immigré en Amérique du Nord en 1765 où l'aîné des Jackson a construit une maison dans la région forestière de l'ouest des Carolines. La dure vie de pionnier l'épuise et il meurt quelques semaines avant la naissance d'Andrew, laissant Elizabeth élever seule leurs trois fils. Andrew Jackson est né le 15 mars 1767 à Waxhaw, une colonie située à la frontière entre la Caroline du Nord et la Caroline du Sud.

L'emplacement exact du lieu de naissance d'Andrew Jackson a cependant été débattu. Certains historiens pensent qu'il est né chez la sœur d'Elizabeth Jackson, Mme George McKemy, dans le sud de la Caroline du Nord. D'autres disent qu'il est né quelques kilomètres plus au sud, de l'autre côté de la frontière de l'État, chez une autre sœur d'Elizabeth, Mme James Crawford, en Caroline du Sud. En 1824, Andrew Jackson écrit : "Je suis né en Caroline du Sud, comme on me l'a dit, dans la plantation où vivait James Crawford, à environ un mile de la Carolina Road et du Waxhaw Creek". Elizabeth et ses trois fils s'installèrent chez les Crawford, et elle travailla comme gouvernante pour sa sœur afin de subvenir aux besoins des garçons.

La vie dans la campagne de Waxhaw est difficile pour Andrew, orphelin de père. Andrew Jackson est devenu un jeune homme au tempérament vif, sensible aux taquineries et prêt à se battre avec n'importe lequel de ses camarades qui le harcelait. Il prend toujours la défense des petits garçons et leur apprend à tirer au fusil, à pêcher, à faire la course et à lutter. Elizabeth voulait que son plus jeune fils devienne un ministre presbytérien et lui a fourni le peu d'éducation qui existait autour de leur maison rurale de la frontière.

Dès l'âge de huit ans, Andrew Jackson va à l'école et apprend les bases fondamentales, mais il montre peu d'intérêt pour ses études et n'a aucun désir d'entrer dans le clergé. Les combats de la Révolution américaine se déplacent vers le Sud et interrompent son éducation précoce.

Andrew Jackson n'avait que 13 ans lorsque la guerre a déferlé sur la région de Waxhaw. En mai 1780, des pillards britanniques ont remporté une victoire sauvage sur la milice de Waxhaw. Andrew et son frère Robert ont aidé leur mère à soigner les blessés dans l'église voisine. Leur frère aîné, Hugh, volontaire dans une compagnie coloniale de chevaux légers, était mort après avoir combattu dans une bataille quelques mois plus tôt. Peu après le massacre de Waxhaw, Andrew et Robert ont pris leurs mousquets et ont rejoint la milice coloniale lors de la bataille de Hanging Rock, en Caroline du Sud, en août 1780.

Les deux frères travaillent dans la milice de Waxhaw, principalement en tant qu'aides-soignants et messagers à cheval. L'année suivante, Andrew et Robert se sont battus contre les Britanniques lors de plusieurs escarmouches dans les bois. Au printemps 1781, les soldats britanniques capturent les garçons mais ne parviennent pas à briser leur esprit. Lorsqu'un officier britannique montra ses bottes boueuses et ordonna à Andrew Jackson de les nettoyer, le garçon refusa.

L'officier lui a donné un coup de sabre à la tête, et Andrew a levé son bras, qui a partiellement bloqué le coup. Andrew Jackson a porté les cicatrices de ces coupures pour le reste de sa vie. Robert a également désobéi à la demande de l'officier britannique et a été sévèrement coupé.

Les soldats britanniques firent prisonniers les frères Jackson blessés et les conduisirent sur 60 kilomètres de routes sauvages jusqu'à une prison située à Camden, en Caroline du Sud. Leurs blessures n'ont pas été soignées et on ne leur a fourni aucune literie, peu de vêtements, et presque pas de nourriture ni d'eau. La variole s'est déclarée dans la prison crasseuse, frappant Andrew et Robert. En avril 1781, leur mère courageuse réussit à obtenir leur libération en échange de prisonniers britanniques à Waxhaw, et elle ramena les garçons malades et à moitié affamés à la maison. Andrew Jackson, luttant contre le délire, trébucha derrière les chevaux qui transportaient sa mère et son frère mourant.

Robert mourut quelques jours plus tard, mais les soins d'Elizabeth sauvèrent Andrew. Dès qu'il commence à se rétablir, elle se rend à Charleston, en Caroline du Sud, pour aider à soigner les troupes coloniales détenues dans les navires prisonniers britanniques. Elle mourut bientôt de la fièvre des bateaux, mais Andrew Jackson ne sut jamais où elle était enterrée. Tout au long de sa vie, le souvenir de son courage et de son dévouement l'a conduit à défendre et à idéaliser les femmes.

Dernier de la famille, Andrew Jackson doit se débrouiller seul. Il passe les mois suivants chez des parents à Waxhaw où il tente d'apprendre le métier de sellier. À 16 ans, le jeune homme agité se rend à Charleston, l'une des villes américaines les plus élégantes de l'époque. Après avoir vécu un an à Charleston en dilapidant l'héritage de son grand-père irlandais, Andrew Jackson décide de devenir avocat.

Andrew Jackson s'installe à Salisbury, en Caroline du Nord, où il étudie le droit pendant deux ans avant d'être admis au barreau de Caroline du Nord en 1787. N'aimant pas la vie urbaine, Jackson souhaite pratiquer le droit dans un cadre plus rural. L'année suivante, il se rend à l'ouest sur la Wilderness Road jusqu'à Nashville (qui faisait alors partie du district ouest de la Caroline du Nord). C'est là que se trouve la véritable frontière des États-Unis en 1788 - une terre forte de montagnes, de rivières aux eaux vives et de minuscules villages de pieux nichés dans la nature sauvage. Sur la rive boisée de la rivière Cumberland, Nashville était un village de cabanes en rondins. Andrew Jackson s'est logé chez Mme John Donelson, veuve du colonel John Donelson, l'un des fondateurs de Nashville.

Au début de 1789, Andrew Jackson devient procureur à Nashville. Il acquiert rapidement la réputation, auprès des propriétaires fonciers, des créanciers et des banquiers locaux, d'être l'un des avocats les plus compétents du territoire. Ces citoyens éminents devinrent ses plus grands alliés au cours de sa turbulente carrière politique.

Dans la maison des Donelson, Jackson fait la connaissance de leur fille, Rachel Donelson Robards. Elle vivait à la maison, s'étant séparée de son mari, Lewis Robards du Kentucky. Andrew et Rachel s'attachent l'un à l'autre au cours des années suivantes.

Le mariage d'Andrew Jackson avec Robards en 1791 fut annulé car le divorce de son premier mari n'avait pas été prononcé. Jackson et Robards se sont remariés le 17 janvier 1794. Cependant, la négligence de Jackson à examiner les questions juridiques du divorce de Robards, surtout en tant qu'avocat, a été exploitée par ses adversaires politiques lors de la course à la présidence de 1828.

Vers la fin du 18e siècle, Jackson a eu la chance d'acheter des terres et de détenir des terres qui lui avaient été données à titre de frais juridiques. Andrew Jackson établit une plantation à Nashville et l'appela Hunter's Hill, où il construisit une maison. Pendant qu'il pratiquait le droit, Rachel gérait la plantation et la développait pour en faire l'une des plus prospères du Tennessee.

En 1804, cependant, Andrew Jackson avait subi de lourdes pertes financières. Pour répondre aux exigences de ses propres créanciers, Jackson vend la plupart de ses biens, y compris la plantation de Hunter's Hill. Les Jackson s'installent dans une propriété beaucoup plus petite, à 19 kilomètres de Nashville, qu'ils appellent l'Hermitage. Le couple n'a pas eu d'enfants, mais en 1809, ils ont adopté un neveu de Rachel, encore bébé, et l'ont appelé Andrew Jackson Jr. En quelques années, ils ont fait de l'Hermitage l'une des plantations les plus célèbres du pays.

Fermier novateur et ingénieux, Andrew Jackson fut l'un des premiers à utiliser une égreneuse à coton, ce qui augmenta considérablement sa production de cette précieuse culture. Il élevait et vendait les meilleurs chevaux de la région. Sous la direction de Rachel, leurs vastes champs produisaient de riches récoltes de coton, de maïs et de blé.

Le début de la carrière politique d'Andrew Jackson

Andrew Jackson a gagné le respect pour son impartialité en tant que procureur et sa volonté de provoquer en duel quiconque le contestait. L'un de ces duels a lieu en 1806 avec un autre avocat, Charles Dickinson, et Andrew Jackson reçoit une balle dans la poitrine avant de tuer Dickinson. La balle n'a pas pu être retirée en raison de sa proximité avec le cœur de Jackson, et elle est restée logée dans son corps pour le reste de sa vie.

Au début de 1796, Andrew Jackson était délégué à la convention constitutionnelle du Tennessee qui préparait l'accession au statut d'État. Lorsque le Tennessee a été admis comme 16e État en juin 1796, il n'a eu droit qu'à un seul représentant à la Chambre des représentants ; Andrew Jackson a été élu la même année comme premier député de l'État.

Andrew Jackson en tant que membre du Congrès

À l'époque de l'élection de Jackson à la Chambre des représentants, la capitale du pays se trouvait à Philadelphie, une vieille ville fière de sa culture et de son raffinement. Le gouvernement national était entre les mains de l'aristocratie orientale. Andrew Jackson est arrivé dans cette ville statique en décembre 1796 comme "l'homme de l'Ouest", et Philadelphie avait rarement vu quelque chose comme son esprit audacieux.

Andrew Jackson a tout de suite montré au Congrès sa personnalité ardente. Même s'il n'était pas un orateur chevronné, ses discours fervents montraient à quel point il croyait sincèrement en ses principes. Le secrétaire d'État américain Thomas Jefferson a dit que les "passions violentes de Jackson étouffaient sa parole". Jackson croyait ardemment aux idéaux démocratiques de Jefferson, à savoir les libertés individuelles et les droits des États, par opposition au programme fédéraliste, qui favorisait un gouvernement fédéral puissant. Lorsque le Congrès propose une résolution visant à approuver l'administration fédéraliste du président George Washington, Jackson vote fermement contre.

C'est au Congrès que Jackson a prouvé pour la première fois qu'il pouvait contrôler son tempérament lorsque cela servait ses intérêts. En tant que nouveau membre du Congrès, il s'est patiemment frayé un chemin à travers les débats et les commissions pour obtenir une législation bénéfique pour les habitants du Tennessee.

En 1797, la législature du Tennessee élit Jackson au Sénat des États-Unis. Le Congrès le reconnaît désormais comme " porte-parole de l'Ouest ", représentant les caractéristiques de la vie dans les nouvelles régions des États-Unis - les terres accidentées à l'ouest des Alleghanys. Bien qu'il s'en sorte bien dans l'arène politique, les subtilités de la politique irritent Jackson. Il est impliqué dans des problèmes commerciaux sur sa plantation dans son pays d'origine, ce qui déclenche son aversion pour les banques de l'Est, en particulier la Bank of the United States. Il n'apprécie pas les contrôles bancaires sur les prêts.

Au printemps 1798, Andrew Jackson démissionne du Sénat et est nommé juge de la cour suprême, ou cour supérieure, du Tennessee. Bien qu'il manque d'expérience judiciaire, Jackson administre une justice équitable et impartiale.

La carrière militaire et l'expérience de guerre d'Andrew Jackson

En 1802, Andrew Jackson est nommé général de division dans la milice du Tennessee. Jackson démissionne de la cour suprême du Tennessee en 1804 et abandonne la vie politique. Il se consacre au remboursement de ses dettes personnelles, au développement de l'Ermitage et à l'entraînement de la milice.

Andrew Jackson s'est retrouvé dans une situation précaire lorsqu'il a fourni des soldats et des bateaux à Aaron Burr en ayant l'impression que ce dernier se préparait à défendre le Sud-Ouest contre une attaque espagnole. Jackson avait confiance dans les intentions de Burr jusqu'à ce qu'il apprenne la proclamation du président Jefferson ordonnant l'arrestation de Burr et de ses cohortes. Burr est accusé d'avoir tenté de former un mouvement sécessionniste pour diviser l'Union et est jugé pour trahison en mai 1807, mais il est ensuite acquitté. Lorsque ces plans séditieux se concrétisent, Jackson se détache de toute association avec Burr.

Le tournant de la vie de Jackson arrive bientôt : son service spectaculaire dans la guerre de 1812. Lorsque les États-Unis et la Grande-Bretagne sont au bord de la guerre, il enrôle près de 50 000 volontaires dans sa milice. Le Congrès a déclaré la guerre à la Grande-Bretagne le 18 juin 1812, et Jackson a reçu l'ordre de réprimer les soulèvements des Indiens Creek dans le Sud. Encouragés par les attaques britanniques contre les États-Unis, les Creek font des raids sur les colonies frontalières de Géorgie et d'Alabama. Après plusieurs escarmouches féroces, Andrew Jackson et sa milice du Tennessee écrasent les Creek à la bataille de Horseshoe Bend, en Alabama, le 27 mars 1814.

La campagne de Creek était typique de Jackson en tant qu'homme et en tant que général. Il n'était pas un grand stratège militaire, mais il avait une forte détermination à gagner. Sans prendre le temps de mettre en place une ligne de ravitaillement adéquate, il a mené sans relâche ses hommes à travers le désert hivernal lors de multiples attaques. Parfois, lui et ses hommes n'avaient que des glands grillés pour se nourrir.

Andrew Jackson est malade pendant la majeure partie de la campagne et son épaule souffre d'une blessure par balle reçue lors d'un récent duel, mais il ne faiblit jamais. Il a étouffé deux mutineries dues au manque d'approvisionnement et en a empêché une troisième en faisant abattre un soldat rebelle. Ses troupes le considéraient comme "dur comme du bois" et le surnommaient donc Old Hickory. Le peuple Creek décimé fut contraint d'abandonner la plupart de ses riches terres en Géorgie et en Alabama. Ce triomphe valut à Andrew Jackson d'être acclamé en tant que soldat, et il fut nommé général de division dans l'armée américaine.

En novembre 1814, Jackson fit marcher son armée dans la Floride tenue par les Espagnols et captura Pensacola, préparant ainsi l'occupation de la Floride par les États-Unis. Avant l'arrivée de Jackson, l'armée britannique avait évacué la ville et avancé par la mer vers la Nouvelle-Orléans, en Louisiane. Par conséquent, Andrew Jackson reçut l'ordre d'organiser la défense de la Nouvelle-Orléans contre une attaque britannique imminente. Il atteint la ville le mois suivant, construit des fortifications et instaure la loi martiale.

Pour renforcer sa petite armée régulière, Jackson recrute des fusiliers frontaliers du Tennessee et du Kentucky et organise une force de volontaires libres, de planteurs et de pirates dirigée par Jean Lafitte. Au-delà des rudimentaires remparts américains faits de balles de coton se trouvaient des troupes britanniques expérimentées qui avaient combattu lors des guerres napoléoniennes en Europe. À partir de la fin décembre 1814, les Britanniques bombardent les défenses américaines, mettant le feu aux remparts de balles de coton. Entre les escarmouches et les bombardements britanniques, les hommes de Jackson renforcent avec ténacité les fortifications de la ville par des travaux de terrassement.

Le 8 janvier 1815, n'ayant que du mépris pour l'armée amateur d'Andrew Jackson, les troupes britanniques chargent. La bataille s'engage alors que des vagues de soldats britanniques sont victimes de l'artillerie des défenseurs américains. Démoralisés, les Britanniques se retirent après avoir subi plus de 2 000 morts. Jackson n'a subi que peu de pertes dans ce qui est devenu la bataille de la Nouvelle-Orléans.

L'erreur tragique de cette bataille est qu'elle s'est déroulée après la signature du traité de Gand, le 24 décembre 1814, mettant officiellement fin à la guerre. La nouvelle du traité de paix n'est pas parvenue à Jackson à temps pour empêcher le conflit. La victoire d'Andrew Jackson n'a en rien affecté l'issue de la guerre de 1812, mais elle a remonté le moral du pays après que la guerre se soit terminée par une impasse. Son superbe commandement militaire à la Nouvelle-Orléans lui valut le statut de héros national.

Le président James Monroe ordonna à Jackson de se rendre dans la région de l'Alabama et de la Géorgie en décembre 1817 pour défendre les colons américains contre les attaques des Séminoles de Floride et des esclaves fugitifs vivant parmi les tribus. Au printemps 1818, sans attendre d'autres ordres, Andrew Jackson marche sur la Floride tenue par les Espagnols et brûle les villages séminoles. Il s'empare ensuite de Pensacola et de St. Marks et pend deux commerçants britanniques soupçonnés de collaborer avec les Séminoles. Ces actions, dans ce qui est devenu la première guerre séminole, menaçaient d'impliquer les États-Unis dans une guerre contre la Grande-Bretagne et l'Espagne.

Monroe et le secrétaire à la Guerre John C. Calhoun estimaient qu'Andrew Jackson avait outrepassé son autorité et devait être réprimandé. Cependant, le secrétaire d'État John Quincy Adams soutenait que les exploits de Jackson fournissaient aux États-Unis l'occasion d'annexer la Floride à l'Espagne.

Lorsque l'Espagne cède la Floride aux États-Unis en 1821, le président Monroe nomme Jackson gouverneur militaire du territoire. Lassé de la politique, Andrew Jackson démissionne de ce poste à la fin de 1821 et se retire dans la vie privée. Toutefois, en 1823, l'assemblée législative du Tennessee l'élit une nouvelle fois au Sénat des États-Unis.

Andrew Jackson a l'intention de devenir président

À l'approche de l'élection présidentielle de 1824, les États-Unis entrent dans une nouvelle ère de développement. Les affaires étrangères étaient désormais moins préoccupantes que les améliorations internes du pays. Avec l'expansion de l'Ouest et l'augmentation des petites entreprises et industries à l'Est, les changements dans le pays nécessitaient une nouvelle voix pour exprimer la volonté des "gens ordinaires". Les fermiers de l'Ouest et les ouvriers de l'Est exigent un leader qui ne soit pas lié par la tradition. Les personnalités diverses des candidats et les rivalités entre les sections du pays ont été au centre de l'élection.

L'assemblée législative du Tennessee désigne le non-traditionaliste Jackson comme candidat à la présidence en 1824. Il fait campagne contre le secrétaire d'État John Quincy Adams du Massachusetts, le président de la Chambre Henry Clay du Kentucky et le secrétaire au Trésor William H. Crawford de Géorgie. Les résultats électoraux sont les suivants : Jackson (99), Adams (84), Crawford (41) et Clay (37). Aucun des candidats n'ayant obtenu la majorité, la Constitution exigeait que la Chambre des représentants décide du résultat de l'élection. En outre, conformément au douzième amendement de la Constitution, la Chambre ne pouvait choisir que parmi les trois candidats ayant obtenu le plus grand nombre de voix.

Clay ne fut donc plus pris en considération et il soutint immédiatement Adams, qui fut ainsi élu sixième président des États-Unis. Lorsque Adams nomma Clay comme secrétaire d'État, Andrew Jackson et ses partisans affirmèrent qu'Adams et Clay avaient conclu un "accord corrompu", prétendant que Clay avait soutenu Adams en échange d'une nomination au Cabinet.

Enragé par sa défaite aux élections, Andrew Jackson mena pendant quatre ans une campagne de châtiment contre l'administration Adams et qualifia Clay de "Judas de l'Ouest". Jackson démissionna du Sénat en 1825, mais ses alliés au Congrès, les jacksoniens, entreprirent de saper toutes les politiques et décisions exécutives d'Adams. Les jacksoniens créèrent le parti démocrate et utilisèrent le mandat d'Adams comme plateforme pour promouvoir Jackson à la présidence lors des élections de 1828.

La présidence d'Andrew Jackson

Andrew Jackson, le candidat du parti démocrate, remporta l'élection présidentielle de 1828 par un score de 178 voix contre 83 pour Adams, le républicain national. John C. Calhoun a été réélu vice-président.

Andrew Jackson a obtenu la majorité de ses soutiens dans le Sud et l'Ouest et, avec l'aide du sénateur Martin Van Buren de New York, a également remporté l'État de New York. Adams revendique les États de la Nouvelle-Angleterre, mais Jackson l'emporte en s'assurant le soutien massif d'un très grand nombre d'électeurs à travers le pays.

Une campagne calomnieuse domina l'élection. Les jacksoniens, en particulier les membres du Congrès et les propriétaires terriens de Nashville, critiquèrent continuellement Adams pour le " marché corrompu " qu'il était accusé d'avoir conclu lors de l'élection de 1824. En revanche, les adversaires politiques de Jackson utilisèrent la nature prétendument adultère de son premier mariage avec Rachel en 1791 pour diffamer son caractère et celui de sa femme. Les détails ont refait surface à propos de leur premier mariage avant que Rachel ne soit légalement divorcée de son précédent mari, et cette nouvelle a jeté une ombre négative sur l'image de Jackson.

Rachel devint excessivement désemparée par la propagande maligne qui circulait dans le pays, et le 22 décembre 1828, elle mourut d'une crise cardiaque. Andrew Jackson, dévasté par la perte soudaine de sa femme, attribue sa mort à la traîtrise de ses adversaires politiques.

Le 4 mars 1829, Andrew Jackson, accablé de douleur, fut inauguré comme septième président des États-Unis. La célébration de son investiture annonça de façon émeutière une nouvelle ère dans la politique américaine. Des hordes de gens déferlèrent dans la Maison Blanche pour acclamer leur héros, Old Hickory. La masse était telle que des amis durent aider le président à s'échapper par une porte latérale.

Lorsqu'Andrew Jackson entre en fonction, beaucoup de gens dans l'Est le craignent. Thomas Jefferson avait déjà écrit : "Je me sens très alarmé à la perspective de voir le général Jackson président. Il est l'un des hommes les plus inaptes que je connaisse pour cette fonction..."…. C'est un homme dangereux." Malgré les remarques de Jefferson, Andrew Jackson resta un ardent défenseur des principes jeffersoniens de liberté et de démocratie.

Bien qu'inexpérimenté dans la fonction publique par rapport à ses prédécesseurs, Andrew Jackson gouvernait avec l'assurance d'un commandant militaire au caractère bien trempé. En matière de politique, il s'appuyait sur les idées d'alliés politiques tels que le secrétaire d'État Martin Van Buren et le secrétaire à la Guerre John H. Eaton. Au lieu de consulter les autres membres du Cabinet pour les décisions administratives, Andrew Jackson s'entretient avec un groupe informel de conseillers comprenant les éditeurs de journaux Amos Kendall et Francis P. Blair, ainsi qu'Andrew Jackson Donelson, neveu et secrétaire personnel du président. Les critiques ont appelé ces amis proches de Jackson son "cabinet de cuisine".

La loyauté d'Andrew Jackson envers ses amis l'a conduit à étendre ce que l'on appelle aujourd'hui le système des dépouilles. Il s'agit de la pratique consistant à écarter les membres du parti politique vaincu des fonctions publiques et à les remplacer par des membres du parti vainqueur. Ce système avait déjà été pratiqué dans les gouvernements fédéraux lorsque Thomas Jefferson, en tant que président, avait écarté les fédéralistes pour les remplacer par des personnes de son propre parti. Jackson s'est engagé à balayer l'opposition "corrompue" de ses fonctions.

En réponse aux critiques concernant la politique de Jackson en matière de nominations politiques, le sénateur William L. Marcy de New York répondit : " Au vainqueur appartient le butin ". Bien qu'Andrew Jackson ait été accusé d'abuser du système des dépouilles, il a en fait remplacé moins de 20 % des titulaires de fonctions fédérales. Le processus consistant à récompenser les services politiques par des fonctions publiques a contribué à la création de grands partis politiques. Dans un effort pour limiter les excès du système des dépouilles, le Congrès a adopté la loi sur le service civil en 1883.

La question du successeur de Jackson se posa peu après son accession à la présidence en raison de sa mauvaise santé. Le vice-président Calhoun était un candidat de premier plan, tout comme le secrétaire d'État Van Buren. Lorsque la nouvelle se répandit en 1830 que Calhoun, en tant que secrétaire à la guerre lors des débats du Cabinet de 1818, avait condamné les actions militaires de Jackson lors de la première guerre séminole, le président se mit Calhoun à dos.

Une intense rivalité se développe entre Jackson et Calhoun au sujet d'un tarif protecteur et de la nullité. En 1828, le président Adams avait approuvé le " Tarif des abominations ", une taxe élevée sur les produits industriels importés afin de protéger les usines de la Nouvelle-Angleterre des concurrents étrangers. Calhoun soutient que ce tarif opprime le Sud et favorise les États du Nord. La Caroline du Sud, État natal de Calhoun, était particulièrement hostile au tarif et se battait pour le droit des États du Sud à annuler les lois fédérales jugées inconstitutionnelles.

Bien que n'étant pas un fervent partisan du tarif douanier, Andrew Jackson estimait qu'il était bénéfique pour les relations commerciales avec l'Europe et qu'il contribuait au remboursement de la dette nationale. En même temps, cependant, il méprisait la nullité parce qu'il estimait qu'elle dépassait les limites des droits des États et que la tolérance d'une telle pratique détruirait l'union.

Afin d'apaiser les tensions avec la Caroline du Sud, Andrew Jackson publia en 1832 un tarif réformé qui était un peu moins lourd que le tarif original. Insatisfaite, la Caroline du Sud a adopté la même année l'ordonnance de nullité, déclarant le tarif nul et non avenu dans l'État.

La Caroline du Sud menaça également de faire sécession de l'Union si le gouvernement fédéral tentait d'appliquer le tarif douanier à l'intérieur des frontières de l'État. À la fin de l'année 1832, mécontent de la politique de Jackson, Calhoun démissionna de son poste de vice-président après que la Caroline du Sud l'eut élu au Sénat des États-Unis. Van Buren assume la vice-présidence en 1833.

La situation s'aggrave alors qu'Andrew Jackson prépare les forces armées américaines en prévision d'un conflit armé avec la Caroline du Sud. Il menaçait d'une intervention militaire pour percevoir les droits tarifaires si l'État persistait à ne pas respecter les lois fédérales. La crise fut évitée en 1833 lorsque le sénateur Henry Clay du Kentucky proposa deux projets de loi de compromis. Le premier projet de loi réduisait le tarif à un niveau encore plus modéré que le tarif de réforme de 1832. Le second, appelé Force Bill, autorisait le président à utiliser l'armée pour faire respecter les mandats fédéraux dans les États si nécessaire. La Caroline du Sud a accepté le nouveau tarif et a abrogé son acte de nullité. Les habiletés de négociation de Clay ont permis de préserver l'Union d'une grave menace intérieure.

Conflit avec les natifs américains sous Andrew Jackson

Pendant l'administration de Jackson, les États-Unis ont poursuivi leur programme d'agrandissement du pays par l'expansion vers l'ouest. Cependant, le déplacement des colons blancs toujours plus à l'ouest se fait au détriment des Amérindiens. Les batailles contre les Creek et les Seminole au cours de sa carrière militaire avaient rendu Jackson antipathique aux Amérindiens, et il chercha à les déloger de toutes les régions situées à l'est du fleuve Mississippi. Cette action devait permettre aux colons blancs de s'emparer des terres des Amérindiens.

À partir de 1829, la Géorgie étend son territoire sur les terres des Cherokees qui leur avaient été accordées par un traité avec le gouvernement américain. La Géorgie désirait ces terres, sur lesquelles de l'or avait été découvert. Les critiques prétendent que la Géorgie empiète sur les droits des Cherokees, mais Andrew Jackson refuse d'interférer avec les efforts de la Géorgie.

Au lieu de cela, Andrew Jackson a signé l'Indian Removal Act de 1830, qui exigeait que toutes les tribus amérindiennes situées à l'est du fleuve Mississippi abandonnent leurs maisons et s'installent dans des réserves fournies par le gouvernement américain dans l'Ouest.

Les Cherokees font appel devant les tribunaux fédéraux. En 1832, dans l'affaire Worcester v. Georgia, la Cour suprême jugea que les actions de la Géorgie étaient inconstitutionnelles et déclara que l'État n'avait aucune juridiction sur les terres cherokees. Néanmoins, la Géorgie défie cette décision et continue d'empiéter sur le territoire cherokee. Jackson refuse d'appliquer la décision de la Cour suprême. Au cours de l'automne et de l'hiver 1838-39, après qu'Andrew Jackson eut quitté ses fonctions, les Cherokees furent expulsés et forcés de marcher vers l'ouest. Le climat glacial et le manque de vivres ont contribué à d'horribles souffrances et à des milliers de morts ; les Cherokees ont baptisé ce voyage la Piste des larmes.

L'Indian Removal Act a rendu furieux de nombreux Amérindiens et les a poussés à se révolter. En 1831, un groupe de tribus Sauk et Fox dirigé par le chef Black Hawk a été contraint de quitter ses villages et ses champs le long de la Rock River, dans l'Illinois, et de se déplacer à l'ouest du Mississippi, dans l'Iowa. L'année suivante, Black Hawk a guidé son peuple à travers le Mississippi pour revenir en Illinois, provoquant le gouverneur John Reynolds à envoyer une milice de l'Illinois pour combattre les Amérindiens insurgés. Au cours de la guerre du Faucon noir de 1832, les tribus Sauk et Fox sont massacrées et le Faucon noir est capturé.

Une autre tribu amérindienne qui a défié la politique des Indiens d'Amérique du président Jackson est celle des Séminoles de Floride. Le chef Osceola cacha les familles de la tribu dans les Everglades et opposa une résistance farouche lors de la deuxième guerre séminole, qui dura de 1835 à 1842. Les guerriers d'Osceola utilisèrent des tactiques de guérilla lors des combats. C'était une guerre coûteuse qui a fait près de 2 000 victimes américaines avant qu'Osceola ne soit capturé, et lorsqu'une trêve a été conclue, la plupart des Séminoles restants ont finalement accepté d'émigrer vers l'ouest. Jackson traite durement les Amérindiens, qu'il considère comme un obstacle à l'expansion et à la croissance des États-Unis.

Andrew Jackson et ses politiques économiques

Les améliorations internes aux États-Unis n'étaient pas une priorité dans le plan de stabilité économique d'Andrew Jackson. Il croyait que les projets d'État parrainés par le gouvernement fédéral nuisaient au bien-être du pays parce qu'ils entraînaient des conflits régionaux et favorisaient le favoritisme. Lorsqu'on lui a présenté le projet de loi sur la route de Maysville en 1830, qui aurait autorisé le financement fédéral de la route de 60 miles (100 kilomètres) dans le Kentucky, allant de Maysville à Lexington, Jackson a rapidement opposé son veto.

Il se préoccupait d'améliorations profitables à l'ensemble du pays, c'est pourquoi il approuva l'extension de la National Road, ou Cumberland Road. Plus que tout autre président précédent, Jackson a exercé son droit de veto à 12 reprises au cours de son administration.

En tant que " porte-parole de l'Ouest ", Jackson se méfiait des puissantes banques de l'Est. Il détestait particulièrement le monopole détenu par la Deuxième banque des États-Unis. Alors que la charte de la banque devait expirer en 1836, les adversaires politiques de Jackson ont fait passer le projet de loi au Congrès avant l'élection présidentielle de 1832 afin de remettre en question sa position sur cette mesure. Andrew Jackson opposa son veto à la nouvelle charte de la banque en juillet 1832, à la grande joie de ses admirateurs, qui étaient également opposés à la banque. Jackson a déclaré que le contrôle de l'argent du pays par la banque était une menace à la fois pour les entreprises privées et pour les idéaux d'un gouvernement démocratique.

La campagne de l'élection de 1832 était centrée sur la question de la charte bancaire. Cette élection marque la première fois que les candidats à la présidence sont choisis lors de conventions nationales de partis. Les Républicains nationaux se sont réunis en décembre 1831 à Baltimore, dans le Maryland. Ils ont désigné le sénateur Henry Clay comme leur candidat pour se présenter contre le président sortant Jackson, qui a été désigné pour être réélu en mai 1832 lors de la convention nationale démocrate, qui s'est également tenue à Baltimore. Martin Van Buren était le colistier de Jackson pour la vice-présidence. Les partisans de Clay attestaient que le veto de Jackson à la charte bancaire portait atteinte à la sécurité financière du pays.

Les adversaires politiques d'Andrew Jackson le considéraient comme un ennemi des droits des États en raison de sa position contre la nullité et de son refus d'approuver le financement fédéral des améliorations internes. Ses ennemis qualifiaient ses politiques administratives de tyrannie exécutive et le surnommaient le roi Andrew Ier. Le parti Whig apparut en 1834 sous la direction de Clay et se fondait sur ce sentiment anti-Jacksonien. Néanmoins, Andrew Jackson emporte le Sud et l'Ouest lors de l'élection et l'emporte avec 219 voix de grands électeurs contre seulement 49 pour Clay.

Le veto au projet de charte bancaire a créé une controverse sur la politique financière des États-Unis qui a persisté tout au long du second mandat de Jackson. Bien que l'ancienne charte de la banque ait encore trois ans à courir, Andrew Jackson en retira les fonds du gouvernement et les déposa dans des banques d'État, également appelées ses banques "de compagnie".

Les banques d'État étaient plus indulgentes en matière d'octroi de crédit et imprimaient de grandes quantités de papier-monnaie. Une augmentation de la spéculation foncière dans l'Ouest en résulta, mais avec la dissolution de la banque fédérale, le défi de Jackson était d'établir une monnaie américaine saine. La circulation inflationniste des billets de banque a contribué aux abus de crédit des créanciers et des spéculateurs, et la valeur du papier-monnaie est devenue difficile à gérer. Par conséquent, en juillet 1836, Andrew Jackson a émis la Specie Circular, qui exigeait un paiement en pièces d'or ou d'argent pour la vente de toutes les terres publiques. Les banques ont fait faillite parce qu'elles étaient incapables de répondre à la demande d'or et d'argent, et le pays a été confronté à une inflation galopante.

Les dernières années de l'administration d'Andrew Jackson

La défense de principes sévères valut à Jackson de nombreux ennemis dans le pays. La première tentative d'assassinat contre un président des États-Unis a lieu le 30 janvier 1835, devant le Capitole. Richard Lawrence, un peintre en bâtiment, s'est approché du président à l'extérieur du Capitole et a pointé un derringer dans la direction de Jackson.

Cependant, lorsque Lawrence a appuyé sur la gâchette, l'arme a raté sa cible. Lawrence a alors sorti un deuxième Derringer et a essayé de tirer à nouveau sur Jackson, mais cette arme a également raté son coup. Lawrence est jugé pour l'assassinat manqué et condamné à l'asile psychiatrique. Andrew Jackson, qui était habitué aux armes à feu pour avoir participé à de nombreux duels, a été épargné une fois de plus.

La révolution au Texas a éclaté en décembre 1835 lorsque les colons ont combattu le gouvernement mexicain, qui régnait sur le territoire. Le Texas a gagné son indépendance du Mexique à la bataille de San Jacinto en avril

1836. Jackson considérait le Texas comme vital pour la sécurité du Sud-Ouest.

Andrew Jackson souhaite annexer le territoire aux États-Unis. Cependant, il craint que des conflits entre sections ne surgissent sur la question de l'esclavage lorsque le Texas demandera le statut d'État. Il reconnaît donc l'indépendance du Texas et rejette l'annexion pour éviter tout conflit au sein de son parti qui pourrait compromettre la candidature du vice-président Van Buren à la présidence.

Grâce à son leadership et à son patronage agressifs, Jackson avait soudé un nouveau parti politique, le parti démocrate. Andrew Jackson contrôlait tellement le parti qu'il choisit Van Buren comme son successeur. Van Buren remporte les élections de 1836 et prend ses fonctions le 4 mars 1837.

Retraite

Andrew Jackson s'est retiré à l'Ermitage après l'inauguration de Van Buren. Une dépression financière qui avait commencé pendant le second mandat de Jackson a mis à mal le marché de ses cultures. Il fut obligé de vendre certaines de ses terres et d'emprunter de l'argent pour couvrir ses dépenses agricoles. Jackson continua à conseiller les chefs de son parti et à recevoir des visiteurs à l'Ermitage.

Depuis son domicile, Andrew Jackson se tient au courant de la politique nationale et encourage la candidature malheureuse de Van Buren à la réélection en 1840. Jackson se réjouit de l'investiture démocrate de son compatriote James K. Polk en 1844 et soutient l'annexion du Texas par les États-Unis en 1845.

La santé d'Andrew Jackson avait commencé à se dégrader lentement tout au long de sa présidence, et elle s'est progressivement aggravée au cours de ses dernières années. Il fut frappé par la tuberculose et perdit la vue de son œil droit. Andrew Jackson est mort le 8 juin 1845 dans sa maison et a été enterré à côté de sa femme dans le jardin de l'Ermitage.

La démocratie jacksonienne représentait le citoyen américain moyen. Jackson était un homme du peuple et a laissé derrière lui un gouvernement national qui défendait les meilleurs intérêts du peuple. Le nouveau parti démocrate qui s'est développé dans les années 1830 était basé sur l'ancien principe jeffersonien de gouvernement populaire. Old Hickory a accru le pouvoir de la présidence grâce à son leadership acharné et, dans le même temps, a renforcé le pays en préconisant des politiques qui l'englobaient dans son ensemble.

Questions de recherche

1. Qu'est-ce que vous préférez chez Andrew Jackson ?
2. Que pensez-vous de sa position sur les Amérindiens et l'esclavage ?
3. Avez-vous l'impression qu'il était un homme cruel ou juste incompris ?
4. Si vous aviez la possibilité de changer une loi de l'histoire, laquelle choisiriez-vous (et pourquoi) ?

8. Martin Van Buren (1837-1841)

Parti démocrate | Vice-président : Richard Mentor Johnson

"Il est plus facile de bien faire un travail que d'expliquer pourquoi on ne l'a pas fait."

Le premier président né en tant que citoyen américain fut Martin Van Buren, qui fut le huitième président des États-Unis et l'un des fondateurs du parti démocrate. Avant son mandat de 1837-1841, les sept premiers présidents étaient nés avant la signature de la Déclaration d'indépendance, ce qui en faisait des sujets britanniques à la naissance.

Martin Van Buren accède à la présidence au milieu d'une économie nationale en souffrance. Plusieurs de ses collègues démocrates reprochèrent à son administration de ne pas avoir réussi à inverser la situation économique, et beaucoup d'entre eux transférèrent leur allégeance au parti rival, le Whig. En outre, les démocrates du Sud étaient mécontents de sa position antiesclavagiste, l'un des facteurs qui ont contribué à sa défaite lors de sa réélection en 1840.

Inspiré par les principes de Jefferson, Van Buren devint un éminent politicien new-yorkais avant de s'élever dans l'arène nationale - d'abord au Sénat des États-Unis, puis comme secrétaire d'État du président Andrew Jackson, et enfin comme vice-président de ce dernier. Tout au long de la présidence turbulente de Jackson, Martin Van Buren est resté fidèle à l'homme qu'il admirait en tant que leader. Van Buren a tenté de suivre l'exemple de Jackson lorsqu'il est entré à la Maison Blanche en 1837.

Les premières années de Martin Van Buren

Martin Van Buren est né le 5 décembre 1782 à Kinderhook, dans l'État de New York, un village situé au sud d'Albany, sur la rive est du fleuve Hudson. D'origine hollandaise, Martin était le troisième des cinq enfants nés d'Abraham et de Maria Hoes Van Buren. Martin Van Buren avait une demi-sœur et deux demi-frères du côté de sa mère, issus de son précédent mariage. Abraham était un fermier et possédait une taverne populaire à Kinderhook.

Surnommé "Little Mat" lorsqu'il était enfant, Martin Van Buren a commencé sa scolarité à l'école du village et a ensuite fréquenté l'Académie de Kinderhook. Après les cours, il livrait généralement les produits de la ferme ou aidait à la taverne de son père. D'éminents avocats et politiciens visitaient fréquemment la taverne, notamment Alexander Hamilton et Aaron Burr, et Martin Van Buren écoutait attentivement leurs discussions politiques. Comme son père, Martin s'abstient de dévoiler ses opinions politiques, mais il méprise secrètement les fédéralistes et se montre favorable aux idéaux républicains de Jefferson. En dehors de ses études et de son travail, Martin Van Buren apprécie les représentations théâtrales locales et va souvent à la pêche.

Après avoir obtenu son diplôme de l'Académie de Kinderhook à l'âge de 14 ans, Martin devient l'apprenti de Francis Silvester, un avocat de Kinderhook. Martin Van Buren balaie le bureau, s'occupe de la cheminée, fait des courses, lit des livres de droit et étudie avidement toutes les revues qu'il peut trouver sur la politique de Jefferson.

Il devient rapidement habile dans l'argumentation juridique. À l'âge de 15 ans, il participe à sa première affaire judiciaire. Le jury du palais de justice de Kinderhook est stupéfait de sa connaissance des affaires juridiques. Martin Van Buren a examiné les preuves avec beaucoup d'attention et, avec seulement un an d'expérience en tant qu'assistant juridique, il a contribué à gagner le procès.

À l'âge de 18 ans, la précision de la pensée juridique de Van Buren lui vaut une renommée locale. Il fait campagne avec tant de succès pour la candidature de Thomas Jefferson à la présidence en 1800 que Martin Van Buren est élu délégué au caucus républicain de Troy, dans l'État de New York. En 1801, il entre dans un cabinet d'avocats de New York et termine ses études de droit sous la direction de William P. Van Ness, un avocat new-yorkais renommé.

Après avoir été admis au barreau de New York en 1803, Van Buren retourne à Kinderhook et devient associé dans le cabinet d'avocats de son demi-frère, James Van Alen. Martin Van Buren épouse son amour de jeunesse et sa cousine éloignée, Hannah Hoes, le 21 février 1807, à Catskill, dans l'État de New York. Ensemble, ils ont eu quatre fils : Abraham, John, Martin Jr. et Smith.

Martin Van Buren et sa famille étaient étroitement dévoués l'un à l'autre. Lorsque Hannah meurt subitement de la tuberculose en 1819, il confie les garçons à des membres de sa famille pendant qu'il s'absente pour exercer une fonction publique. Abraham fréquente ensuite l'Académie militaire des États-Unis et devient officier d'infanterie, tandis que John devient avocat. Pendant la présidence de Van Buren, ses quatre fils travaillèrent comme assistants politiques, et la femme d'Abraham, Angelica Singleton Van Buren, fut l'hôtesse de la Maison Blanche.

L'entrée en politique de Martin Van Buren

Martin Van Buren s'est forgé une réputation d'avocat distingué, mais la politique était son principal centre d'intérêt. Depuis sa première fonction publique en tant que substitut du comté de Columbia en 1808, il a gravi rapidement les échelons de la politique de l'État.

Élu au sénat de l'État de New York en 1812, Martin Van Buren prend la tête des Bucktails, opposants à DeWitt Clinton, candidat fédéraliste à la présidence en 1812, qui devient gouverneur de New York en 1817. Il crée l'Albany Regency, une organisation politique composée de comités locaux, de fonctionnaires de l'État et de journalistes, fondée sur les valeurs jeffersoniennes de liberté et de droits des États. Martin Van Buren et ses collègues Bucktails ont contré les politiques autocratiques de Clinton et ont fortement influencé la politique new-yorkaise pendant de nombreuses années.

Les tactiques de leadership de Martin Van Buren étaient astucieusement persuasives. C'était un orateur rusé qui gardait ses opinions bien secrètes jusqu'à ce que le moment le plus propice soit venu de les dévoiler. Grâce à ses intrigues minutieuses pendant les délibérations, il a acquis le surnom de "petit magicien" auprès de ses amis et de "renard roux de Kinderhook" auprès de ses ennemis.

Sous l'administration du président James Madison, Martin Van Buren soutient la guerre de 1812 et condamne les pratiques bancaires corrompues qui se sont rapidement développées dans tout le pays.

Martin Van Buren a été élu au Sénat des États-Unis en 1821. Il a cherché à préserver les droits des États en limitant le pouvoir du gouvernement fédéral. En ce qui concerne les améliorations internes, il a déclaré que les États devaient financer leurs projets individuels. Martin Van Buren a appliqué ces normes jeffersoniennes comme fondement du parti démocrate.

Leadership

Pendant qu'il était au Sénat, Martin Van Buren s'est employé à promouvoir les intérêts démocrates. Lors de l'élection présidentielle très disputée de 1824, il soutient William H. Crawford, de Géorgie. De 1825 à 1829, Van Buren prend la tête de l'opposition aux politiques administratives du président John Quincy Adams, y compris les propositions du président concernant les améliorations internes financées par le gouvernement fédéral et un tarif protecteur sur les produits industriels importés. Martin Van Buren était un partisan enthousiaste d'Andrew Jackson, qui se présentait comme candidat démocrate, et il a aidé à guider la campagne présidentielle de Jackson en 1828.

Martin Van Buren démissionne du Sénat américain en 1828 et se présente avec succès comme gouverneur de l'État de New York. Le but premier de sa candidature est d'obtenir le soutien de l'État pour Jackson lors de l'élection présidentielle. Il a été gouverneur de janvier à mars 1829 et, pendant cette période, il a parrainé le Safety Fund Plan, qui mettait en œuvre des directives strictes sur les investissements des banques new-yorkaises et sur la circulation des billets de banque dans l'État. Il démissionne de son poste de gouverneur en mars 1829 lorsque Martin Van Buren est nommé secrétaire d'État américain dans le cabinet du président Jackson.

Postes occupés sous l'administration de Jackson

De par son expérience dans la sphère politique souvent corrompue de New York, Van Buren connaissait bien le pouvoir du système des dépouilles - dans lequel les partisans du parti victorieux étaient nommés pour remplacer les titulaires de charges publiques associés au parti défait. Martin Van Buren a aidé Jackson à étendre le système des dépouilles au gouvernement fédéral, malgré les accusations des détracteurs qui accusaient l'administration d'abuser de son autorité. Martin Van Buren était une figure centrale du groupe des proches conseillers personnels de Jackson, que l'on appelait le "cabinet de cuisine" du président.

En tant que secrétaire d'État, Van Buren s'occupe des affaires étrangères des États-Unis, notamment des négociations avec la Turquie pour obtenir les droits de navigation des États-Unis dans la mer Noire. Avec la Grande-

Bretagne, il négocie un traité qui renouvelle les privilèges commerciaux des États-Unis dans les Antilles britanniques. Les deux accords ont été conclus en 1830, avant la restructuration du Cabinet de Jackson.

Au printemps 1831, Martin Van Buren démissionne de son poste de secrétaire d'État dans le cadre de la réorganisation du Cabinet Jackson et est nommé ministre en Grande-Bretagne. Martin Van Buren et son fils John s'embarquent pour Londres à l'automne 1831 où ils rejoignent Washington Irving, ambassadeur des États-Unis en poste à Londres. En janvier 1832, cependant, Van Buren apprend que le Sénat a rejeté sa nomination diplomatique à Londres.

Lors de la première convention nationale démocrate qui se tient en mai 1832 à Baltimore, Md., Van Buren est désigné comme colistier de Jackson pour l'élection présidentielle de 1832. Entre-temps, Jackson est impliqué dans un grave conflit avec la Caroline du Sud concernant son droit d'annuler un tarif protecteur financé par le gouvernement fédéral. Martin Van Buren suggère à Jackson de modérer le tarif afin de préserver le soutien des démocrates du Sud, qui le dénoncent comme une atteinte aux droits des États. Jackson réduit légèrement le tarif mais reste ferme sur sa position contre l'annulation.

La Caroline du Sud n'est pas satisfaite de la réduction des droits de douane, et la controverse se poursuit. Le vice-président John C. Calhoun, qui défendait l'argument de la Caroline du Sud, s'agite de plus en plus avec la position anti-nullification de Jackson et démissionne de son poste de vice-président en décembre 1832.

Une autre question brûlante entourant l'élection de 1832 est la charte de la deuxième banque des États-Unis. Jackson estimait que le monopole de la banque sur le crédit et la circulation excessive de billets de banque étaient préjudiciables à l'économie de la nation. Par conséquent, le président a opposé son veto au projet de loi qui aurait renouvelé la charte de la banque. Martin Van Buren a maintenu un rôle passif dans la guerre des banques, mais a soutenu le veto parce qu'il était en faveur de mesures bancaires saines et d'une monnaie nationale stable.

L'équipe démocrate Jackson-Van Buren l'emporta lors de l'élection, Jackson se battant vigoureusement pour maintenir ses doctrines lors de la transition vers son second mandat. Van Buren soutient fidèlement les politiques de Jackson, notamment la relocalisation des tribus amérindiennes dans des réserves à l'ouest du fleuve Mississippi et le retrait des fonds fédéraux de la banque nationale au profit des banques d'État, également appelées les "banques de compagnie" de Jackson.

Martin Van Buren était un allié fiable qui complétait également Jackson par un tempérament plus doux que celui du président. En choisissant Van Buren comme vice-président pour ce mandat, Jackson a pratiquement trié sur le volet son successeur à l'élection présidentielle suivante.

Année électorale 1836

Le veto de Jackson à la charte bancaire et son refus de parrainer les améliorations internes financées par le gouvernement fédéral sont impopulaires auprès des électeurs du Nord-Est et de l'Ouest. Les Whigs étaient un nouveau parti politique issu d'anciens démocrates et républicains nationaux mécontents de l'administration de Jackson. Sous la direction de Henry Clay, les Whigs devinrent un parti légitime pour affronter Van Buren, qui se présenta sur le ticket démocrate lors de l'élection.

La stratégie des Whigs consiste à présenter plusieurs candidats simultanément. Chacun d'entre eux représenterait une région différente des États-Unis afin d'empêcher Van Buren d'obtenir la majorité des voix, ce qui obligerait la Chambre des représentants à se prononcer sur l'élection. William Henry Harrison de l'Ohio représentait l'Ouest, Daniel Webster du Massachusetts représentait le Nord-Est et Hugh Lawson White du Tennessee représentait le Sud. De ces trois candidats whigs, Harrison est le plus fort adversaire de Martin Van Buren.

L'une des questions centrales de l'élection était l'esclavage. Martin Van Buren se trouve dans une position précaire car il tente d'apaiser à la fois les abolitionnistes du Nord et les propriétaires d'esclaves du Sud. Il concède aux Nordistes que le Congrès a le pouvoir d'abolir l'esclavage, mais il proclame qu'il n'interviendra pas dans l'esclavage dans le Sud.

Un autre défi pour les candidats à la présidence était leurs plans pour améliorer l'économie nationale. Harrison est favorable à la distribution des surplus fédéraux aux États et à la relance de la banque nationale. Martin Van Buren, quant à lui, reste fermement opposé à la banque et rejette la notion de partage des revenus avec les États.

Le président Martin Van Buren

Bien que Harrison ait accumulé une vague de soutien national, les Whigs n'étaient pas un parti aussi bien organisé que les Démocrates. Fort de la notoriété et de l'influence de Jackson, Van Buren l'emporte avec 170 voix électorales contre 73 pour Harrison. Avant de quitter ses fonctions, le président Jackson nomme un fidèle partisan, Richard M. Johnson, au poste de vice-président de Van Buren.

Pour la première fois dans l'histoire des États-Unis, le collège électoral ne put choisir parmi les quatre candidats à la vice-présidence. En vertu des dispositions du douzième amendement de la Constitution des États-Unis, la décision fut prise au Sénat où Johnson fut élu vice-président. Martin Van Buren fut inauguré le 4 mars 1837 et accepta sa place dans l'histoire des États-Unis derrière Jackson, un héros national.

Une panique financière se répand dans tout le pays lorsque Van Buren entre en fonction. Il a souligné que la crise était due à une spéculation foncière ruineuse et a insisté sur le fait que la manipulation du gouvernement ne ferait qu'affaiblir davantage la structure économique de la nation.

Les banques d'État n'étaient pas en mesure de répondre à la demande de monnaie forte. Par conséquent, en 1838, le Congrès a abrogé la circulaire sur le spécimen, émise par le président Jackson en 1836, qui exigeait que les paiements au gouvernement fédéral soient effectués en or et en argent plutôt que d'utiliser des billets de banque peu fiables. Lorsque les banques d'État ont cessé de convertir le papier-monnaie en or et en argent, les problèmes de crédit ont augmenté et les banques ont commencé à s'effondrer.

Pour protéger l'argent de la nation, Van Buren a signé en 1840 l'Independent Treasury Act qui prévoyait le transfert des fonds nationaux des banques d'État vers des trésoreries supervisées par le gouvernement fédéral. Cette loi a été abrogée l'année suivante, mais a été rétablie en 1846. De nombreux démocrates conservateurs qui étaient favorables aux banques d'État détestaient l'établissement par Van Buren de trésoreries indépendantes, et ces démocrates abandonnèrent le parti pour rejoindre les Whigs.

Martin Van Buren est également critiqué pour avoir poursuivi la politique amérindienne de l'ancien président Jackson, qui consistait à déplacer les tribus situées à l'est du Mississippi vers des réserves à l'ouest. En outre, Van Buren hérite de la deuxième guerre séminole en Floride (1835-42), au cours de laquelle des milliers de vies sont perdues dans les deux camps. La plupart des Séminoles ont finalement été chassés vers l'ouest, mais la guerre a coûté au gouvernement américain entre 40 et 60 millions de dollars.

Canada

Van Buren réussit beaucoup mieux dans les affaires étrangères que dans les affaires intérieures. À l'automne et au début de l'hiver 1837, William Lyon Mackenzie, journaliste canadien et réformateur politique, mène une révolution contre la domination britannique dans le Haut-Canada (qui fait maintenant partie de l'Ontario). Mackenzie établit un gouvernement canadien provisoire sur l'île Navy, dans la rivière Niagara, et tente en vain de prendre Toronto.

Des représentants américains sympathisants de la cause de Mackenzie lui ont envoyé des provisions à bord du navire à vapeur Caroline, mais en décembre 1837, les forces canadiennes ont intercepté le navire à vapeur en route. Sous les ordres de la Grande-Bretagne, les troupes canadiennes ont brûlé le Caroline et l'ont envoyé à la dérive jusqu'à ce qu'il coule. Un citoyen américain a été tué et plusieurs autres ont été blessés dans la bagarre.

Martin Van Buren dénonce cet acte et ordonne l'envoi de troupes américaines dans la région. Toutefois, il ne souhaite pas s'engager dans un conflit armé et émet une proclamation de neutralité des États-Unis dans la rébellion canadienne. Malgré l'aversion pour la guerre, les liens entre les États-Unis et le Canada sont devenus tendus.

Martin Van Buren a géré la guerre non déclarée et sans effusion de sang d'Aroostook, un différend entre le Maine et la province canadienne du Nouveau-Brunswick, sous contrôle britannique, au sujet de la frontière nord-est du Maine sur la rivière Aroostook. En février 1839, les deux parties ont envoyé des troupes armées dans la région.

Martin Van Buren envoie le général Winfield Scott, qui négocie une trêve avec les représentants britanniques en mars 1839, ce qui règle la crise jusqu'à ce que le traité Webster-Ashburton de 1842 établisse une ligne de démarcation permanente entre le Maine et le Nouveau-Brunswick.

Les enjeux de l'élection de 1840

Le Texas a obtenu son indépendance du Mexique en 1836 et a demandé à devenir un État américain au cours de l'été 1837. Les Nordistes s'opposent à l'acquisition du Texas car cela ajouterait un autre État esclave à l'Union. Bien que Martin Van Buren estime que l'esclavage doit rester une préoccupation interne des États individuels, il rejette l'annexion du Texas pour éviter tout conflit entre les sections qui diviserait encore plus le pays sur cette question. Cette décision déçoit les démocrates du Sud et lui coûte une grande partie de leur soutien pour sa réélection en 1840.

Pour regagner les faveurs du Sud avant l'élection, Van Buren prit parti contre les esclaves africains qui étaient jugés aux États-Unis pour leurs actes de mutinerie en 1839 à bord du navire négrier espagnol Amistad. Malgré ses efforts, Martin Van Buren perdit de nombreux électeurs du Sud au profit des Whigs, et son impopularité devint de plus en plus évidente lorsqu'il n'obtint même pas le soutien de son État natal de New York lors de l'élection.

La crise économique persistante et le refus d'accorder le statut d'État au Texas hantent Van Buren lors de l'élection présidentielle de 1840. Une faction whig plus unie a désigné William Henry Harrison comme candidat, qui a battu Van Buren avec un score de 234 voix contre 60.

La retraite de Martin Van Buren

Martin Van Buren retourne à New York où il reste actif dans la défense de ses principes politiques. Il combat l'expansion de l'esclavage dans le pays et reste opposé à l'annexion du Texas.

L'assemblée législative du Missouri proposa Van Buren comme candidat à la présidence lors de la convention démocrate de 1844, mais sa position sur la question du Texas l'empêcha d'obtenir le ticket démocrate. Martin Van Buren perd face à James K. Polk, qui devient le 11e président des États-Unis en 1845. Van Buren persiste dans ses combats contre l'esclavage après avoir décliné l'offre du président Polk de devenir ministre en Grande-Bretagne.

Au cours des quatre années qui suivirent, Van Buren rassembla le soutien de démocrates anti-esclavagistes, autrement appelés Barnburners, pour former le parti Free-Soil en 1848. Pour amender un projet de loi au Congrès en vue de négociations avec le Mexique, le représentant David Wilmot de Pennsylvanie proposa le Proviso Wilmot, qui interdisait l'extension de l'esclavage dans les territoires américains acquis du Mexique. Cet amendement a été la base sur laquelle le parti Free-Soil a été formé.

Le projet de loi échoua au Congrès, mais Martin Van Buren se présenta en tant que défenseur du concept Wilmot lors de l'élection présidentielle de 1848. Son programme Free-Soil ne remporte que 10 % du vote populaire, mais il attire les voix du candidat démocrate, assurant ainsi la victoire du candidat whig, Zachary Taylor.

Épuisé par la vie publique, Van Buren se retire finalement dans son domaine de Lindenwald, à Kinderhook. Il s'occupe de ses fermes et se tient au courant de la politique nationale. Lorsque la guerre civile américaine éclate en 1861, Martin Van Buren soutient le président Abraham Lincoln et la préservation de l'Union.

La santé de Van Buren se détériore lentement au cours de sa dernière année, et le 24 juillet 1862, il meurt à Lindenwald. Martin Van Buren a été enterré aux côtés de sa femme dans le cimetière de Kinderhook.

Martin Van Buren accède à la présidence avec le soutien du parti démocrate qu'il a contribué à créer. Au cours de son administration, il s'est efforcé de stabiliser l'Union à une époque où les conflits entre sections se multipliaient au sujet de l'esclavage. Martin Van Buren a utilisé son sens politique pour défendre les valeurs de liberté et de démocratie en suivant les traces de deux de ses plus célèbres prédécesseurs, Jefferson et Jackson.

Questions de recherche

1. Quel âge avait-il lorsqu'il a été élu président et qu'est-ce qui l'a aidé à gagner l'élection ?
2. Pourquoi les gens ne se souviennent pas beaucoup de lui ces jours-ci ?
3. Quelle est une chose que Martin Van Buren a accomplie dans sa vie, selon toi ?

9. William Henry Harrison (1841-1841)

Parti whig | Vice-président : John Tyler

"Il n'y a rien de plus corrupteur, rien de plus destructeur des sentiments les plus nobles et les plus fins de notre nature, que l'exercice d'un pouvoir illimité."

Le 4 mars 1841, le général William Henry Harrison descendait à grands pas l'avenue de la Pennsylvanie, à Washington, pour être inauguré neuvième président des États-Unis. Svelte et légèrement voûté, le vainqueur de la bataille de Tippecanoe avait 68 ans - l'homme le plus âgé à être élu président au XIXe siècle. Un mois plus tard, le 4 avril, William

Henry Harrison meurt à la Maison-Blanche, le premier président à mourir en exercice.

Cette tragédie, si peu de temps après le triomphe, est typique des hauts et des bas de la vie de William Henry Harrison. Issu d'une famille aisée, il quitte le foyer familial à seulement 18 ans pour tracer sa propre voie. Après une longue carrière dans l'armée américaine, il subit des attaques politiques sur ses compétences de chef militaire.

En tant que fermier et homme d'affaires, William Henry Harrison est passé de la prospérité à de lourdes dettes. Lorsqu'il fut élu président des États-Unis, il était heureux de gagner un petit salaire de secrétaire de comté. Pourtant, à travers toute l'adversité, William Henry Harrison a toujours été un gentleman - gentil, maniéré et doté d'un courage inébranlable.

Les débuts de la vie de William Henry Harrison

William Henry Harrison est né le 9 février 1773 à Berkeley, la plantation familiale située sur la rivière James dans le comté de Charles City, à environ 32 kilomètres au sud-est de Richmond, en Virginie. Il est le troisième fils de Benjamin Harrison et d'Elizabeth Bassett Harrison. Benjamin Harrison, aristocrate terrien et gouverneur de Virginie, était généralement appelé "le signataire", car il avait signé la Déclaration d'indépendance. Le jeune William est éduqué à la maison jusqu'à ce qu'il fréquente le Hampden-Sydney College en Virginie (1787-90). Il se rend ensuite à Philadelphie pour étudier la médecine.

La mort de son père en 1791 a changé ses plans. En vertu de l'ancienne loi de Virginie, la majeure partie de la belle succession de Berkeley revient à ses frères aînés. Le jeune Harrison décide de faire carrière dans l'armée. Le président George Washington le nomme enseigne dans l'armée américaine, qui ne compte alors qu'un seul régiment d'infanterie et un bataillon d'artillerie.

À Philadelphie, le jeune enseigne de 18 ans recrute une force hétéroclite de 80 hommes. Il les fait marcher à pied à travers les montagnes jusqu'à la rivière Ohio, puis en bateaux plats jusqu'au fort Washington à Cincinnati, une petite colonie d'une trentaine de cabanes en rondins. C'est le premier poste de Harrison dans le vaste territoire du Nord-Ouest, une terre pionnière qu'il servira toute sa vie.

La frontière

Plongé dans la vie de bagarreur et de buveur d'un poste frontalier, le jeune Harrison doit gagner le respect de ses hommes. Grand, mince et aux manières douces, il semblait plus jeune que ses 18 ans. William Henry Harrison est déterminé à réussir dans l'armée et se fait trois promesses : être tempéré, ne jamais être provoqué en duel et apprendre tout ce qu'il peut sur la science militaire.

William Henry Harrison connaît un tel succès qu'en deux ans seulement, il devient l'aide de "Mad Anthony" Wayne. Dans la campagne de Wayne contre les Indiens d'Amérique, Harrison sert avec distinction à la bataille de Fallen Timbers, en 1794, mettant ainsi fin à 20 ans de guerre frontalière. En tant que lieutenant, Harrison commande ensuite le fort Washington.

Mariage et carrière gouvernementale de William Henry Harrison

Alors qu'il est à Fort Washington, il s'enfuit en 1795 avec Anna Symmes, la fille de 20 ans du juge John Cleves Symmes, riche propriétaire terrien à North Bend, près de Cincinnati. Lorsque le juge, furieux, apprend la nouvelle du mariage, il demande à Harrison : "Comment, monsieur, comptez-vous subvenir à ses besoins ?" Le jeune lieutenant répond : "Mon épée est mon moyen de subsistance, monsieur !"

Le mariage fut long et heureux malgré de nombreuses périodes de dettes et d'économies. Les Harrison ont eu 10 enfants - six fils et quatre filles. En 1797, Harrison est promu capitaine, mais il démissionne en 1798 et s'installe dans une ferme à North Bend.

La famille grandissante vit dans une cabane en rondins de quatre pièces, que William Henry Harrison agrandit progressivement pour atteindre 16 pièces couvertes de planches à clins. Au fil des ans, la grande famille reçoit la visite presque quotidienne d'amis, de voyageurs, de fonctionnaires territoriaux et de politiciens. L'hospitalité de Harrison est si étendue que sa table prend la plupart des produits de sa ferme, y compris un jambon par jour. Ces dépenses épuisent souvent ses revenus, mais Harrison parvient à offrir à ses fils une éducation universitaire.

En juin 1798, le président John Adams nomme Harrison secrétaire du Territoire du Nord-Ouest. En 1799, il est élu pour être son premier délégué au Congrès. Pour aider le peuple, le jeune Harrison fait adopter un projet de loi modifiant la politique foncière du gouvernement. Auparavant, les terres étaient vendues en immenses étendues, que seuls les riches pouvaient acheter. Le projet de loi de William Henry Harrison mettait des parcelles plus petites, à des conditions plus faciles, à la portée des colons moins fortunés.

En 1800, lorsque le Congrès divise le Territoire du Nord-Ouest, William Henry Harrison devient gouverneur du nouveau Territoire de l'Indiana. Il occupe également le poste de surintendant des affaires indiennes, dont le quartier général se trouve à Vincennes.

Lors de nombreux conseils, Harrison conclut des traités avec les tribus indiennes. Il a obtenu des millions d'acres pour la colonisation en Indiana et en Illinois. Il sympathise avec les Indiens, mais son devoir est envers le gouvernement. Tecumseh, un chef des Indiens Shawnee, prétend que les cessions de terres ne sont pas valables tant que toutes les tribus ne sont pas d'accord. Il en résulte une guerre indienne, au cours de laquelle Harrison vainc les Indiens à Tippecanoe River, près de Lafayette, dans l'Indiana, en 1811. Cette victoire valut à William Henry Harrison une renommée nationale et le surnom admiratif de "Old Tippecanoe".

Pendant la guerre de 1812, Harrison, nommé général de brigade, commande toutes les forces dans le Nord-Ouest. Après la victoire du commodore Oliver Hazard Perry sur le lac Érié, Harrison prend l'offensive. Libérant Detroit, tenue par les Britanniques, il conduit son armée au Canada. Lors de la bataille de la Tamise, le 5 octobre 1813, William Henry Harrison défait les Britanniques, mettant fin à la guerre dans le Haut-Canada.

William Henry Harrison au congrès et sa présidence

En 1814, William Henry Harrison démissionne de son poste de général. Il exploite une ferme à North Bend mais entreprend également plusieurs entreprises commerciales désastreuses. Il est cependant très populaire dans l'Ohio et est élu successivement au Congrès, au Sénat de l'État et au Sénat des États-Unis. En 1828-29, il est ministre en Colombie.

En 1836, le parti whig le désigne comme candidat à la présidence, mais il perd contre Martin Van Buren. Les Whigs le désignent à nouveau en 1840 ; John Tyler, de Virginie, est nommé candidat à la vice-présidence.

La campagne, basée sur le slogan " Tippecanoe et Tyler aussi ", ressemble à un carnaval géant. Les Whigs promettent "des jours meilleurs pour tout le monde" à la suite de la grave récession de 1837, et Harrison remporte 234 voix de grands électeurs contre 60 pour Van Buren.

La pression de la campagne, cependant, et la pression des candidats à la présidence sont trop fortes pour le vieux Harrison. William Henry Harrison meurt d'une pneumonie à Washington, D.C., le 4 avril 1841.

Questions de recherche

1. En quels idéaux croyait-il ?
2. Que pensez-vous de Harrison ?
3. Qu'est-ce qui vous fascine dans cette présidence ?

10. John Tyler (1841-1845)

Parti whig et parti non affilié | Vice-président : Vacant pendant toute la durée de la présidence

"Tout ce qui dépend de l'action humaine est susceptible d'abus."

Le grand John Tyler, à la voix douce, ne s'attendait pas à devenir président des États-Unis. Lorsqu'il fut élu vice-président en 1840, avec William Henry Harrison comme président, John Tyler n'était qu'un pion politique. Cependant, Harrison mourut après seulement un mois de mandat, et Tyler devint président - le premier vice-président à succéder à la présidence par la mort d'un président.

L'administration de Tyler fut orageuse. Personnellement, John Tyler était doux et gracieux. Politiquement, il n'avait que des ennemis. À maintes reprises, des foules en colère l'ont brûlé en effigie, même à portée de vue de la Maison Blanche, mais il n'a jamais manifesté de colère.

Les opinions à son sujet diffèrent largement. Le président Theodore Roosevelt a déclaré : "Tyler a été qualifié d'homme médiocre, mais c'est une flatterie injustifiée. C'était un homme politique d'une petitesse monumentale". Avant qu'il ne devienne président, Woodrow Wilson a déclaré que "la nature et l'habitude interdisaient à John Tyler une franche ... sans hésitation.... il n'avait ni l'initiative ni l'audace suffisante pour diriger."

Certains historiens ultérieurs affirment cependant que ses adversaires politiques ont pris la courtoisie de Tyler pour de la faiblesse. Ils admettent qu'il a hésité sur certains points, mais soulignent que ses détracteurs ignorent généralement ses réalisations en tant que président. Ces historiens qualifient John Tyler d'administrateur capable et clairvoyant, de conciliateur habile et de fin diplomate dans les affaires étrangères.

John Tyler a amené le Congrès à réorganiser la marine, à établir le noyau de l'actuel Observatoire naval et à promouvoir un système télégraphique national - qui est devenu le cœur du Bureau météorologique. Le leadership de John Tyler a contribué à mettre fin aux coûteuses guerres indiennes séminoles.

Sa médiation mène au traité Webster-Ashburton, qui établit la frontière entre le Maine et le Canada. Son jugement calme met fin à la rébellion de Dorr dans le Rhode Island. John Tyler a contribué à la négociation du traité avec la Chine pour ouvrir ses ports pour la première fois. Enfin, dans ses derniers jours en tant que président, il obtint du Congrès une résolution pour annexer le Texas.

La famille de John Tyler

John Tyler est né le 29 mars 1790 à Greenway, la plantation familiale située sur la rivière James, à environ 30 miles au sud-est de Richmond, en Virginie. Il était le sixième enfant et le deuxième fils de John et Mary Armistead Tyler. John Tyler, père, était gouverneur de Virginie et avait été un camarade de chambre de Thomas Jefferson au College of William and Mary.

John a fréquenté une "vieille école de campagne". Il était un bon élève et assez fougueux pour se venger d'un maître d'école violent. À l'âge de 12 ans, John Tyler entre dans la division grammar school du College of William and Mary à Williamsburg, en Virginie. Plus tard, il suivit le cours classique du collège. John Tyler s'intéressait particulièrement au latin, au grec, à l'histoire ancienne, à Shakespeare et à la poésie et aimait jouer du violon. Il a obtenu son diplôme à 17 ans et a étudié le droit. À 19 ans, il a été admis à pratiquer.

La réussite juridique et sociale lui est facile. Il était mince, mesurait 1,80 m, avait des yeux bleus, des cheveux châtain clair et un fin nez romain. Son esprit était vif et agréable, sa voix exceptionnellement musicale.

Début de la carrière politique et mariage de John Tyler

Fort de sa popularité, John Tyler se fait facilement élire à la Chambre des délégués de Virginie, où il entre en 1811, alors qu'il n'a que 21 ans. Son talent d'orateur, dans le style un peu fleuri de l'époque, lui vaut une attention immédiate. John Tyler est réélu quatre fois, puis, en 1816, il est élu représentant au Congrès. En 1821, une mauvaise santé l'empêche de se représenter aux élections.

Entre-temps, en 1813, John Tyler a épousé Letitia Christian. Ils ont fait de Greenway leur maison. De leurs huit enfants, sept ont vécu pour voir Tyler devenir président.

Tyler revient à la vie politique en 1823. Il remporte tous les postes qu'il brigue - représentant de l'État, gouverneur et sénateur des États-Unis. Cependant, ses salaires sont si faibles que Letitia et lui se contentent de peu pour élever leur famille nombreuse. Alors qu'il est gouverneur de Virginie et qu'on s'attend à ce qu'il reçoive généreusement, il invite l'ensemble de la législature à un banquet dans sa maison pleine de courants d'air.

Pour mettre en valeur son maigre salaire, John Tyler servait des boissons et uniquement du jambon de Virginie et d'énormes assiettes de corn pone. En faisant compter chaque centime, lui et Mme Tyler ont réussi à envoyer leurs fils au College of William and Mary.

La présidence

Lors de l'année électorale de 1840, John Tyler est un hybride politique. Il avait été démocrate, mais lorsque Andrew Jackson devint président, il s'opposa à certaines des politiques du vieux Hickory et devint un Whig. De nombreux démocrates du Sud le rejoignent. Pour s'emparer de ces voix, les Whigs, en 1840, proposèrent Tyler comme vice-président et Harrison comme président. Ils ne se souciaient pas de ce que John Tyler pensait politiquement car il n'était pas le candidat à la présidence. Dans la bruyante campagne des Whigs pour "Tippecanoe et Tyler aussi", Tyler n'était qu'un élément d'un slogan.

La mort de Harrison change tout. John Tyler, croyant à la fois aux droits des États et à une interprétation stricte de la Constitution, ne satisfait ni les démocrates ni les whigs. Les Whigs le "lisent hors du parti", rejetant toute responsabilité pour ses actes. Tyler devient un "homme sans parti". Henry Clay, leader des Whigs, a exprimé leurs sentiments : "Si un coup de foudre dirigé par Dieu devait frapper et anéantir le traître, tous diraient que "le ciel est juste"."

Un Congrès choqué ne savait même pas quel titre lui donner. Il n'y avait aucun précédent. Le Cabinet suggéra qu'il s'appelle lui-même "Vice-président des États-Unis, Président par intérim". Tyler a calmement ignoré cette suggestion. Il a fait remarquer que, selon la Constitution, John Tyler était en fait le président. Assumant fermement tous les pouvoirs et toutes les responsabilités de la présidence, Tyler établit le précédent pour les futurs vice-présidents appelés à exercer cette fonction.

Les dernières années de John Tyler et son remariage

Letitia Tyler meurt à la Maison Blanche en 1842. En juin 1844, Tyler épouse Julia Gardiner, une jeune femme riche de New York. À la fin de son mandat, ils se retirèrent à Sherwood Forest, une plantation sur la rivière James en Virginie. Julia et John Tyler eurent sept enfants.

John Tyler ne se présentera à nouveau à une fonction publique qu'au moment du déclenchement de la guerre civile. Il espère que la conciliation permettra d'éviter la guerre et préside une conférence à Washington en février 1861. Lorsque la conférence échoue, il propose de prendre les armes pour la Virginie. Il est élu à la Chambre des représentants confédérée, mais meurt avant d'entrer en fonction. John Tyler a été enterré à Richmond.

Questions de recherche

1. Si vous étiez élu président, quel nom lui donneriez-vous après avoir accompli votre présidence ?
2. À votre avis, qui jouerait son rôle dans un film sur sa vie ?
3. Si vous deviez écrire une lettre à propos d'une classe qui étudie John Tyler, que comprendriez-vous ?

11. James K. Polk (1845-1849)
Parti démocrate | Vice-président : George M. Dallas

"Aucun président qui remplit ses fonctions fidèlement et consciencieusement ne peut avoir de loisirs."

"Qui est James K. Polk ?" demandèrent les gens lorsqu'il fut désigné comme candidat à la présidence par les démocrates. C'était une question raisonnable, car Polk était le premier "cheval noir" - candidat de compromis - à être désigné.

Léger et travailleur, James Polk avait occupé des fonctions publiques pendant 18 ans malgré sa santé fragile. Extrêmement consciencieux, sérieux et méthodique, il n'avait pas la personnalité spectaculaire qui attire l'attention du public. L'annonce de son élection en tant que 11e président fut cependant l'une des plus spectaculaires de l'histoire. Elle fut apportée par un messager secret sur un cheval rapide à l'aube. L'administration de Polk a, en outre, accompli plusieurs mesures constructives pour les États-Unis.

Aucun président n'était plus conscient de sa position et de ses responsabilités que James Polk. Dans son journal intime, il se désignait fréquemment comme "le président". Levé à six heures du matin, il travaillait jusque tard dans la nuit. Il semblait avoir le sentiment que le gouvernement tout entier - et la nation - reposait sur lui. Bien que parlant doucement et inhabituellement courtois, Polk dominait son cabinet et dirigeait fermement les affaires étrangères. Certains historiens l'ont déprécié. D'autres disent que ses détracteurs ne tiennent pas compte de ses réalisations.

James Knox Polk est né le 2 novembre 1795 dans le comté de Mecklenburg, en Caroline du Nord. Il est l'aîné des dix enfants de Samuel et Jane Knox Polk. Ses ancêtres étaient écossais-irlandais. Les premiers arrivants en Amérique s'installent dans le Maryland au début du 18ème siècle. Alors que la frontière se déplaçait vers l'ouest, les Polk se sont aventurés en Caroline du Nord. En 1806, Samuel Polk, un fermier aisé, emmena sa famille sur de nouvelles terres dans la vallée de la rivière Duck, dans le centre-ouest du Tennessee.

Enfant, le principal intérêt de Polk était d'apprendre. La prospérité de son père permet à Polk de se consacrer à son éducation. James Polk fréquente les académies préparatoires du Tennessee, puis entre en deuxième année à l'université de Caroline du Nord en 1815. Il étudie si dur qu'il affaiblit encore sa santé, mais James Polk obtient les premières places en mathématiques et en lettres classiques et obtient son diplôme en 1818.

La carrière juridique, le mariage et les premières années en politique de James Polk

James Polk étudie ensuite le droit pendant deux ans. En 1820, il est admis au barreau et commence à exercer à Columbia, dans le Tennessee. En moins d'un an, il était l'un des principaux avocats et gagnait un revenu substantiel.

Le jour de l'an 1824, il épouse Sarah Childress, la fille d'un riche fermier. Sarah, très instruite et presbytérienne stricte, fut une excellente épouse pour Polk. Ils étaient dévoués l'un à l'autre. Le couple n'a pas eu d'enfants.

Les talents d'orateur de Polk le conduisent naturellement à la politique. Il est élu en 1823 à l'assemblée législative du Tennessee. En 1825, il se présente au Congrès. Sa campagne infatigable séduit les politiciens chevronnés. James Polk siège pendant 14 ans à la Chambre des représentants.

Admirateur d'Andrew Jackson, Polk a combattu les politiques du président John Quincy Adams et du brillant Henry Clay. Lorsque Jackson devient président, Polk pilote habilement les mesures houleuses du Old Hickory à travers la Chambre des représentants.

Pendant quatre ans, James Polk a été président de la Chambre, un poste éprouvant en cette époque turbulente. Certains anti-Jackson ont essayé de pousser Polk à se battre en duel, mais il n'a pas bronché. Il a toujours cru que chaque homme, même un ennemi, avait le droit d'avoir sa propre opinion. La plupart des membres de la Chambre admirent son impartialité. Même son ennemi politique, John Quincy Adams, qui siégeait au Congrès après sa présidence, a déclaré que le président Polk lui avait accordé "toute la gentillesse et la courtoisie imaginables".

Après chaque session du Congrès, James Polk retournait à Columbia pour pratiquer le droit. Il n'a jamais eu à dépendre de son salaire dans la fonction publique. À l'automne, Mme Polk et lui retournaient à Washington en diligence ou dans leur propre voiture, accompagnés de leurs domestiques.

À cette époque, peu de représentants avaient leur propre maison à Washington, une ville tentaculaire et miteuse. En général, deux familles ou plus se réunissaient pour partager une chambre dans la même maison et utiliser une salle à manger et un salon communs. Parmi les camarades et les voisins des Polks se trouvaient deux futurs présidents, Martin Van

Buren et Franklin Pierce. L'un de leurs visiteurs favoris était Francis Scott Key, auteur de "The Star-Spangled Banner".

En 1839, les démocrates du Tennessee " enrôlent " Polk dans la course au poste de gouverneur. Il est élu, à la grande joie d'Andrew Jackson, mais est battu en 1841 et 1843.

James Polk et sa présidence

Pour récompenser James Polk de ses services dévoués au parti, les démocrates prévoient de le nommer à la vice-présidence en 1844. Une dispute amère s'ensuit cependant au sujet du candidat à la présidence. Lorsque les factions soutenant Van Buren et John C. Calhoun ne purent se réconcilier, la convention nationale démocrate choisit Polk comme candidat de compromis pour la présidence.

James Polk n'aurait pas gagné l'élection si un troisième parti, le Liberty party, n'avait pas divisé les votes. Le Liberty party a pris à son rival whig, Henry Clay, suffisamment de voix pour permettre à Polk de gagner. Polk et son colistier à la vice-présidence, George M. Dallas, obtiennent 1 338 464 voix contre 1 300 097 pour Clay.

L'état critique dans cette élection était New York. Les nouvelles des résultats des élections étaient lentes à cette époque. Pendant des jours, James Polk ne savait pas s'il avait gagné. Puis le receveur des postes de Nashville, Tennessee, a ouvert le paquet de courrier de Cincinnati, Ohio. Il a vu une note au stylo de son maître de poste indiquant que Polk avait remporté New York. Il a écrit à Polk et a demandé à un messager de le porter à Columbia, à 65 km de là. Changeant de chevaux rapides, le messager atteint la maison de Polk à l'aube.

Lorsque James Polk fut investi sous une pluie battante en 1845, il n'avait que 49 ans - le plus jeune président jusqu'alors. Une mauvaise santé et un travail acharné le faisaient paraître beaucoup plus âgé. James Polk était mince, de taille moyenne, avec une petite tête et de longs cheveux grisonnants ramenés en arrière sous le col. Il souriait de temps en temps, mais son regard était pénétrant.

Contrairement à la plupart des présidents avant lui, Polk savait exactement ce qu'il voulait que son administration accomplisse. Il a déclaré : "Il y a quatre grandes mesures : une réduction du tarif douanier, une autre, un trésor indépendant, une troisième, le règlement de la question de la frontière de l'Oregon, et enfin, l'acquisition de la Californie." Le programme était ambitieux, mais Polk a réussi à le mener à bien. Contrairement à de nombreux présidents, il pouvait se permettre d'être indépendant, car il annonça dès le début qu'il ne se présenterait pas pour un second mandat.

En 1846, contre une forte opposition des fabricants, il obtient sa loi sur la baisse des tarifs douaniers, première véritable approche du libre-échange dans le pays. La même année, il parvient à créer le Trésor national, mettant en place le système financier gouvernemental qui a traversé les années presque sans changement.

Frontière de l'Oregon et guerre du Mexique

Dans le conflit avec la Grande-Bretagne sur la frontière de l'Oregon, Polk montra sa fermeté. Pendant sa campagne, le slogan démocrate avait été " Fifty-four Forty or Fight ", signifiant que les États-Unis devaient recevoir le territoire de l'Oregon jusqu'à 54° 40' de latitude. James Polk était plus modéré. Il savait qu'aucune des deux nations n'avait de revendication valable sur l'ensemble du territoire. Il chargea son secrétaire d'État, James Buchanan (plus tard président des États-Unis), de proposer une frontière au 49e parallèle.

Le ministre britannique refuse. James Polk a alors dit à Buchanan de revendiquer l'ensemble du territoire. Lorsque Buchanan et d'autres ont protesté contre le fait que cela pourrait mener à une guerre avec la Grande-Bretagne, Polk a tenu bon en disant : "La seule façon de traiter John Bull est de le regarder droit dans les yeux." La Grande-Bretagne a alors accepté la première offre de Polk.

La détermination de James Polk à acquérir la Californie a contribué à la guerre du Mexique. Cette guerre fut impopulaire, mais le traité de paix ajouta plus de 1,35 million de kilomètres carrés (522 000 miles) aux États-Unis.

Les dernières années de James Polk

À l'époque de Polk, les gens n'accordaient pas à la présidence la dignité qu'elle a aujourd'hui. Les chercheurs d'emploi se pressaient dans le bureau de Polk tous les matins jusqu'à midi. Dans son journal, il écrivait avec amertume : "L'importunité pour un poste, il semblerait, ne cessera jamais." En décembre 1846, il écrit à sa mère : "Mon mandat officiel est presque à moitié expiré. Mes responsabilités et mes soucis sont très importants, et je me réjouirai [...] lorsque je pourrai dire adieu à la vie publique pour toujours." Le seul moment qu'il passe hors du travail est une réception occasionnelle à la Maison-Blanche, quelques promenades à cheval, des visites à des associés malades et la présence à l'église le dimanche.

Lorsque James Polk quitte la présidence en 1849, il est littéralement épuisé. Il aspire à une vie de retraite dans la maison, Polk Place, qu'il vient d'acheter à Nashville, dans le Tennessee. James Polk est mort seulement trois mois plus tard, le 15 juin 1849.

Questions de recherche

1. Quelles sont les forces motrices de l'héritage présidentiel de Polk ?
2. A-t-il eu des enfants pendant qu'il était président ?
3. Quelle a été sa plus grande réalisation pendant son mandat ?

12. Zachary Taylor (1849-1850)
Parti whig | Vice-président : Millard Fillmore

"J'ai toujours fait mon devoir. Je suis prêt à mourir. Mon seul regret est pour les amis que je laisse derrière moi."

Le premier président des États-Unis élu après la guerre américano-mexicaine était un héros populaire de cette guerre, le général Zachary Taylor. Après 40 ans dans l'armée, il est devenu le premier homme à occuper la plus haute fonction de la nation sans expérience politique préalable. Le plus grand problème auquel il a été confronté était de savoir comment organiser le vaste territoire du Sud-Ouest acquis du Mexique.

Au milieu d'une crise nationale entre le Nord et le Sud au sujet du territoire, Zachary Taylor meurt subitement le 9 juillet 1850, 16 mois seulement après son investiture.

Les deux parents de Zachary Taylor sont issus de grandes familles de Virginie. Son père, Richard Taylor, était diplômé du College of William and Mary et officier dans l'armée pendant la Révolution américaine. La mère de Zachary Taylor, Sarah Strother Taylor, avait reçu son éducation de précepteurs formés en Europe. Le futur président était le troisième de neuf enfants. Zachary Taylor est né dans le comté d'Orange, en Virginie, le 24 novembre 1784.

Quelques mois après la naissance de Zachary Taylor, la famille traverse les Appalaches et s'installe dans ce qui est aujourd'hui le nord du Kentucky. Le garçon grandit sur la plantation pionnière de son père dans le comté de Jefferson. Il n'y avait pas d'école dans le voisinage, aussi Zachary a-t-il reçu sa seule éducation formelle d'un précepteur privé.

Le soir, le jeune Taylor et ses quatre frères entendaient de nombreuses histoires de soldats racontées par leur père et ses camarades de l'époque de la Révolution américaine. Une fois adultes, tous les garçons, sauf un, s'engagent dans l'armée. Zachary Taylor, cependant, a toujours gardé un vif intérêt pour l'agriculture, et plus tard, il a exploité des plantations en Louisiane et au Mississippi.

La carrière militaire et le mariage de Zachary Taylor

En 1808, Zachary Taylor reçoit une commission de premier lieutenant dans le 7e régiment d'infanterie. Au cours des 40 années suivantes, il a servi dans plusieurs postes frontaliers et a combattu pendant la guerre de 1812, les guerres indiennes dans l'ancien Territoire du Nord-Ouest et en Floride, et la guerre américano-mexicaine. Parmi les hommes qui ont servi sous ses ordres figurent Abraham Lincoln, lors de la guerre du Faucon noir, et Ulysses S. Grant et Jefferson Davis, lors de la guerre américano-mexicaine.

Zachary Taylor était un commandant militaire compétent et respecté. Il portait un uniforme simple et informel et, au combat, s'exposait souvent au feu de l'ennemi. Sa carrure trapue et sa grande endurance ont amené ses hommes à le surnommer Old Rough and Ready.

Deux ans après son entrée dans l'armée, Zachary Taylor épouse Margaret (Peggy) Smith du Maryland. Ils ont élevé quatre enfants. Le fils unique, Richard, devint un planteur de Louisiane et servit plus tard comme lieutenant général dans l'armée confédérée. Les trois filles - Anne Mackall, Sarah Knox et Mary Elizabeth (Betty) - épousèrent des militaires. Le mari de Sarah était Jefferson Davis.

En 1837, Zachary Taylor vainc les Indiens Séminoles lors d'une bataille acharnée au lac Okeechobee, en Floride. Il est alors promu général de brigade. Trois ans plus tard, il devient commandant de Fort Smith, en Arkansas, puis de Fort Jesup, en Louisiane. Pendant cette période, il établit une résidence à Baton Rouge, en Louisiane.

La guerre mexico-américaine

Au début de l'année 1846, le général Taylor reçoit l'ordre d'occuper un territoire contesté entre le Rio Grande et la rivière Nueces, dans ce qui est aujourd'hui le Texas. Le Mexique et les États-Unis revendiquent tous deux cette bande de terre. Le gouvernement du Mexique avait déjà été provoqué par l'annexion du Texas par les États-Unis en 1845.

Le 24 avril 1846, les troupes de Zachary Taylor se heurtent aux soldats mexicains. Les Old Rough and Ready lancent immédiatement une attaque qui remporte les batailles de Palo Alto et de Resaca de la Palma. Lorsque le Congrès apprend l'existence de ces combats, il déclare la guerre au Mexique, le 13 mai 1846.

En septembre 1846, Zachary Taylor a vaincu une importante force mexicaine à Monterrey, au Mexique. Peu après, cependant, le président James K. Polk envoie le général Winfield Scott au Mexique en tant que commandant en chef des États-Unis. La plupart des troupes de Taylor sont réaffectées au commandement de Scott.

Apprenant la position affaiblie de Taylor, Santa Anna, le commandant mexicain, lance une puissante attaque à Buena Vista. Malgré une supériorité numérique de quatre contre un, les Mexicains sont vaincus les 22 et 23 février 1847. Cette victoire met fin à la guerre dans le nord du Mexique et fait de Zachary Taylor un héros national.

En décembre 1847, Taylor retourne à sa maison de Baton Rouge pour superviser sa plantation. Lorsque Zachary Taylor est mentionné pour la première fois comme candidat possible à la présidence, le général n'est pas très enthousiaste à l'idée. Plus tard, il affirma qu'il ne chercherait pas à devenir président mais qu'il accepterait la nomination si elle lui était proposée.

Année électorale 1848

La convention nationale des Whigs de 1848 s'est réunie à Philadelphie. Le parti cherchait à remporter sa deuxième victoire dans une élection présidentielle. Huit ans plus tôt, les Whigs avaient gagné avec un héros militaire, le général William Henry Harrison. Ils se tournent à nouveau vers un soldat, le général Zachary Taylor, qu'ils désignent au quatrième tour de scrutin. Millard Fillmore de New York a été choisi comme vice-président. Pour s'opposer à Zachary Taylor, le parti démocrate a désigné Lewis Cass, un général de milice et sénateur américain du Michigan.

Zachary Taylor fait campagne sur son bilan militaire et sur sa promesse d'une administration apolitique. Les démocrates adoptent également un programme vague. Les deux principaux partis évitent la question vitale de l'époque - l'expansion de l'esclavage dans les territoires. En conséquence, la plupart des factions antiesclavagistes formèrent un Free-Soil Party dirigé par un ancien président, Martin Van Buren.

Lors de l'élection, Zachary Taylor obtient 163 grands électeurs contre 127 pour Cass. Il remporte huit États esclavagistes et sept États libres, tandis que Cass gagne sept États esclavagistes et huit États libres. Les Free Soilers ne parviennent pas à remporter un vote électoral, mais la force qu'ils retirent au parti démocrate assure la victoire de Taylor.

La courte période de Taylor en tant que président

La plus grande réussite de l'administration du président Taylor se situe au niveau des affaires étrangères. En 1850, son secrétaire d'État, John M. Clayton, a conclu le traité Clayton-Bulwer avec la Grande-Bretagne. Cet accord a ouvert la voie à la construction du canal de Panama un demi-siècle plus tard.

Chez nous, le fossé entre les États libres et les États esclavagistes se creuse progressivement. Bien que lui-même propriétaire d'esclaves, Zachary Taylor s'oppose à l'expansion sans restriction de l'esclavage. Lorsque la Californie demande à être admise en tant qu'État libre, il recommande au Congrès d'accéder à cette demande. Taylor adopte également une position ferme contre les menaces sudistes de sécession de l'Union.

Dans un effort pour régler les divergences marquées entre le Nord et le Sud, le sénateur Henry Clay du Kentucky a présenté huit résolutions de compromis le 29 janvier 1850. Ces mesures ont donné lieu au plus grand débat de l'histoire du Sénat. Le président Zachary Taylor était favorable à des changements dans les résolutions originales, mais il est mort avant que de tels amendements puissent être apportés. Deux mois plus tard, les propositions de Clay ont été adoptées comme le Compromis de 1850.

Le 4 juillet 1850, Zachary Taylor avait posé une pierre angulaire pour le Washington Monument. Cette nuit-là, il tomba malade du choléra, et il mourut cinq jours plus tard. Taylor a été enterré près de Louisville, dans le Kentucky, dans ce qui est aujourd'hui le cimetière national Zachary Taylor.

Questions de recherche

1. Quel est votre président préféré de tous les temps ?
2. Quelle est la différence entre une démocratie et une république ? Que pensez-vous de pays comme la France qui passent de la monarchie à la démocratie ?

3. Si vous étiez candidat à la présidence, quel serait votre slogan de campagne ?

13. Millard Fillmore (1850-1853)

Parti whig | Vice-président : Aucun (vacant)

"Et une défaite honorable vaut mieux qu'une victoire déshonorante."

En 1850, les États-Unis sont au bord de la guerre civile à cause des problèmes épineux de l'esclavage. Une proposition de compromis avait déclenché la plus grande tempête politique de l'histoire de la nation. Au milieu de cette lutte acharnée, le président Zachary Taylor meurt subitement le 9 juillet 1850. Le vice-président Millard Fillmore, un Whig de New York, lui succède à la présidence.

Millard Fillmore a travaillé dur pour obtenir l'adoption de cinq mesures distinctes traitant du problème de l'esclavage. Cet ensemble de lois, appelé le Compromis de 1850, repousse la guerre de 10 ans. Il a également mis fin à la carrière politique de Fillmore. Le parti whig refusa de le nommer pour un second mandat en 1852, et Fillmore devint ainsi le dernier président whig de la nation.

Les premières années de Millard Fillmore

Millard Fillmore est né le 7 janvier 1800 dans une cabane en rondins sur une ferme pionnière du comté de Cayuga, dans l'État de New York. Il était le fils aîné et le deuxième enfant de Nathaniel et Phoebe Millard Fillmore. Le travail à la ferme occupait la plupart du temps du jeune Millard, et il ne pouvait pas aller à l'école plus de trois mois par an.

Lorsque Millard Fillmore a 14 ans, son père l'engage pour sept ans comme ouvrier lainier. Après cinq ans, le garçon obtient sa libération pour 30 dollars. Il se rendit à Buffalo, dans l'État de New York, où il travailla dans un cabinet d'avocats pour le gîte et le couvert. Pour gagner de l'argent supplémentaire, il a enseigné à l'école.

Millard Fillmore étudie le droit et est admis au barreau en 1823. Pendant sept ans, il pratique le droit à East Aurora, puis s'installe à Buffalo. En quelques années, son cabinet d'avocats est devenu l'un des plus connus de l'État.

En 1826, Millard Fillmore épouse Abigail Powers de Moravia, New York. Ils ont élevé deux enfants, Mary Abigail et Millard Powers. Abigail Powers Fillmore meurt en 1853. Cinq ans plus tard, Fillmore épouse Caroline Carmichael McIntosh, originaire d'Albany.

Les débuts de la carrière politique de Millard Fillmore

En 1828, Millard Fillmore est élu à l'assemblée législative de New York. Sa principale contribution législative est l'interdiction de l'emprisonnement pour dette à New York. En 1832, Fillmore est élu au Congrès, où il rejoint le parti whig en opposition à Andrew Jackson.

À l'exception d'un seul mandat (1835-1837), Millard Fillmore a siégé au Congrès sans interruption jusqu'en 1843. Il joue un rôle de premier plan dans l'élaboration de la loi tarifaire de 1842, qui fixe des droits élevés sur les importations. L'année suivante, il contribue à fournir à Samuel F.B. Morse 30 000 dollars pour l'aider à perfectionner le télégraphe.

Le vice-président de Millard Fillmore à l'époque difficile

Défait lors d'une campagne pour devenir gouverneur en 1844, Fillmore est élu contrôleur d'État trois ans plus tard. Entre-temps, soutenu par Henry Clay du Kentucky, il était devenu l'un des Whigs les plus en vue du parti. Sur la question brûlante de l'esclavage, Millard Fillmore suit une ligne modérée. Cela le rendit acceptable à la fois pour les Whigs du Nord et du Sud et lui valut d'être nommé et élu vice-président de Zachary Taylor en 1848.

En tant que vice-président, Millard Fillmore dut présider le Sénat pendant une période d'âpres querelles politiques. Pendant 20 ans, aucun vice-président n'avait tenté de maintenir la discipline lorsque les sénateurs s'enflammaient dans les débats. Fillmore, cependant, insista sur la dignité et ramena l'ordre dans la salle du Sénat.

Millard Fillmore devient le 13e président en exercice.

À la mort du président Taylor, Millard Fillmore devint président. Il forma immédiatement un nouveau cabinet avec le célèbre orateur Daniel Webster comme secrétaire d'État. Il apporte également son soutien total au Compromis de 1850, car il estime que c'est le seul moyen de préserver l'Union.

Ces textes de loi, conçus par Henry Clay, visaient à régler la question de l'esclavage à la satisfaction du Sud dans les nouveaux grands territoires conquis lors de la guerre mexico-américaine. Sans ce compromis, la guerre civile devenait une véritable menace.

À l'exception de cette série de mesures, aucune loi importante ne fut adoptée pendant le mandat de Fillmore. Dans le domaine des affaires étrangères, le président a apporté une contribution importante au commerce mondial en envoyant au Japon une expédition dirigée par le commodore Matthew Perry. Cette expédition a abouti au traité de 1854 qui a ouvert les ports japonais aux navires américains et a contribué à mettre le Japon sur la voie de l'industrialisation moderne.

Politique et problèmes nationaux

Comme les autres présidents qui se sont succédé entre Jackson et Abraham Lincoln, Millard Fillmore n'a pas pu remporter un second mandat. Son soutien au compromis de 1850 lui a coûté le soutien de nombreux chefs de parti du Nord, bien que les Whigs du Sud aient été favorablement disposés à son égard. Rétrospectivement, on s'est rendu compte que son objectif en acceptant le compromis était sensiblement le même que celui de Lincoln dix ans plus tard. Il voulait préserver l'Union à tout prix, quelle que soit l'issue de la question de l'esclavage.

La convention whig de 1852 ignore le président et désigne le général Winfield Scott, un héros national de la guerre mexico-américaine. Scott fut toutefois battu par le candidat démocrate, Franklin Pierce. Ce fut la dernière campagne à laquelle les Whigs prirent une part effective.

Lors de l'élection présidentielle suivante, en 1856, le parti whig mourant forme une alliance avec le Know Nothing, ou parti américain. Ils ont fait de Millard Fillmore leur candidat à la présidence. Il ne remporte qu'un seul État (le Maryland), loin derrière le démocrate James Buchanan et John C. Frémont, le premier candidat à la présidence du nouveau parti républicain.

La retraite de Millard Fillmore

La campagne présidentielle de 1856 fut le dernier service politique de Millard Fillmore, mais il continua à s'intéresser activement aux affaires publiques. Il s'oppose à la conduite de la guerre civile américaine par Lincoln et soutient la candidature du général George B. McClellan aux élections présidentielles de 1864.

Après la guerre, il se rangea du côté de la politique de reconstruction du président Andrew Johnson. Fillmore devint le premier chancelier de l'université de Buffalo. Lors d'une visite en Angleterre en 1855, l'université d'Oxford lui offre un diplôme honorifique. Il refusa, affirmant qu'il n'avait obtenu aucun succès littéraire ou scientifique pour justifier un tel honneur.

Fillmore passe ses dernières années dans sa luxueuse maison de Buffalo. Millard Fillmore est mort le 8 mars 1874.

Questions de recherche

1. Pensez-vous qu'il était un président avec de bonnes compétences de leadership ?
2. A-t-il des slogans qui lui sont associés ?
3. Qu'a fait Millard Fillmore après avoir accédé au poste de président ?

14. Franklin Pierce (1853-1857)

Parti démocrate | Vice-président : William R. King (vacant par la suite)

"Si votre passé est limité, votre avenir est sans limites."

En 1852, les démocrates ne parviennent pas à se mettre d'accord sur le choix d'un de leurs chefs de file pour l'investiture présidentielle. Ils se tournent finalement vers un avocat peu connu du New Hampshire, Franklin Pierce, comme candidat.

Au moment de l'élection de Pierce, la question de l'esclavage avait été temporairement apaisée par le Compromis de 1850. Lorsque le problème réapparaît soudainement au cours de son administration, Franklin Pierce n'a guère réussi à le résoudre. Ses opinions changeantes le rendent impopulaire, notamment dans le Nord, et Franklin Pierce ne parvient pas à obtenir un second mandat.

Les débuts de la vie et la carrière politique de Franklin Pierce

Franklin Pierce est né dans une ferme frontalière à Hillsboro, dans le New Hampshire, le 23 novembre 1804. Il avait quatre frères et trois sœurs. Son père, Benjamin Pierce, a siégé pendant 13 ans à la législature du New Hampshire et a été gouverneur de cet État pendant deux mandats.

Durant sa jeunesse, le futur président fréquente des écoles privées. Il est diplômé du Bowdoin College en 1824. Après avoir étudié le droit pendant trois ans, Franklin Pierce est admis au barreau du comté de Hillsboro, dans le New Hampshire.

En 1829, l'année même où son père remporte son deuxième mandat de gouverneur, Franklin Pierce est élu à l'assemblée législative de l'État du New Hampshire. Il y reste quatre ans et, en 1831-32, il est nommé président de la chambre basse. À l'âge de 29 ans, Pierce est élu représentant au Congrès.

Partisan de la politique d'Andrew Jackson, Franklin Pierce est envoyé au Sénat en 1837. Il était le plus jeune sénateur de l'époque. Eclipsé par des orateurs tels que Daniel Webster, Henry Clay et John C. Calhoun, il prend rarement part aux débats.

En 1834, **Franklin Pierce** avait épousé **Jane Appleton**, fille de Jesse Appleton, ancien président du Bowdoin College. Deux fils sont morts dans leur enfance et le troisième fils a été tué dans un accident de chemin de fer.

Pierce démissionne du Sénat en 1842 pour pratiquer le droit à Concord, dans le New Hampshire. Lorsque la **guerre du Mexique** éclate, **Franklin Pierce** s'engage dans l'armée en tant que simple soldat. Bientôt nommé général de brigade, il sert sous les ordres du général **Winfield Scott** dans la campagne contre Mexico. Pierce a démissionné de l'armée après la guerre.

La nomination de Franklin Pierce

Bien que Franklin Pierce ait refusé toutes les offres de fonctions publiques après sa démission du Sénat, il avait conservé un intérêt actif pour la politique. Lorsque la convention nationale démocrate se réunit en 1852, les candidats à l'investiture présidentielle sont si nombreux qu'aucun d'entre eux ne parvient à obtenir les deux tiers des voix requises. Pour sortir de l'impasse, la convention désigna finalement Pierce au 49e tour de scrutin. William R. King, de l'Alabama, était le candidat à la vice-présidence.

Le candidat whig, le général Scott, était opposé à Franklin Pierce. Pierce remporte la totalité des 31 États, sauf quatre, et obtient 254 voix contre 42 pour Scott. Sur plus de 3 millions de votes populaires, Pierce ne devance ses adversaires que de 60 000 voix.

Pièce en tant que 14ème président des États-Unis.

Au cours de son administration, Pierce doit faire face à une succession de problèmes. Il met en colère de nombreux démocrates en demandant l'adoption de la loi Kansas-Nebraska, qui prévoit la souveraineté populaire dans ces territoires. Cette mesure rouvre le problème de l'esclavage et stimule la formation du parti républicain anti-esclavagiste.

Dans le domaine des relations étrangères, le Manifeste d'Ostende, qui déclarait que si l'Espagne ne voulait pas vendre Cuba, les États-Unis devaient prendre l'île par la force, provoqua une grande controverse. L'administration est contrainte de désavouer le document et Pierce rappelle son ministre en Espagne. En 1854, le commodore Matthew C. Perry conclut un traité avec le Japon. L'achat de Gadsden fixe la frontière sud des États-Unis en acquérant du Mexique une bande de territoire qui se trouve aujourd'hui dans le sud de l'Arizona.

Franklin Pierce cherche à obtenir la réélection de son parti à la présidence en 1856, mais les démocrates désignent James Buchanan. À la fin de son mandat, Pierce retourne dans le New Hampshire pour pratiquer le droit. Franklin Pierce est mort le 8 octobre 1869, à Concord.

Questions de recherche

1. Pourquoi le président Franklin Pierce était-il surnommé "Fainting Frank" ?
2. Que savez-vous de sa présidence ?
3. À votre avis, quel mot la plupart des gens associent-ils à la présidence - chapeau noir ou blanc, charismatique ou réservé, collaboratif ou contrôlant, etc.

15. James Buchanan (1857-1861)

Parti démocrate | Vice-président : John C. Breckinridge

"Quel que soit le résultat, j'emporterai dans ma tombe la conscience d'avoir au moins voulu bien faire pour mon pays."

Lorsque James Buchanan est devenu président en 1857, il avait à son actif 42 ans de service public quasi ininterrompu. Même avec cette longue expérience, James Buchanan n'a pas été un leader efficace à une époque de grande crise pour les États-Unis.

Les problèmes de l'esclavage avaient progressivement divisé la nation en deux parties hostiles, le Nord et le Sud. Alors que son mandat touche à sa fin, sept États esclavagistes du Sud profond profitent de l'élection de Lincoln pour faire sécession de l'Union. Ils mettent en place un gouvernement indépendant, les États confédérés d'Amérique. Buchanan est incapable d'empêcher cette action. Le résultat fut la guerre civile américaine, qui commença pendant l'administration de son successeur, Abraham Lincoln.

L'administration de James Buchanan est également connue pour l'effondrement du parti démocrate et la montée en puissance du nouveau parti républicain. Pendant les 24 années suivantes, seuls des présidents républicains ont été élus.

Les racines de James Buchanan

Les parents de James Buchanan se sont installés dans le centre-sud de la Pennsylvanie à la fin de la guerre d'Indépendance. Son père, James Buchanan, est un immigrant écossais-irlandais qui devient un commerçant et un propriétaire foncier prospère. De sa mère, Elizabeth Speer Buchanan, James Buchanan apprend à apprécier les bons livres.

Le futur président est né près de Mercersburg, en Pennsylvanie, le 23 avril 1791. James Buchanan fréquente l'école de Mercersburg, où il étudie le latin et le grec. À l'âge de 16 ans, il entre au Dickinson College en tant que junior. Après avoir obtenu son diplôme en 1809, il étudie le droit à Lancaster. James Buchanan est admis au barreau trois ans plus tard.

Buchanan connaît un succès immédiat en tant qu'avocat. Il avait une grande connaissance du droit et de grandes capacités d'orateur, un talent que James Buchanan avait cultivé au collège.

Carrière politique

Après avoir travaillé comme avocat pendant deux ans, James Buchanan entre en politique bien que son père le lui déconseille. En 1814, il est élu à la Chambre des représentants de Pennsylvanie pour le premier de deux mandats.

Pendant son service dans la capitale de l'État, Buchanan s'est fiancé à Ann Coleman. Mais les fiançailles sont rompues par une querelle et la jeune femme meurt peu après. James Buchanan a le cœur brisé. Il ne se mariera jamais et, plus tard, James Buchanan deviendra le seul président célibataire de la nation.

En 1820, James Buchanan est élu à la Chambre des représentants des États-Unis. Il y siège pendant dix ans, d'abord en tant que fédéraliste modéré, puis en tant que démocrate jacksonien. Il devient ministre en Russie en 1832 et négocie le premier traité commercial avec ce pays pour les États-Unis. Deux ans plus tard, Buchanan est élu au Sénat des États-Unis dans la circonscription de Pennsylvanie.

Réélu deux fois, James Buchanan reste en fonction jusqu'en 1845, date à laquelle il démissionne pour devenir secrétaire d'État du président James Knox Polk. À ce poste, il préside à l'annexion du Texas et contribue à régler le différend sur la frontière de l'Oregon. Il tente également d'acheter Cuba à l'Espagne pour 120 millions de dollars.

James Buchanan devient ministre

À la fin de l'administration de Polk, James Buchanan se retire dans son domaine nouvellement acheté, Wheatland, près de Lancaster, en Pennsylvanie. Il est un candidat solide à l'investiture démocrate pour la présidence en 1852, mais perd face à Franklin Pierce. Il soutient Pierce pendant la campagne et est nommé ministre en Grande-Bretagne.

En 1854, il se joint à Pierre Soulé, ministre en Espagne, et à John Mason, ministre en France, pour rédiger le Manifeste d'Ostende. La recommandation de prendre Cuba par la force si nécessaire augmente la popularité de Buchanan au pays, car la nation est désireuse de poursuivre sa " destinée manifeste " en acquérant davantage de territoires. Sa résidence à l'étranger renforce également sa position politique à cette époque, car elle le sépare des problèmes causés par la loi Kansas-Nebraska de 1854.

La nomination et l'élection de James Buchanan à l'élection présidentielle

Lors de la convention démocrate de 1856, James Buchanan est désigné à l'unanimité comme président au 17e tour de scrutin. John C. Breckinridge, du Kentucky, est désigné comme vice-président. Le premier candidat présidentiel du parti républicain, John Charles Frémont, était opposé à Buchanan. L'ancien président Millard Fillmore était le candidat du parti américain (Know Nothing) et du parti Whig.

Bien qu'ils aient reçu moins de la moitié des votes populaires, "Buck et Breck" sont élus avec un total de 174 voix électorales ; Frémont en reçoit 114 ; Fillmore, 8. Buchanan remporte tous les États esclavagistes, à l'exception du Maryland, qui va à Fillmore.

James Buchanan comme 15ème président

Sur le plan social, l'administration de Buchanan est une réussite exceptionnelle. Il avait été choisi comme tuteur de sa nièce orpheline, Harriet Lane, et celle-ci lui servait d'hôtesse et recevait brillamment. En matière d'affaires étrangères, l'administration est bien accueillie. Dans les affaires intérieures, cependant, le président ne trouve aucun moyen de traiter efficacement la question cruciale de l'esclavage.

Le fossé entre les États libres et les États esclavagistes ne cesse de se creuser, et le risque de sécession est de plus en plus grand. On espérait que le problème pourrait être réglé par une décision de justice. Cet espoir s'évanouit lorsque la quasi-totalité du Nord rejette le verdict de 1857 de la Cour suprême dans l'affaire Dred Scott.

La guerre civile fait déjà rage au Kansas, où les esclavagistes et les Free-Soilers tentent de prendre le contrôle du gouvernement de l'État. Influencé par les menaces de sécession des Sudistes radicaux, James Buchanan presse le Congrès d'admettre le Kansas en tant qu'État en vertu de la Constitution de Lecompton de 1858. Cela aurait permis l'esclavage dans l'État. Le Congrès refuse d'accepter la constitution, et le Kansas est maintenu hors de l'Union pendant trois années supplémentaires.

En 1860, le parti démocrate se divise en deux groupes. Aucun des groupes ne veut accepter James Buchanan comme candidat, car il est évident qu'il ne peut pas gagner. Les démocrates du Nord désignent Stephen A. Douglas comme président ; les démocrates du Sud choisissent le vice-président Breckinridge. Cette scission garantit l'élection du candidat républicain Abraham Lincoln.

L'administration de James Buchanan atteint une crise durant l'hiver 1860-61, entre l'élection et l'investiture de Lincoln. La victoire d'un président républicain opposé à l'extension de l'esclavage entraîne la sécession effective des États du Sud. Le 20 décembre 1860, la Caroline du Sud se retire de l'Union. Le 1er février 1861, le Mississippi, la Floride, l'Alabama, la Géorgie et la Louisiane font sécession, et le 2 mars, le Texas rejoint la Confédération.

Bien qu'il soit opposé à la sécession, James Buchanan estime qu'il n'y a aucun moyen pour lui d'empêcher une telle action. Il rejette une grande partie de la responsabilité sur les républicains, car ceux-ci ont dénoncé la décision Dred Scott et ont refusé d'appliquer la loi sur les esclaves fugitifs. Cette attitude hésitante met en colère de nombreux dirigeants des deux camps. Six membres du Cabinet démissionnent en six semaines.

En janvier 1861, James Buchanan envoie le vapeur Star of the West pour réapprovisionner le fort Sumter assiégé. Lorsque le navire est refoulé par les Confédérés, Buchanan abandonne toute tentative d'aider les avant-postes fédéraux dans le Sud. Pendant ce temps, les fournitures de guerre de l'Union dans le Sud étaient perdues.

Les dernières années de James Buchanan

Lorsque **James Buchanan** se retire en mars 1861, il est attaqué par ses détracteurs, tant au Nord qu'au Sud, pour ses tactiques de compromis. Bien qu'il ait soutenu les politiques du président Lincoln pendant la guerre civile américaine, il a affirmé qu'en tant que président, il n'aurait pas pu agir autrement que comme il l'a fait.

En 1866, **James Buchanan** publia une défense de ses actions intitulée *Mr. Buchanan's Administration on the Eve of the Rebellion*. Il meurt le 1er juin 1868 et est enterré à Lancaster, en Pennsylvanie.

Questions de recherche

1. Quelle est votre opinion sur James Buchanan en tant qu'individu et en tant que Président ?
2. Quelles sont les réalisations de Buchanan ?
3. Comment saurons-nous si sa présidence a été un succès ou non ?

16. Abraham Lincoln (1861-1865)

Parti républicain et parti de l'Union nationale | Vice-présidents : Hannibal Hamlin et Andrew Johnson

"Je ne suis pas obligé de gagner, mais je suis obligé d'être vrai. Je ne suis pas obligé de réussir, mais je suis obligé d'être à la hauteur de la lumière que j'ai."

Le 16e président des États-Unis, Abraham Lincoln, compte parmi les plus grands hommes d'État américains. De nombreux historiens le placent également parmi les plus grands hommes de tous les temps. Lincoln accède à la présidence à une époque de grande crise, alors que le pays est au bord d'une guerre civile qui menace de séparer le Nord du Sud.

Combinant ses rôles d'homme d'État et de commandant en chef, Abraham Lincoln a mené les armées fédérales à la victoire et a maintenu l'Union. Au passage, il a mis fin à l'esclavage aux États-Unis.

Abraham Lincoln est devenu un mythe autant qu'un homme. Outre son rôle historique de sauveur de l'Union et de grand émancipateur des esclaves, il a été célébré pour l'histoire remarquable de sa vie et son humanité fondamentale. Né dans une cabane en rondins à la frontière, Abraham Lincoln a tracé son propre chemin dans la vie pour accéder à la plus haute fonction du pays.

Abraham Lincoln y est parvenu tout en restant un idéaliste convaincu qui ne se laissait pas détourner de la bonne voie, un homme d'une patience aimable et courageuse, et un croyant en ce qu'il appelait la "famille de l'homme".

L'héritage de Lincoln est toutefois complexe. À son époque, de nombreux Sudistes pensaient qu'il était le destructeur de leur liberté et de leur mode de vie. Aujourd'hui, certains historiens conservateurs continuent de reprocher à Lincoln d'avoir utilisé le pouvoir du gouvernement national pour bafouer les droits des États. Pour Lincoln, cependant, l'Union doit être préservée à tout prix. Elle mérite d'être sauvée non seulement pour elle-même, mais aussi parce qu'elle incarne un idéal, celui de l'autonomie gouvernementale.

La passion d'Abraham Lincoln en tant que porte-parole de la démocratie est un élément clé de l'attrait unique et durable qu'il exerce, tant sur ses compatriotes que sur les peuples du monde entier.

Les débuts de la vie d'Abraham Lincoln

Le premier membre de la famille Lincoln à venir aux États-Unis est Samuel Lincoln. Il avait été apprenti tisserand à Hingham, en Angleterre. Il s'installe à Hingham, dans le Massachusetts, en 1637. De là, la famille s'est étendue vers le sud jusqu'en Virginie, où le père d'Abraham, Thomas Lincoln, est né en 1778.

Quand Thomas avait quatre ans, la famille a déménagé au Kentucky. Là, le père de Thomas, qui était fermier, a été tué par des Indiens. Thomas a grandi dans le Kentucky. Il n'est jamais allé à l'école, mais il a appris à être charpentier. Il a eu assez de succès dans la menuiserie pour acheter des fermes. Il n'a cependant pas gagné beaucoup d'argent, car la plupart des terres qu'il a défrichées étaient trop pauvres pour de bonnes récoltes.

En 1806, Thomas épouse Nancy Hanks. Elle était née en Virginie, mais on ne sait pas grand-chose d'autre sur la famille Hanks. Nancy n'était qu'un bébé lorsque sa mère, Lucy, l'emmena dans le Kentucky. Lorsque Nancy épouse Thomas Lincoln, elle a 22 ans.

Thomas et Nancy se sont installés à Elizabethtown dans le comté de Hardin, Kentucky. Leur premier enfant, Sarah, y est né. En 1808, Thomas a acheté une ferme à moitié défrichée à Sinking Spring sur la rivière Nolin, près de Hodgenville. Plein d'espoir, il installe sa famille dans cette première ferme, une étendue vallonnée de terre pauvre et mince.

Abraham Lincoln est né dans cette ferme le 12 février 1809. Son lieu de naissance était une cabane en rondins d'une pièce. Le sol est en terre, bien tassée, et le lit est fait de poteaux et de bottes de maïs. Une fenêtre unique laissait passer une faible lumière.

Au printemps 1811, Thomas Lincoln installe sa famille dans une ferme qu'il a achetée à Knob Creek, à environ 16 kilomètres au nord-est de Sinking Spring. Plus tard, Abraham Lincoln a déclaré que la ferme de Knob Creek était la première maison dont il se souvenait et qu'il l'aimait. Comme tous les garçons de ferme de l'époque, Abe apprend à planter, biner, décortiquer le maïs, faire du feu et couper du bois. Dans cette ferme, Thomas et Nancy ont eu un troisième enfant, Thomas, qui est mort en bas âge.

En décembre 1816, la famille traversa la rivière Ohio pour se rendre dans les forêts du sud-ouest de l'Indiana. Sur les derniers kilomètres, Thomas, probablement aidé par Abe, dut se frayer un chemin parmi les arbres sauvages et les vignes enchevêtrées. Les Lincoln s'installèrent sur Little

Pigeon Creek dans le comté de Spencer, à environ 16 miles (26 kilomètres) de la rivière Ohio.

Abraham et Sarah ont aidé leur père à construire un "campement à mi-hauteur". Il s'agissait d'un abri fait de poteaux et d'écorces, dont un côté restait ouvert vers un feu de bois rugissant. Ils devaient maintenir le feu allumé jour et nuit. Ils en avaient besoin pour se réchauffer, cuisiner et faire sécher leurs vêtements et mocassins trempés par la neige.

Pendant que le reste de la famille se blottit dans l'appentis pour affronter l'hiver glacial, Thomas et Abe travaillent tous les jours à la construction d'une cabane en rondins. Abraham n'avait que huit ans mais était très grand pour son âge, et il apprit rapidement à manier la hache. Ils coupent et taillent les rondins, puis remplissent les espaces entre eux avec de l'argile et de l'herbe. De temps en temps, le garçon tire une dinde sauvage, car la famille vit principalement de gibier et d'un peu de maïs.

Abraham Lincoln ne deviendra cependant jamais un grand chasseur, car il n'aime pas tirer pour tuer. Avec Sarah, il cueille des baies, des noix et des fruits sauvages pour la famille et parcourt un kilomètre jusqu'à une source d'eau. Tout autour d'eux, c'est une nature sauvage et intacte.

À l'automne 1818, Nancy Hanks Lincoln meurt d'une maladie des pionniers appelée maladie du lait, c'est-à-dire qu'elle a bu du lait provenant de vaches qui avaient brouté une plante toxique, la saponaire blanche. Sarah, âgée de 11 ans seulement, prend en charge la cuisine et les corvées de la cabane pendant que Thomas et Abe coupent du bois pour défricher des terres agricoles.

Au bout d'un an, la famille se débattait sans femme ni mère. Thomas retourna alors à Elizabethtown, dans le Kentucky, et épousa une veuve, Sarah Bush Johnston, qu'il connaissait depuis son enfance. Il l'emmena avec ses trois enfants à la cabane en rondins dans l'Indiana.

Abe et sa soeur Sarah ont rapidement appris à aimer leur belle-mère. Elle avait une façon tranquille de faire les choses. Elle a nettoyé la cabane. Elle demanda à Thomas de fabriquer un plancher en bois et des chaises et de construire un lit pour le matelas en plumes qu'elle avait apporté du Kentucky. Abe et Sarah n'avaient jamais vécu dans une cabane aussi chaleureuse. Thomas travailla mieux à la ferme, et les enfants commencèrent à manger et à s'habiller mieux.

Plus tard, Abraham Lincoln a dit de sa belle-mère : "Elle était la meilleure amie que j'ai jamais eue. . . . . Tout ce que je suis, je le dois à mon ange de mère." Sarah Lincoln a dit aux gens : "C'était le meilleur garçon que j'ai jamais vu. Je ne lui ai jamais fait de reproches de toute ma vie. Son esprit et le mien, le peu que j'avais, semblaient courir ensemble."

L'éducation d'Abraham Lincoln

Abe a commencé l'école dans une maison en rondins à l'âge de six ans. Il y apprend la lecture, l'écriture et l'arithmétique. Abraham Abe préfère l'écriture. Plus tard, il dira qu'il a pratiqué l'écriture "partout où des lignes pouvaient être tracées". Abraham Lincoln a écrit avec du charbon de bois sur le dos d'une pelle en bois et même dans la poussière et la neige.

Avec tout le travail à faire à la ferme, Thomas n'a pas fait de l'éducation une priorité pour ses enfants. Sa femme Sarah, en revanche, encourage Abe à étudier. Elle n'a pas fait d'études, mais elle voit à quel point Abraham Lincoln est désireux d'apprendre.

Sarah a obligé Thomas à envoyer Abe, 11 ans, à l'école. Il n'y avait pas de professeur attitré. Lorsque quelqu'un qui s'y connaissait un peu dans un domaine se présentait, il pouvait enseigner aux garçons et aux filles pendant quelques semaines, généralement en hiver lorsque le travail agricole était ralenti. Lorsque l'école est ouverte à Pigeon Creek, Abraham fait une randonnée de 6,4 kilomètres dans chaque sens. Abraham Lincoln ne se soucie pas de cette longue et inconfortable marche vers et depuis l'école, car il est heureux d'apprendre. Tous les sujets le fascinent.

Abe a dit un jour que, lorsqu'il était enfant, il était allé à l'école "par petites touches" - un peu maintenant et un peu ensuite. En tout, sa scolarité n'a pas duré un an, mais il a compensé en lisant. Lorsqu'Abraham a 14 ans, il lit souvent le soir à la lumière du feu de bois. Ses voisins se souviendront plus tard qu'il avait l'habitude de faire des kilomètres pour emprunter un livre. Les premiers livres qu'il lit sont la Bible, les Fables d'Esope, Robinson Crusoé de Daniel Defoe et The Life and Memorable Actions of George Washington de Parson Weems.

Lorsqu'Abraham Lincoln avait 15 ans, il était si grand et si fort qu'il travaillait souvent comme ouvrier dans d'autres fermes. Habituellement, lorsqu'il labourait ou fendait des rails de clôture, il gardait un livre emprunté dans sa chemise pour le lire pendant qu'il déjeunait ou se reposait. Il disait : "Les choses que je veux savoir sont dans les livres. Mon meilleur ami est l'homme qui me trouve un livre que je n'ai pas lu."

Les années d'Abraham Lincoln en tant que batelier

Après le dîner, Abraham descendait souvent la route jusqu'à Gentryville et passait du temps au magasin général de Gentry. Ses histoires humoristiques, parfois racontées en dialecte, le rendaient populaire là-bas. Abraham Lincoln aimait imiter les voyageurs et les personnages locaux et rejetait la tête en arrière avec un rire tonitruant. Dans son propre discours, il prononce les mots comme il les a appris à la frontière du Kentucky, comme "cheer" pour "chair" et "git" pour "get".

Entre deux travaux agricoles, Abraham Lincoln participe à la gestion d'un ferry qui traverse la rivière Ohio jusqu'au Kentucky. À l'âge de 18 ans, il construit son propre chaland et transporte des passagers à la rame sur les hauts-fonds jusqu'aux bateaux à vapeur qui naviguent sur le fleuve.

Il a toujours continué à apprendre de nouvelles choses. Il s'est intéressé au droit. Il emprunta un livre sur les lois de l'Indiana et l'étudia jusque tard dans la nuit. Il parcourt des kilomètres pour se rendre au palais de justice le plus proche afin d'écouter les avocats plaider des affaires. Abraham Lincoln traverse même le Kentucky pour écouter un tribunal. Chaque visite lui permet d'en apprendre davantage sur les méthodes des avocats et lui fournit de nouvelles histoires. Tout au long de sa vie ultérieure d'avocat, de politicien et d'homme d'État, il puisera dans ce riche fonds d'histoires pour faire valoir un point de vue juridique ou pour gagner des auditoires.

C'est à l'âge de 19 ans qu'Abraham Lincoln a eu sa première occasion de découvrir le monde. James Gentry, le propriétaire du magasin général, l'engage pour descendre un bateau plat chargé de marchandises sur le Mississippi jusqu'à La Nouvelle-Orléans, en Louisiane, alors une ville riche de quelque 40 000 habitants.

À la Nouvelle-Orléans, Abraham Lincoln assiste pour la première fois à une vente aux enchères d'esclaves. À cette époque, l'esclavage est légal aux États-Unis, au sud de la rivière Ohio. Le jeune homme, grand et réfléchi, grimace à la vue des esclaves enchaînés qu'on fait marcher vers les plantations. Plus tard, Abraham dira : "L'esclavage était pour moi un tourment continuel."

Son séjour en Illinois

De retour de la Nouvelle-Orléans, Lincoln travaille à temps partiel dans le magasin de Gentry et aide son père à préparer son déménagement dans l'Illinois. La ferme de l'Indiana n'avait pas été un succès. Pendant tout l'hiver, les hommes construisent des chariots et des coffres et fabriquent des jougs et des harnais. En mars 1830, la famille entame son périple de 320 kilomètres. Abraham Lincoln conduit lui-même l'attelage de bœufs. Ils s'installent sur la rivière Sangamon, à environ 16 kilomètres au sud-ouest de Decatur, dans l'Illinois.

À l'âge de 21 ans, Abraham Lincoln est sur le point de commencer sa propre vie. Mesurant 1,80 m, il est longiligne mais musclé et physiquement puissant. Il se distingue notamment par l'habileté et la force avec lesquelles il manie une hache. Il a aidé à défricher et à clôturer la nouvelle ferme de son père, puis, avec un cousin, il a fendu 3 000 rails pour clôturer les terres de quelques voisins. Ses exploits à la hache dans la prairie de l'Illinois amènent ses partisans politiques à l'appeler, plus tard dans sa vie, le "rail-splitter".

Son séjour à New Salem

Après un hiver de froid et de maladie, Thomas Lincoln déménage à nouveau, à environ 160 kilomètres au sud-est, dans le comté de Coles, dans l'Illinois. Cette fois, Abe n'y va pas. Il est déterminé à tracer sa propre voie. Après un second voyage à la Nouvelle-Orléans en tant que batelier, Lincoln s'installe à New Salem, dans l'Illinois, un village d'environ 25 familles sur la rivière Sangamon, à environ 32 kilomètres au nord-ouest de Springfield. Il y vit pendant six ans, de 1831 à 1837. Pour 15 dollars par mois et une chambre à coucher à l'arrière, il tient un magasin et un moulin à grains.

Les histoires se multiplient rapidement sur Lincoln à l'époque de New Salem. Les gens parlent de sa stricte honnêteté. Certains racontent qu'il a un jour marché 10 kilomètres pour rendre quelques pennies à une femme qui avait payé trop cher ses produits secs. Chaque fois que les colons achetaient des fourrures, un joug de bœuf, un fusil, du thé ou du sel, ils savaient qu'ils en auraient pour leur argent avec "l'honnête Abe".

Abraham Lincoln a gagné un autre type de respect pour ses prouesses physiques. En plus de ses talents de fendeur de rails, il impressionne les habitants de la ville par ses talents de lutteur. Lors des combats avec des adversaires puissants, Lincoln se contente souvent de les projeter par-dessus sa tête.

Temps de guerre

Lorsque la guerre du Faucon noir éclate en avril 1832, Abraham Lincoln s'engage comme volontaire. Au cours de cette guerre, un groupe d'Indiens Sauk et Fox, dirigé par Black Hawk, a traversé l'Iowa pour entrer dans l'Illinois dans le but de récupérer les terres que le gouvernement leur avait prises. Lincoln est élu capitaine d'une compagnie de fusiliers. Cet honneur lui fait plaisir, mais il ne connaît rien à la vie militaire.

Lorsque la période d'engagement de Lincoln se termine dans 30 jours, il se réengage comme simple soldat. Il sert en tout trois mois, mais ne participe jamais à une bataille. Après coup, il plaisante en disant qu'il n'a pas vu d'Indiens "vivants et combattants" pendant la guerre, mais qu'il a eu "un bon nombre de combats sanglants avec les moustiques". Néanmoins, son expérience de l'armée - de longues marches et des camps difficiles - lui a appris à compatir aux difficultés des soldats sur le terrain.

Plus tard dans sa vie, lorsqu'il était commandant en chef pendant la guerre de Sécession, il a traité les échecs des soldats avec beaucoup de compréhension.

Les différentes professions d'Abraham Lincoln

Juste avant le déclenchement de la guerre du Faucon noir, Abraham Lincoln avait décidé de se présenter à la législature de l'Illinois, appelée Assemblée générale. Après son service à la guerre, il se lance à nouveau dans la campagne. Dans une circulaire qu'il envoie aux électeurs, il écrit : "Je suis né et je suis resté dans les milieux les plus humbles de la vie." Il ne remporte pas la circonscription, mais sa popularité locale lui permet d'obtenir presque toutes les voix de New Salem.

Pendant ce temps, le magasin de New Salem fait faillite. Lincoln n'a plus de travail. Il envisage d'apprendre le métier de forgeron, mais un autre magasin de New Salem est mis en vente. Lincoln, avec William Berry comme partenaire, l'achète à crédit. Cependant, ni l'un ni l'autre n'a envie de s'occuper des affaires. Lincoln préfère rendre visite aux quelques clients ou lire. Après plusieurs mois, Berry meurt, laissant à Lincoln une dette de plus de 1 000 dollars. Il finit par rembourser chaque centime, mais cela lui prend des années.

Échouant en tant que commerçant, Abraham Lincoln est à nouveau en difficulté. En mai 1833, ses amis le font nommer receveur des postes de New Salem. Ce poste ne lui rapporte qu'environ 50 dollars par an, mais il lui prend peu de temps et lui donne la possibilité de lire gratuitement tous les journaux qui arrivent.

Abraham Lincoln lit chaque numéro et s'intéresse particulièrement à l'actualité politique. Pour gagner son gîte et son couvert, il fend les rails et travaille comme ouvrier dans un moulin ou comme ouvrier salarié. Dans tous ses moments libres, il lisait ou faisait des discours politiques.

À l'automne 1833, Lincoln accepte volontiers d'être nommé géomètre adjoint du comté. Pour apprendre le travail, il se plonge dans des livres sur le levé et les mathématiques. En étudiant toute la journée, et parfois toute la nuit, Abraham Lincoln apprend l'arpentage en six semaines. En parcourant le comté pour tracer des routes et des villes, il vit dans différentes familles et se fait de nouveaux amis.

Assemblée législative de l'État

En 1834, les anciens amis de Lincoln à New Salem et ses nouveaux amis dans tout le comté de Sangamon l'élisent à l'Assemblée générale de l'Illinois. Ils le réélisent en 1836, 1838 et 1840. Avant le début de son premier mandat, en novembre 1834, il emprunte 200 dollars pour payer les dettes les plus pressantes et acheter un costume pour son nouveau travail.

Lorsqu'Abraham Lincoln entre en politique, Andrew Jackson est président. Lincoln partage les sympathies de Jackson et de ses partisans pour les gens du peuple. Il n'est cependant pas d'accord avec le point de vue jacksonien selon lequel le gouvernement ne doit pas s'impliquer dans l'entreprise économique. "L'objet légitime du gouvernement, dira-t-il plus tard, est de faire pour une communauté de personnes ce qu'elles ont besoin de faire, mais qu'elles ne peuvent pas faire du tout, ou pas si bien, pour elles-mêmes, dans leurs capacités séparées et individuelles."

Parmi les hommes politiques de premier plan de l'époque, Lincoln admire le plus Henry Clay et Daniel Webster. Clay et Webster sont favorables à l'utilisation des pouvoirs du gouvernement fédéral pour encourager les entreprises et développer les ressources du pays au moyen d'une banque nationale, d'un tarif protecteur et d'un programme d'amélioration des transports. De l'avis de Lincoln, l'Illinois et l'Ouest dans son ensemble ont désespérément besoin d'une telle aide pour leur développement économique. Dès le départ, il s'associe au parti de Clay et Webster, les Whigs.

Abraham Lincoln devient rapidement populaire au sein de la législature. L'un de ses représentants déclare que Lincoln est "brut de décoffrage, peu gracieux, presque grossier, et pourtant, il est doté d'un magnétisme qui en fait un favori universel". Au moment où il entame son second mandat, il est un politicien compétent et un leader du parti Whig dans l'Illinois. Un collègue Whig a déclaré : "Nous avons suivi son exemple, mais il n'a suivi l'exemple de personne. . . . Il était la pauvreté même, mais indépendante."

En tant que législateur, Abraham Lincoln se consacre à un vaste projet de construction d'un réseau de chemins de fer, d'autoroutes et de canaux. Whigs et démocrates s'unissent pour faire passer une loi en faveur de ce projet, mais une dépression économique met fin aux plans.

Abraham Lincoln montre également que, bien qu'il soit opposé à l'esclavage, il n'est pas un abolitionniste, c'est-à-dire qu'il ne veut pas abolir ou mettre fin à cette pratique. En 1837, le corps législatif présente des résolutions condamnant les sociétés abolitionnistes et défendant l'esclavage dans les États du Sud comme " sacré " en vertu de la Constitution fédérale.

Abraham Lincoln refuse de voter pour les résolutions. Avec un autre membre, il rédige une protestation dans laquelle il déclare que l'esclavage est " fondé à la fois sur l'injustice et sur une mauvaise politique ". Toutefois, la protestation indique également que "la promulgation de doctrines abolitionnistes tend plutôt à accroître qu'à atténuer ses maux".

Abraham Lincoln en tant qu'avocat

Encouragé par ses amis de la législature, Lincoln décide de devenir avocat. Entre deux législatures, il emprunte des livres de droit pour étudier. Il prend le temps d'étudier pour être le maître de poste de New Salem et effectue quelques travaux d'arpentage. Le 9 septembre 1836, il obtient sa licence de droit.

En 1837, Abraham Lincoln prend l'initiative de faire transférer la capitale de l'État de Vandalia à Springfield. Le corps législatif ne s'y réunit qu'en 1839, mais en avril 1837, Lincoln quitte New Salem pour s'installer à Springfield. Cette ville florissante offre beaucoup plus de possibilités à un avocat que New Salem. Il met ses quelques affaires dans des sacoches et se rend à la nouvelle capitale sur un cheval emprunté.

Quelques années après son installation à Springfield, Lincoln s'est fait une réputation en tant qu'avocat. Il gagne de 1 200 à 1 500 dollars par an, à une époque où le gouverneur de l'État reçoit un salaire de 1 200 dollars. Abraham Lincoln doit travailler dur. Pour se tenir occupé, il doit non seulement exercer dans la capitale, mais aussi suivre la cour dans ses déplacements dans son district judiciaire, ou circuit.

Chaque printemps et chaque automne, il part à cheval ou en buggy pour parcourir des centaines de kilomètres dans la prairie peu peuplée, d'un petit chef-lieu de comté à un autre Abraham Lincoln Il est absent de chez lui près de six mois par an. La plupart des affaires sont mineures et les honoraires peu élevés.

Pourtant, Abraham Lincoln apprécie de parcourir le circuit. Il aime la camaraderie des avocats qui séjournent dans les auberges de campagne et se réjouit des échanges vifs qui ont lieu au tribunal. Où qu'il aille, Abraham Lincoln peut faire pleurer le jury et la salle d'audience ou les faire éclater de rire. Sa réputation d'honnêteté est encore plus importante pour son succès. L'honnête Abe ne prendrait pas une affaire s'il ne croyait pas à l'innocence ou aux droits de son client.

La vie privée d'Abraham Lincoln

Lorsqu'il vivait à New Salem, Lincoln avait pris pension dans une auberge tenue par James Rutledge. La légende dit que la fille de Rutledge, Ann, était la petite amie de Lincoln et qu'après sa mort en 1835, à l'âge de 22 ans, il n'a jamais cessé de la pleurer. La légende s'est apparemment développée à partir d'une conférence donnée par William Herndon, le dernier partenaire juridique de Lincoln, un an après la mort de ce dernier. Aujourd'hui, la plupart des historiens ne sont toutefois pas convaincus de l'existence d'une grande romance entre Lincoln et Ann Rutledge. Au moment de sa mort, elle était fiancée à l'un des amis de Lincoln, John McNamar.

Deux ans avant la mort d'Ann, Lincoln avait rencontré à New Salem une visiteuse du Kentucky. Il s'agit de Mary Owens, la fille bien éduquée d'un riche fermier. Un an après la mort de Rutledge, Lincoln fait une cour peu enthousiaste à Owens. Celle-ci finit par conclure que Lincoln est "déficient dans ces petits maillons qui constituent la chaîne du bonheur féminin". Lorsque, au cours de l'été 1837, Abraham Lincoln la demande en mariage d'une manière plutôt indécise, elle refuse.

Une fois établi comme avocat à Springfield, Lincoln prend part à la vie sociale animée de la ville. L'une des belles de la société est une jeune femme nommée Mary Todd. Elle était venue de sa maison de Lexington, dans le Kentucky, pour vivre avec sa sœur et son beau-frère, fils du gouverneur de l'Illinois. À cette époque, Mary a 21 ans. Abraham Lincoln la rencontre pour la première fois au cours de l'hiver 1839, lors d'un bal.

Abraham Lincoln ne tarde pas à passer tous ses moments libres avec Mary Todd, une femme pleine d'entrain, à l'esprit vif et exceptionnellement instruite. Tous deux aiment la littérature et la poésie, en particulier Shakespeare et Robert Burns. Lincoln se plaît à en réciter des passages de mémoire. Abraham Lincoln est également heureux que Mary s'intéresse à la politique.

Mary Todd est également courtisée par Stephen Douglas, un avocat de renom, avec lequel Lincoln va ensuite débattre de façon spectaculaire. Sa famille, riche et aristocratique, est opposée à Lincoln, qu'elle considère comme "grossier, plein d'aspérités". Mary, comme toujours, sait exactement ce qu'elle veut. Au printemps, elle est dévouée à Abraham Lincoln, et les deux se fiancent. Mary est si sûre de ses remarquables capacités qu'elle prédit qu'Abraham Lincoln sera un jour élu président des États-Unis.

Après une série d'affrontements caractériels entre eux, Mary Todd, la belle du Kentucky, et Abraham Lincoln, l'avocat de campagne, se marient le 4 novembre 1842. Ils vivent dans une seule pièce à la Globe Tavern de Springfield lorsque leur premier enfant, Robert Todd, naît en 1843. L'année suivante, Lincoln achète une maison à la périphérie de la ville. C'est là que naissent Edward, William et Thomas (Tad), respectivement en 1846, 1850 et 1853. Robert Todd est le seul des enfants à atteindre l'âge adulte, mais Tad, le préféré de Lincoln, survit à son père. Abraham Lincoln confie en grande partie l'éducation de ses enfants à leur mère. Celle-ci se montre tour à tour stricte et indulgente à leur égard.

La vie de famille des Lincoln était souvent orageuse. Ils en sont tous deux responsables. Femme extrêmement sensible et nerveuse, affligée de migraines, Mary se laisse souvent aller à des colères incontrôlables. Parfois, elles étaient peut-être justifiées, car Abraham Lincoln avait des habitudes éprouvantes. La plupart découlaient de son énorme pouvoir de concentration. Lorsqu'il s'intéressait à un livre ou à un problème, il oubliait tout le reste.

Abraham Lincoln se couchait à toute heure et se levait à toute heure. Souvent, il rentrait à la maison avec deux ou trois heures de retard pour le dîner, et était alors surpris de trouver Mary contrariée par son retard. Si le poêle du salon s'éteint alors qu'il est perdu dans ses pensées, il ne remarque jamais le froid. Sans raison apparente, il sombrait dans des humeurs noires et silencieuses pendant des heures, voire des jours.

Néanmoins, les Lincoln partagent une même dévotion pour leurs fils, apprécient la compagnie de l'autre et s'ennuient l'un de l'autre lorsqu'ils sont séparés. Lincoln laisse patiemment Mary lui enseigner les grâces sociales. Abraham Lincoln est extrêmement négligent sur le plan vestimentaire et sait que cela dérange Mary, qui veut être fière de lui en tant que jeune avocat prometteur. Chaque matin, avant de se rendre à son cabinet mal rangé, il se tient dans l'embrasure de la porte pour qu'elle l'inspecte. Sa chemise, qu'elle confectionnait, devait être fraîche, ses bottes cirées, son costume et son chapeau à coque brossés.

Comme Mary, Abraham Lincoln aime recevoir. Il ne boit ni ne fume, mais il aime la musique et les gens. Bien qu'il ne se soucie guère de la nourriture et qu'il faille le pousser à manger, il aime recevoir des amis pour le dîner. Alors qu'Abraham Lincoln prospère dans son cabinet d'avocat, Mary et lui organisent de grands dîners et se font remarquer comme des hôtes généreux et gracieux.

Politique

En 1847, Abraham Lincoln se rend à Washington, D.C., en tant que représentant de l'Illinois. La guerre du Mexique est en cours, et Lincoln s'y oppose. Ses discours contre la guerre déplaisent à ses partisans politiques. Il sait qu'ils ne le rééliront pas.

À la fin de son mandat en 1849, Abraham Lincoln retourne à Springfield. Il cherche à obtenir un poste de commissaire au General Land Office de Washington, mais il ne l'obtient pas. Plus tard dans l'année, on lui propose le poste de gouverneur du territoire de l'Oregon. Lincoln refuse, convaincu qu'il est désormais un échec en politique.

Le retour d'Abraham Lincoln au droit

Pendant environ cinq ans, Lincoln prend peu de part à la politique. Reprenant son activité d'avocat, il parcourt à nouveau les circuits. L'arrivée des chemins de fer, surtout après 1850, facilite les déplacements et rend son activité plus lucrative.

Abraham Lincoln fait office de lobbyiste pour l'Illinois Central Railroad, qu'il aide à obtenir une charte de l'État en 1851. Par la suite, il travaille comme avocat attitré de la compagnie ferroviaire. Après avoir défendu avec succès la compagnie contre les efforts du comté de McLean pour taxer ses biens, il reçoit les plus gros honoraires de sa carrière d'avocat : 5 000 dollars. (Il a dû poursuivre l'Illinois Central pour percevoir ces honoraires).

Abraham Lincoln s'occupe également d'affaires concernant d'autres chemins de fer, des banques, des compagnies d'assurance et des entreprises commerciales et industrielles. L'une de ses meilleures prestations devant le barreau a lieu dans une affaire concernant le pont de Rock Island. Premier pont à enjamber le Mississippi, il a été construit pour faciliter le transport ferroviaire. Les compagnies de bateaux à vapeur s'opposent au pont au motif qu'il entrave la navigation fluviale. Représentant les chemins de fer, Abraham Lincoln sauve le pont et, dans un sens plus large, affirme le droit des chemins de fer à traverser les rivières.

Le cabinet de Lincoln comprend également un certain nombre de procès en matière de brevets et de procès criminels. Son affaire la plus célèbre est peut-être sa défense de Duff Armstrong, une de ses connaissances accusée de meurtre. Un témoin affirme avoir vu Duff matraquer et tuer un homme à la lueur de la lune. Lincoln ouvre un almanach, qui indique que cette nuit-là, la Lune s'était couchée bien avant la bagarre. Il fait valoir que la nuit était trop sombre pour que le témoin ait pu voir quoi que ce soit clairement. Grâce à un appel sincère et émouvant, il obtient l'acquittement.

Le retour d'Abraham Lincoln en politique

La menace d'extension de l'esclavage ramène Abraham Lincoln en politique en 1854. Il ne propose pas d'interférer avec l'esclavage dans les États où il est déjà légal. Cependant, la loi Kansas-Nebraska de 1854 permet à la population de chaque nouveau territoire de voter pour décider si le territoire sera esclave ou libre, menaçant ainsi d'étendre l'esclavage. Lincoln prononce une série de discours pour protester contre cette loi.

En 1856, Abraham Lincoln participe à l'organisation de la branche de l'Illinois du nouveau parti républicain, un parti politique formé par des personnes désireuses d'arrêter la propagation de l'esclavage. Il devient le principal républicain de l'Illinois. Lorsque les républicains désignent John C. Frémont comme candidat à la présidence des États-Unis, Lincoln reçoit 110 voix pour être nommé vice-président. Cela attire l'attention du pays sur Lincoln.

Les républicains perdent l'élection présidentielle, mais en 1858, Abraham Lincoln remporte l'investiture républicaine pour le poste de sénateur de l'Illinois. S'adressant à la convention de l'État à Springfield, il prononce le premier de ses discours mémorables. Les mains crispées sur le pupitre de l'orateur, il déclare lentement et fermement :

Une maison divisée contre elle-même ne peut tenir. Je crois que ce gouvernement ne peut pas durer en permanence, à moitié esclave et à moitié libre. Je ne m'attends pas à ce que l'Union soit dissoute - je ne m'attends pas à ce que la maison s'écroule - mais je m'attends à ce qu'elle cesse d'être divisée. Elle deviendra tout à fait une chose ou tout à fait l'autre.

Dans ce discours, Abraham Lincoln évoque son opposition à l'arrêt Dred Scott, une décision de la Cour suprême des États-Unis qui a rendu l'esclavage légal dans tous les territoires américains. La Cour avait décidé qu'un Afro-Américain ne pouvait pas bénéficier des droits d'un citoyen américain.

Dans un discours antérieur sur cette décision de justice, Abraham Lincoln avait affirmé qu'à l'époque de la fondation du pays, la Déclaration d'indépendance était " censée inclure tous " les peuples, les Noirs comme les Blancs. En d'autres termes, il pensait que les Afro-Américains étaient inclus dans l'affirmation de la Déclaration selon laquelle "tous les hommes sont créés égaux" et jouissaient de certains droits, dont le droit à la liberté.

L'adversaire de Lincoln dans cette élection sénatoriale est Stephen Douglas, un démocrate et le rival politique de Lincoln. Douglas se représente aux élections et a soutenu la loi Kansas-Nebraska. Abraham Lincoln le défie dans une série de débats sur la question de l'esclavage. Bien qu'il l'emporte sur Douglas lors des débats, Lincoln perd l'élection. Ce résultat ne le surprend pas, mais il le déprime profondément. Les débats ont toutefois accru l'intérêt du public pour Abraham Lincoln et commencé à lui conférer une réputation nationale.

Conscients de sa renommée dans tout le pays, les amis de Lincoln cherchent à obtenir pour lui l'investiture républicaine pour la présidence en 1860. Lui-même travaille sans relâche pour obtenir ce soutien. Abraham Lincoln sait désormais ce qu'il veut : être président des États-Unis en période de crise. Il est déterminé à préserver l'Union. Lors de la convention nationale républicaine de Chicago (Illinois), il est désigné au troisième tour de scrutin.

Campagne et élection présidentielles

Le parti démocrate est divisé, le Nord désignant Stephen Douglas et le Sud choisissant John C. Breckinridge. Tout au long de cette campagne furieuse, Lincoln reste discrètement à Springfield, dirigeant les dirigeants du parti depuis un bureau de fortune situé dans le Capitole. Abraham Lincoln transporte même son propre courrier depuis la poste. Pour éviter de susciter la controverse et peut-être de diviser les républicains, il ne prononce pas un seul discours politique.

La stratégie fonctionne. Le 6 novembre 1860, Lincoln est élu 16e président des États-Unis. Il obtient 1 866 452 voix, Douglas 1 380 202, et Breckinridge 847 953. Un quatrième candidat, John Bell, du parti de l'Union constitutionnelle, obtient 590 901 voix. Bien que le total de Lincoln ne représente que 40 % du vote populaire, il l'emporte largement au collège électoral. Abraham Lincoln ne reçoit aucune voix du Sud profond. Lincoln est le premier républicain à devenir président. Son vice-président est Hannibal Hamlin, du Maine.

L'alarme se répand dans les États du Sud. Ils pensaient qu'un président républicain ne respecterait ni leurs droits ni leurs biens. Ils pensaient que la sécession était leur seul espoir. La sécession commence le 20 décembre 1860, lorsque la Caroline du Sud se retire de l'Union. Six autres États du Sud font sécession avant l'entrée en fonction de Lincoln. Ils forment leur propre gouvernement et s'appellent les États confédérés d'Amérique.

À l'approche de l'investiture de Lincoln, les menaces de mort se multiplient. Elles ne parviennent pas à l'effrayer, mais personne n'est plus conscient du danger que représente sa position en période de crise. En faisant ses adieux à ses amis à la gare de Springfield, Abraham Lincoln déclare de manière prophétique : "Je pars maintenant, sans savoir quand, ni si je reviendrai jamais, avec devant moi une tâche plus grande que celle qui incombait à Washington."

Les autorités craignent tellement une rumeur de complot d'assassinat à Baltimore (Maryland) qu'elles persuadent Lincoln de quitter son train spécial à Philadelphie (Pennsylvanie). Abraham Lincoln arrive à Washington dans un wagon-lit fortement surveillé.

La présidence d'Abraham Lincoln

Dans son discours d'investiture, prononcé le 4 mars 1861, Lincoln assure le Sud qu'il respectera ses droits, qu'il n'y a pas besoin de guerre. Il déclare : "Je n'ai pas l'intention... d'interférer avec l'institution de l'esclavage dans les États où elle existe. . . . Entre vos mains, mes compatriotes mécontents, et non entre les miennes, se trouve la question capitale de la guerre civile. . . . Nous ne devons pas être ennemis."

Néanmoins, moins de six semaines plus tard, le 12 avril 1861, la guerre civile débute lorsque les forces confédérées tirent sur les troupes américaines à Fort Sumter. La guerre va complètement consumer l'administration de Lincoln. Le président doit assumer la tâche gigantesque de ramener les États rebelles dans la famille nationale et de préserver l'Union.

Le leadership d'Abraham Lincoln pendant la guerre

Abraham Lincoln était un président fort. Au début, sa réflexion délibérée et son extraordinaire patience trompent son cabinet qui le croit incertain. Profitant de son expérience d'avocat, il étudie tous les aspects d'une question avant de décider d'une réponse. "Son esprit agit lentement", dit un ami, "mais quand il bouge, il avance". Lorsque Lincoln prend une décision, il est ferme. Son cabinet ne tarde pas à le découvrir. Une fois, tous les membres du cabinet s'opposent au projet de Lincoln. Lincoln sourit, dit "oui" pour son propre vote, et annonce calmement : "Le oui l'emporte." Malgré tout, Abraham Lincoln reste flexible et ouvert aux nouvelles idées. Si une action ou une décision s'avérait insatisfaisante dans la pratique, il était prêt à en expérimenter une autre.

Après les tirs sur Fort Sumter, il fait appel aux gouverneurs des États pour obtenir des troupes (la Virginie et trois autres États du haut Sud répondent en rejoignant la Confédération). Abraham Lincoln proclame ensuite un blocus des ports du Sud. Ce sont là les premières décisions importantes de Lincoln en tant que commandant en chef de l'armée et de la marine. Mais il lui faut encore un plan stratégique et un système de commandement pour le mettre en œuvre.

Au début de la guerre, Abraham Lincoln a du mal à trouver des généraux compétents pour diriger les forces de l'Union. Comme pour son cabinet, il donne au général George B. McClellan et à d'autres toutes les chances de faire leurs preuves. Lorsque McClellan continue de retarder l'attaque des forces confédérées, Lincoln déclare ironiquement : " Il a le moral dans les chaussettes. " Il ne cesse d'exhorter McClellan à avancer. Au lieu de cela, McClellan ignore Lincoln.

Très vite, Abraham Lincoln sent qu'il doit lui-même agir. Il lit tout ce qu'il peut sur la science militaire et effectue de fréquents voyages d'inspection des forces sur le terrain. Parfois, il emmène Mary Lincoln et son plus jeune fils, Tad, avec lui pour contribuer à remonter le moral des troupes. Jusqu'à ce qu'il trouve des généraux compétents, il dirige une grande partie de la stratégie de l'armée et de la marine.

Finalement, Abraham Lincoln se tourne vers l'Ouest pour trouver un général de premier plan. Il admire la campagne de Vicksburg d'Ulysses S. Grant dans le Mississippi, qui a coupé la Confédération en deux. Peu après la capitulation de Vicksburg (qui a eu lieu le 4 juillet 1863), il envoie à Grant une "reconnaissance reconnaissante pour le service presque inestimable" qu'il a rendu au pays.

En mars 1864, Abraham Lincoln promeut Grant au rang de lieutenant général et lui confie le commandement de toutes les armées fédérales. Lincoln a enfin trouvé un homme capable de diriger l'offensive coordonnée à grande échelle qu'il a en tête. Grant n'est qu'un membre, certes important, de la structure de commandement que Lincoln a mise en place. Ce commandement comprend également le secrétaire à la Guerre Edwin M. Stanton et le chef d'état-major Henry W. Halleck. Lincoln lui-même, en tant que commandant en chef, supervise tout.

Abraham Lincoln a commis des erreurs dans sa conduite de la guerre. Dans l'ensemble, cependant, il est un commandant en chef efficace. Son efficacité en tant que chef de guerre s'est accrue d'année en année. Sa réussite est d'autant plus remarquable qu'il n'a pas reçu de formation ni d'expérience de la guerre. Néanmoins, pendant la majeure partie de la guerre, la plupart des journaux et des gens critiquent amèrement la politique de Lincoln. Celui-ci ne prend jamais le temps de se défendre, convaincu qu'il fait ce qui est bon pour l'Union.

La guerre amère et tragique entoure Lincoln jusque dans sa maison, la Maison-Blanche. Des compagnies de fusiliers patrouillent sur le terrain et installent des baraquements même dans la majestueuse East Room. Chaque jour, des secrétaires lui apportent des dépêches du terrain et il tente de trouver des solutions aux problèmes. La plus grande tension était de lire et d'entendre les pétitions de clémence pour les soldats condamnés à mort pour désertion ou manquement à leur devoir.

Un jour, au bord de l'épuisement, Abraham Lincoln déclara tristement : "J'ai eu plus de cas de vie et de mort à régler en quatre ans que tous les autres hommes qui se sont assis dans ce fauteuil réunis. Personne ne connaît la détresse de mon esprit." Dès qu'il pouvait trouver la moindre excuse, il ordonnait la grâce du soldat.

Proclamation d'émancipation

Abraham Lincoln était profondément dévoué à la cause de la liberté individuelle. Pourtant, en tant que président, il est d'abord réticent à adopter une politique abolitionniste. Il y a plusieurs raisons à cette hésitation. Lincoln avait été élu sur un programme qui promettait de ne pas interférer avec l'esclavage. Il s'inquiète des difficultés que pourrait poser l'intégration de près de 4 millions d'Afro-Américains, une fois libérés, dans la vie sociale et politique du pays.

Par-dessus tout, Abraham Lincoln estime qu'il doit maintenir les États esclavagistes frontaliers dans l'Union. Il craint qu'un programme abolitionniste ne les pousse vers la Confédération. En août 1862, il écrit : " Mon objectif primordial dans cette lutte est de sauver l'Union, et ce n'est ni de sauver ni de détruire l'esclavage. Si je pouvais sauver l'Union sans libérer aucun esclave, je le ferais ; et si je pouvais la sauver en libérant tous les esclaves, je le ferais ; et si je pouvais la sauver en libérant certains et en laissant les autres tranquilles, je le ferais aussi."

Pourtant, Abraham Lincoln sait que la question de l'esclavage doit être réglée si les États-Unis, fondés sur les principes de liberté et d'égalité des droits pour tous, doivent survivre en tant que pays. Lincoln sait que l'Union doit être préservée, en tant que nation libre, si le gouvernement démocratique doit réussir dans le monde.

Face à la montée du sentiment antiesclavagiste, Lincoln élabore un plan d'émancipation, ou de libération, des esclaves. Selon sa proposition, les esclaves doivent être libérés par les États. Le processus d'émancipation doit être progressif. Les propriétaires d'esclaves devaient être indemnisés, le gouvernement fédéral partageant les coûts. Les Noirs nouvellement libérés devaient être colonisés en dehors des États-Unis. Le Congrès approuve ce plan, mais les États esclavagistes frontaliers le rejettent. En outre, peu de dirigeants afro-américains souhaitaient que leur peuple soit envoyé à l'étranger.

Abraham Lincoln n'a pas abandonné l'espoir de voir son plan graduel aboutir. Il prend néanmoins une mesure tout à fait différente en élaborant une autre proposition. Son cabinet approuve la publication de la nouvelle proclamation après la prochaine victoire de l'Union. L'été 1862 s'écoule sans aucune victoire. Puis, le 17 septembre, les forces de l'Union arrêtent l'avancée des armées confédérées à Antietam, dans le Maryland.

Le 22 septembre 1862, Abraham Lincoln présente sa proclamation préliminaire. Elle promettait la liberté aux esclaves de tout État confédéré qui ne réintégrait pas l'Union cette année-là. Lorsque le Sud l'ignore, il publie la Proclamation d'émancipation définitive le 1er janvier 1863. C'était un moment historique. Il transforme la guerre, qui n'est plus une lutte pour préserver l'Union, mais une croisade pour la liberté humaine.

Abraham Lincoln justifie la Proclamation d'émancipation comme un exercice des pouvoirs de guerre du président. Pourtant, même lui doute qu'elle relève de son autorité en vertu de la Constitution. Après la guerre, les esclaves libérés par la proclamation auraient pu redevenir des esclaves si rien d'autre n'avait été fait pour confirmer leur liberté. Mais quelque chose d'autre est fait. En 1865, Lincoln incite le Congrès à approuver le

13e amendement de la Constitution, qui interdit l'esclavage aux États-Unis.

La bataille de Gettysburg

En juillet 1863, les armées de l'Union repoussent les forces confédérées à Gettysburg, en Pennsylvanie. La bataille de Gettysburg est la seule bataille qui se déroule sur le sol du Nord.

Le 19 novembre 1863, le champ de bataille est consacré comme cimetière national. L'orateur principal est Edward Everett, un orateur de renom. Après coup, Abraham Lincoln est invité "à faire quelques remarques appropriées". Il travaille et retravaille son discours, cherchant à le rendre aussi parfait que possible.

La foule écoute pendant deux heures l'oraison extravagante d'Everett. Lincoln se lève alors lentement, met ses lunettes, jette un coup d'œil sur une feuille de papier, puis parle gravement de sa voix claire et aiguë. Il commence par invoquer la Déclaration d'indépendance :

Il y a quatre-vingt-sept [87] ans, nos pères ont fait naître sur ce continent une nouvelle nation, conçue dans la liberté et consacrée à la proposition selon laquelle tous les hommes sont créés égaux.

En un peu moins de trois minutes, il a terminé son discours de Gettysburg, se terminant par ces mots :

.... que, de ces morts honorés, nous tirons un dévouement accru à la cause pour laquelle ils ont donné leur dernière mesure de dévouement - que nous prenons ici la ferme résolution que ces morts ne seront pas morts en vain - que cette nation, sous Dieu, aura une nouvelle naissance de liberté - et que le gouvernement du peuple, par le peuple, pour le peuple, ne périra pas de la Terre.

Abraham Lincoln présente ainsi la guerre de Sécession comme une lutte pour préserver les idéaux de la Déclaration d'indépendance - l'égalité et la liberté pour tous - en vertu desquels le pays a été créé. La guerre est menée, affirme-t-il, non seulement pour assurer la victoire de l'Union sur les Confédérés, mais aussi pour provoquer une " nouvelle naissance de la liberté " en mettant fin à l'esclavage aux États-Unis. La démocratie, décrite de manière mémorable dans ce discours comme " le gouvernement du peuple, par le peuple, pour le peuple ", est une idée récurrente dans la plupart des grands discours de Lincoln.

Abraham Lincoln pensait que son discours de Gettysburg était un échec, comme la plupart des journaux. Cependant, il sera bientôt reconnu comme l'un des plus nobles discours jamais prononcés. Everett lui a écrit : "Je serais heureux si je pouvais me flatter d'avoir été aussi proche de l'idée centrale de l'occasion en deux heures que vous l'avez été en deux minutes."

La politique d'Abraham Lincoln en temps de guerre

Pour gagner la guerre, Abraham Lincoln doit avoir le soutien des politiciens et du public. Il consacre donc une grande partie de son temps et de son attention à la politique, essayant de s'attirer le soutien du plus grand nombre de personnes possible. Heureusement pour la cause de l'Union, Lincoln est un président doté d'une rare habileté politique.

Abraham Lincoln avait le don de faire appel à ses collègues politiciens et de leur parler dans leur propre langue. Lincoln avait le don d'aplanir les différences personnelles et de s'assurer la loyauté des hommes politiques en désaccord les uns avec les autres.

L'opposition à Lincoln et à la guerre reste forte chez les démocrates du Nord. Quelques " démocrates pacifistes " collaborent même avec l'ennemi. Pour traiter les personnes soupçonnées de trahison, Lincoln autorise parfois ses généraux à procéder à des arrestations arbitraires.

Abraham Lincoln a laissé ses généraux suspendre plusieurs journaux, mais seulement pour de courtes périodes. Il pensait qu'il devait permettre le sacrifice temporaire de certaines libertés garanties par la Constitution afin de maintenir l'Union et donc de préserver la Constitution dans son ensemble.

Compte tenu des dangers de l'époque, Lincoln est assez libéral dans son traitement des opposants politiques et de la presse. Il n'est en aucun cas le dictateur que ses détracteurs l'accusent souvent d'être. Néanmoins, sa suspension de certaines libertés civiles dérange les démocrates, les républicains et même les membres de son propre cabinet.

Au sein du parti républicain, Lincoln doit faire face à des divisions et à des rivalités personnelles qui lui causent autant de problèmes qu'aux démocrates. Lui et la plupart des autres membres du parti s'accordent assez bien sur leurs principaux objectifs économiques. Avec son approbation, les républicains transforment en loi les éléments essentiels du programme qu'il avait défendu dès ses débuts en tant que Whig. Il s'agissait notamment d'un tarif protecteur, d'un système bancaire national et d'une aide fédérale pour les améliorations internes, en particulier pour la construction d'un chemin de fer vers la côte Pacifique. Les républicains étaient cependant en désaccord entre eux sur de nombreux points concernant la conduite et les objectifs de la guerre.

La grande question était la "reconstruction" du Sud. À mesure que les États du Sud sont repris par les armées fédérales, le président et le Congrès proposent des plans pour les ramener dans l'Union. À la fin de l'année 1863, Abraham Lincoln propose son "plan des dix pour cent". Il stipule qu'un gouvernement d'État peut être rétabli lorsque 10 % des électeurs de l'État ont prêté serment de fidélité aux États-Unis. Certains républicains, appelés radicaux, rejettent la proposition de Lincoln. Ils estiment que Lincoln est trop indulgent envers les États rebelles. Les républicains radicaux adoptent une loi plus stricte, à laquelle le président oppose son veto.

Abraham Lincoln est réélu

Les républicains désignent Lincoln pour sa réélection en 1864. Comme en 1860, Abraham Lincoln est le principal stratège de sa propre campagne. Il participe à la gestion du Republican Speakers' Bureau et conseille les comités des États sur les tactiques de campagne. Il fait également tout son possible pour permettre au plus grand nombre de soldats et de marins de voter.

Toutefois, au moment de l'élection de novembre 1864, Abraham Lincoln est presque épuisé par le fardeau de la guerre et le chagrin causé par la mort de son fils Willie à la Maison-Blanche. Où qu'il se tourne, Lincoln lit ou entend des critiques sur lui-même et ses généraux. Il prépare un mémorandum pour son cabinet, prévoyant sa défaite aux prochaines élections. Mais le peuple se rallie finalement à lui et le réélit, avec Andrew Johnson comme vice-président.

orsqu'Abraham Lincoln prononce son deuxième discours inaugural le 4 mars 1865, la fin de la guerre est en vue. Lincoln est impatient d'accueillir les États du Sud au sein de l'Union et de rendre leur réadaptation aussi facile que possible. Il exprime cette pensée en ces termes :

Sans méchanceté envers personne, avec charité pour tous, avec la fermeté dans le droit que Dieu nous donne de voir le droit, efforçons-nous d'achever l'œuvre dans laquelle nous sommes engagés, de panser les blessures de la nation, de prendre soin de celui qui aura porté le combat, de sa veuve et de son orphelin, de faire tout ce qui peut réaliser et entretenir une paix juste et durable entre nous et avec toutes les nations.

La victoire d'Abraham Lincoln et ses dernières années

Un peu plus d'un mois plus tard, le 9 avril 1865, le général Robert E. Lee livrait son armée confédérée au général Ulysses S. Grant. Le 11 avril, la bannière étoilée des États-Unis est hissée au-dessus du fort Sumter, où la guerre a commencé.

Pour célébrer la fin de la guerre, Lincoln emmène Mary et deux invités au Ford's Theatre dans la nuit du 14 avril. Au cours du troisième acte de la pièce Our American Cousin, John Wilkes Booth, un jeune acteur pro-esclavagiste et sympathisant des Confédérés, se glisse dans la loge présidentielle et tire une balle dans la tête d'Abraham Lincoln. Booth bondit ensuite sur la scène et, brandissant un poignard, il s'échappe. Lincoln est abattu le 26 avril dans une grange à tabac de Virginie, que des soldats et des détectives ont encerclée et incendiée.

Des soldats ont porté le président inconscient de l'autre côté de la rue jusqu'à la résidence la plus proche, une pension de famille. C'est là qu'il est mort sans avoir repris connaissance à 7 h 22 du matin. C'était le 15 avril 1865, 28 ans jour pour jour après son départ de New Salem. Au moment de la mort du grand émancipateur, le secrétaire à la Guerre Stanton dit doucement : "Il appartient maintenant à l'histoire."

Beaucoup considèrent Abraham Lincoln comme un martyr américain. L'assassinat a eu lieu le Vendredi saint, jour où les chrétiens commémorent la crucifixion de Jésus. Le dimanche suivant, connu sous le nom de "Pâques noires", des centaines d'orateurs lisent des sermons sur la mort de Lincoln. L'un d'eux déclare : "Jésus-Christ est mort pour le monde ; Abraham Lincoln est mort pour son pays." La croissance de la réputation du président après sa mort a donc été influencée par le moment et les circonstances de son meurtre, qui lui a valu une sorte de sainteté.

Le premier assassinat d'un président des États-Unis a choqué le pays, et il a été particulièrement attristant si peu de temps après la guerre de Sécession, qui avait provoqué d'âpres divisions. La mort de Lincoln est accueillie par une immense vague de chagrin public, le pays pleurant à la fois son président et ses nombreux soldats morts au combat. On estime que quelque 25 millions de personnes - soit la majorité de la population du pays - ont assisté aux services commémoratifs de Lincoln organisés à Washington et dans tout le pays le 19 avril.

Le 21 avril, un train funéraire commence à transporter le corps du président de Washington à Springfield, dans l'Illinois, s'arrêtant dans dix villes en cours de route pour des services commémoratifs publics et des visites du corps. Des foules immenses se rassemblent pour rendre hommage à Abraham Lincoln, les gens faisant parfois la queue pendant plusieurs heures pour voir le corps. Le train arrive à Springfield le 3 mai, et le lendemain, Lincoln y est enterré au cimetière d'Oak Ridge. Le Lincoln Memorial, à Washington, lui est dédié en 1922. La bibliothèque et le musée présidentiels Abraham Lincoln ont ouvert leurs portes à Springfield en 2004-2005.

Questions de recherche

1. "Abe" avait-il vraiment le sens de l'humour ?
2. Quelle est votre opinion sur Abraham Lincoln ?
3. Pensez-vous que Lincoln était dur envers lui-même ? (doit-il être blâmé pour la guerre civile ?)
4. Si vous pouviez donner un conseil au 16e président, lequel serait-il ? À votre avis, de quoi Lincoln serait-il le plus fier parmi ses réalisations ?

17. Andrew Johnson (1865-1869)

Parti de l'Union nationale et Parti démocrate | Vice-président : Aucun (vacant)

"Si vous soutenez toujours les bons principes, vous n'obtiendrez jamais de mauvais résultats !".

Andrew Johnson est devenu une personnalité publique pendant la plus grande crise de la nation, la guerre civile américaine. Bien qu'il soit originaire de l'État esclavagiste du Tennessee, Andrew Johnson refusa de démissionner de son poste de sénateur des États-Unis lors de la sécession de cet État et s'efforça de préserver l'Union. Ses efforts lui ont valu d'être nommé vice-président et de prendre ses fonctions en mars 1865. Six semaines plus tard, Abraham Lincoln est assassiné et Johnson devient président.

En son temps, l'administration de Johnson est largement condamnée. Ses politiques de reconstruction étaient âprement combattues au Congrès par les radicaux, la faction majoritaire du parti républicain. Les luttes politiques qui en résultent conduisent à une tentative infructueuse de destitution d'Andrew Johnson par le Sénat des États-Unis.

Les débuts de la vie d'Andrew Johnson

Andrew Andrew Johnson est né à Raleigh, en Caroline du Nord, le 29 décembre 1808. Il est le fils cadet de Jacob Johnson et de Mary (Polly) McDonough Johnson. Son père est décédé trois ans après la naissance d'Andrew. La famille était très pauvre, même après que la mère d'Andrew se soit remariée.

Incapable d'aller à l'école, le jeune Andrew Johnson est embauché très tôt chez un tailleur. Johnson apprend le métier, mais il est si malheureux dans son travail qu'il refuse de terminer son apprentissage.

Tennessee

n 1826, les Johnson déménagent au Tennessee, et Andrew s'installe finalement à Greeneville. L'année suivante, il épouse Eliza McCardle, fille d'un cordonnier écossais. Ils ont cinq enfants : Martha, Charles, Mary, Robert et Andrew. Eliza a beaucoup aidé son mari à améliorer sa lecture, son écriture et son éducation générale.

Entre-temps, Andrew Johnson était devenu un tailleur prospère et une figure importante à Greeneville. Il a été élu conseiller municipal à trois reprises, puis maire. En 1835, il est élu à la législature de l'État où il remplit deux mandats à la Chambre des représentants et un mandat au Sénat. Politiquement, il était un démocrate Jacksonien.

Andrew Johnson devient membre du Congrès et gouverneur

En 1843, Andrew Johnson entame le premier de ses cinq mandats consécutifs au Congrès des États-Unis. Sa réalisation la plus remarquable est l'introduction du premier projet de loi sur les propriétés familiales. Cette loi aurait divisé les terres publiques de l'Ouest en de nombreuses petites exploitations pour les fermiers libres. Le projet de loi de Johnson est rejeté par les représentants du Sud.

Johnson est élu gouverneur du Tennessee en 1853 et réélu en 1855. À ce poste, il obtient l'adoption de la première taxe prélevée au Tennessee pour soutenir l'éducation populaire. Andrew Johnson a également dirigé la création d'un conseil d'État de l'agriculture.

Tout au long de sa carrière, Andrew Johnson a défendu la cause des travailleurs contre les intérêts des esclavagistes. Son manque d'éducation formelle et ses qualités familiales étaient très populaires auprès de ses électeurs.

En 1857, Johnson devient sénateur des États-Unis pour le Tennessee. Il tente à nouveau de faire adopter une loi sur la propriété familiale, mais le président Buchanan oppose son veto. (Une telle loi ne sera adoptée qu'en 1862, après la sécession des États esclavagistes).

Lorsque la sécession survient en 1860-61, Andrew Johnson attire l'attention du Nord par ses arguments en faveur de l'Union. Les gens du Nord ont pris note de lui parce qu'il était le seul sénateur du Sud à ne pas avoir démissionné et à ne pas s'être rangé du côté de son État lorsque celui-ci a fait sécession.

En mars 1862, le président Lincoln nomme Johnson gouverneur militaire du Tennessee. Bien que le Tennessee ait fait sécession en 1861, l'est du Tennessee est resté fidèle à l'Union. Johnson entreprend de restaurer le gouvernement civil du Tennessee après la défaite, en 1863, des dernières forces confédérées qui y tenaient encore.

Vice-présidence

Lors de la convention républicaine de 1864, la réélection de Lincoln à la présidence est assurée. Pour choisir un candidat à la vice-présidence, la convention souhaite nommer un homme qui puisse plaire aux démocrates comme aux républicains. Johnson est choisi en raison de son action en faveur de l'Union et de son étiquette politique de " démocrate de guerre ". Sous le nom de Union party, ce ticket remporte une victoire facile.

Après l'assassinat de Lincoln, le 14 avril 1865, Andrew Johnson est porté à la présidence. Il doit maintenant faire face à une série de problèmes difficiles. La guerre civile est terminée, mais il faut encore réparer les dégâts et restaurer l'Union.

L'amertume de la population du Nord est accrue par la mort de Lincoln. Beaucoup tiennent le Sud pour responsable de cette tragédie, et la majorité des membres des deux chambres du Congrès réclament des mesures sévères contre les États vaincus.

Au début, de nombreux dirigeants du Congrès sont favorables à l'idée de confier la présidence à Johnson. Ils estiment que Lincoln aurait été trop clément avec le Sud et que Johnson serait plus impitoyable. Au cours des premières semaines de son mandat, le nouveau président semble justifier cette conviction. Andrew Johnson dénonce les Confédérés comme des traîtres, affirmant qu'ils doivent être punis et "appauvris".

Les querelles d'Andrew Johnson avec le Congrès

Andrew Johnson changea bientôt d'attitude. Avant que le Congrès ne se réunisse en décembre 1865, il avait reconnu des gouvernements d'État dans presque tous les États sécessionnistes qui n'avaient pas été reconstruits sous Lincoln. Mais le Congrès refuse d'accueillir des hommes originaires de ces États, revendiquant son droit de juger les qualifications des futurs membres sudistes. Le reste de l'administration de Johnson fut dominé par une longue et âpre lutte avec le Congrès au sujet de la suprématie du pouvoir législatif sur le pouvoir exécutif.

Andrew Johnson croit fermement aux droits des États. Par conséquent, il oppose son veto à un projet de loi qui aurait accru les pouvoirs du Freedmen's Bureau, établi en tant que gardien des esclaves libérés. Il a également opposé son veto à un projet de loi sur les droits civils qui plaçait toutes les affaires impliquant les droits des Noirs devant les tribunaux fédéraux plutôt que ceux des États.

Le Congrès adopte ces deux projets de loi malgré son veto et propose ensuite le 14e amendement à la Constitution. Cet amendement prive les États du Sud de leur pleine représentation au Congrès, à moins qu'ils n'accordent aux Noirs le droit de vote. Il excluait également de la fonction publique tous ceux qui avaient pris part à la rébellion jusqu'à ce qu'ils soient graciés par un vote des deux tiers de chaque chambre.

La politique d'Andrew Johnson

Avant les élections au Congrès de 1866, le président fit appel au peuple pour qu'il soutienne sa politique. Il fit une tournée à travers le pays, appelée "swing around the circle", au cours de laquelle il parla amèrement du Congrès. Cet effort s'avéra être un échec total. Les injures qu'il adresse à ses adversaires font perdre à Andrew Johnson le peu de soutien dont il dispose.

En 1867 et 1868, le Congrès adopte une série de quatre lois de reconstruction établissant un régime militaire et des conditions de réadmission pour dix États du Sud. Andrew Johnson oppose son veto à chacune de ces mesures, mais à chaque fois, le Congrès passe outre la désapprobation du président.

En 1868, la querelle entre Johnson et les républicains radicaux du Congrès atteint son paroxysme. Le président cherche à destituer Edwin M. Stanton de son poste de secrétaire à la guerre. Cette action violait la loi sur l'occupation des postes adoptée par le Congrès en 1867 pour limiter les pouvoirs de la présidence. Stanton refuse d'abandonner son poste, et le Sénat le soutient.

Des accusations de mise en accusation sont alors portées contre Johnson par la Chambre des représentants. Les motifs de ces accusations sont clairement politiques. Agissant comme une cour de justice, le Sénat vota 35 voix pour la destitution et 19 contre. Comme 36 voix - deux tiers des membres - étaient nécessaires pour une condamnation, la mise en accusation de Johnson n'a pas été retenue.

La lutte pour la reconstruction a éclipsé deux événements internationaux importants. Pendant la guerre civile, l'empereur français, Napoléon III, avait installé l'archiduc Maximilien d'Autriche sur le trône du Mexique. En 1867, Andrew Johnson obligea les troupes françaises à se retirer. Maximilien est alors renversé par les patriotes mexicains.

En 1867, l'Alaska a été acheté à la Russie pour 7 200 000 dollars sur les conseils du secrétaire d'État William H. Seward. L'or n'avait pas encore été trouvé là-bas, et beaucoup de gens pensaient que c'était une mauvaise affaire. Ils l'ont appelé "la folie de Seward".

Les années suivantes

Andrew Johnson quitte ses fonctions en 1869 sous une tempête d'injures. En 1872, il se présente comme membre du Congrès du Tennessee mais est battu. Deux ans plus tard, il fait campagne pour le poste de sénateur et cette fois, il gagne. En 1875, Andrew Johnson reprend son siège au Sénat, qu'il avait quitté 13 ans auparavant. Johnson devient ainsi le seul ex-président jamais élu au Sénat. Johnson est victime d'une attaque paralytique quelques mois plus tard et meurt le 31 juillet 1875. Andrew Johnson a été enterré à Greeneville.

Questions de recherche

1. Pourquoi apprenez-vous à connaître ce président mort depuis longtemps et oublié par tous les autres ?
2. Que pensez-vous de ce président ?
3. Combien de temps pensez-vous qu'une personne peut continuer à travailler dans un bureau présidentiel sans être compromise par des problèmes mentaux ou physiques ?

18. Ulysses S. Grant (1869-1877)
Parti républicain | Vice-présidents : Schuyler Colfax et Henry Wilson

"Dans toute bataille, il arrive un moment où les deux camps se considèrent comme battus, alors celui qui continue l'attaque gagne."

Issu d'un milieu modeste, Ulysses S. Grant est parvenu à commander toutes les armées de l'Union pendant la guerre civile américaine et à les mener à la victoire. Sa popularité est si grande que le peuple l'élit deux fois à la présidence.

La première vie d'Ulysses S. Grant

Hiram Ulysses Grant est né le 27 avril 1822, dans une maison à ossature de deux pièces à Point Pleasant, Ohio, près de Cincinnati. Son père, Jesse Root Grant, était contremaître dans une tannerie et fermier. Sa mère, Hannah Simpson Grant, est une pionnière pieuse et travailleuse. Lorsque

Hiram Ulysses Grant a un an, la famille déménage à quelques kilomètres à l'est, à Georgetown. Là, son père achète une ferme, construit une maison et installe sa propre tannerie. Cinq autres enfants sont nés - deux garçons et trois filles.

Lyss, comme on l'appelait, aimait les chevaux et a appris très tôt à s'en occuper. À l'âge de sept ou huit ans, il pouvait conduire un attelage et commença à transporter tout le bois utilisé dans la maison et les magasins. "Vers onze ans, dit-il dans ses Mémoires personnels, j'étais assez fort pour tenir une charrue. À partir de cet âge et jusqu'à dix-sept ans, j'ai fait tout le travail effectué par les chevaux, comme défricher la terre, sillonner, labourer le maïs et les pommes de terre, rentrer les récoltes, transporter tout le bois, en plus de m'occuper de deux ou trois chevaux, d'une ou deux vaches et de scier le bois pour les poêles. Trois mois par hiver, il allait à l'école à classe unique.

Lorsque Lyss a 17 ans, son père obtient pour lui une nomination à l'Académie militaire des États-Unis à West Point, dans l'État de New York. Le député qui a fait la nomination ne connaissait pas le nom complet d'Ulysse, il a donc omis Hiram et ajouté le nom de la mère, Simpson, après Ulysse. Les initiales U.S. suggéraient l'Oncle Sam aux camarades de classe d'Ulysses, et ils lui ont donné le surnom de "Sam". Hiram Ulysses Grant était content de son nouveau nom car il n'aimait pas ses anciennes initiales - H.U.G.

Le cadet Grant n'aimait pas la vie militaire et ne pensait pas rester dans l'armée. Il était bon en mathématiques et espérait un jour pouvoir les enseigner. Dans les autres matières, il est dans la moyenne. Hiram Ulysses Grant était, cependant, le meilleur cavalier de l'académie. Calme et timide, il se fait peu d'amis.

Le temps passé par Ulysses S. Grant dans l'armée

Après avoir obtenu son diplôme, Grant est affecté à la caserne Jefferson, près de St. Louis, dans le Missouri. Il y rencontre Julia Dent, fille d'une famille sudiste propriétaire d'esclaves. Trois mois plus tard, Grant la demande en mariage et est accepté. Cependant, comme il ne dispose que de sa solde de lieutenant, le mariage est reporté.

De 1846 à 1848, Hiram Ulysses Grant participe à presque toutes les batailles de la guerre mexico-américaine. Cette expérience, dit-il, lui a été d'une grande valeur, car il a fait la connaissance de presque tous les officiers de l'armée régulière. Certains d'entre eux - dont le grand soldat Robert E. Lee - se retrouveront du côté des Confédérés lors de la guerre civile.

Hiram Ulysses Grant revient du Mexique en tant que capitaine breveté, avec une mention favorable. Il épouse Julia le 22 août 1848 et l'emmène dans sa nouvelle station, Sackett's Harbor, New York. Pendant la guerre, Grant avait pris l'habitude de boire de l'alcool. À Sackett's Harbor, il se joint à une société de tempérance dans le but d'arrêter de boire, mais il reprend cette habitude l'année suivante lorsqu'il est envoyé à Détroit, au Michigan.

Le premier enfant de Grant, Frederick Dent Grant, est né en 1850. En 1852, son régiment reçoit l'ordre de rejoindre la côte Pacifique en passant par l'isthme de Panama. Julia Grant et Frederick restent avec ses parents. Le choléra attaque le régiment à Panama. Grant, en tant que quartier-maître, fait preuve d'une grande énergie et d'une grande ingéniosité pour obtenir des mules afin de transporter les hommes en délire à travers l'isthme.

Hiram Ulysses Grant a passé deux ans sur la côte Pacifique. Ayant le mal du pays, il emporte avec lui les lettres de Julia et aime montrer l'empreinte de la main de son deuxième fils, Ulysses, Jr, qui est né alors que Grant se trouvait sur l'isthme. Il se tourne à nouveau vers l'alcool et porte des uniformes peu soignés. Son colonel lui demande de démissionner et Grant emprunte de l'argent pour rentrer chez lui.

Le père de Julia a donné à Grant 80 acres (32 hectares) à cultiver près de St. Louis. Hiram Ulysses Grant appelle l'endroit Hardscrabble. Il défriche la terre, construit une cabane en rondins et travaille dur mais ne parvient pas à rentabiliser l'agriculture. Deux autres enfants naissent : Nellie, en

1855, et Jesse Root, trois ans plus tard. En 1858, Grant vend son stock et ses outils et se tourne vers la vente de biens immobiliers à St Louis.

Hiram Ulysses Grant échoue à nouveau et erre dans les rues à la recherche de quelque chose à faire. Finalement, son père persuade ses fils cadets de prendre Grant dans leur entreprise de cuir à Galena, Illinois. Grant travaille comme commis, vendant des peaux aux fabricants de selles et aux cordonniers. Il a 39 ans et est généralement considéré comme un échec.

La guerre civile américaine

Lorsque la guerre civile éclate en avril 1861, le président Abraham Lincoln lance un appel aux armes. En l'espace de deux semaines, Hiram Ulysses Grant recrutait et formait des volontaires à Galena car, disait-il, il n'y avait personne d'autre pour faire le travail. Il se rend avec les volontaires à Springfield, la capitale de l'Illinois, vêtu de ses vêtements usés de citoyen.

À Springfield, le gouverneur fait de Grant d'abord un commis, puis un officier de rassemblement. Dans ce dernier rôle, il est chargé de faire entrer les soldats en service. Lorsque le rassemblement est terminé, Hiram Ulysses Grant part. Quelques semaines plus tard, le gouverneur lui télégraphie de revenir et d'accepter le rang de colonel, car les hommes qu'il avait rassemblés l'avaient demandé.

Hiram Ulysses Grant n'a toujours pas d'uniforme ni de cheval (les officiers sont censés fournir le leur), mais il impose la discipline aux jeunes fermiers brutaux et, en un mois, il dispose d'un régiment entraîné. Il fait marcher ses hommes dans le Missouri et, à St Louis, il lit dans un journal qu'il a été nommé général de brigade des volontaires.

La campagne occidentale

Hiram Ulysses Grant atteint son quartier général à Cairo, Illinois, le 4 septembre 1861. Deux jours plus tard, sans tirer un seul coup de feu, il occupe Paducah, Kentucky, de l'autre côté de la rivière Ohio. En novembre, ses premières recrues attaquent sans succès un camp confédéré à Belmont, dans le Missouri. Grant se met alors au travail pour préparer ses hommes à un combat long et difficile. Les volontaires affluent jusqu'à ce qu'il ait près de 20 000 soldats.

En février 1862, Grant avance dans le Tennessee. Avec l'aide des canonnières du commodore Andrew H. Foote, il capture Fort Henry sur la rivière Tennessee. Puis il se dirige vers le plus redoutable Fort Donelson, sur la rivière Cumberland. Alors qu'il assiège ce fort, le général confédéré Simon B. Buckner - l'officier qui, en 1858, avait prêté de l'argent à Grant pour qu'il rejoigne sa famille - lui demande les conditions de sa reddition.

La réponse de Hiram Ulysses Grant est devenue célèbre dans l'histoire américaine : "Aucune condition, sauf une reddition immédiate et inconditionnelle, ne peut être acceptée. Je propose d'attaquer immédiatement vos installations." Buckner a rendu le fort avec 14 000 prisonniers. Les journaux du Nord sont remplis d'éloges à l'égard d'U.S. Grant "capitulation sans condition", et Lincoln le nomme général de division.

L'objectif de la campagne dans l'Ouest était de couper la Confédération en deux en gagnant la vallée du Mississippi. Le premier succès majeur survient l'année suivante lors de la bataille de Shiloh, dans le sud du Tennessee. En deux jours de combats désespérés - les 6 et 7 avril 1862 - Hiram Ulysses Grant repousse les forces confédérées jusqu'à Corinth dans le Mississippi.

Les pertes des deux côtés sont lourdes. Grant est sévèrement critiqué pour sa conduite dans cette bataille car il n'avait pas su anticiper une attaque de l'ennemi, mais le président Lincoln a déclaré : " Je ne peux pas épargner cet homme - il se bat. " Grant ne s'excuse pas et passe le reste de l'année 1862 à élaborer des plans pour prendre Vicksburg, la grande place forte confédérée sur le Mississippi qui servait de point de transport pour la Confédération.

Vicksburg est une opération brillante et montre Grant sous son meilleur jour. Le fort se rend sans condition le 4 juillet 1863, un jour après la bataille de Gettysburg. Port Hudson, en Louisiane, le dernier poste sur le Mississippi, tombe cinq jours plus tard. La Confédération était coupée en deux. Le fils de Grant, Frederick, âgé de 13 ans, était avec lui lors de la campagne de Vicksburg. Hiram Ulysses Grant a dit : "Il s'est occupé de lui-même dans chaque bataille."

Le commandement d'Ulysses S. Grant sur les armées de l'Union

En récompense de Vicksburg, Grant se voit confier le commandement suprême de toutes les armées de l'Union dans l'Ouest. De retour dans le Tennessee, il entreprend de soulager une armée de l'Union bloquée à Chattanooga. Les Confédérés occupent les hauteurs de Lookout Mountain et Missionary Ridge, qui contrôlent les approches de la ville. Les 24 et 25 novembre, les troupes de l'Union prennent d'assaut les hauteurs, et les Confédérés s'enfuient en Géorgie. Tout le Tennessee est maintenant capturé, et la puissance des Confédérés à l'ouest des montagnes Allegheny est effectivement brisée.

Entre-temps, la guerre à l'Est s'est éternisée. Lincoln, toujours à la recherche d'un général à opposer à Robert E. Lee, demande à Grant de venir à Washington. En mars 1864, Grant arrive à son hôtel, seul, à l'exception de son fils Frederick. L'avocat et auteur Richard Henry Dana l'y rencontre et écrit : " J'ai vu que cet homme ordinaire, à l'allure un peu miteuse, cigare à la bouche, avait un œil bleu clair et un regard résolu, comme si on ne pouvait pas se moquer de lui. " Le lendemain, Lincoln montre sa confiance en Grant en le nommant lieutenant général commandant toutes les armées de l'Union.

Hiram Ulysses Grant prend lui-même le commandement des armées de l'Est. Le 4 mai 1864, l'armée traverse la rivière Rapidan en Virginie. Grant espère traverser sans encombre la forêt enchevêtrée de la Wilderness, mais Lee attaque et l'armée de Grant subit des pertes effroyables. Grant, cependant, ne fait pas demi-tour. "Je propose," dit-il, "de me battre sur cette ligne si cela prend tout l'été."

Lee allait découvrir que Grant ne reculait pas après une défaite et ne se reposait pas après une victoire. L'année suivante, en avril, la capitale confédérée, Richmond, en Virginie, est occupée et Lee se rend. La semaine suivante, Lincoln est assassiné. Grant est désormais l'homme du jour.

L'élection présidentielle

Hiram Ulysses Grant se rend à Washington pour dissoudre l'armée. En 1866, le Congrès lui redonne le rang de général, un titre qui n'avait pas été utilisé depuis que George Washington l'avait porté. Cette rémunération lui assure une sécurité financière et il devient une figure familière dans les rues dans son buggy léger, conduisant un cheval fougueux. Les cadeaux pleuvent sur lui. Galena et Philadelphie lui offrent toutes deux des maisons. La ville de New York lui donne 100 000 $.

Hiram Ulysses Grant ne s'était jamais intéressé à la politique et n'appartenait à aucun parti politique. Le président Andrew Johnson, qui entre en fonction après l'assassinat de Lincoln, espère faire passer le plan de reconstruction indulgent de Lincoln pour les États du Sud. Les républicains radicaux du Congrès exigent une politique sévère. Johnson espère avoir le soutien de Grant, mais ce dernier se brouille avec lui et se laisse gagner par les radicaux. La politique de reconstruction de Johnson rend les radicaux amers et conduit à sa mise en accusation,

Pendant que le Sénat instruit le procès de Johnson, la convention nationale républicaine de Chicago désigne à l'unanimité Grant comme président, avec Schuyler Colfax (Indiana) comme vice-président. La plate-forme était vague, et la campagne s'est déroulée sur les problèmes de la Reconstruction. Grant obtient 214 voix électorales contre 80 pour le candidat démocrate, Horatio Seymour. La majorité populaire d'Hiram Ulysses Grant est cependant faible - environ 306 000 voix sur 5 720 250. Les votes des Noirs dans les États du Sud ont décidé de l'élection.

La présidence d'Ulysses S. Grant

Hiram Ulysses Grant s'installe à la Maison Blanche avec Julia et sa fille Nellie. Ses fils y sont également présents de temps en temps, et son père, aujourd'hui receveur des postes à Covington, dans le Kentucky, y fait de brèves visites.

Le pays est confronté à de graves problèmes. La guerre avait apporté la pauvreté et la désolation au Sud. Au Nord, elle avait apporté la prospérité. La spéculation est omniprésente et la corruption est généralisée, tant dans la vie politique que dans les affaires.

En 1869, deux spéculateurs, Jay Gould et James Fisk, ont tenté de manipuler le marché de l'or pour en faire monter le prix. Dans le cadre de ce stratagème, ils ont fait pression sur Grant pour empêcher le Trésor américain de vendre de l'or. Le commerce extérieur était presque arrêté. Le vendredi noir, le 24 septembre 1869, le Trésor américain, avec l'approbation de Grant, a soudainement mis en vente 4 millions de dollars d'or. Le prix a plongé, causant la ruine de nombreux spéculateurs.

Les républicains radicaux espéraient gagner les votes des Noirs dans le Sud en adoptant le 15e amendement à la Constitution en 1870. Cet amendement garantissait que le droit de vote ne pouvait être refusé "pour des raisons de race, de couleur ou de condition antérieure de servitude". Le résultat immédiat de cet amendement a été une augmentation des actes terroristes contre les Noirs pour les empêcher de voter.

Dans son discours inaugural, Hiram Ulysses Grant avait évoqué la nécessité de repenser la politique du gouvernement fédéral à l'égard des Amérindiens. Il a qualifié les Indiens d'"occupants originels de cette terre" et s'est engagé à œuvrer en faveur de leur "citoyenneté ultime". Grant nomme Ely S. Parker, un Indien Seneca qui avait servi sous ses ordres pendant la guerre civile, au poste de commissaire aux affaires indiennes. Parker est le premier Amérindien à occuper ce poste. Parker met en œuvre les plans de Grant pour les Indiens, qui sont connus sous le nom de politique de paix.

Jusqu'alors, le service fédéral des Indiens était réputé pour sa corruption, car les membres du Congrès avaient confié les postes à leurs partisans politiques. Hiram Ulysses Grant ordonna que des officiers de l'armée et des missionnaires servent plutôt d'agents indiens. L'armée devait protéger les Indiens pendant qu'ils s'installaient dans les réserves et, avec l'aide des missionnaires, apprenaient à cultiver la terre. Grant pensait que le fait d'intégrer les Indiens dans le courant dominant de la vie des Américains blancs serait bénéfique pour les tribus et conduirait éventuellement à la citoyenneté.

En réalité, cependant, la politique de paix est loin d'avoir atteint ces objectifs. Les Amérindiens ont continué à perdre leurs terres traditionnelles au profit des colons blancs, et les réserves qu'ils ont reçues consistaient généralement en des terres stériles très difficiles à cultiver. Pendant ce temps, les missionnaires ont créé des écoles et des églises conçues pour éliminer l'utilisation des langues et des religions traditionnelles des Amérindiens. Bien qu'élaborée avec de bonnes intentions, la politique de paix n'a guère contribué à améliorer les conditions de vie des Indiens.

En politique étrangère, Hiram Ulysses Grant soutient généralement son compétent secrétaire d'État, Hamilton Fish. Les États-Unis ont des réclamations contre la Grande-Bretagne pour les dommages causés par le croiseur confédéré Alabama et d'autres destroyers commerciaux construits en Angleterre. En 1871, un traité est signé à Washington pour soumettre les revendications de l'Alabama à un tribunal d'arbitrage qui se réunira à Genève, en Suisse, l'année suivante. Il s'agit du premier cas important d'arbitrage dans l'histoire des États-Unis. Grant veut annexer la République dominicaine aux États-Unis, mais son traité échoue au Sénat.

Dirigé par Carl Schurz et d'autres réformateurs, un groupe du parti républicain entreprend de faire échouer la réélection de Grant. Ils ont organisé le Liberal Republican Party, qui demandait une réforme de la fonction publique, la fin de la corruption au sein du gouvernement et le retrait des troupes du Sud.

Le parti démocrate se joint à eux pour soutenir Horace Greeley, fondateur du New York Tribune, pour la présidence. Les républicains réguliers, appelés Stalwarts, ont renommé Grant. Hiram Ulysses Grant a reçu 286 votes électoraux. Greeley étant décédé peu après l'élection, ses 63 votes électoraux sont répartis entre les autres candidats.

La popularité de Grant décline à mesure que des preuves de corruption politique grave sont révélées. Le gouvernement avait donné de l'argent et des concessions foncières aux nouveaux chemins de fer de l'Ouest. En 1873, on découvre que certains membres du Congrès ont été soudoyés pour voter dans l'intérêt de l'Union Pacific Railroad. Les pots-de-vin prenaient la forme d'actions dans une société de construction ferroviaire, le Crédit Mobilier.

En 1874, le scandale du Whiskey Ring a été mis au jour. Il s'agit d'une combinaison de distillateurs et d'agents du fisc qui fraudent le trésor public en lui extorquant la taxe sur le whisky. Grant n'est pas personnellement impliqué dans ces scandales, mais il nomme des personnes inaptes et les soutient après qu'il ait été démontré qu'elles étaient malhonnêtes.

Le boom économique de la guerre s'est terminé par la grande panique de 1873. Cinq années de difficultés ont suivi. Les hommes d'affaires ont exhorté le gouvernement à revenir à une monnaie saine et à rappeler les "greenbacks", des billets de banque émis pendant la guerre civile. Les greenbacks n'étaient pas basés sur l'or ou l'argent du trésor et avaient donc perdu de leur valeur, ce qui avait provoqué une forte hausse des prix. Grant a opposé son veto à un projet de loi demandant plus de papier-monnaie. En 1875, il a signé le Specie Resumption Act, qui rendait les greenbacks remboursables en pièces d'or ou d'argent.

Les dernières années d'Ulysses S. Grant

Hiram Ulysses Grant annonce à contrecœur qu'il ne sera pas candidat pour un troisième mandat car il sait que les scandales de son administration ont retourné les électeurs contre lui. Les républicains et les démocrates désignent des candidats "réformateurs". L'élection est si serrée que les résultats sont contestés jusqu'au 2 mars, date à laquelle une commission du Congrès tranche en faveur de Rutherford B. Hayes.

Pendant les deux années suivantes, Grant et sa femme ont voyagé autour du monde. Hiram Ulysses Grant rentre chez lui avec de nombreux cadeaux, mais son argent est presque épuisé. En 1880, les robustes républicains tentent de le faire nommer pour un troisième mandat, mais les Half-Breeds, plus libéraux, l'emportent et désignent James A. Garfield. Grant, cependant, est toujours le héros du peuple, et ses amis lèvent un grand fonds pour lui par souscription populaire. Grant se rend à New York et achète une maison au 3 East 66th Street.

La fille de Grant, Nellie, s'était mariée à la Maison Blanche en 1874 à un riche Anglais, Algernon Sartoris. Frederick était lieutenant-colonel dans l'armée. Jesse était avocat. Ulysses, fils, est dans une société de courtage de Wall Street, Grant and Ward.

Hiram Ulysses Grant a imprudemment investi tout son argent dans Grant and Ward. Il ne prête aucune attention à ses opérations, et son fils ne connaît apparemment pas grand-chose à l'entreprise. Ferdinand Ward est un spéculateur malhonnête. L'entreprise s'est effondrée en 1884 et a laissé Grant sans le sou et humilié. Ward a été envoyé au pénitencier d'état.

Pour gagner de l'argent, Grant se tourne vers l'écriture. Samuel L. Clemens, plus connu sous le nom de Mark Twain, est alors un éditeur de livres par abonnement. Il offre à Grant une redevance élevée pour ses mémoires, et en 1885, Grant commence à les dicter. Une douleur à la gorge est finalement diagnostiquée comme étant un cancer, mais Grant continue d'écrire avec un stylo, pour subvenir aux besoins de sa femme après son départ.

Au cours de l'été 1885, Julia Grant emmène son mari dans les Adirondacks, près de Saratoga, dans l'État de New York. C'est là qu'il termine ses Mémoires personnels, environ une semaine avant la mort d'Hiram Ulysses Grant, le 23 juillet. Écrit avec franchise, l'ouvrage occupe une place de choix parmi les biographies militaires. Il est si populaire que Julia Grant reçoit près de 450 000 $ de sa vente. Elle est décédée en 1902. Une tombe en granit à la mémoire de Grant est érigée sur Riverside Drive à New York. En 1959, elle est devenue un mémorial national.

Questions de recherche

1. Que pensez-vous de Grant ?
2. Avez-vous déjà lu un de ses ordres généraux donnés à la fin de la guerre civile ?
3. Pourquoi pensez-vous que la réputation de Grant a été si ternie ? Qu'a-t-il fait pour mériter sa réputation ?

19. Rutherford B. Hayes (1877-1881)

Parti républicain | Vice-président : William A. Wheeler

"Un des tests de la civilisation d'un peuple est le traitement de ses criminels."

L'élection présidentielle de 1876 entre Rutherford B. Hayes et Samuel Tilden fut la plus âprement disputée de l'histoire des États-Unis. Tant les démocrates que les républicains s'accusent mutuellement de fraude. Ce n'est que le 2 mars, deux jours avant l'expiration du mandat du président Grant, que la question est enfin réglée. La commission électorale se prononce en faveur du candidat républicain, Hayes.

Les débuts de la vie de Rutherford B. Hayes

Rutherford Birchard Hayes est né à Delaware, dans l'Ohio, le 4 octobre 1822. Cinq ans plus tôt, son père, Rutherford Hayes, avait quitté le Vermont pour s'installer dans l'Ohio avec sa femme, Sophia Birchard Hayes, et le frère de Mme Hayes, Sardis Birchard. M. Hayes investit son argent dans de bonnes terres agricoles, qu'il loue, et construit pour sa famille la première maison en briques du Delaware. Il mourut dix semaines avant la naissance de Rutherford, que l'on appelait Ruddy. Son frère prit en charge la tutelle de ses trois enfants, Lorenzo, Fanny et Ruddy, et se comporta comme un père envers eux.

Avant que Ruddy n'ait deux ans, son frère, Lorenzo, alors âgé de neuf ans, s'est noyé en faisant du patinage. Mme Hayes était déterminée à protéger le petit Ruddy, qui était délicat, de tous les périls. Elle ne lui permettait pas de jouer avec les garçons du quartier ni d'aller à l'école, et c'est elle-même qui lui enseignait la lecture et l'orthographe. La seule compagne du garçon était sa sœur Fanny, une fille vive et active de deux ans son aînée. Les deux enfants lisaient ensemble et jouaient ensemble. Fanny aimait la poésie ; elle était aussi un garçon manqué et trouvait toujours quelque chose de passionnant à faire.

À 14 ans, Rutherford est envoyé dans une école à Norwalk, dans l'Ohio. L'année suivante, il fréquente une académie à Middletown, dans le Connecticut. À 16 ans, il entre au Kenyon College, à Gambier, dans l'Ohio. L'année suivante, Fanny épouse William Platt, qui tient une bijouterie à Columbus. Mme Hayes abandonne la vieille maison pour vivre avec les Platt à Columbus.

Rutherford Birchard Hayes était un étudiant sérieux, et son journal (qu'il a tenu toute sa vie) montre qu'il essayait constamment d'améliorer son caractère aussi bien que son esprit. À 19 ans, il écrit : "Je suis déterminé à acquérir un caractère qui se distingue par son énergie, sa fermeté et sa persévérance". Il a également résolu de "conserver une réputation d'honnêteté et de bienveillance".

Rutherford Birchard Hayes a même décidé d'arrêter de rire "entièrement à l'avenir, si je le peux" car "la tendance à le porter à l'extrême est si grande". Son principal intérêt à l'école est le débat, dans lequel il excelle.

Ses loisirs sont la pêche, les échecs et la lecture de romans (bien qu'il qualifie les romans de "déchets").

Temps en tant qu'avocat

Après avoir obtenu son diplôme à Kenyon, Rutherford Birchard Hayes passe un an chez Fanny à lire le droit et à étudier l'allemand et le français. Puis son oncle Sardis lui fournit l'argent nécessaire pour étudier à la Harvard Law School. Hayes a presque 21 ans lorsqu'il arrive à Cambridge, Massachusetts. Habillé de façon modeste, il ressemble à un vrai Bostonien.

Rutherford Birchard Hayes étudia jusqu'à la lassitude et s'efforça d'être encore plus sérieux. "Des remarques insignifiantes, une conduite de garçon, sont mes péchés les plus criants. Mendez ! Mendez !" En janvier 1845, il reçoit le diplôme de bachelier en droit.

Au lieu de retourner à Columbus, Hayes s'installe dans un cabinet d'avocats à Lower Sandusky (appelé plus tard Fremont), où vit son oncle Sardis. Il passe près de cinq ans dans ce petit village à attendre des clients. Il devient alors agité et découragé et a des crises de larmes. Après des vacances dans l'Est, il décide de s'installer à Cincinnati, alors une ville en plein essor et prospère.

À Cincinnati, Rutherford Birchard Hayes et un autre jeune homme louent un bureau et en cloisonnent un coin pour en faire une chambre. Hayes se joint au Literary Club, où il se fait des amis influents, et aux Sons of Temperance, pour lesquels il fait son premier discours public. Il se lance également dans la politique locale au sein du nouveau parti républicain. En quelques années, il s'est fait un nom en tant qu'avocat criminel et commence à penser au mariage.

La mère de Hayes lui choisit une fille. Il s'agit de Lucy Ware Webb, que Hayes avait rencontrée pour la première fois chez lui, dans le Delaware, alors qu'elle avait 15 ans. Ils se sont fiancés après qu'elle ait obtenu son diplôme du Wesleyan Female College de Cincinnati et se sont mariés en décembre 1852. Hayes a alors 30 ans. Lucy, de neuf ans sa cadette, est chaleureuse, populaire et très croyante. "Je n'ai jamais espéré avoir une meilleure épouse", confie Hayes à son journal intime. Leur premier fils, Birchard Austin, naît en 1853.

Rutherford B. Hayes participe à la guerre civile.

Lorsque la guerre civile éclate, en 1861, Rutherford Birchard Hayes se porte immédiatement volontaire et obtient le grade de major. Campant dans les magnifiques montagnes de l'ouest de la Virginie (qui deviendra plus tard la Virginie-Occidentale), il "appréciait" la guerre, disait-il, "comme s'il s'agissait d'un voyage d'agrément". En 1862, il est blessé à un bras et Lucy se rend au camp pour le soigner. En 1864, il était au cœur des combats dans la vallée de Shenandoah avec le général Philip Sheridan. Le général Ulysses S. Grant le félicita pour sa bravoure remarquable et il quitta l'armée avec le titre de major général des volontaires.

Rutherford B. Hayes en tant que membre du congrès et gouverneur

Rutherford Birchard Hayes est proposé et élu au Congrès alors qu'il est encore dans l'armée, mais il refuse de quitter son commandement avant la fin de la guerre. Il prit son siège à la Chambre en décembre 1865 et fut réélu en 1866. Il fit peu de discours et ne prit pas part aux âpres débats sur la reconstruction, mais vota de manière cohérente avec son parti.

En 1867 et à nouveau en 1869, Hayes est élu gouverneur de l'Ohio. Il se révèle un administrateur compétent et économe. Il s'intéresse de près à la réforme des prisons et aux hôpitaux pour malades mentaux. Sa sœur bien-aimée Fanny avait été hospitalisée plus d'une fois pour cause de maladie mentale.

En 1873, Rutherford Birchard Hayes déclare en avoir fini avec la politique et installe sa famille dans la maison de son oncle à Fremont, appelée Spiegel Grove. Son oncle meurt l'année suivante et laisse à Rutherford Birchard Hayes la majeure partie de son vaste patrimoine (principalement des terres). Les Hayes avaient maintenant cinq enfants (trois étaient morts en bas âge). Les garçons les plus âgés, Birchard, Webb et Rutherford, sont au collège. À la maison se trouvent Fanny, sept ans, et

Scott Russell, quatre ans. Hayes est le principal citoyen de Fremont et figure dans l'annuaire comme "capitaliste".

La retraite de Hayes fut brève. Au bout d'un an, on le persuade de se présenter au Congrès, mais les démocrates balaient le pays en 1874 et il est battu. L'Ohio lui-même avait élu un gouverneur démocrate en 1873. Les républicains, qui savent que Hayes est un bon collecteur de voix, le désignent à nouveau comme gouverneur en 1875. Le succès de Hayes dans une campagne âprement disputée fait de lui une possibilité présidentielle en 1876.

Élection présidentielle

La convention d'investiture républicaine se réunit à Cincinnati. La décision de Grant de ne pas chercher un troisième mandat laisse le champ libre. Le candidat principal est le sénateur James G. Blaine, le "chevalier en plume". Blaine avait été accusé de corruption, et les réformateurs contrôlaient la convention. Hayes convient aussi bien aux réformateurs qu'aux politiciens pratiques ; de plus, il apportera le vote nécessaire de l'Ohio. Peu à peu, le mouvement en faveur de Hayes se renforce, et le "fils préféré" de l'Ohio l'emporte sur le brillant sénateur. Le membre du Congrès William A. Wheeler de New York est nommé vice-président.

Le parti démocrate désigna également un candidat réformateur, Samuel J. Tilden, qui avait contribué à renverser le Tammany Hall Tweed Ring dans la ville de New York. Le nouveau parti National Independent, communément appelé le parti Greenback, a désigné Peter Cooper, un philanthrope de New York. La campagne a été âprement disputée, bien que les programmes des deux principaux partis diffèrent peu. Tous deux étaient en faveur de l'"argent dur", de la réforme de la fonction publique et de la fin de la corruption au sein du gouvernement.

Le parti Greenback voulait augmenter les prix agricoles en gonflant la monnaie avec du papier-monnaie. Les républicains ont de nombreux handicaps : les scandales des administrations de Grant, les abus de la reconstruction dans le Sud et les temps difficiles qui persistent après la panique de 1873.

Le soir de l'élection, Rutherford Birchard Hayes va se coucher convaincu d'avoir perdu l'élection. Le lendemain, cependant, le directeur de campagne républicain, Zachary Chandler, proclame hardiment que Hayes est le vainqueur.

Trois États du Sud - la Caroline du Sud, la Floride et la Louisiane - avaient envoyé des bulletins doubles. Dans ces États, les commissions électorales étaient dominées par des républicains (dont certains étaient des " carpetbaggers " venus du Nord). Ils ont refusé d'accepter les majorités démocrates apparentes et ont certifié que les États étaient républicains. Les démocrates, eux, ont envoyé leurs propres résultats. Des deux côtés, il y a eu sans aucun doute des fraudes.

Semaine après semaine, le Congrès débat de l'élection. Le Sénat, qui était républicain, se prononça pour Rutherford Birchard Hayes. La Chambre, qui était démocrate, déclara que Tilden avait gagné. L'année se termina sans qu'aucune décision ne soit prise. Finalement, le Congrès a nommé une commission électorale pour recompter l'ensemble du vote. La commission était composée de huit républicains et de sept démocrates. Le vote sur chaque compte était de huit à sept.

Lorsqu'il devint évident que la commission se prononcerait en faveur de Rutherford Birchard Hayes, les démocrates du Sud acceptèrent de l'accepter si les républicains acceptaient de conclure un "marché". Plus que l'élection de Tilden, un Nordiste, ils souhaitaient le retrait des troupes fédérales du Sud et le retour de l'autonomie des États. Les républicains acceptèrent et, le 2 mars, la commission annonça que Hayes avait 185 voix électorales et Tilden 184. Tilden aurait été élu si un seul des 20 votes électoraux contestés lui avait été attribué. Son vote populaire était de 4 284 020 ; celui de Hayes était de 4 036 572.

Rutherford Birchard Hayes doit se mettre en route pour Washington avant de savoir avec certitude quelle sera la décision de la commission. Bien qu'il ressente un certain doute, il croit sincèrement qu'il a droit à l'élection.

A la Maison Blanche

Un nouvel ordre a commencé à la Maison-Blanche lorsque les Hayes y ont emménagé. À l'instar de la reine Victoria en Angleterre, ils sont déterminés à donner l'exemple de leur vie domestique à la nation. Il n'y avait pas de bals ni de parties de cartes, et le vin n'apparaissait jamais sur la table, même lors des dîners d'État.

Dans les réunions informelles, ils perpétuaient les coutumes de leur maison de l'Ohio. La famille se compose des plus jeunes enfants, Fanny et Scott, et de Webb. Webb, diplômé de Cornell, est le secrétaire confidentiel de son père. Birchard est à la Harvard Law School, et Rutherford à Cornell.

Chaque matin, au petit-déjeuner, un chapitre de la Bible était lu, chaque personne lisant à son tour un verset. Puis tous se joignaient à la prière du Seigneur. Chaque soir, il y avait des hymnes ainsi que des prières. Le dimanche matin, le président et Mme Hayes se rendaient à pied à la petite église méthodiste Foundry, près de la Maison Blanche.

Mme Hayes était hospitalière et aimait remplir la maison de jeunes gens. Parfois, dit Webb, il y avait des lits de camp dans le hall et des canapés dans la salle de réception, et il s'estimait chanceux de pouvoir dormir sur le billard (qui avait été relégué au grenier). Parfois, son père "devait s'enfermer dans la salle de bains pour préparer un important document d'État".

L'événement social le plus inhabituel fut l'anniversaire des noces d'argent des Hayes, en 1877. Mme Hayes portait sa robe de mariée originale, et le couple a répété ses vœux devant le même ministre qui les avait mariés 25 ans auparavant. Les deux plus jeunes enfants des Hayes ont ensuite été baptisés.

L'administration forte et consciencieuse de Rutherford B. Hayes

La présidence est faible et le Congrès fort quand Hayes s'installe à la Maison Blanche. De puissants sénateurs avaient mis en accusation le président Andrew Johnson et intimidé Grant.

Ils s'attendaient à contrôler Hayes également et n'étaient nullement satisfaits du ton de son discours inaugural. La population du pays, cependant, applaudit sa déclaration souvent citée : "Celui qui sert le mieux son parti sert le mieux son pays."

Rutherford Birchard Hayes s'attira l'inimitié de nombreux dirigeants républicains en réalisant ce "marché". Les gouvernements "carpetbag" auxquels Hayes devait son élection s'effondrèrent aussitôt, et le Sud devint par la suite solidement démocrate.

En avril 1877, les dernières troupes fédérales se sont retirées du Sud, et la longue et amère période de reconstruction qui a suivi la guerre civile a enfin pris fin.

Rutherford Birchard Hayes s'attaque ensuite au système corrompu des " dépouilles ", c'est-à-dire à l'octroi d'emplois gouvernementaux aux membres du parti en récompense des votes obtenus. Il bénéficie pour cela de l'aide de son secrétaire à l'intérieur, Carl Schurz. Le Congrès a refusé d'adopter une loi sur la fonction publique ou de consacrer des fonds aux examens, mais Hayes a réussi à éveiller l'intérêt du public et des clubs de réforme de la fonction publique ont vu le jour dans de nombreux États.

Les pires abus du système de butin se produisent dans les douanes de la ville de New York. Hayes s'attire l'inimitié du sénateur Roscoe Conkling de New York en renvoyant les amis politiques de Conkling des postes les plus élevés. L'un des fonctionnaires qu'il congédie est Chester A. Arthur, collecteur du port de New York, qui deviendra plus tard le vingt-et-unième président des États-Unis. L'autre fonctionnaire qu'il licencia, Alonzo B. Cornell, devint gouverneur de New York en 1879.

Défis financiers

Rutherford Birchard Hayes était désireux de ramener le pays à l'étalon-or en appliquant les dispositions de la Specie Resumption Act adoptée sous l'administration de Grant. Cette loi prévoyait de rendre le papier-monnaie des États-Unis remboursable en pièces de monnaie avant le 1er janvier

1879. Le secrétaire au Trésor de Hayes, John Sherman de l'Ohio, a vendu des obligations pour constituer une réserve d'or qui serait utilisée le jour de la reprise des paiements en espèces.

Au Congrès, il y avait des groupes inflationnistes dans les deux grands partis qui voulaient une monnaie abondante et bon marché. Il y avait aussi le petit parti Greenback, qui demandait une plus grande circulation de papier-monnaie. Ces groupes ont adopté, malgré le veto du président, la loi Bland-Allison de 1878, qui exigeait que le secrétaire au Trésor achète chaque mois au moins 2 millions de dollars de lingots d'argent et les frappe en dollars. Les dollars en argent n'avaient pas été frappés depuis 1806. En raison de leur poids et de leur encombrement, ils se sont avérés impopulaires, et la plupart n'ont pas circulé mais sont restés dans le trésor public.

La reprise des paiements en espèces a commencé tranquillement le 1er janvier 1879. Le fait de savoir que chaque dollar de papier valait un dollar d'or a donné confiance aux hommes d'affaires, et la ruée sur le Trésor à laquelle on s'attendait n'a pas eu lieu. Le commerce extérieur a repris, et la dépression a commencé à se dissiper. Lorsque Rutherford Birchard Hayes quitta la Maison Blanche, le pays était à nouveau prospère.

Le retour à Spiegel Grove et les années suivantes

Rutherford Birchard Hayes avait déclaré avant son élection qu'il ne serait pas candidat à un second mandat. Personne ne l'a poussé à changer d'avis. Il se tint à l'écart de la convention de nomination de 1880 et ne prit aucune part à la campagne, bien qu'il approuvât le candidat choisi - James A. Garfield. Après avoir quitté ses fonctions, Hayes était un homme sans parti, mais il avait gagné l'affection et l'admiration de nombreuses personnes.

De retour à Spiegel Grove, les Hayes vivaient dans l'aisance et le confort et ne restaient jamais longtemps sans invités. Hayes travaille pour la réforme des prisons et la prévention du crime et devient président du Peabody Education Fund, qui vise à promouvoir l'éducation dans le Sud. Il œuvra pour l'amélioration de l'éducation et de la formation des Noirs.

Rutherford Birchard Hayes meurt le 17 janvier 1893. Sa femme, Lucy, était décédée quatre ans auparavant. Tous deux ont été enterrés à Spiegel Grove.

Questions de recherche

---

1. Quelle est votre citation préférée de Rutherford B. Hayes ?
2. Quelles sont les trois premières choses auxquelles vous pensez quand vous entendez son nom ?
3. Comment qualifieriez-vous la politique économique de l'administration de Rutherford B. Hayes ?
4. Quelles sont vos opinions sur la controverse de l'élection présidentielle de 1876 et son impact sur la confiance du public dans la démocratie ?

20. James A. Garfield (1881-1881)

Parti républicain | Vice-président : Chester A. Arthur

"La vérité vous rendra libre, mais elle vous rendra d'abord malheureux."

Né dans une cabane en rondins, James Abram Garfield s'est élevé par ses propres moyens pour devenir président d'une université, général de division pendant la guerre de Sécession, leader au Congrès et enfin président des États-Unis. Quatre mois après son investiture, il est abattu par un assassin. Après des semaines de souffrance, il est mort.

L'enfance de James Abram Garfield

James Abram Garfield est né dans le canton d'Orange, dans le comté de Cuyahoga, Ohio, le 19 novembre 1831. Son père, Abram Garfield, avait émigré de New York vers l'Ohio avec son demi-frère, Amos Boynton, pour travailler sur le canal de l'Ohio. Abram a épousé Eliza Ballou et Amos a épousé sa sœur, Alpha. Après dix ans de travail sur le canal, les deux frères ont acheté des terres à Orange, à environ 15 miles au sud-est de Cleveland, et se sont installés pour cultiver. Autour de leurs petites clairières, les bois s'étendaient presque sans interruption sur des kilomètres.

Trois ans plus tard, Abram tomba malade, après avoir combattu un feu de forêt avec ses voisins, et mourut. Sa veuve se retrouve avec quatre enfants : James, le plus jeune, âgé de moins de deux ans, Thomas, dix ans, Mehitabel (Hitty), sept ans, et Mary, quatre ans. Mme Garfield a courageusement décidé de gérer la ferme et de garder sa famille unie.

Thomas et l'oncle Amos aidaient Mme Garfield dans les travaux de la ferme. Elle cousait également pour les voisins, et ses filles apprenaient à carder la laine et à tisser des tissus. James a très tôt montré son amour pour les livres et sa mère a décidé qu'il devait recevoir une éducation. Lorsqu'il a quatre ans, une école en rondins est construite sur le terrain des Garfield.

Quand James Abram Garfield a 15 ans, il est assez grand et assez fort pour faire un travail d'homme. Il loue ses services aux voisins pour couper du bois, laver les moutons, planter, labourer et semer. À 16 ans, il a décidé de devenir marin et de voir le monde. "Les romans nautiques l'ont fait, dit-il.. surtout le Pirates' Own Book."

Incapable de trouver un emploi sur un bateau à vapeur sur le lac, le garçon s'est engagé pour trois mois sur un bateau de canal. Le bateau transportait du minerai de cuivre de Cleveland à Pittsburgh et revenait avec du charbon. James a commencé comme garçon conducteur sur le chemin de halage, conduisant les mules qui tiraient le bateau. Au retour, il est promu timonier. Avant la fin de son engagement de trois mois, il tomba malade de la malaria et retourna péniblement à la cabane de sa mère.

James Abram Garfield retourne à l'école

La maladie a duré cinq mois. Lorsqu'elle est terminée, Mme Garfield incite James Abram Garfield à retourner à l'école. Pour le faire démarrer, elle lui a donné toutes ses économies, 17 dollars.

James part pour la Geauga Academy, à 30 km à l'est. La première année, il gagne de l'argent en faisant de la menuiserie et d'autres petits travaux. L'année suivante, il enseigne dans une école de district pendant les mois d'hiver à Chagrin Falls. Là, il rejoint l'église de ses parents, les Disciples du Christ.

L'enthousiasme pour les Disciples pousse Garfield à quitter Geauga pour une nouvelle école fondée par les Disciples à Hiram, Ohio - le Western Reserve Eclectic Institute (aujourd'hui Hiram College). Le dimanche, il prêche et devient si populaire qu'il n'est jamais en manque de chaire. En 1852, il commence à enseigner à l'Eclectic.

L'une des élèves de Garfield était Lucretia (Crete) Rudolph, une fille calme et intelligente. En 1854, Garfield écrit dans son journal : " Nous nous aimons..... mais nous sommes enclins à être prudents."

James Abram Garfield économise son argent afin de pouvoir passer ses deux dernières années d'études dans une université de l'Est. Il écrivit à plusieurs d'entre elles et choisit le Williams College, dans le Massachusetts, en raison d'une phrase dans une lettre de son célèbre président, Mark Hopkins : "Nous serons heureux de faire ce que nous pouvons pour vous". Des années plus tard, Garfield a déclaré que l'université idéale était un étudiant à une extrémité d'une bûche et Mark Hopkins à l'autre.

Garfield avait presque 23 ans quand il est arrivé à Williamstown. Mesurant 1,80 m et musclé, avec des yeux bleus et une masse de cheveux blonds, il ressemblait à un homme des bois dans ses vêtements rudes de l'Ouest. Ses camarades de classe orientaux le dévisagent, mais il gagne rapidement leur affection par sa gentillesse.

James Abram Garfield étudie sérieusement, déterminé à surpasser ses camarades de classe. Les débats sont son principal plaisir. Il devient un leader du groupe des non-fraternités et, à la fin de sa première année, il est élu président de sa classe. L'année suivante, Lucretia vient dans l'Est pour le voir recevoir son diplôme avec les plus grands honneurs (août 1856).

Les années de James Abram Garfield en tant que général de la guerre civile

James Abram Garfield retourne à Hiram pour enseigner à nouveau à l'Eclectic et au bout d'un an, il est nommé président. L'année suivante, en 1858, il épouse Lucretia. Le couple commence sa vie ensemble pauvre et endetté, mais le mariage est heureux. Leur premier enfant, Eliza (appelée Trot) est né deux ans plus tard.

"Soyez prêts à faire plus que ce que vous faites actuellement ", conseillait Garfield à ses étudiants. Lui-même, en plus d'enseigner et de prêcher, étudie le droit et prononce des discours politiques pour le nouveau parti républicain. En 1859, il est élu au sénat de l'Ohio.

Lorsque la guerre civile éclate, en 1861, le gouverneur nomme Garfield lieutenant-colonel d'un régiment de l'Ohio. Connaissant sa popularité en tant qu'orateur, il demande à James Abram Garfield de lever ses propres volontaires. Plusieurs de ses étudiants se sont engagés. Tout en recrutant, Garfield étudie les tactiques de l'infanterie, mettant en place des blocs pour représenter les compagnies et les officiers.

Dans l'armée, James Abram Garfield fait preuve d'un pouvoir extraordinaire pour inspirer les jeunes hommes. En décembre, son régiment est sur le terrain dans le Kentucky, et Garfield étudie les cartes pour connaître le terrain et les routes. À Middle Creek, le 10 janvier 1862, il remporte une victoire qui lui vaut le grade de général de brigade.

En avril, James Abram Garfield combat à Shiloh. Au début de 1863, il est transféré à l'armée du Cumberland en tant que chef d'état-major du général William S. Rosecrans. Pour le courage et le sang-froid dont il fait preuve lors de la bataille de Chickamauga, il est récompensé par le grade de major général des volontaires.

La Chambre des représentants

En 1862, alors que James Abram Garfield est encore dans l'armée, il est proposé et élu au Congrès. Le président Abraham Lincoln lui demande de prendre son siège car il a besoin de chaque vote et souhaite avoir des hommes qui connaissent les besoins de l'armée. Garfield retourna auprès de sa famille à l'automne 1863, juste avant la naissance de son deuxième enfant, Harry Augustus.

Quelques mois plus tard, il est attristé par la mort du petit Trot. En décembre, James Abram Garfield prend son siège à la Chambre pour commencer le véritable travail de sa vie. Il est alors âgé de 32 ans.

Après la fin de la guerre, James Abram Garfield se mit à étudier la finance et devint un expert des nouveaux problèmes auxquels la nation était confrontée - monnaie, fiscalité et dette publique. Lorsque le grand orateur James G. Blaine quitta la Chambre pour le Sénat, le représentant Garfield devint le leader de l'assemblée. Il passait parfois une nuit entière à étudier les sujets probables de débat afin d'être prêt pour le lendemain. "Je suis obligé, dit-il, de me préparer à débattre de dix sujets alors que je ne participe qu'à un seul....Je dois me tenir sur la brèche pour répondre à toute question qui se présente."

James Abram Garfield a perdu tout respect pour le président Ulysses S. Grant en raison de la corruption politique de son administration. Lorsque Rutherford B. Hayes devient président, Garfield le soutient fermement, se battant pour une réforme de la fonction publique et une monnaie saine.

James Abram Garfield construit une maison à Washington, D.C. Il achète également une ferme à Mentor, près de Painesville, dans l'Ohio, afin de pouvoir cultiver en été et que ses garçons puissent apprendre à travailler. Il eut quatre fils - Harry Augustus, James Rudolph, Irvin McDowell et Abram - et une fille, Mary (appelée Mollie). Garfield aimait faire la lecture à ses enfants et partager leurs loisirs.

La nomination inattendue de James Abram Garfield à l'élection présidentielle

La législature de l'Ohio élit Garfield au Sénat en 1880. Mais avant qu'il ne puisse prendre place, il est inopinément nommé à la présidence.

Les Stalwarts, membres d'une faction du parti républicain opposés à la politique de réforme de la fonction publique de Hayes, font pression pour que Grant remporte un troisième mandat, dans l'espoir de récupérer le butin du pouvoir. Le leader des Stalwarts était Roscoe Conkling, un sénateur de New York qui était le patron de l'organisation républicaine de son état. Le candidat suivant était "Blaine of Maine", qui était qualifié de républicain "métis". Garfield se rendit à la convention de Chicago à la tête de la délégation de l'Ohio pour proposer le nom du fils préféré de l'Ohio, John Sherman. Le discours enflammé de Conkling désignant Grant est suivi d'une tempête d'applaudissements. Le discours de Garfield désignant Sherman est également bien accueilli. Avant qu'il n'ait terminé, un cri l'interrompt : "Nous voulons Garfield !"

Le vote a commencé avec environ 300 partisans chacun pour Grant et Blaine et environ 100 pour Sherman ; 33 votes ont été effectués sans sortir de l'impasse. Puis la délégation du Wisconsin jette 16 voix en faveur de Garfield.

James Abram Garfield se lève et proteste qu'il n'est pas candidat, mais le président lui ordonne de s'asseoir. Au 36e tour de scrutin, il est désigné et toute l'assistance se lève et applaudit. Pour gagner la confiance des partisans, la convention a nommé Chester A. Arthur, de New York, au poste de vice-président. Arthur était associé à la machine politique du sénateur Conkling.

Les démocrates ont désigné le général Winfield Scott Hancock de Pennsylvanie. Le parti Greenback présente également un vétéran de la guerre civile, James B. Weaver, de l'Iowa. La majorité de Garfield est faible - environ 39 000 voix - mais le vote électoral est de 214 contre 155.

L'administration de James Abram Garfield

Les Garfield connaissent parfaitement la vie à Washington lorsqu'ils emménagent à la Maison-Blanche. Après leur première réception officielle, donnée pour le corps diplomatique, Garfield écrit dans son journal : "C'était très agréable. La Crète s'adapte à chaque nouvelle urgence avec un tact fin et un goût irréprochable."

Le premier ascenseur de la Maison-Blanche a été installé pour la mère pionnière de Garfield, appelée Grand-mère Garfield. Le plus jeune membre de la famille était Abram, alors âgé de 8 ans, que l'on a vu un jour descendre le grand escalier sur son vélo à roues hautes. En bas, il tournait et continuait à toute vitesse dans la salle Est. James, un adolescent, a été surpris un jour en train de nager dans la fontaine de la Maison Blanche.

Fidèle à ses principes de service civil, Garfield suit l'exemple de Hayes en s'attaquant au système du butin. Le sénateur Conkling avait construit sa machine politique en distribuant des postes publics pour récompenser les membres du parti. Garfield n'accepte la domination de personne dans les nominations.

Lorsque James Abram Garfield nomma l'ennemi politique le plus acharné de Conkling au poste de collecteur de la douane de New York, la tempête éclata. Conkling démissionna du Sénat en signe de protestation et emmena avec lui le sénateur junior de l'État, Thomas C. Platt (appelé par la suite Me-too Platt). Les sénateurs se rendaient compte et s'attendaient à ce que la législature de New York censure le président en les réélisant immédiatement.

James Abram Garfield se plaint dans son journal du flux constant de candidats à la fonction publique. L'un d'eux était Charles J. Guiteau, un politicien peu recommandable. Lorsque le président refuse sa demande, Guiteau décide de le tuer.

Le matin du 2 juillet 1881, Garfield et Blaine entrent dans la gare ferroviaire de Pennsylvanie à Washington, D.C. Garfield se rend à Williamstown pour assister à la réunion de ses 25 ans et inscrire ses deux fils aînés au Williams College. En arrivant dans la salle d'attente, Guiteau s'est avancé, a tiré deux coups de pistolet et a crié : "Je suis un Stalwart !

Arthur est président maintenant." Une balle a effleuré le bras de Garfield, l'autre l'a touché dans le dos, près de la colonne vertébrale.

Jour après jour, des bulletins sur l'état de santé du président étaient télégraphiés dans tout le pays. Le sentiment contre les Stalwarts devint si fort que Conkling et Platt ne furent pas réélus au Sénat.

En septembre, pour échapper à la chaleur de Washington, James Abram Garfield est transféré à Elberon, près de Long Branch, dans le New Jersey. Il y meurt le 19 septembre. Le vice-président Arthur a prêté serment le jour suivant. Garfield a été enterré à Cleveland. Guiteau est jugé et condamné à mort ; le 30 juin 1882, il est pendu.

Le fils aîné de Garfield, Harry Augustus Garfield, devient président du Williams College. Son deuxième fils, James Rudolph Garfield, est secrétaire de l'intérieur dans le cabinet de Theodore Roosevelt.

Questions de recherche

1. Quel est votre livre préféré sur James A. Garfield ?
2. Pensez-vous qu'il était aussi intéressant qu'un autre président peut l'être ?
3. Quelle est la chose qui vous a plu ou déplu chez lui ?

21. Chester A. Arthur (1881-1885)

Parti républicain | Vice-président : Aucun (vacant)

"Sois prêt à faire plus que ce que tu fais actuellement. Faites savoir à tout le monde que vous avez une réserve en vous ; que vous avez plus de pouvoir que ce que vous utilisez actuellement."

Le soir du 19 septembre 1881, le vice-président Chester A. Arthur se trouve chez lui, au 123 Lexington Avenue à New York. Par les fenêtres ouvertes, il pouvait entendre les marchands de journaux crier "Le président Garfield est en train de mourir !". Vers minuit, il reçoit un télégramme des membres du cabinet de James A. Garfield l'informant de la mort du président et lui conseillant de prêter serment sans délai.

Chester Alan Arthur prêta serment avec une ferme résolution, mais son cœur était lourd. Il sait que des millions d'Américains le considèrent comme inapte à la présidence des États-Unis.

Les premières années

Chester Alan Arthur est né dans le village de Fairfield, dans le Vermont, le 5 octobre 1829. Son père, William Arthur, avait immigré d'Irlande du Nord aux États-Unis à l'âge de 18 ans et était devenu pasteur baptiste. Sa mère, Malvina Stone Arthur, est née dans le New Hampshire. Les Arthur avaient quatre filles lorsque Chester est né. Lorsque la famille est complète, Chester a un frère et une autre sœur.

L'aîné Arthur, un prédicateur éloquent, était agité et déménageait fréquemment d'une ville à l'autre. En 1839, il s'installe à Union Village (aujourd'hui Greenwich), dans l'est de New York. Chester y fréquente l'académie et son professeur se souvient de lui comme d'une personne "franche et ouverte dans ses manières et géniale".

Cinq ans plus tard, Elder Arthur déménage à Schenectady. Là, Chester est admis en deuxième année à l'Union College alors qu'il n'a que 15 ans, car son père lui a appris le latin et le grec. Son père, cependant, ne pouvait pas l'aider financièrement ; ainsi, l'année suivante, Chester commença à enseigner pendant les longues vacances d'hiver. Après avoir obtenu son diplôme à 18 ans, presque premier de sa classe, il a continué à enseigner tout en étudiant le droit.

Droits civils

Elder Arthur était un abolitionniste, et son fils partageait ses vues sur l'esclavage. Dans la congrégation du pasteur se trouve un membre du Congrès, Erastus D. Culver, qui a également de forts principes anti-esclavagistes. Culver déménage son cabinet d'avocats à Brooklyn et accepte de prendre le jeune Arthur dans son cabinet pour le former. Le grand et beau jeune homme entre dans le cabinet de Culver en mars 1853. L'année suivante, il est admis au barreau et devient associé.

Chester Alan Arthur arrive à temps pour aider Culver dans la célèbre affaire des esclaves Lemmon. En 1852, Jonathan Lemmon et sa femme avaient amené huit esclaves de Virginie à New York par bateau. Ils avaient l'intention de ne faire escale que le temps que le prochain bateau parte pour le Texas. Le tribunal décide que les esclaves passant par New York deviennent libres.

Pendant ce temps, Chester Alan Arthur se bat contre une autre affaire de droits civils. Une femme noire, Lizzie Jennings, avait été forcée de descendre d'un tramway de Brooklyn par le conducteur et certains passagers. Arthur a obtenu 500 dollars de dommages et intérêts pour elle et, plus important encore, a obtenu une décision du tribunal selon laquelle les passagers noirs devaient avoir droit aux mêmes aménagements que les passagers blancs dans les tramways.

Chester A. Arthur entre en politique

En 1856, Chester Alan Arthur s'associe à un autre jeune avocat dans un modeste bureau du quartier de Wall Street. Pour se constituer un cabinet, il devait élargir son cercle de connaissances. Il s'inscrit donc dans des clubs et entre en politique. Il compte bientôt parmi ses amis d'éminentes personnalités littéraires ainsi que des politiciens. Il pouvait parler aussi bien de littérature, de politique ou de pêche - son seul sport.

En 1859, Chester Alan Arthur épouse Ellen Lewis Herndon de Fredericksburg, en Virginie, qui vit à New York avec sa mère. Son père, le capitaine William Lewis Herndon de la marine américaine, un explorateur de l'Amazone, avait héroïquement sombré avec son navire dans la mer des Caraïbes après avoir sauvé de nombreuses vies. Ellen avait des manières avenantes, et elle et sa mère appartenaient à un groupe social important.

Arthur joue un rôle important dans l'organisation du nouveau parti républicain dans l'État de New York, mais il n'a jamais été intéressé par un poste politique. Ses activités attirent rapidement l'attention du gouverneur, Edwin D. Morgan.

Le 13 avril 1861, le lendemain de la fusillade de Fort Sumter, qui a déclenché la guerre civile américaine, Morgan demande à Arthur d'assumer les fonctions de quartier-maître général à New York. Ce poste consistait à fournir des baraquements, de la nourriture, des uniformes et de l'équipement aux milliers de soldats qui traversaient la ville.

Chester Alan Arthur a rapidement mis en place une organisation efficace et a obligé les entrepreneurs à respecter les spécifications. Il ne pouvait pas être soudoyé pour accepter des matériaux de qualité inférieure. Selon un ami, Arthur aurait dit : "Si j'avais détourné cinq cents, et qu'en me promenant en ville je voyais deux hommes parler ensemble dans la rue, j'imaginerais qu'ils parlent de ma malhonnêteté."

Un gouverneur démocrate succède à Morgan, et Arthur remet son organisation à un successeur démocrate le 1er janvier 1863. Il quitte le bureau plus pauvre qu'il ne l'était lorsqu'il y est entré, mais il acquiert rapidement une fortune considérable en pratique privée.

Le premier fils d'Arthur, né en 1860, est mort avant l'âge de 3 ans. Un autre fils, né en 1864, a reçu le nom de son père mais a été appelé Alan. Une fille, née en 1871, a été nommée en l'honneur de sa mère, Ellen Herndon Arthur.

L'époque de Chester A. Arthur en tant que collecteur du port de New York

Les activités politiques d'Arthur l'amènent à s'associer étroitement au sénateur Roscoe Conkling, le patron républicain de l'État de New York. En 1868, Arthur travaille avec Conkling pour promouvoir l'élection d'Ulysses S. Grant à la présidence. Le président Grant récompense Arthur en le nommant, en 1871, collecteur du port de New York. Le New York Times, qui rapporte cette nomination, dit d'Arthur : " Son nom remonte très rarement à la surface de la vie métropolitaine, et pourtant, se déplaçant comme un puissant courant sous-jacent, cet homme, au cours des dix dernières années, a fait plus pour modeler le cours du Parti républicain dans cet État que n'importe quel autre homme dans le pays ". Selon le

Times, le secret de son succès réside dans sa capacité à diriger et sa connaissance des hommes.

Le Custom House de New York, situé sur Wall Street, percevait environ les deux tiers des recettes tarifaires de la nation et employait environ 1 000 personnes. Le percepteur avait pour habitude de nommer des personnes qui avaient travaillé pour le parti et d'accepter de leur part des "contributions volontaires" aux fonds de campagne.

Chester Alan Arthur était scrupuleusement honnête mais c'était un politicien pratique, pas un réformateur. Il n'écartait pas les hommes de valeur pour en remplacer d'autres, mais lorsqu'une nomination devait être faite, il cherchait un ami politique qualifié pour faire le travail. Comme Conkling et beaucoup d'autres hommes du gouvernement, il croyait que le système du butin ("to the victor belong the spoils") était nécessaire pour maintenir une organisation politique.

La réforme de la fonction publique bat son plein lorsque Rutherford B. Hayes succède à Grant en 1877. Hayes décide d'organiser la Custom House de New York sur une base strictement commerciale. En 1878, il remplace à la fois Arthur et son associé, Alonzo B. Cornell, par des hommes de son choix. La machine de Conkling parvient toutefois à conserver son pouvoir politique dans l'État, et Arthur reste dominant dans la politique de la ville de New York.

La femme d'Arthur meurt le 12 janvier 1880 et est enterrée aux côtés de son fils et des parents d'Arthur dans un cimetière rural près d'Albany. Avec sa femme et ses parents partis et son administration du Bureau de douane discréditée, Arthur se désole.

Chester A. Arthur devient vice-président

Le parti républicain est sérieusement divisé en 1880. Conkling, en tant que leader des Stalwart Republicans, a essayé de nommer Grant pour un troisième mandat en 1880. Les républicains "métis" voulaient le sénateur James G. Blaine. L'impasse dans la convention a duré jusqu'au 36e tour de scrutin, lorsque James A. Garfield a été désigné de manière inattendue.

Pour s'assurer de l'aide des Stalwarts lors de l'élection, la convention nomme Arthur au poste de vice-président. Les Républicains remportent l'élection et Arthur prend la présidence du Sénat, mais il ne perd pas pour autant son intérêt pour la politique new-yorkaise.

Après l'élection, la scission du parti républicain s'accentue. Garfield nomme Blaine, l'ennemi acharné de Conkling, au poste de secrétaire d'État et refuse de permettre à Conkling de nommer le secrétaire au Trésor, qui contrôlera le Bureau des douanes. Finalement, Garfield propose de nommer William H. Robertson, le remarquable républicain "métis" de l'État de New York, à la Custom House.

Conkling craignait que Robertson n'utilise le patronage du Custom House pour construire sa propre machine, et Arthur partageait son appréhension. En guise de protestation, Conkling démissionne du Sénat et emmène avec lui le sénateur junior de New York, Thomas C. Platt. Arthur se rend avec eux à Albany pour travailler à leur réélection.

Garfield est abattu le 2 juillet 1881 par un chercheur de bureau fou qui se vante d'être un républicain loyal. Pendant les semaines où Garfield se trouve entre la vie et la mort, l'indignation populaire contre les Stalwarts est grande. "Arthur pour la présidence !" Rutherford B. Hayes écrit dans son journal, "Conkling le pouvoir derrière le trône, supérieur au trône !" Arthur reste dans la réclusion jusqu'à ce que la mort de Garfield le fasse devenir président.

Préparer la Maison Blanche

Chester Alan Arthur était riche et habitué aux commodités modernes. Il refusa d'emménager à la Maison Blanche tant qu'une vraie baignoire ne serait pas installée, que les murs ne seraient pas refaits et que les meubles et les tapis usés ne seraient pas remplacés. Il accorda son attention personnelle aux nouveaux aménagements et fit enlever et vendre aux enchères 24 wagons remplis de reliques abandonnées. Puis il emménage avec son chef et son valet de chambre français. Une de ses sœurs, Mary Arthur McElroy, lui sert d'hôtesse et s'occupe de sa fille de

12 ans, Nelly. Le fils d'Arthur, Alan, fréquente l'université de Princeton, dans le New Jersey, à cette époque.

Après une période de deuil pour Garfield, Chester Alan Arthur commence à recevoir à une échelle somptueuse. Il aime les bals et les réceptions et a un goût d'épicurien pour la nourriture et les boissons. Après deux ou trois heures passées à table, il incitait ses amis à rester car il n'aimait pas mettre fin à une soirée agréable.

Puis Chester Alan Arthur travaillait tard dans la nuit. Ce type de vie lui fait prendre du poids et perdre de l'énergie. En 1883, Arthur part à la pêche en Floride pour se refaire une santé. Il contracte une fièvre au cours de ce voyage et ne se remet jamais complètement des effets de la maladie.

La présidence de Chester A. Arthur

Le discours inaugural de Chester Alan Arthur, simple et sincère, a contribué à rassurer la population. Dans son premier message au Congrès, il surprend tout le monde en se prononçant fermement en faveur de la réforme de la fonction publique. En 1883, il signe la première loi sur la fonction publique du pays, la loi Pendleton. Cette loi a créé une commission de la fonction publique chargée d'organiser des concours ouverts pour environ 14 000 titulaires de fonctions. Les présidents qui lui ont succédé ont étendu le système du mérite.

Avant la mort de Garfield, des fraudes dans les "Star Routes" avaient été mises au jour. Les Star Routes étaient celles du Far West où le courrier était encore transporté à cheval ou en diligence. Des sommes importantes avaient été prélevées sur le bureau de poste pour des services qui n'avaient jamais été rendus. Chester Alan Arthur s'efforce sincèrement, mais sans succès, de traduire les coupables en justice.

Chester Alan Arthur est appelé le père de la marine américaine car il s'est personnellement intéressé à sa modernisation et à son expansion. La marine n'avait cessé de décliner après la guerre civile américaine. En 1882, le Congrès a alloué des fonds pour les premiers navires entièrement en acier de la nation. L'escadron dit "blanc", qui a été achevé pendant l'administration de Grover Cleveland, a constitué le noyau de la marine moderne des États-Unis.

Peu de gouvernements dans l'histoire se sont jamais plaints d'avoir trop d'argent dans le trésor public. Cependant, tout au long des années 1880, le gouvernement des États-Unis a enregistré chaque année un important excédent par rapport aux dépenses ordinaires. À cette époque, les fonds du gouvernement étaient stockés dans des coffres plutôt que dans des banques. À chaque augmentation de l'excédent du Trésor, davantage d'argent était retiré de la circulation, ce qui entraînait une déflation des prix. De plus, cela se produisait dans une période d'expansion économique rapide.

Le problème le plus pressant de l'administration était donc de savoir comment remettre l'argent en circulation. L'afflux d'argent était dû en grande partie aux tarifs douaniers élevés qui avaient été imposés par le gouvernement pendant la guerre civile. Chester Alan Arthur voulait s'attaquer à l'excédent en abaissant les tarifs douaniers. Il a mis en place une commission, qui a recommandé une réduction des droits de douane. Les fabricants qui avaient prospéré grâce aux droits de douane élevés disposaient toutefois de puissants lobbies à Washington. Le tarif dit "Mongrel" de 1883, que le Congrès adopte, montre que les républicains sont en faveur d'un tarif protecteur élevé. À cette époque, les démocrates commencèrent à réclamer un tarif moins élevé - "pour les recettes uniquement".

Sous l'administration d'Arthur, les premières lois visant à restreindre l'immigration sont adoptées. La loi sur l'exclusion des Chinois de 1882 restreint l'immigration de travailleurs chinois pour une période de 10 ans. La même année, les indigents, les criminels, les condamnés et les aliénés sont interdits d'entrée aux États-Unis.

La popularité de Chester Alan Arthur grandit avec chaque année de sa présidence. Il avait lutté pour maintenir l'unité du parti républicain, amèrement divisé, et il espérait recevoir l'approbation de la convention de nomination de 1884. La convention, cependant, ne l'envisage pas sérieusement. Le sénateur Blaine fut désigné mais perdit l'élection au profit de Grover Cleveland, le premier président démocrate à être élu depuis 1856. Découragé, Chester Alan Arthur retourne dans sa maison de New York et tente de reprendre son activité d'avocat, mais il n'en a pas l'énergie. Chester Alan Arthur meurt le 18 novembre 1886.

Questions de recherche

1. Le président Chester A. Arthur était-il qualifié pour son poste ?
2. Dans quelle mesure Chester Arthur peut-il être reconnu comme un héros historique ?
3. Quelles sont les choses belles ou horribles que l'histoire dit de lui ?

22. & 24. Grover Cleveland (1885-1889, 1893-1897)

Parti démocrate | **Vice-président : Thomas A. Hendricks**

"Je sais que je suis honnête et sincère dans mon désir de bien faire ; mais la question est de savoir si j'en sais assez pour accomplir ce que je désire."

Début de la vie

Stephen Grover Cleveland est né à Caldwell, dans le New Jersey, le 18 mars 1837. Son père, le révérend Richard Falley Cleveland, était un ministre presbytérien. Sa mère, Ann Neal Cleveland, était la fille d'un éditeur de Baltimore. Grover était le cinquième de neuf enfants et le deuxième de trois fils.

Lorsque Grover Cleveland, comme on l'appelle, a 4 ans, la famille déménage à Fayetteville, dans le centre de New York. C'est la maison dont il se souvient. C'est là que le petit garçon joufflu aux cheveux sableux fréquentait la petite école rouge et apprenait à pêcher et à chasser.

A l'école et à la maison, la discipline était stricte. Chaque soir, il y avait des prières, et le dimanche était rempli de dévotion religieuse. Très tôt dans sa vie, le garçon a été impressionné par le principe de l'honnêteté. Il berce sa petite sœur en chantant : " C'est un péché de voler une épingle, et combien plus encore une chose plus importante. " Lorsqu'une poule vagabonde pondait un œuf dans la cour des Cleveland, le garçon le rendait à son propriétaire. Un jour, un colporteur visita la maison des Cleveland et laissa par erreur derrière lui certaines de ses marchandises. Grover Cleveland pleura parce qu'il ne pouvait pas dépasser le colporteur sur la route.

La famille déménage à nouveau, lorsque Grover a 14 ans, à Clinton, le siège du Hamilton College. Grover y fréquente une école préparatoire pendant l'unique hiver de 1850-1851. Grover Cleveland n'est pas un très bon élève, mais il étudie beaucoup. Pendant les deux années suivantes, il travaille dans un magasin général de Fayetteville afin d'économiser de l'argent pour poursuivre ses études, mais il ne pourra jamais aller à l'université. Son père est en mauvaise santé et déménage la famille dans une petite ville, Holland Patent, où le travail serait plus facile. Après y avoir prêché un seul sermon, le père de Grover meurt. À 16 ans, Grover doit se débrouiller seul.

Le frère aîné de Grover Cleveland, William, avait obtenu un diplôme du Hamilton College et enseignait dans l'institution pour aveugles de New York. Grover y passe une année à enseigner à de jeunes enfants. Puis il décide de chercher un emploi offrant davantage de possibilités d'avancement.

Temps en tant qu'avocat

Il n'y a pas de travail à Holland Patent, alors Grover Cleveland et un autre garçon décident de partir vers l'ouest. Ils partent à pied, avec Cleveland,

Ohio, comme objectif. Lorsqu'ils atteignent Buffalo, New York, Grover fait appel à son oncle, Lewis F. Allen, un éleveur de bétail aisé. Allen persuade Grover de laisser son ami partir seul tandis qu'il reste dans la maison de son oncle.

Allen a trouvé une place pour Grover dans un cabinet d'avocats. Le garçon ne reçoit pas de salaire mais est autorisé à utiliser la bibliothèque du cabinet. Le premier jour, il est tellement absorbé par les célèbres Commentaires de Blackstone qu'il ne remarque pas que les autres clercs partent et l'enferment.

Grover Cleveland est rapidement mis sur la liste de paie à 4 dollars par semaine. Avant d'avoir l'âge de voter, il s'engage activement dans le parti démocrate, qu'il considère comme plus solide et plus conservateur que le parti républicain. Il a 22 ans lorsqu'il passe l'examen pour devenir avocat.

Lorsque la guerre civile éclate, les deux frères de Grover se portent volontaires. Grover reste au cabinet d'avocats car il est le principal soutien de sa mère et de ses jeunes sœurs. En 1863, il est nommé procureur adjoint du comté d'Erie, et en 1870, il est élu shérif. Il fut deux fois bourreau.

Quatre années bien remplies

Un réseau de politiciens corrompus dirigeait Buffalo. En 1881, pour s'opposer à leur choix pour le poste de maire, les démocrates voulaient un candidat réformateur qui attirerait les votes des républicains mécontents. Cleveland, désormais à la tête d'un grand cabinet d'avocats, a la réputation d'être très énergique et d'avoir une dévotion sévère pour la justice. Avec difficulté, il se laisse persuader de se présenter à la mairie. Il remporte l'élection et devient connu sous le nom de "maire du veto", car il oppose son veto à de nombreux projets de loi malhonnêtes.

Grover Cleveland n'avait servi qu'un an en tant que maire lorsqu'un groupe réformateur démocrate a commencé à chercher un candidat "non propriétaire" au poste de gouverneur pour s'opposer aux politiciens de Tammany Hall de la ville de New York. Alors que Cleveland se trouvait en

Hollande auprès de sa mère mourante, ses amis organisèrent un mouvement pour sa nomination.

Grover Cleveland revient à Buffalo pour trouver un boom dans tout l'État. Il remporte les élections par un vote écrasant et est inauguré le 3 janvier 1883. "Je n'ai qu'une seule chose à faire", dit-il à un ami, "c'est de faire bien, et c'est facile". Il rompt ouvertement avec Tammany et gagne des amis partout "grâce aux ennemis qu'il s'est faits."

En 1884, les Républicains désignent le sénateur James G. Blaine comme candidat à la présidence. Blaine était associé au système du butin dans le gouvernement. Il est également soupçonné d'avoir profité de la corruption dans le secteur ferroviaire sous l'administration d'Ulysses S. Grant. Carl Schurz et d'autres réformateurs éminents quittent le parti républicain et proposent de soutenir Cleveland si les démocrates le nomment à la présidence.

Lorsque les démocrates se réunissent à Chicago, les délégués de Tammany sont là pour s'opposer à Cleveland. Il était cependant loin en tête au premier vote, et le deuxième vote lui a donné la nomination. Thomas A. Hendricks, de l'Indiana, a été nommé vice-président. Les républicains indépendants, appelés Mugwumps, deviennent pratiquement un parti de Cleveland.

La campagne a été âprement disputée sur des questions personnelles plutôt que politiques. Blaine est accusé de corruption politique et Cleveland d'immoralité personnelle. L'histoire circule qu'il est le père d'un fils illégitime. "Dites la vérité", dit Cleveland à son directeur de campagne. Une semaine avant l'élection, un républicain a qualifié les démocrates de parti du "rhum, du romantisme et de la rébellion". Cela a mis en colère les catholiques romains et a coûté de nombreux votes à Blaine.

L'élection est serrée. Cleveland l'emporte avec une majorité d'environ 29 000 voix sur Blaine. Le vote électoral est de 219 pour Cleveland contre 182 pour Blaine. Le nouveau président entre en fonction le 4 mars 1885.

Le premier mandat de Grover Cleveland

Grover Cleveland a 48 ans lorsqu'il emménage à la Maison Blanche et il est encore célibataire. Il pesait plus de 250 livres. Contrairement à l'élégant président Chester A. Arthur, qu'il suit, il est un homme aux goûts simples. L'une de ses sœurs, Rose Cleveland, lui sert d'hôtesse.

En tant que président, Grover Cleveland a suivi son habitude de travailler jusqu'à deux ou trois heures du matin. Il n'aimait pas faire de l'exercice, mais parfois, il demandait à son cocher de le conduire à la campagne, où il sortait et marchait.

Un changement frappant se produit le 2 juin 1886, lorsque le président épouse la belle Frances Folsom, âgée de 21 ans, qu'il connaît depuis qu'elle est bébé. Sa charmante épouse décora la Maison Blanche de fleurs et eut une influence considérable sur la mode.

Dans les années 1880, le plus grand problème de la nation était l'important excédent du trésor public. Le pays est si prospère qu'en 1886, les syndicats décident de faire grève pour obtenir une journée de huit heures. Ce mouvement s'est terminé de façon désastreuse avec l'émeute de Haymarket à Chicago où une bombe a tué sept personnes.

Grover Cleveland prend fermement position contre la corruption et les extravagances. Il a soutenu la Commission du service civil contre les membres de son propre parti qui étaient avides du butin de la fonction. Il a lu attentivement chaque projet de loi sur les pensions privées des vétérans de la guerre civile et a opposé son veto à des centaines d'entre eux.

Cela a fait perdre à Grover Cleveland de nombreux partisans, tant au Congrès qu'en dehors. Après l'adoption de la loi sur le commerce interétatique de 1887, il s'est attaché à former la Commission du commerce interétatique.

Peu après son élection, Cleveland entreprit une étude approfondie du tarif douanier. En 1887, juste avant les nominations présidentielles, Cleveland consacre l'intégralité de son message annuel au Congrès à l'attaque du tarif élevé et des trusts qu'il protège. Ce message lui valut la colère de nombreux démocrates au Congrès ainsi que celle de puissants intérêts commerciaux.

Grover Cleveland fut renommé en 1888 et fit de la réforme tarifaire le principal enjeu de la campagne. Il obtint environ 90 000 voix de plus que le candidat républicain, Benjamin Harrison, mais ce dernier remporta 233 voix de grands électeurs contre 168 pour Cleveland. N'étant plus en fonction, Cleveland fait remarquer : "À quoi sert d'être élu ou réélu si vous ne défendez pas quelque chose ?"

Les Cleveland se rendent à New York, où ils reprennent la pratique du droit. Leur premier enfant, Ruth, est né en 1891. Le couple a eu deux autres filles et deux fils.

Grover Cleveland voit l'administration Harrison dépenser sans compter et faire ce qu'il considère comme de dangereuses gaffes. Le tarif McKinley a augmenté les taux si élevés que les importations ont presque cessé. La loi Sherman de 1890 sur l'achat d'argent provoque une fuite constante de l'or du trésor. Alors que le mandat de Harrison touche à sa fin, le pays s'enfonce rapidement dans une grave dépression agricole et industrielle.

Le second mandat de Grover Cleveland

En 1892, les démocrates désignent Grover Cleveland au premier tour de scrutin avec Adlai E. Stevenson (Illinois) comme vice-président. Cette fois, il bat triomphalement Harrison par un vote populaire écrasant de 5 555 426 contre 5 182 690 pour Harrison et un vote électoral de 277 contre 145. Il est le seul président à avoir été réélu après une défaite.

Deux mois après l'inauguration, la grande panique de 1893 a balayé le pays. Les banques ont fermé leurs portes, les chemins de fer ont fait faillite et les hypothèques agricoles ont été saisies. Les gens accumulaient de l'or, et le trésor public perdait rapidement sa réserve d'or.

Grover Cleveland a convoqué une session spéciale du Congrès pour traiter de la situation monétaire. Le jeune William Jennings Bryan, orateur de talent, prend la parole pendant trois heures pour réclamer le monnayage libre et illimité de l'argent. Mais Cleveland défend l'étalon-or et réussit à faire abroger le Sherman Silver Purchase Act. Le désastre financier n'est cependant pas évité, car il y a si peu d'or dans le trésor public.

En désespoir de cause, Grover Cleveland se tourna vers les banquiers de Wall Street à New York et leur demanda d'émettre des obligations pour fournir l'or nécessaire. La crise n'a été surmontée qu'en 1896. Un ami dit à Cleveland que l'histoire verrait ses actions sous leur vrai jour. Cleveland répondit : "Je ne me préoccupe pas de ce que l'histoire pensera, mais je me contente de l'approbation d'un type nommé Cleveland."

Entre-temps, des grèves ont lieu dans les mines, les chemins de fer et les usines de textile. Au cours de l'été 1894, "l'armée de Coxey", composée de chômeurs, marche sur Washington pour demander de l'aide. La grande grève de Pullman, dans la banlieue de Chicago, est plus grave. L'American Railway Union vient à l'aide des travailleurs et refuse de faire circuler tout train comprenant des voitures Pullman. Le procureur général de Cleveland, Richard Olney, a demandé à un tribunal fédéral de délivrer une injonction pour contenir les grévistes, et le président a envoyé des troupes pour réprimer les émeutiers.

Grover Cleveland est inflexible dans son opposition à l'expansion étrangère. En 1893, il retire du Sénat un traité prévoyant l'annexion d'Hawaï. En 1895, lorsque les Cubains se révoltent contre l'Espagne, il s'en tient fermement à la neutralité. Il prend cependant des mesures énergiques contre la Grande-Bretagne dans sa querelle avec le Venezuela et réussit à faire régler par arbitrage la frontière de la Guyane britannique (aujourd'hui Guyana).

Les années suivantes

Lorsque son second mandat touche à sa fin, le parti de Grover Cleveland rejette l'étalon-or et désigne Bryan. Le candidat républicain, William McKinley, remporte l'élection. Cleveland se retire à Princeton, dans le New Jersey, où il achète un manoir appelé Westland.

Peu à peu, l'opinion publique change, et les discours et articles de Cleveland sont très demandés. En 1904, il voit le parti démocrate se prononcer en faveur de l'étalon-or, "établi par la persistance obstinée et la volonté indomptable de Grover Cleveland". Grover Cleveland meurt à Westland le 24 juin 1908 et est enterré dans l'ancien cimetière de Princeton. Un monument national à l'université de Princeton lui rend hommage.

Questions de recherche

1. Pour quoi Grover Cleveland est-il célèbre ?
2. Citez une chose qu'il a accomplie en tant que président et à laquelle la plupart des gens ne s'attendaient pas.
3. Si sa présidence se déroulait dans le monde d'aujourd'hui, quel parti politique actuel le soutiendrait le plus, selon vous, et pourquoi ?

23. Benjamin Harrison (1889-1893)

Parti républicain | Vice-président : Levi P. Morton

"La prière permet de se stabiliser lorsqu'on marche dans des endroits glissants - même si les choses demandées ne sont pas données."

Près d'un demi-million de personnes sont restées debout sous la pluie pour assister à l'investiture de Benjamin Harrison en 1889. C'était l'inauguration du centenaire de la nation. À peine 100 ans plus tôt, George Washington était devenu le premier président des États-Unis.

Certaines personnes âgées dans la foule se souvenaient de l'investiture du grand-père de Benjamin Harrison, William Henry Harrison. "Le chapeau de grand-père convient à Ben" était une chanson de campagne républicaine. Les caricaturistes, cependant, aimaient imaginer le nouveau président dans un "chapeau de grand-père" beaucoup trop grand pour lui. Benjamin Harrison était un petit homme, mesurant à peine 1 mètre 80.

Le mandat unique du président Harrison se situe entre les deux mandats de Grover Cleveland, un démocrate. Cleveland est populaire auprès du peuple mais impopulaire auprès des dirigeants politiques. Harrison n'est populaire ni auprès de l'un ni de l'autre. Il y avait en effet quelque chose de mystérieux à ce qu'il soit élu. Il était sérieux et digne, il n'était ni un politicien à poigne ni un meneur d'hommes.

Benjamin Harrison est né le 20 août 1833 dans la belle maison de son grand-père à North Bend, Ohio. Il est le deuxième fils de John Scott Harrison et d'Elizabeth Irwin Harrison. Benjamin Harrison a été nommé Benjamin d'après son arrière-grand-père, qui a signé la Déclaration d'Indépendance sous le nom de "Benj. Harrison".

William Henry Harrison avait un grand domaine. Il a donné 600 acres à John Scott, et peu après la naissance de Ben, la famille a emménagé dans sa propre maison. Leur ferme se trouvait entre les rivières Ohio et Miami et était appelée The Point car elle se rétrécissait jusqu'à un point où les deux rivières se rejoignaient. La maison se trouvait sur une falaise face à l'Ohio. Depuis le porche, Ben pouvait observer les bateaux plats flottant en aval, transportant les familles de pionniers avec leurs biens et leurs animaux de ferme.

Le père de Ben avait neuf enfants à lui et en avait adopté deux. Benjamin Harrison engagea une gouvernante pour enseigner aux jeunes enfants et un tuteur pour les enfants plus âgés. Ben coupait du bois et portait de l'eau pour le cuisinier noir afin que celui-ci ait le temps de l'accompagner à la pêche ou à la chasse. Dans ses dernières années, cependant, il ne s'est jamais soucié du sport.

Éducation

A 14 ans, Ben est entré au Farmers' College, près de Cincinnati. L'un de ses professeurs, le Dr John W. Scott, a une jeune fille séduisante, Caroline (Carrie) Lavinia. Lorsque le Dr Scott déménage à Oxford, dans l'Ohio,

Benjamin Harrison décide que le Miami College, à Oxford, serait un bon endroit pour poursuivre ses études.

A Miami, Ben a montré des aptitudes à débattre. Les mots lui viennent facilement, et sa voix aiguë et ses manières sérieuses attirent l'attention. Il entre à Miami en tant que junior et est diplômé l'année suivante (1852), se classant quatrième d'une classe de 16 étudiants. Avant de partir, il s'est secrètement fiancé à Carrie. Il se rend ensuite à Cincinnati pour étudier le droit dans le cabinet d'un avocat réputé.

Benjamin Harrison devient avocat

Ben a épousé Carrie à l'âge de 20 ans. L'année suivante, ils déménagent à Indianapolis, Ind. Les clients étaient rares pour un avocat qui ressemblait à un garçon, et Ben gagna son premier argent comme crieur judiciaire à 2,50 dollars par jour. Le jeune couple vit dans une pension de famille jusqu'à la naissance de leur premier enfant, Russell, en 1854. Ils déménagent alors dans un cottage de trois pièces. Leur deuxième enfant, Mary, est née en 1858.

À cette époque, la lutte contre l'esclavage divise la nation. Harrison rejoint le nouveau parti républicain. En 1860, Benjamin Harrison est élu rapporteur de la Cour suprême de l'Indiana. Lorsque la guerre civile éclate, il travaille jour et nuit pour payer une nouvelle maison.

Le temps dans l'armée

Le 1er juillet 1862, Lincoln demande des troupes supplémentaires. Harrison se rend chez le gouverneur, qui lui demande de recruter un régiment. En retournant à son bureau, il achète une casquette militaire et engage un fifre et un tambour. Puis il a mis un drapeau à la fenêtre de son bureau et a commencé à recruter. Lorsque le régiment fut complet, le gouverneur le nomma colonel et Benjamin Harrison partit avec ses troupes. Le jour, il entraînait ses hommes ; la nuit, il étudiait les tactiques. Il s'occupait toujours des besoins de ses soldats. Ils l'appelaient Little Ben.

Au cours de l'été 1864, Benjamin Harrison marche vers la Géorgie avec le général William Tecumseh Sherman. Il a combattu vaillamment dans de nombreuses batailles et a participé au siège d'Atlanta. Avant que Benjamin Harrison ne soit libéré, il est breveté général de brigade des volontaires. Par la suite, on l'a appelé général Harrison.

Benjamin Harrison retourne au droit et à la politique

Le général Harrison retourne à son travail à la Cour suprême et à sa pratique du droit. Il reprend également sa grande classe biblique à l'église presbytérienne, où sa femme enseigne l'école du dimanche.

En 1876, Benjamin Harrison se présente comme gouverneur de l'Indiana. Les démocrates le qualifient de " froid comme un iceberg " et le surnomment Kid-Glove Harrison. (Harrison pensait qu'il était nécessaire de porter des gants pour se protéger des infections). Le candidat démocrate, surnommé Blue Jeans, remporte l'élection.

Quatre ans plus tard, la législature de l'Indiana élit Harrison au Sénat des États-Unis. Benjamin Harrison y siège de 1881 à 1887 et s'attire la bienveillance des anciens combattants en soutenant les nombreux projets de loi privés sur les pensions qui lui sont soumis.

La présidence de Benjamin Harrison

La confusion est grande lors de la convention d'investiture républicaine de 1888. Le sénateur James G. Blaine, leader du parti, avait été battu par Cleveland en 1884 et refusait de se présenter à nouveau contre lui. Le champ est donc ouvert. Benjamin Harrison est finalement désigné avec le soutien de Blaine. Levi P. Morton, un banquier de New York, est nommé vice-président.

Les fabricants donnèrent de l'argent à la campagne républicaine car ils craignaient Cleveland, qui exigeait une baisse des tarifs douaniers. Cleveland obtient environ 90 000 voix de plus que Harrison mais perd l'élection car le collège électoral lui donne 168 voix contre 233 pour Harrison. Benjamin Harrison nomme Blaine son secrétaire d'État.

Mme Harrison, belle et gracieuse, fit ce qu'elle put pour se faire des amis pour son mari, mais les membres du Congrès préférèrent rendre visite aux

Blaine. La Maison-Blanche est cependant bondée de membres de la famille Harrison - le père âgé de Mme Harrison, sa nièce, Mme Mary Scott Lord Dimmick, une jeune veuve, et la fille des Harrison, Mary (Mme McKee), avec son mari et ses deux jeunes enfants. Le fils des Harrison, Russell, fait de fréquentes visites.

Le Congrès a alloué 35 000 dollars pour faire rénover la Maison-Blanche, et Mme Harrison a dépensé cet argent avec soin. Lorsque la Maison-Blanche fut câblée pour l'électricité, les Harrison demandèrent à l'un des électriciens de rester sur place car ils avaient peur d'allumer et d'éteindre les lumières. L'homme qu'ils choisirent fut Ike Hoover, qui resta dans le personnel de la Maison-Blanche pendant 42 ans.

Congrès

Benjamin Harrison se tenait à l'écart du Congrès et laissait à ses dirigeants le soin de légiférer. Thomas B. Reed, président de la Chambre, a été surnommé le tsar Reed parce qu'il a fait adopter de nouvelles règles parlementaires pour accélérer l'élaboration des lois. La première sur sa liste était la loi sur les pensions des personnes à charge. Cette loi prévoyait le versement d'une somme d'argent aux vétérans de la guerre civile qui souffraient d'un handicap, peu importe où et quand ils l'avaient obtenu.

Des crédits extravagants ont également été alloués à la marine et aux rivières et ports. Le 51e Congrès a été le premier à dépenser un milliard de dollars en temps de paix. Il s'est facilement débarrassé de l'important excédent du Trésor qui avait troublé les administrations précédentes.

Six États sont admis dans l'Union. Quatre sont des États miniers de l'Ouest. Les membres du Congrès de ces États de l'Ouest voulaient que davantage de dollars en argent soient frappés pour augmenter le prix de l'argent. Les membres du Congrès de l'Est voulaient des tarifs douaniers plus élevés. Les deux groupes se sont mis d'accord pour se soutenir mutuellement.

La loi sur les tarifs douaniers de McKinley a augmenté les droits de douane sur presque tous les articles qui faisaient concurrence aux produits américains, rendant ainsi permanents les droits de douane décrétés pendant la guerre civile. La loi Sherman sur l'achat d'argent oblige le Trésor à acheter 41/2 millions d'onces d'argent chaque mois.

Le 51e Congrès a également adopté le Sherman Anti-Trust Act pour limiter les monopoles. Aucune tentative sérieuse n'a été faite pour faire appliquer cette loi jusqu'à l'administration de Theodore Roosevelt.

Harrison perd le 2e mandat

Les républicains renommèrent Harrison en 1892. Les démocrates désignent à nouveau Cleveland. Le nouveau parti populaire, ou populiste, présente James B. Weaver de l'Iowa, qui s'était présenté et avait perdu comme candidat du parti Greenback en 1880. Les populistes représentaient les agriculteurs de l'Ouest. Ceux-ci souffraient de la faiblesse des prix et d'un manque d'argent. Ils voulaient de l'argent bon marché - argent ou greenbacks - pour augmenter les prix de leurs produits.

Il y avait déjà des avertissements sur l'approche de la panique de 1893. Grâce au Sherman Silver Purchase Act, le gouvernement achetait tout l'argent produit aux États-Unis. Pourtant, le prix de l'argent n'a pas augmenté en raison de la grande production mondiale. L'or précieux était drainé du trésor public, et l'argent bon marché s'accumulait. Les gens et les banques ont commencé à accumuler des pièces d'or. Les investisseurs étrangers renvoyaient leurs obligations américaines pour les vendre contre de l'or, tant que le métal précieux était encore disponible.

Cleveland est élu à une large majorité. L'épouse de Benjamin Harrison meurt le 25 octobre, vers la fin de la campagne. Après l'investiture de Cleveland, Harrison retourne dans sa maison d'Indianapolis pour reprendre sa pratique du droit et écrire. Son excellent livre sur le gouvernement fédéral, This Country of Ours (1897), est largement lu.

En 1896, Benjamin Harrison épouse Mary Scott Lord Dimmick, qui avait soigné Carrie lors de sa dernière maladie. De cette dernière, il a eu un enfant, Elizabeth. Harrison mourut le 31 mars 1901 et fut enterré à Indianapolis, aux côtés de l'épouse de sa jeunesse.

Questions de recherche

1. Diriez-vous que Benjamin Harrison était un très bon président ?
2. Quelle est la réalisation qui vous a le plus impressionné ?
3. Êtes-vous d'accord avec les convictions et les idées de Harrison concernant l'évolution des États-Unis vers une politique plus protectionniste pendant sa présidence ? Pourquoi ou pourquoi pas ?

25. William McKinley (1897-1901)

Parti républicain | Vice-présidents : Garret Hobart et Theodore Roosevelt

"Au moment de la défaite la plus sombre, la victoire peut être la plus proche."

Le 25e président des États-Unis était William McKinley. Il était à la tête du pays lorsque, à la fin du 19e siècle, celui-ci est soudainement devenu une puissance mondiale en faisant des acquisitions territoriales à l'étranger à la suite de la guerre hispano-américaine.

Peu d'hommes dans la vie publique ont été plus aimés par le peuple américain que McKinley, et peu ont eu des amis plus dévoués. Ce n'était pas à cause de ses actions en tant que président ou même à cause de sa mort tragique par un assassin, mais simplement parce qu'il était l'un des hommes les plus doux, les plus gentils et les plus attentionnés.

William McKinley était naturellement sociable et jovial, mais en raison de la mauvaise santé de sa femme, ils menaient une vie très tranquille. Pendant les années passées à la Maison Blanche, les réceptions se limitaient aux fonctions officielles. McKinley passait généralement ses soirées à la maison, à lire des poèmes à haute voix pendant que sa femme faisait du crochet. Il n'avait aucun passe-temps et n'avait jamais pratiqué de sport, même lorsqu'il était enfant, mais il était un compagnon charmant, plein d'entrain et de bonne humeur.

William McKinley était un homme petit et trapu. Il se tenait raide et droit, dans un effort inconscient pour augmenter sa taille. Certains caricaturistes de l'époque pensaient qu'il ressemblait à l'empereur français Napoléon. William McKinley s'habillait avec grand soin. Un œillet rouge à la boutonnière de son manteau et un gilet en lin blanc immaculé étaient renouvelés chaque jour.

L'enfance de William McKinley

Le père et la mère de William McKinley étaient tous deux d'ascendance écossaise. Le premier McKinley en Amérique, connu sous le nom de David le Tisserand, s'est installé dans le comté de York, en Pennsylvanie, en 1743. Le père et le grand-père de William étaient des "fondateurs" ou des directeurs de hauts fourneaux pour la fusion du fer, dans ce qui est maintenant Lisbon, Ohio. En 1829, son père, également nommé William, épouse Nancy Allison. Ils déménagent l'année suivante à Niles, Ohio.

Le futur président y est né le 29 janvier 1843, septième de neuf enfants. Sa mère était une femme forte et énergique, un leader dans le village frontalier et active dans l'église épiscopale méthodiste. On disait qu'elle et sa sœur "dirigeaient l'église, tout sauf la prédication". En 1852, lorsque William a neuf ans, la famille déménage à Poland, Ohio, pour inscrire les enfants dans une meilleure école.

Le jeune Will a montré très tôt un don pour l'art oratoire (parler en public). Il a toujours apprécié les "pièces de théâtre". Au Poland Seminary, il organise et est élu président de l'Everett Literary and Debating Society. Cette société portait le nom d'Edward Everett, sénateur et célèbre orateur, que les jeunes gens admiraient beaucoup. La salle dans laquelle la société se réunissait avait un nouveau tapis de Bruxelles, et les filles obligeaient les garçons à enlever leurs chaussures boueuses avant d'entrer. Même en bas, Will présidait avec dignité.

Guerre civile

À 17 ans, Will entre au Allegheny College de Meadville, en Pennsylvanie. Il n'y reste que quelques mois, rentrant chez lui pour des raisons de santé. Sentant alors qu'il n'avait pas les moyens de poursuivre ses études, il enseigne dans une école de campagne près de Poland pour un salaire de 25 dollars par mois. Il vivait chez lui et parcourait à pied les trois kilomètres et demi qui le séparaient de l'école. Après les heures de classe, il travaillait comme commis dans le bureau de poste de Poland.

Ce printemps-là, en avril 1861, la guerre civile éclate. Avec le calme qui caractérise toutes les décisions importantes de sa vie, William McKinley s'engage en juin dans le 23e Volontaire de l'Ohio. Lors de la bataille d'Antietam, en septembre 1862, le jeune homme de 19 ans est chargé de l'approvisionnement en nourriture de sa brigade.

La bataille avait commencé à l'aube. Au cours de la matinée, le jeune homme a chargé un chariot de café chaud et d'autres rations et a parcouru trois kilomètres jusqu'au front. Son commandant, Rutherford B. Hayes, qui devint plus tard président des États-Unis, écrivit à propos de l'incident : "De ses mains, tous les hommes du régiment ont reçu du café chaud et des viandes chaudes, une chose qui ne s'était jamais produite dans des circonstances similaires dans aucune autre armée du monde.

William McKinley est passé sous le feu et a livré, de ses propres mains, ces choses si essentielles pour les hommes pour lesquels il travaillait." Le gouverneur de l'Ohio le promut au rang de sous-lieutenant. Son courage et son bon jugement furent démontrés en de nombreuses autres occasions, et lorsque la guerre prit fin, il avait le grade de major.

Une carrière d'avocat

Après la guerre, McKinley étudia le droit pendant deux ans. Il ouvre un cabinet à Canton, dans l'Ohio, où sa sœur aînée, Anna, est une enseignante réputée qui compte de nombreux amis influents. Son ascension en politique est rapide. En 1869, le jeune républicain est élu procureur dans un comté démocrate.

William McKinley était connu pour son honnêteté et pour avoir défendu des causes impopulaires. Par exemple, la constitution de l'État ne donnait le droit de vote qu'aux hommes blancs. McKinley pensait que cela était injuste, et il s'exprimait souvent sur le sujet, affrontant sans crainte des publics hostiles.

Il fut un temps où les mineurs engagés dans une grève étaient arrêtés et accusés de brûler des biens. Aucun autre avocat ne voulait les défendre. William McKinley leur servit d'avocat et prouva que la plupart d'entre eux étaient innocents. Sachant qu'ils étaient sans le sou en raison de la longue grève, il a refusé d'être payé pour ses services.

En 1871, William McKinley épouse Ida Saxton, la fille d'un banquier de Canton. Elle revenait d'un voyage de sept mois en Europe avec sa sœur et travaillait comme caissière dans la banque de son père. Ils se sont mariés à la mode dans la First Presbyterian Church et sont allés à New York pour leur lune de miel. Son père offre au jeune couple une belle et grande maison. L'avenir du brillant jeune avocat et de sa belle épouse semble radieux.

Le jour de Noël 1871, leur fille Katie est née, et le 1er avril 1873, une autre fille, Ida. Une succession de malheurs s'abat alors sur la famille. Au cours du même mois où Ida est née, Mme McKinley a perdu sa mère. La petite Ida meurt à presque cinq mois en août, et en juin 1876, la petite Katie meurt. Anéantie par le chagrin, Mme McKinley devient invalide et souffre toute sa vie d'une maladie nerveuse.

William McKinley entre en politique

En 1876, à l'âge de 33 ans, William McKinley est élu à la Chambre des représentants des États-Unis. Il y reste pendant 14 ans, à l'exception d'un intervalle après l'élection de 1882. Il s'est élevé régulièrement dans l'organisation du parti républicain.

La plupart des personnes qu'il représentait dans l'Ohio étaient des fabricants. McKinley pensait qu'un tarif élevé permettrait de développer l'industrie américaine et d'apporter la prospérité aux gens de toutes les classes. En tant que président du Committee on Ways and Means, il est l'auteur de la loi tarifaire de 1890, connue sous le nom de McKinley Act. C'était la première fois que le tarif était systématiquement révisé pour protéger tous les fabricants américains. La loi fut cependant très impopulaire auprès de la population. Lors des élections de 1890, les républicains subirent une défaite nationale et McKinley ne fut pas réélu.

William McKinley comme gouverneur de l'Ohio

De 1892 à 1896, William McKinley a été gouverneur de l'Ohio. L'une des mesures les plus importantes qu'il a prises pendant son mandat a été de créer un conseil d'arbitrage de l'État pour régler les conflits du travail.

C'est à cette époque que les amis de McKinley ont exprimé leur dévouement à son égard d'une manière remarquable. Il avait signé des notes pour un ami qui avait des difficultés financières. Lorsque cet homme a fait faillite, William McKinley a découvert qu'il était endetté de près de 130 000 dollars, soit beaucoup plus d'argent qu'il n'en possédait.

Il souhaite démissionner de la politique et retourner à sa pratique juridique afin de payer sa dette. Ses amis le persuadent de rester en fonction et de remettre tous ses biens à un groupe de fiduciaires. Ceux-ci collectent l'argent auprès de riches admirateurs, puis continuent à gérer ses finances avec une telle habileté qu'à sa mort, il dispose d'une fortune substantielle.

Alors qu'il était gouverneur, McKinley continua à prendre une part active aux affaires du parti national. La panique de 1893 frappe la nation alors que les démocrates modifient la politique tarifaire. Cela donna aux dirigeants républicains l'occasion de blâmer les démocrates d'avoir provoqué la panique.

Lors de la campagne du Congrès de 1894, William McKinley prononce des centaines de discours dans tout le pays au nom des candidats du parti. On l'a surnommé "l'agent avancé de la prospérité". Il visait en fait l'investiture républicaine pour la présidence en 1896.

William McKinley était soutenu dans cette ambition par Marcus A. Hanna, un fabricant et leader politique de l'Ohio. C'est Hanna qui avait levé la plupart des fonds pour payer les dettes de McKinley. Il dirigea la campagne présidentielle et fut le principal responsable de l'élection de McKinley. Garret A. Hobart, du New Jersey, était le candidat à la vice-présidence. William Jennings Bryan était le candidat démocrate.

L'enjeu de la campagne

La campagne électorale s'est déroulée sur une question autre que le tarif douanier. Les républicains croyaient en un système monétaire basé sur l'étalon-or unique. Les démocrates croyaient au bimétallisme, c'est-à-dire à un système monétaire basé à la fois sur l'argent et l'or et à la frappe illimitée de l'argent.

Bryan, le grand orateur de l'argent libre, avait le soutien des gens des sections pauvres à cause de la panique ou déprimées à cause des dettes. Les fermiers et les intérêts miniers de l'Ouest étaient derrière lui. Derrière William McKinley se trouvaient les banquiers et les industriels.

Les républicains ont répondu que les démocrates et le parti populiste, qui s'était allié aux démocrates, voulaient répudier leurs dettes. Les démocrates répondent que les républicains sont devenus un parti de la richesse et des privilèges pour les intérêts particuliers.

La campagne est inhabituelle. Alors que Bryan parcourt le pays pour prononcer son célèbre discours de la "croix d'or", McKinley mène une campagne "de façade" depuis sa maison de Canton.

William McKinley remporte l'élection par un vote du collège électoral de 271 voix contre 176 pour Bryan. Le vote populaire en faveur de McKinley est de plus de 7 millions de voix sur environ 14 millions de suffrages exprimés.

Les républicains obtiennent le contrôle des deux chambres du Congrès. Ainsi, au cours des quatre années suivantes, McKinley est en mesure de tenir les promesses de son parti en ce qui concerne la monnaie saine et le tarif protecteur. Plus encore, le parti qui a élu William McKinley a été renforcé par la victoire, et le parti de Bryan a été affaibli par la défaite et les querelles internes. Pendant les 14 années qui suivirent 1897, les républicains contrôlèrent sans discontinuer la présidence, le Sénat et la Chambre des représentants.

La présidence de William McKinley

Immédiatement après son investiture, William McKinley a convoqué une réunion spéciale du Congrès pour examiner la révision des tarifs. Sa loi de 1890 avait été révisée par les démocrates. Dans les trois jours qui suivirent, un projet de loi connu sous le nom de Dingley Tariff Act augmenta une fois de plus les taux tarifaires sur de nombreux articles importés. Elle est restée dans les livres de loi sans être révisée pendant 12 ans.

La prospérité avait commencé à réapparaître avant même le jour des élections, et la demande d'argent gratuit avait largement disparu. Les agriculteurs, lorsqu'ils avaient de l'argent, ne voulaient pas qu'il soit bon marché. Les prix bas des années de panique avaient commencé à augmenter. Même le dollar-or était en baisse à cause de l'afflux de nouvel or provenant des mines de l'Alaska et du Klondike. Ces découvertes ont provoqué une ruée vers les champs aurifères et ont produit suffisamment de lingots pour faire baisser la valeur de l'or dans le monde entier.

Temps de guerre

En janvier 1898, le cuirassé américain Maine a explosé dans le port de La Havane, à Cuba, causant la mort de 260 personnes. C'était le point culminant d'années de problèmes entre Cuba et son dirigeant despotique, l'Espagne. Le Maine avait été envoyé à La Havane pour protéger les Américains au cas où une guerre éclaterait entre Cuba et l'Espagne.

William McKinley fait tout son possible pour éviter la guerre, mais l'opinion publique est enflammée par les journaux "jaunes" (à sensation). Même son propre secrétaire adjoint à la marine, Theodore Roosevelt, préconise fortement la guerre. McKinley est contraint de recommander au Congrès que les États-Unis libèrent Cuba par la force, et la guerre est déclarée le 25 avril.

Le traité de paix de Paris du 10 décembre 1898 donne Porto Rico, Guam et les Philippines aux États-Unis et libère Cuba. Ces nouvelles responsabilités rapprochent le pays des grandes puissances d'Europe et d'Asie.

Secrétaire d'État

Dès que le transfert des Philippines est ratifié par le Sénat, le secrétaire Hay s'attaque au problème de la domination européenne en Extrême-Orient. La Russie, la France, l'Allemagne et la Grande-Bretagne se bousculent pour s'emparer des territoires de la Chine, affaiblie par une guerre désastreuse avec le Japon. John Hay, en 1899, persuade les puissances européennes de maintenir la Chine ouverte au commerce de toutes les nations. La "politique de la porte ouverte" ainsi convenue a été respectée jusqu'à ce que la Chine soit fermée au monde extérieur après la Seconde Guerre mondiale.

En 1900, une révolution, connue sous le nom de rébellion des Boxers, a éclaté en Chine. Les étrangers étaient assiégés dans le quartier étranger de Peiping. McKinley envoie des troupes américaines à leur secours. Hay, quant à lui, persuade les autres puissances de ne pas utiliser la révolution comme prétexte à un nouveau démembrement de la Chine.

L'insurrection aux Philippines est un autre problème. L'armée américaine est attaquée par Emilio Aguinaldo, qui proclame l'indépendance de son pays. Il est capturé en 1901. Le 1er juillet 1901, un gouvernement a été établi avec William Howard Taft comme premier gouverneur général.

Entre-temps, les États-Unis ont tenu leur promesse de libérer Cuba. Le général Leonard Wood est nommé gouverneur militaire de l'île. En 1900, il a convoqué le peuple à une convention constitutionnelle pour ériger une république. Cuba doit gérer ses propres affaires, sous réserve uniquement de l'amendement Platt. Il s'agit d'une déclaration adoptée par le Congrès en mars 1901.

Il prévoyait que les États-Unis pourraient établir des bases navales à Cuba et intervenir pour maintenir l'ordre, que Cuba ne créerait pas de dettes qu'elle ne pourrait pas payer avec ses revenus ordinaires et qu'elle ne céderait son indépendance à aucune puissance. L'amendement Platt est resté en vigueur jusqu'en 1934.

Hawaii a été annexée par une résolution conjointe du Congrès le 8 juillet 1898. Les îles Samoa sont partagées avec l'Allemagne en 1899. La même année, les États-Unis prennent possession de l'île Wake, dans le Pacifique.

Le traité Hay-Pauncefote

La guerre avec l'Espagne a révélé l'utilité d'un canal à travers l'isthme de Panama pour les États-Unis, tant pour des raisons commerciales que pour maintenir une marine à deux océans. En vertu du traité Clayton-Bulwer (1850), la Grande-Bretagne avait des droits égaux à ceux des États-Unis sur tout canal interocéanique traversant l'Amérique centrale. Après de longues négociations, le secrétaire Hay et Lord Pauncefote, ambassadeur britannique aux États-Unis, ont produit le traité Hay-Pauncefote. Il a été ratifié par le Sénat en décembre 1901.

Il mettait spécifiquement de côté le traité Clayton-Bulwer. Il donnait aux États-Unis le droit de propriété exclusive, permettait la fortification du canal et de ses approches et omettait l'ancienne exigence selon laquelle le canal devait rester ouvert à toutes les nations en temps de guerre comme en temps de paix. Le traité prévoyait également qu'aucun changement dans la souveraineté du territoire traversé par le canal ne devait modifier le principe de neutralité et d'égalité des droits pour profiter des avantages du canal.

La deuxième administration de William McKinley

Au cours de ses quatre premières années, la popularité du président McKinley ne cesse de croître. La prospérité de la nation affaiblit toute opposition à son administration. L'un des meilleurs slogans républicains était "quatre ans de plus d'un dîner complet". Il n'y avait aucun doute sur la renomination de McKinley en 1900. Le vice-président Hobart était mort en cours de mandat.

Theodore Roosevelt, alors gouverneur de New York, est désigné comme vice-président. Les démocrates renomment Bryan, mais la question de l'argent qui avait fait la force de Bryan en 1896 est faible en 1900. McKinley remporte 292 voix des grands électeurs, et Bryan 155.

Le second mandat s'ouvre en douceur sur un pays prospère. En septembre 1901, à l'Exposition panaméricaine de Buffalo, dans l'État de New York, il parle de la possibilité de réduire les tarifs douaniers par des traités réciproques. La "période d'exclusivité" dans les relations commerciales était révolue, déclara-t-il. Il préconise également la construction rapide du canal de Panama.

Le 6 septembre, le lendemain de son discours, William McKinley a tenu une réception publique dans le Temple de la musique de l'exposition. Des centaines de personnes font la queue pour lui serrer la main. Un anarchiste, Leon Czolgosz, s'est approché parmi les invités, sa main droite dissimulée dans un bandage. Il tenait un revolver. Au moment où il a atteint le président, il a tiré. C'était un acte insensé qui n'avait aucun lien spécifique avec la politique de William McKinley. McKinley est emmené au domicile de John Milburn, président de l'exposition, où il meurt huit jours plus tard, le 14 septembre. **Ses derniers mots furent "Good-bye- Good-bye, all. C'est la voie de Dieu. Que sa volonté, et non la nôtre, soit faite."** William McKinley a été enterré à Canton, dans l'Ohio.

Questions de recherche

---

1. Avez-vous déjà confondu William McKinley avec un autre président ?
2. Qu'est-ce que tu préfères chez lui ou c'était de la sauce ?
3. Avez-vous vu des films sur ou avec McKinley ?

26. Theodore Roosevelt (1901-1909)

Parti républicain | Vice-président : Charles W. Fairbanks

"Fais ce que tu peux, avec ce que tu as, là où tu es."

Le plus jeune président des États-Unis était Theodore Roosevelt. Il avait été vice-président sous William McKinley. Il est entré en fonction en 1901, juste avant son 43e anniversaire, lorsque McKinley a été tué par un anarchiste. Il a été élu en tant que tel en 1904.

Theodore Roosevelt avait une énergie considérable et un moral d'acier. Un capitaine de police new-yorkais a fait remarquer après sa mort : "Ce n'était pas seulement qu'il était un grand homme, mais, oh, il y avait un tel plaisir à être dirigé par lui". Un éditeur de journaux new-yorkais, James Gordon Bennett, Jr, a dit de lui : "Lorsqu'il est dans le quartier, le public ne peut pas plus détourner le regard que le petit garçon ne peut détourner la tête d'une parade de cirque suivie d'un calliope à vapeur."

La vie de Theodore Roosevelt

Theodore Roosevelt n'était pas seulement un homme d'État, mais aussi un cow-boy, un soldat, un chasseur, un naturaliste et un explorateur. Aucun invité n'était mieux accueilli à la Maison-Blanche qu'un vieil ami de l'époque où il travaillait dans son élevage de bétail du Dakota du Nord. Un cow-boy est apparu un jour juste avant le déjeuner, alors qu'un autre ami, l'ambassadeur britannique James Bryce, devait également être invité.

Theodore Roosevelt lui dit solennellement : "N'oubliez pas, Jim, que si vous tiriez sur les pieds de l'ambassadeur britannique pour le faire danser, cela risquerait de provoquer des complications internationales." Jim répondit avec horreur : "Mais colonel, je ne devrais pas y penser, je ne devrais pas y penser."

Il conseillait à tout le monde de mener "la vie laborieuse". Lorsqu'il était à la Maison Blanche, il montait à cheval, jouait au tennis ou faisait une marche quotidienne à travers le pays. Les compagnons de ces exercices étaient connus sous le nom de "cabinet de tennis".

Dans son autobiographie, Theodore Roosevelt a écrit que souvent ils faisaient une marche "point à point", sans se détourner pour quoi que ce soit. Si leur itinéraire les amenait à traverser le parc de Rock Creek à Washington, ils devaient parfois nager dans Rock Creek et escalader les parois abruptes des falaises. Ils nageaient le ruisseau en vêtements lorsque la glace y flottait en épaisseur.

Theodore Roosevelt en tant que père de famille

Theodore Roosevelt divertissait ses six enfants et leurs nombreux cousins et amis avec la même énergie. La maison, nommée Sagamore Hill, à Oyster Bay, Long Island, est un endroit heureux pour les enfants. Il y avait des pique-niques et des voyages de camping avec nuitée, de la natation et de l'aviron dans le Sound. Il y avait de merveilleuses fêtes de Noël et du 4 juillet.

Theodore Roosevelt n'a pas toujours la faveur des mères. Il laissait les enfants se baigner tout habillés et les emmenait faire des randonnées dont ils revenaient sales et en haillons. Il n'était jamais trop occupé pour prendre le petit-déjeuner avec les enfants ou pour leur raconter une histoire avant qu'ils aillent se coucher.

Theodore Roosevelt mesurait environ 5 pieds 10 pouces, avec de longues jambes et un corps court et épais. Il avait un gros nez, une large mâchoire, un menton fendu, une moustache tombante et de grandes dents que les caricaturistes aimaient exagérer. Ses cheveux étaient épais et bouclés, mais il les gardait coupés de près.

Theodore Roosevelt était aveugle d'un œil à la suite d'un accident de boxe et portait d'épaisses lunettes. Lorsqu'il est excité, il avance la tête et fait travailler furieusement les muscles de sa mâchoire. Theodore Roosevelt avait une démarche rapide et énergique. En fait, tout en lui était énergique.

Dans son autobiographie, Theodore Roosevelt nous apprend que son grand-père paternel était de sang hollandais presque pur. Vers 1644, son ancêtre, Klaes Martensen van Roosevelt, est arrivé à la Nouvelle Amsterdam. "A partir de cette époque et pour les sept générations suivantes... chacun d'entre nous est né sur l'île de Manhattan". Les ancêtres de la mère de son père sont venus en Pennsylvanie avec William Penn. Sa mère, Martha Bulloch, venait de Géorgie, où ses ancêtres écossais et anglais s'étaient installés avant la Révolution américaine.

Les premières années de Theodore Roosevelt

Theodore Roosevelt est né le 27 octobre 1858, au 28 East 20th Street à New York. Il s'agissait d'une maison luxueuse dans un quartier à la mode de la ville, car les Roosevelt étaient riches et avaient une position sociale sûre.

Theodore Roosevelt avait une sœur, Anna, d'environ quatre ans son aînée, et un frère et une sœur plus jeunes, Elliott et Corinne. Teedie, comme on l'appelait dans son enfance, Ellie et Conie étaient ses amis les plus proches. "Nous trois" sont souvent mentionnés dans les journaux qu'il tenait dans son enfance.

En plus de sa vue défectueuse, Teedie souffrait d'asthme depuis sa naissance. De nombreuses nuits, il restait assis dans son lit, à bout de souffle. Parfois, son père l'emmitouflait dans des couvertures et l'emmenait faire un tour en calèche dans les rues sombres et silencieuses, en espérant que la douce brise nocturne soulagerait l'enfant.

Un naturaliste

Theodore Roosevelt n'est jamais allé à l'école publique. Pendant un certain temps, c'est sa tante Anna qui lui donne des cours, et il a des professeurs particuliers. Il s'intéresse à l'histoire naturelle dès son plus jeune âge, bien qu'il soit si myope qu'il ne peut étudier que les choses contre lesquelles il "court ou trébuche". Un jour, il a observé un phoque mort dans un marché aux poissons. À l'aide d'une règle de poche pliable, il a pris les mesures du phoque et les a consignées dans un carnet.

Theodore Roosevelt finit par acquérir le crâne du phoque et, avec deux de ses cousins, il créa le "Musée Roosevelt d'histoire naturelle". Leurs collections d'ossements, de pierres, de souris mortes, d'oiseaux, de grenouilles et d'autres objets étaient conservées dans un tiroir de commode. Un jour, une femme de ménage a jeté une portée de souris. Ce qui le blessait le plus, comme il l'écrivait dans son journal, c'était "la perte pour la science ! oh, la perte pour la science !"

Un jour, lui et un cousin rentraient chez eux après un voyage de collecte. Leurs poches étaient pleines et chaque garçon portait un crapaud sur le dessus de sa tête, sous son chapeau. Malheureusement, ils rencontrèrent un ami de la famille dans la rue. Les bonnes manières les obligèrent à incliner leurs chapeaux et les crapauds s'en allèrent.

Juste avant ses 11 ans, la famille fait un voyage en Europe. Dans son journal du 22 novembre 1869, il écrit : "Le soir, maman m'a montré le portrait d'Edith Carow et son visage a réveillé en moi le mal du pays et la nostalgie du passé qui ne reviendra jamais, jamais, jamais". Edith Carow était une amie de sa sœur Conie. Des années plus tard, elle devint sa femme.

À leur retour d'Europe, son père construit un gymnase dans leur maison et incite le garçon à muscler son corps maladif. En 1871, à l'âge de 13 ans, il a cependant vécu une expérience humiliante. Lors d'une excursion qu'il fait seul sur un lac du Maine, il est malmené par deux garçons. Incapable de se défendre, il décide de prendre des cours de boxe et d'apprendre à se défendre. Plus tard, il sera membre de l'équipe de boxe de l'université de Harvard.

Bien que faible physiquement dans sa jeunesse, Theodore Roosevelt a développé un physique robuste en faisant de l'exercice avec persévérance, et il est devenu un défenseur à vie de l'activité physique et mentale intense. Theodore Roosevelt était un compétiteur né, tant contre la nature que contre ses semblables, et il a utilisé la même énergie énorme tout au long de sa vie publique.

Theodore Roosevelt voyage en Europe

Un deuxième voyage en Europe en 1872 a été plus réussi que le premier. La famille remonte le Nil à bord d'un voilier et Teedie s'amuse à collecter des oiseaux, à apprendre leurs noms latins et à préparer leurs peaux. Il devient très doué pour la chasse et la taxidermie.

Les enfants, avec deux de leurs cousins, ont été hébergés pendant un certain temps dans une famille de Dresde, en Allemagne. Ils forment le Dresden Literary American Club et se lisent mutuellement leurs écrits créatifs. L'un des cousins écrit un essai décrivant Teedie : "Vous saviez qu'il était un naturaliste à petite échelle, c'était un garçon très amusant mais il avait un grand défaut : il était très distrait..."... et puis il pensait toujours qu'il pouvait faire les choses mieux que quiconque".

Il a 15 ans lorsque la famille rentre chez elle. Sa santé s'est beaucoup améliorée et il commence à donner des cours particuliers pour son entrée à l'université de Harvard. De 1876 à 1880, il est étudiant à Harvard.

Les années post universitaires

Pendant sa dernière année d'université, Theodore Roosevelt tombe amoureux d'Alice Lee. Ils se marient après l'obtention de son diplôme et vont vivre à New York. Il fréquente la faculté de droit de Columbia, mais passe la majeure partie de l'année à écrire une histoire navale de la guerre de 1812.

En 1881, alors que Theodore Roosevelt n'a que 23 ans, il est élu à la législature de l'État de New York. Malgré son jeune âge, il se fait respecter et devient rapidement connu pour son opposition à la politique corrompue des partis. Il est facilement le leader des républicains au sein de la législature. En 1884, il est président de la délégation de l'État de New York à la convention nationale républicaine.

En février 1884, sa femme meurt, deux jours après la naissance de leur fille, Alice. La même nuit, dans la même maison, la mère de Roosevelt meurt. Il termine son mandat à la législature, puis se rend à ses deux ranchs dans les Bad Lands du Dakota du Nord, le long de la Little Missouri River. Sa sœur Anna s'occupe du bébé. Pendant deux ans, il se lance dans la vie rude de la frontière, rassemblant le bétail, chassant, servant parfois de shérif adjoint.

En décembre 1886, Theodore Roosevelt épouse à Londres sa camarade de jeu d'enfance, Edith Carow, et s'installe dans une nouvelle vie à Sagamore Hill, à Oyster Bay. Leurs cinq jeunes enfants seront plus tard appelés la "bande à Roosevelt" lorsqu'ils vivront à la Maison Blanche.

Le retour de Theodore Roosevelt en politique

Theodore Roosevelt commence à écrire une histoire, The Winning of the West. Mais lorsque le président Benjamin Harrison lui offre le poste de commissaire de la fonction publique en 1889, il s'installe à Washington et travaille pendant six ans à la réforme de la fonction publique.

En 1895, Theodore Roosevelt prend le poste de commissaire de police de la ville de New York. Il tente de mettre fin à la corruption au sein des forces de police. Il rôde dans les rues de minuit à l'aube, vêtu d'une cape noire et d'un chapeau à larges bords rabattu sur son visage. Il avait souvent pour compagnon de route Jacob Riis, réformateur social et journaliste, dont le livre How the Other Half Lives avait éveillé le public aux souffrances des très pauvres.

Les efforts de Theodore Roosevelt sont toutefois contrariés par les politiciens et les journaux. Il était vigoureux et honnête, mais il n'a pas toujours fait preuve de bon jugement ou de diplomatie.

Guerre

Au bout de deux ans, il démissionne pour accepter l'offre du président McKinley, qui lui propose un poste de secrétaire adjoint à la marine. McKinley pensait parfois que son secrétaire était comme "un taureau dans un magasin de porcelaine". Il se plaint que "Roosevelt est toujours dans un tel état d'esprit".

Alors que la guerre avec l'Espagne approche, Theodore Roosevelt, de sa propre autorité, ordonne discrètement les préparatifs. Nommé lieutenant-colonel, il lève le premier régiment de cavalerie volontaire des États-Unis, commandé par son ami le colonel Leonard Wood. Leurs hommes sont appelés Rough Riders car beaucoup d'entre eux sont des cow-boys.

Theodore Roosevelt est acclamé comme un héros lorsqu'il mène la charge audacieuse de Kettle Hill (appelée à tort charge de San Juan Hill). Lorsque Wood est promu, Roosevelt est nommé colonel et reçoit le commandement du régiment. À son retour, il est élu gouverneur de l'État de New York en 1898.

Son mandat a donné lieu à peu de lois remarquables. Cependant, ses proches, notamment le sénateur Thomas C. Platt, le patron des républicains de New York, furent troublés par son don pour la publicité et son approche étonnamment peu conventionnelle de la politique.

Craignant qu'il ne soit candidat à la présidence, ils réussirent à le placer au poste à l'avenir le moins prometteur, celui de vice-président des États-Unis lors de la réélection de William McKinley en 1900. Il présida le Sénat pendant une semaine lors d'une session spéciale. Mais avant l'heure de la session ordinaire du Sénat, McKinley avait été assassiné.

Theodore Roosevelt est inauguré.

L'entrée de Roosevelt dans la présidence, comme tout ce qu'il a fait, a été dramatique. Il se précipite à Buffalo où McKinley a été abattu par un anarchiste fou. Assuré que le président se rétablit et qu'il est hors de danger, il rejoint sa famille dans un camp des montagnes Adirondack. Avec quelques compagnons, il escalade le mont Tahawus.

Theodore Roosevelt a été surpris par un guide lui annonçant que le président était mourant. Il a dû faire une randonnée de 16 km jusqu'à la route la plus proche. S'ensuivit une folle chevauchée de 40 miles à cheval et en buggy, en pleine nuit, sur des routes dangereusement emportées par les fortes pluies de quelques jours auparavant. Ils atteignent la gare à cinq heures et demie du matin, où un train spécial l'attend pour le conduire à Buffalo. McKinley est mort, et Roosevelt prête serment dans la maison d'un ami.

En 1904, avec Charles W. Fairbanks comme vice-président, il est élu président à part entière par une majorité triomphante.

Theodore Roosevelt a appelé son programme le "Square Deal". Il demandait : (1) une attaque contre les "graves problèmes sociaux" auxquels la nation est confrontée ; (2) une législation permettant la régulation des grandes entreprises ; (3) un contrôle plus large des chemins de fer ; et (4) la conservation des ressources naturelles.

En mai 1902, les membres du syndicat United Mine Workers se mettent en grève dans les champs d'anthracite de Pennsylvanie pour obtenir une journée de travail plus courte, de meilleurs salaires et la reconnaissance du syndicat. Les propriétaires des mines refusent obstinément de traiter avec les syndicats.

À l'approche de l'hiver, Theodore Roosevelt menace d'appeler des troupes pour exploiter les mines dans l'intérêt du public. Il a également exercé une telle pression sur les propriétaires que, malgré eux, ils ont accepté d'arbitrer. Le président a nommé une commission spéciale de sept personnes. Le verdict de ces hommes a donné aux mineurs une journée de neuf heures et une augmentation de salaire de 10 pour cent, mais pas la reconnaissance de leur syndicat en tant qu'organisme de négociation. Les deux parties acceptent le verdict.

Les monopoles industriels

Les monopoles industriels, communément appelés "trusts", étaient parmi les cibles des muckrakers et la cause de l'alarme populaire. Roosevelt n'est pas tant préoccupé par le démantèlement des monopoles que par la correction de leurs maux.

À cette fin, il a demandé au Congrès en 1903 de créer un Département du commerce et du travail et un Bureau des sociétés. Ils étaient autorisés à enquêter sur les regroupements d'entreprises et à les mettre en garde contre les pratiques préjudiciables au public.

Les fusions de chemins de fer avaient donné naissance à d'énormes monopoles. Vers 1901, les réseaux de la Northern Pacific, de la Great Northern et de la Burlington sont regroupés au sein de la Northern Securities Company. En 1903, par l'intermédiaire du procureur général Philander C. Knox, Roosevelt a intenté une action en justice en vertu de la loi antitrust Sherman de 1890 pour obtenir la dissolution de la Northern Securities Company en tant que conspiration visant à restreindre le commerce.

Les États-Unis ont gagné le procès. Des poursuites sont également engagées contre la United States Steel Corporation, la Standard Oil Company et d'autres grandes combinaisons. Au total, Theodore Roosevelt a obtenu 25 mises en accusation au cours de ses deux administrations, bien que certaines des affaires n'aient été jugées qu'après son départ.

En plus de dissoudre la Northern Securities Company, Roosevelt s'attaque au monopole des chemins de fer dans deux lois adoptées par le Congrès.

La loi Elkins rend illégal l'octroi ou l'acceptation de rabais secrets, c'est-à-dire le remboursement des frais d'expédition.

La loi Hepburn a donné à la Commission du commerce interétatique le droit de fixer les tarifs. Elle étend la compétence de la commission aux pipelines, aux terminaux, aux ferries et aux compagnies de messagerie. Elle interdit aux chemins de fer d'accorder des laissez-passer gratuits à quiconque, à l'exception des employés, et elle interdit aux routes de transporter des marchandises dans la production desquelles elles sont intéressées.

Le mouvement pour la conservation

Le Far West a toujours présenté un grand intérêt pour le président Roosevelt. Il y avait passé des années heureuses dans son ranch du Dakota du Nord et y avait souvent chassé le gros gibier. La conservation de ses grandes forêts et de sa vie sauvage était l'une de ses principales préoccupations. En vertu de la loi sur les réserves forestières de 1891, il a retiré de la vente 150 millions d'acres de terres à bois, en plus de 85 millions d'acres en Alaska. Ces terres ont été mises de côté en tant que forêts nationales sous l'administration compétente de Gifford Pinchot, chef du service forestier des États-Unis.

En 1908, Theodore Roosevelt a convoqué à la Maison Blanche une conférence sur la conservation des ressources naturelles. Il a invité des gouverneurs, des présidents d'université, des hommes d'affaires et des scientifiques à réfléchir à la politique à adopter pour préserver les ressources de la nation pour l'avenir. À la suite de cette conférence, 41 États ont créé des commissions de conservation, et une Commission nationale de conservation a été créée.

Le National Reclamation Act (1902) a autorisé l'utilisation à des fins d'irrigation de l'argent obtenu de la vente de terres dans 16 États semi-arides. En vertu de cette loi, des barrages ont été construits et la tâche de remise en état de la région a été entamée.

Venezuela

En janvier 1903, la Grande-Bretagne, l'Allemagne et l'Italie ont déclaré un blocus des ports du Venezuela dans le but de recouvrer les dettes dues à leurs citoyens. Elles proposaient de saisir les postes de douane et de se payer avec les taxes au fur et à mesure qu'elles les percevaient.

Roosevelt proteste qu'une telle action est une violation de la Doctrine Monroe. Il fait pression sur l'Allemagne et les autres nations pour qu'elles arbitrent leurs revendications devant la Cour d'arbitrage de La Haye.

La République dominicaine

Les créanciers étrangers menaçaient d'intervenir dans les affaires de la République dominicaine. Apparemment à la suggestion de Roosevelt, en 1905, le président de la République dominicaine demanda aux États-Unis de prendre en charge la perception des douanes. Un expert financier américain est resté en charge du trésor jusqu'à ce que les dettes soient payées.

Alaska

Le différend concernant la frontière entre l'Alaska et le Canada a été réglé en 1903. La frontière orientale du "panhandle" est en question depuis 1825, date à laquelle la Russie a conclu un traité avec l'Angleterre. Roosevelt fait savoir qu'il est prêt à se soumettre à un arbitrage devant un tribunal spécial de six membres, trois étant nommés par lui et trois par le gouvernement britannique. Les États-Unis obtiennent une bande de littoral le long de la frontière ouest de la Colombie-Britannique. La sentence est acceptée par les deux gouvernements et le différend est ainsi réglé pacifiquement.

Le canal de Panama

Le traité Hay-Pauncefote avait ouvert la voie à un canal américain à travers l'isthme de Panama. Il a été suivi en 1903 par un traité avec la Colombie accordant le droit de construire le canal. Le Sénat colombien a rejeté le traité. Les membres de la Compagnie française du canal de Panama sont particulièrement inquiets de l'action de la Colombie, car ils risquent de perdre 40 millions de dollars s'ils ne vendent pas leurs droits aux États-Unis avant l'expiration de leur franchise en 1904. Utilisant un révolutionnaire, Philippe Bunau-Varilla, comme agent, ils ont planifié une rébellion pour libérer l'État de Panama de la Colombie.

Theodore Roosevelt ordonne aux navires de la marine américaine d'éloigner toute force hostile de l'isthme et d'empêcher les troupes colombiennes présentes à Colón de se rendre à Panama City. Le président expliquait qu'il voulait éviter une effusion de sang et que les États-Unis étaient tenus par un traité de maintenir ouverte la voie ferrée de l'isthme. Le secrétaire d'État John Hay reconnaît officiellement la République de Panama et, quelques jours plus tard, la nouvelle république donne aux États-Unis le contrôle d'une bande de dix milles de large à travers l'isthme. La Colombie accuse Roosevelt de violer la neutralité en aidant la révolution panaméenne. Elle demande et reçoit en 1921 une indemnité des États-Unis.

Politique internationale

En septembre 1905, Roosevelt a organisé une conférence de paix entre la Russie et le Japon en guerre. Cette conférence s'est tenue à Portsmouth, dans le New Hampshire. Pour ce service, il a reçu le prix Nobel de la paix.

En 1906, lorsque la France et l'Allemagne sont prêtes à se battre pour leurs intérêts au Maroc, Roosevelt prend l'initiative d'organiser une conférence des puissances à Algeciras, en Espagne. Cette réunion a permis de régler temporairement les différends.

Theodore Roosevelt participe activement à la planification de la deuxième conférence de la paix de La Haye, où les représentants de 44 pays adoptent des règles régissant l'arbitrage. Un litige réglé par la Cour permanente d'arbitrage concernait les droits des pêcheurs américains dans les eaux canadiennes (1910). Il a été réglé en faveur de l'Amérique.

À la mort du secrétaire d'État John Hay en 1905, Elihu Root, qui avait été secrétaire à la guerre, lui succède. En 1908, Root négocie l'accord Root-Takahira, dans lequel les États-Unis et le Japon conviennent de respecter leurs possessions territoriales respectives dans le Pacifique et de soutenir l'indépendance de la Chine et la "politique de la porte ouverte".

Le prestige américain est encore renforcé par le renforcement de l'armée et de la marine. Roosevelt fait pression sur le Congrès pour obtenir un crédit pour deux nouveaux cuirassés par an, et il maintient la flotte à un haut niveau d'efficacité. La croisière autour du monde de 16 cuirassés, tous construits depuis la guerre hispano-américaine, en est la preuve. Le président Roosevelt a décidé de cette croisière en 1907, à un moment où les relations entre le Japon et les États-Unis étaient tendues en raison de l'agitation antijaponaise en Californie et au Congrès. Il l'a toujours considérée comme l'une de ses plus importantes contributions à la paix mondiale.

Theodore Roosevelt en tant que citoyen privé

Roosevelt refuse d'envisager un troisième mandat et confie la nomination républicaine à son ami William H. Taft. Il n'a que 50 ans lorsqu'il quitte la Maison Blanche. Il était encore jeune et énergique, avec de vastes intérêts, des revenus importants et la perspective de nombreuses années de vie active. Il savait qu'il avait atteint trop tôt l'apogée de sa carrière. Rien ne pourrait plus être aussi excitant que d'avoir été président.

Immédiatement après l'investiture de Taft, il part pour un voyage de chasse d'un an en Afrique. Il revient à la civilisation en mars 1910. Mme Roosevelt le rencontre à Khartoum, au Soudan, et ils font ensemble un tour d'Europe. Ils furent reçus par toute la royauté européenne. En Allemagne, Roosevelt passa les troupes en revue avec le Kaiser William.

De retour à Sagamore Hill, il écrit des articles de magazine et un autre livre, African Game Trails. Mais il ne peut éviter d'être attiré de nouveau par la politique. Il pense que Taft n'a pas réussi à poursuivre sa politique et qu'on a besoin de lui pour préserver le mouvement progressiste qu'il a contribué à lancer. Ses amis le pressent d'être candidat à la présidence en 1912. Il est battu à l'investiture républicaine par Taft dans des circonstances qui donnent lieu à des accusations de fraude et de méthodes de "rouleau compresseur".

Les partisans de Roosevelt organisent le National Progressive Party. Ils organisent une nouvelle convention et désignent Roosevelt comme président et le sénateur Hiram W. Johnson comme vice-président. Le parti est surnommé Bull Moose, car Roosevelt, lorsqu'on lui demande comment il se sent, répond un jour qu'il est "en forme comme un élan".

La campagne est âpre, et les attaques de Roosevelt contre les républicains "stand pat" sont plus venimeuses que celles contre les démocrates, qui sont ses adversaires habituels. Il mène un combat courageux et effectue une tournée de conférences de deux mois dans le pays. À Milwaukee, au plus fort de la campagne, il est légèrement blessé par un homme qui lui tire dessus. Il fait son discours le soir même avec la balle logée dans la poitrine et ne se rend à l'hôpital qu'à la fin du meeting. Roosevelt a obtenu 4 118 571 voix contre 6 296 547 pour Woodrow Wilson ; et il avait 88 voix de grands électeurs contre 435 pour Wilson. Taft est troisième avec 3 486 720 votes populaires et 8 votes électoraux.

D'octobre 1913 à mai 1914, Roosevelt dirige une expédition dans les jungles du Brésil. Ils explorent la rivière du doute, un cours d'eau rempli de rapides et de tourbillons. Roosevelt se blesse à la jambe sur un rocher. Un abcès s'est développé, et il a également contracté la malaria.

La première guerre mondiale et les années suivantes

Lorsque la Première Guerre mondiale commence, Theodore Roosevelt la suit avec un vif intérêt. Il décide rapidement que Wilson "n'a aucune politique" et le dit dans une lettre à l'écrivain Rudyard Kipling. Roosevelt dirige des rassemblements en faveur de la "préparation", exhortant le Congrès à achever l'armement de la nation.

Theodore Roosevelt dénonce le pacifisme. Il refuse l'investiture du parti progressiste pour la présidence en 1916 et soutient Charles Evans Hughes, le candidat républicain. Wilson est réélu.

Lorsque les États-Unis déclarent la guerre à l'Allemagne en 1917, Roosevelt se précipite à Washington pour offrir ses services. Depuis près d'un an, il était prêt avec une organisation squelettique d'une division et avec l'acceptation des officiers supérieurs. À sa grande déception et à son ressentiment, Wilson refusa d'utiliser la division de volontaires de Roosevelt. Bien qu'il ne puisse pas aller à la guerre, ses quatre fils sont tous en service actif.

Le 6 janvier 1919, Theodore Roosevelt meurt dans son sommeil. Il est enterré près de Sagamore Hill. En 1962, sa maison à Oyster Bay, Long Island, et sa maison d'enfance à New York ont été classées sites historiques nationaux. Son ranch d'Elkhorn dans le Dakota du Nord fait partie du Theodore Roosevelt National Memorial Park, créé en 1947.

Questions de recherche

1. Qui a été l'adversaire le plus difficile de Teddy Roosevelt dans sa quête du pouvoir ?
2. Theodore Roosevelt a-t-il été un président parfait ou y a-t-il quelque chose qu'il aurait voulu faire différemment s'il pouvait répéter l'histoire ?
3. Qu'a fait le 26e président à la Standard Oil Company ?

27. William Howard Taft (1909-1913)

Parti républicain | Vice-président : James S. Sherman

"N'écrivez pas pour qu'on vous comprenne, écrivez pour qu'on ne vous comprenne pas".

Le seul homme de la nation à avoir occupé ses deux plus hautes fonctions est William Howard Taft. Il fut le 27e président des États-Unis et plus tard (1921-1930) le juge en chef de la Cour suprême des États-Unis. Aucun homme n'était mieux placé pour occuper ces postes grâce à de longues années d'expérience. Il avait exercé des fonctions publiques presque sans interruption depuis 1881.

William Howard Taft a été le premier gouverneur civil des Philippines (1901-1903) et secrétaire de la guerre dans le cabinet du président Theodore Roosevelt (1904-1909), deux des nombreux postes élevés qu'il a occupés.

Sa grande taille et son célèbre rire ont fait de Taft un personnage mémorable. Il mesurait 5 pieds 11 pouces, avait la peau claire, des yeux bleus clairs et des cheveux clairs. À l'époque où il était président, il pesait 350 livres. William Howard Taft plaisante sur sa corpulence et ne s'offusque pas des blagues des autres. Lorsqu'on lui a demandé d'accepter une "chaire de droit" à l'université de Yale, il a répondu qu'il accepterait s'ils pouvaient en faire un "sofa de droit". Les chaises posaient problème. Il "regardait toujours avant de s'asseoir" pour éviter les fauteuils ou les antiquités dans lesquels il pouvait se coincer ou s'effondrer.

Lorsque William Howard Taft était gouverneur des Philippines, il a fait un voyage dans les montagnes pour le bien de sa santé. Il a envoyé un câble au secrétaire de la guerre Elihu Root : "J'ai bien supporté le voyage. J'ai parcouru 25 miles à cheval jusqu'à 5,000 pieds d'altitude." Root lui répond : "En référence à votre télégramme... comment va le cheval ?"

Son biographe, Henry F. Pringle, a décrit le rire de Taft : "C'était, de loin, le rire le plus contagieux de l'histoire de la politique. Il commençait par un tremblement silencieux de l'estomac volumineux de Taft. Le signe suivant était une pause dans la lecture de son discours, et la propagation d'un lent sourire sur son visage. Puis vint une sorte de déglutition qui semblait s'échapper sans qu'il ait conscience que l'apogée était proche. Le rire suivait de près le gloussement lui-même, et le public s'y joignait invariablement."

William Howard Taft avait une réputation de paresseux et de reporter les choses au jour le jour qui était probablement infondée, car Taft accomplissait une énorme quantité de travail. Brillant causeur et conteur, il était considéré comme un hôte parfait.

William Howard Taft aimait recevoir et être reçu, et il dînait souvent dans des maisons privées, bien que les présidents ne le fassent généralement pas lorsqu'ils sont en fonction. Malgré sa taille, il était un danseur gracieux et jouait bien au tennis. Taft montait à cheval presque quotidiennement, était un ardent golfeur et un fan de baseball.

Les premières années de William Howard Taft

William Howard Taft est né dans une famille aisée et socialement importante de Cincinnati, dans l'Ohio. Le premier Taft en Amérique, Robert, était charpentier et agriculteur de métier. Il a émigré d'Angleterre et s'est installé dans le Massachusetts en 1678. Le père de William, Alphonso, était un avocat et un juge prospère qui a occupé les fonctions de secrétaire à la guerre et de procureur général dans le cabinet du président Ulysses S. Grant, ainsi que de ministre auprès de l'Autriche-Hongrie et de la Russie.

La première épouse d'Alphonso, Fanny Phelps, est décédée en 1852. Deux fils, Charles Phelps et Peter Rawson, ont survécu à ce mariage. En 1853, il épouse Louisa Torrey. Ils ont eu cinq enfants, dont quatre ont survécu : William Howard, né le 15 septembre 1857, Henry Waters, Horace Dutton et Frances Louise.

La famille vivait dans une grande maison dans le quartier de Mount Auburn à Cincinnati. William Howard est surnommé Big Lub, car il est lourd dès l'enfance. Bon vivant et populaire, il a eu une enfance heureuse. Il s'engagea dans des querelles et des batailles de pierres avec les bandes des collines voisines.

William Howard Taft jouait au baseball dans une ancienne carrière, nageait et patinait. En été, les cinq garçons rendaient visite à grand-père Torrey à Millbury, Massachusetts, et payaient leurs vacances en coupant du bois pour lui. William fréquentait l'église unitarienne ; il en a été membre toute sa vie.

En 1874, William Howard Taft entre à l'université de Yale, dont son père était diplômé. Bien qu'il ne soit pas un élève brillant, il travaille ses études, et en 1878, il est diplômé deuxième de sa classe. Il obtient son diplôme de la faculté de droit de Cincinnati en 1880.

William Howard Taft a très peu pratiqué le droit. La notoriété de son père et sa propre personnalité sympathique lui valent une succession de nominations politiques - assistant du procureur (1881-82), collecteur des recettes intérieures (1882-83), juge de la Cour supérieure de Cincinnati (1887-90), solliciteur général des États-Unis (1890-92) et juge de la cour fédérale de circuit (1892-1900). Il rêve désormais d'une nomination à la Cour suprême des États-Unis, sa plus grande ambition.

William Howard Taft a rencontré pour la première fois Helen (Nellie) Herron, fille d'un avocat de Cincinnati, lors d'une soirée de luge d'hiver. Quelques années plus tard, elle a organisé un salon littéraire, dont il était membre. Ils se sont mariés en juin 1886. Le père de Nellie leur a donné un terrain sur Walnut Hills, et ils ont construit une maison surplombant la rivière Ohio. Ils ont eu trois enfants : Robert Alphonso, Helen et Charles Phelps. Les étés, ils passaient leurs vacances à Murray Bay, au Québec, sur le Saint-Laurent.

L'épouse du président était une excellente musicienne et ses fréquentes soirées musicales à la Maison-Blanche avec des artistes invités étaient des événements délicieux. Au cours des voyages de la famille, elle avait appris à aimer les cerisiers en fleurs du Japon et les concerts d'orchestre du soir sur la Luneta, une promenade à Manille, capitale des Philippines. Elle est à l'origine de la plantation des célèbres cerisiers le long du Tidal Basin de Washington et fait transformer le Potomac Park en Luneta, avec un kiosque à musique à chaque extrémité. Lors des agréables soirées d'été, les gens se promenaient dans le parc, en voiture ou à pied, pour rendre visite à leurs amis et écouter la musique. Le président y assistait souvent, monté sur son grand cheval noir.

William Howard Taft comme gouverneur des Philippines

En 1900, le président McKinley avait nommé Taft président de la Commission des Philippines. Sa tâche consistait à former un gouvernement civil dans un pays perturbé par la guerre hispano-américaine et l'insurrection d'Emilio Aguinaldo.

Taft se prend d'affection pour les Philippins et se fait rapidement aimer d'eux. Le général Arthur MacArthur, le gouverneur militaire, les dirigeait de manière despotique et les deux hommes entrèrent immédiatement en conflit. Le 4 juillet 1901, Taft est nommé gouverneur civil des Philippines, avec l'entière responsabilité de réorganiser les gouvernements national et municipaux, le système judiciaire et la police, ainsi que le système fiscal.

William Howard Taft se rend à Rome pour discuter avec le pape de la propriété foncière des frères espagnols. En conséquence, presque toutes les terres appartenant aux frères ont été achetées et vendues en petites parcelles à des conditions faciles. En 1912, on comptait 50 000 nouveaux propriétaires fonciers.

Secrétaire à la guerre

À la fin de 1903, le président Roosevelt demande à Taft de remplacer Elihu Root au poste de secrétaire à la guerre. Lors de ses fréquents voyages loin de Washington, Roosevelt pensait que tout se passerait bien parce qu'il avait "laissé Taft assis sur le couvercle".

Pendant une maladie de John Hay, William Howard Taft a été secrétaire d'État par intérim. Après la mort de Hay, Root est revenu au Cabinet en tant que secrétaire d'État. Roosevelt, Taft et Root travaillent ensemble de manière si étroite et si harmonieuse qu'ils sont surnommés les Trois Mousquetaires.

En tant que " dépanneur " de Roosevelt, William Howard Taft voyageait presque autant que son chef. Il se rendit à de nombreuses reprises dans la zone du canal pour superviser la construction du canal de Panama. En 1905, alors que la guerre russo-japonaise fait rage, Roosevelt envoie Taft en voyage en Extrême-Orient. Il rend visite à la famille royale japonaise et fait savoir que les États-Unis sont déterminés à maintenir la paix dans le Pacifique. En 1906, il se précipite à Cuba pour arrêter une révolution menaçante.

La présidence de William Howard Taft

À l'approche des élections de 1908, Roosevelt commence à penser à un successeur qui poursuivrait sa politique. On raconte qu'un soir, à la Maison-Blanche, alors qu'il discutait avec M. et Mme Taft, Roosevelt s'est adossé à un fauteuil, a fermé les yeux et a déclaré d'une voix funèbre : "Je suis le septième fils d'une septième fille et j'ai des pouvoirs de voyance. Je vois un homme pesant 350 livres. Il y a quelque chose qui pend au-dessus de sa tête. Je n'arrive pas à savoir ce que c'est.

A un moment donné, ça ressemble à la présidence, puis à nouveau à la magistrature suprême." "Faites-en la présidence", a-t-elle dit. "Faites en sorte que ce soit le poste de juge en chef", a-t-il répondu. La femme du président et ses frères persuadent William Howard Taft d'accepter la nomination à la présidence. Il est facilement élu face à William Jennings Bryan, qui a été battu pour la troisième fois. En 1909, avec James S. Sherman comme vice-président, il entame un mandat qui est voué à l'échec.

Contrairement à l'éblouissant Roosevelt, Taft est incapable de populariser ses réalisations. Il a écrit : " C'est une administration très ordinaire, sans intérêt, et elle n'attire pas l'attention ou l'enthousiasme de qui que ce soit, mais après mon départ, je pense que... "...Je pourrai regarder en arrière avec un certain plaisir, car j'aurai fait quelque chose pour le bien public."

L'administration de William Howard Taft est cependant assombrie par des querelles au sein du parti et par la rupture définitive avec son vieil ami Roosevelt. Le parti sous Roosevelt commençait à se diviser en deux factions. Les Stalwarts, ou "standpats", étaient considérés par la population comme les champions de Wall Street et des "intérêts financiers". Leurs leaders sont le sénateur américain Nelson W. Aldrich de Rhode Island et le président de la Chambre des représentants, "Uncle Joe" Cannon.

À l'extrême opposé se trouvaient les jeunes républicains, pour la plupart originaires de l'Ouest et du Middle West. Ils voulaient aller plus loin que

Roosevelt dans sa réforme des grandes entreprises et des trusts. Ils demandaient également une révision du système de nomination politique et une législation sociale plus agressive. Connus sous le nom d'Insurgents, ils devinrent plus tard les Progressistes. Le surnom populaire du parti, Bull Moose, provient de la description imagée que Roosevelt faisait de sa propre force et de sa vigueur. Leurs leaders étaient les sénateurs Robert M. La Follette du Wisconsin et William E. Borah de l'Idaho et le député George W. Norris du Nebraska.

Le manque de perspicacité politique de William Howard Taft se manifeste rapidement par son indifférence à l'égard de la division croissante entre conservateurs et progressistes dans les rangs républicains. Il encourage même cette division en ne nommant aucun membre de l'aile libérale à son cabinet. La première tâche qui attend la nouvelle administration est la révision du tarif douanier. L'Ouest veut des taux plus bas ; l'Est manufacturier veut une protection totale.

Nelson Aldrich, leader du Sénat, rédige le projet de loi à sa convenance, augmentant les droits sur quelque 600 articles. Le tarif Payne-Aldrich de 1909 fut une victoire pour les partisans républicains. Il semblait être une violation claire de la plate-forme du parti qui avait promis de réviser le tarif à la baisse. Les Insurgents accusent Taft d'avoir abandonné les politiques de Roosevelt.

La conservation est devenue un enjeu politique peu après la promulgation de la loi sur les tarifs douaniers. Roosevelt avait été un ardent défenseur de la conservation des ressources naturelles. Des accusations ont été portées contre le nouveau secrétaire de l'intérieur, Richard A. Ballinger, qui favorisait les intérêts du charbon, des mines et du bois qui exploitaient les terres publiques de l'Ouest.

Une querelle impliquant Ballinger et Gifford Pinchot, le forestier des États-Unis, devient un scandale ouvert, obligeant Taft à intervenir. Il soutient Ballinger, le supérieur de Pinchot, et licencie Pinchot. Les Insurgents attaquent Taft comme agent des grandes entreprises et comme traître à la cause de la conservation. Une enquête du Congrès confirme le président. Les Insurgés ont appelé cela "blanchir" Ballinger. Pinchot se rend en Europe, où Roosevelt est en voyage, pour raconter sa version des faits à son ancien chef. À partir de ce moment-là, Roosevelt est de plus en plus froid avec Taft.

En mars 1910, les Insurgents s'allient aux Démocrates pour modifier les règles de procédure de la Chambre des représentants. Selon les anciennes règles, les Insurgents étaient régulièrement réprimés par le président de la Chambre, Joseph G. Cannon. Il refusait de reconnaître les Insurgents lorsqu'ils prenaient la parole, à moins qu'ils n'aient obtenu son consentement préalable. Il nommait tous les comités et était le membre principal du comité des règles, qui contrôlait le cours de la législation.

En vertu des nouvelles règles, le président de la Chambre ne pouvait plus faire partie de la commission du règlement, et la Chambre choisissait ses propres commissions. Le refus de Taft de soutenir les Insurgents dans cette controverse ajoute à son impopularité. Lors des élections de l'automne 1910, les démocrates obtiennent la majorité à la Chambre.

Un traité de réciprocité, en cours de négociation avec le Canada, aurait abaissé les droits américains sur les denrées alimentaires en échange de réductions canadiennes sur les produits manufacturés. Cette mesure a coûté à Taft le soutien des agriculteurs, puis le Canada a rejeté le traité.

Malgré tous ces revers, le bilan de Taft en tant que progressiste est aussi important que celui de Roosevelt. Deux fois plus de procès ont été intentés contre des trusts sous son administration que sous celle de Roosevelt. La loi Mann-Elkins a donné à la Commission du commerce interétatique (CCI) la compétence sur les lignes téléphoniques et télégraphiques ; elle l'a autorisée à suspendre les augmentations de tarifs jusqu'à ce qu'elle soit convaincue qu'elles sont raisonnables ; et elle a créé une Cour du commerce pour entendre les appels de la CCI. Le 16e amendement, qui autorise un impôt fédéral progressif sur le revenu, est adopté. L'Alaska devient un territoire en 1912, et l'Arizona et le Nouveau-Mexique sont admis dans l'Union.

L'après-élection et les années suivantes

Les progressistes font tout leur possible pour empêcher la réélection de Taft en 1912. Roosevelt est persuadé de se représenter. Il trouve la plupart de ses anciens associés du côté de Taft, et bien qu'il se soit bien battu, la majorité des délégués à la convention sont en faveur de Taft. Les partisans de Roosevelt organisent le parti progressiste, désignent Roosevelt et Hiram Johnson, et entrent en campagne. Le candidat démocrate est Woodrow Wilson. Avec la division du parti, les démocrates remportent l'élection avec une minorité du vote populaire.

Peu après avoir quitté la présidence, Taft devient professeur de droit constitutionnel à l'université de Yale. À mesure que l'amertume de la lutte de 1912 s'estompe, les opinions de l'ex-président sur les affaires publiques sont accueillies et respectées. Son point de vue sur le recours à l'arbitrage pour prévenir la guerre reflète l'esprit de l'époque.

Pendant la Première Guerre mondiale, William Howard Taft a consacré son influence à la promotion d'une ligue internationale pour faire respecter la paix. Le président Wilson a soutenu le mouvement et, en 1917, a fait de cette proposition le centre de sa propre politique. La Société des Nations, qui a été intégrée au traité de Versailles en 1919, doit beaucoup au soutien de Taft. En 1918, il devient l'un des deux co-présidents du nouveau National War Labor Board.

Le dernier service public de l'ex-président a commencé en 1921 lorsque le président Warren G. Harding l'a nommé au poste qu'il avait désiré tout au long de sa carrière, celui de juge en chef de la Cour suprême des États-Unis. Ceux qui avaient considéré les opinions de Taft comme rigides et réactionnaires furent agréablement surpris par la libéralité et le caractère progressiste de ses décisions. Le 3 février 1930, il démissionne en raison d'une maladie cardiaque. William Howard Taft meurt à Washington le 8 mars et est enterré au cimetière national d'Arlington.

Questions de recherche

1. Que pensez-vous de ce président ?
2. Si vous deviez écrire une lettre à la Maison Blanche, que dirait-elle ?

28. Woodrow Wilson (1913-1921)

Parti démocrate | Vice-président : Thomas R. Marshall

"L'amitié est le seul ciment qui maintiendra le monde ensemble."

Le président qui a dirigé les États-Unis pendant les années difficiles de la Première Guerre mondiale était Woodrow Wilson. Il est probablement le seul président à avoir été un étudiant et un enseignant brillant ainsi qu'un homme d'État. Il avait été professeur d'université, président de l'université de Princeton et auteur d'ouvrages sur le gouvernement américain.

Woodrow Wilson avait également été gouverneur du New Jersey. Woodrow Wilson a élaboré ses convictions politiques en classe. Puis il est entré en politique pour mettre en pratique ses théories de gouvernement.

L'apparition de Woodrow Wilson

Woodrow Wilson était un homme svelte, mesurant environ cinq pieds onze pouces. Il avait un front haut, des pommettes hautes, un nez long et fin, et une longue mâchoire, projetée vers l'avant en une ligne obstinée. Ses yeux bleu-gris, derrière des lunettes de nez sans monture, avaient tendance à se rétrécir lorsqu'il parlait, lui donnant une expression sévère, presque sinistre. Il pouvait être froid et désagréable avec les hommes qu'il estimait ne pas avoir de sympathie pour lui.

En fait, son plus grand défaut était son incapacité à travailler avec ceux qui n'étaient pas prêts à suivre complètement son exemple. Woodrow Wilson avait une confiance absolue en son propre jugement.

Sa famille et ses nombreux amis proches le connaissaient comme un homme totalement différent - affectueux, charmant, généreux et plein d'entrain. Il aurait pu être un acteur de vaudeville à succès. Woodrow Wilson savait danser la gigue et le cakewalk. Il racontait des histoires délicieuses dans des dialectes noirs, écossais et irlandais et écrivait des jingles absurdes. Ses amis s'esclaffaient en entendant ses imitations de leurs connaissances mutuelles. Il chantait bien et avait une belle voix.

Par-dessus tout, il aimait la bonne conversation. Les personnes intelligentes et bien élevées qui le comprenaient faisaient ressortir les meilleures qualités de son esprit brillant et spirituel. Ses amis constituaient une partie très importante de sa vie. Cependant, une fois qu'une amitié avec lui était brisée, il ne pouvait plus jamais la reprendre.

Les débuts de la vie de Woodrow Wilson

Woodrow Wilson est né dans une famille de ministres et d'enseignants presbytériens. Son grand-père, James Wilson, a émigré aux États-Unis depuis l'Ulster, en Irlande, en 1807. Il a épousé une Irlandaise, Anne

Adams, arrivée sur le même bateau. James Wilson est devenu éditeur de journaux à Steubenville, dans l'Ohio. L'un de ses fils, Joseph Ruggles Wilson, est le père de Woodrow Wilson. Il est devenu un ministre presbytérien.

La mère de Woodrow Wilson était Janet (Jessie) Woodrow. Elle est née à Carlisle, en Angleterre, juste de l'autre côté de la frontière écossaise. Son père, Thomas Woodrow, était un ministre presbytérien écossais. En 1836, il a fait venir sa famille aux États-Unis. Avec le temps, il s'est installé dans l'Ohio, et là, sa fille et Joseph Ruggles Wilson se sont mariés.

L'enfance et la scolarité de Woodrow Wilson

Thomas Woodrow Wilson est né la semaine de Noël, le 28 décembre 1856, à Staunton, en Virginie, où son père était ministre de la première église presbytérienne. Il avait deux sœurs aînées, Marion et Anne. Un frère, Joseph Ruggles Wilson, Jr, avait dix ans de moins.

Tommy, comme on l'appelait dans son enfance, avait un an lorsque la famille déménagea à Augusta, en Géorgie. Il se souvient qu'à l'âge de quatre ans, alors qu'il se tenait près de la porte du jardin, il entendit un homme dire avec beaucoup d'excitation que M. Lincoln avait été élu et qu'il y aurait une guerre. Il court dans la maison pour demander à son père ce que cela signifie. Il allait voir une grande partie de la destruction et du gaspillage de la guerre dans le Sud et apprendre à la détester.

La famille Wilson était heureuse et affectueuse. Tommy et son père étaient exceptionnellement proches. Le garçon n'est pas allé à l'école avant l'âge de 13 ans. Jusque-là, son père avait été son seul professeur. Le Dr Wilson emmène le garçon visiter l'égreneuse de coton, la minoterie, la fonderie de fer et l'usine de munitions voisines et lui explique leur fonctionnement. Il lui a appris à chercher des mots inconnus dans le dictionnaire et à les répéter jusqu'à ce qu'il puisse les utiliser facilement. Il lui a appris à écrire simplement et à exprimer exactement ce qu'il voulait dire. Cette habileté à manier les mots a contribué à rendre Wilson célèbre.

L'intérêt de Tommy pour le droit parlementaire a commencé lorsqu'il était enfant. Il a organisé et s'est fait président d'un club, les Lightfoots, qui jouait au baseball et s'adonnait à diverses activités secrètes et aventureuses. Ils se réunissaient dans le grenier à foin de la grange du Dr Wilson. Tommy a rédigé une constitution pour le club et a dirigé ses réunions selon les règles de Robert's Rules of Order. Les garçons sont impressionnés par leur chef. Ils l'auraient été encore plus s'ils avaient su que ce grand garçon mince, avec des lunettes, de grandes oreilles et un visage pâle, rédigerait un jour la constitution de la Société des Nations.

En 1870, alors que le garçon a 14 ans, la famille déménage à Columbia, en Caroline du Sud. C'était une période de solitude, et il s'amusait à étudier les termes nautiques et à écrire un récit fantaisiste sur la mer. Il s'imagine être l'amiral Wilson de la marine américaine, dont la flotte détruit un nid de pirates dans le Pacifique Sud. L'histoire prend la forme de rapports quotidiens, adressés au département de la marine à Washington.

Woodrow Wilson a commencé à lire des livres sur la science du gouvernement. Une photo de William Gladstone était accrochée au-dessus de son bureau. Il expliqua à son cousin : "C'est Gladstone, le plus grand homme d'État qui ait jamais vécu. J'ai l'intention d'être un homme d'État moi aussi."

Woodrow Wilson devient étudiant à l'université

En 1873, Woodrow Wilson entre au Davidson College en Caroline du Nord. Il est mal préparé pour l'université. À la fin du trimestre, sa santé se détériore à cause du surmenage. Après 15 mois d'études en solitaire, il entre à Princeton, alors connu sous le nom de College of New Jersey. Il y découvre les belles qualités de son esprit et acquiert une confiance en lui qu'il ne perdra jamais.

Woodrow Wilson a étudié l'art de parler en public et a été actif dans la société de débat de l'université. Au cours de sa dernière année d'études, il rédige un brillant essai sur "Le gouvernement de cabinet aux États-Unis". Il abandonne le nom de Thomas et se signe "Woodrow Wilson".

Après avoir obtenu son diplôme à Princeton en 1879, Woodrow Wilson entre à l'université de Virginie pour étudier le droit. Il obtient son diplôme de droit en 1882 et s'associe à Renick et Wilson, à Atlanta, en Géorgie. Une brève lutte pour se constituer un cabinet le convainc qu'il ne fera jamais un bon avocat. Il retourne aux "avantages et aux plaisirs de l'étude" en 1883.

Cette fois, il passe deux ans à l'université Johns Hopkins pour étudier l'histoire et les sciences politiques. Malgré toute sa brillance, Wilson n'a jamais été le premier de sa classe. Il refusait d'étudier des sujets qui l'ennuyaient, et il avait un grand mépris pour la recherche de bonnes notes et de diplômes universitaires. Il n'a obtenu son diplôme de docteur en philosophie à Johns Hopkins que sur l'insistance d'amis qui lui ont fait remarquer que cela signifiait un meilleur salaire en tant que professeur.

Woodrow Wilson a soumis comme thèse un livre sur le gouvernement du Congrès, qui a été publié en 1885, un an après avoir quitté l'université. Dans cette étude pénétrante, il fait valoir que le gouvernement du Congrès, tel qu'il est pratiqué aux États-Unis, divise les responsabilités et se prête donc à l'inefficacité et à la corruption.

Woodrow Wilson en tant qu'éducateur

À l'âge de 29 ans, Woodrow Wilson entame sa carrière d'éducateur. Il est professeur associé d'histoire au Bryn Mawr College (pour femmes) (1885-88), puis professeur d'histoire et d'économie politique à l'université Wesleyan, à Middletown, dans le Connecticut. (1888–1890).

En 1890, Woodrow Wilson revient comme professeur de jurisprudence et d'économie politique au College of New Jersey. Au cours des 20 années suivantes, il a vu cet établissement devenir la grande université de Princeton. Pendant huit ans (1902-1910), il a été président de l'université.

Année après année, les étudiants de Princeton l'ont élu comme leur professeur le plus populaire. Woodrow Wilson était un professeur inspirant. Il avait peu de respect pour le genre d'esprit qui accumule les faits et les dates. Il croyait en l'importance de "développer l'esprit en l'utilisant plutôt qu'en le bourrant". "L'essence de l'esprit cultivé est sa capacité à relier les connaissances", déclarait Wilson.

Ce furent des années bien remplies. Outre l'enseignement, il avait publié Congressional Government (1885), The State (1889), Division and Reunion (1893), George Washington (1896), A History of the American People (1902) et Constitutional Government in the United States (1908). Il a écrit de nombreux essais et critiques de livres et était très demandé comme conférencier.

Woodrow Wilson était toujours surchargé de travail et souffrait d'épisodes de maladie répétés qui nécessitaient de longues périodes de repos. Les historiens soupçonnent qu'il a peut-être subi jusqu'à trois attaques cérébrales - deux mineures et une plus grave - dans les années 1890. En 1906, on lui dit qu'il doit prendre sa retraite et mener une vie très tranquille, mais il continue. Sans l'aide et la sympathie de sa femme, il n'aurait jamais pu accomplir tout ce qu'il a fait.

La vie de famille de Woodrow Wilson

Woodrow Wilson avait épousé Ellen Axson de Rome, en Géorgie, en 1885. Ils eurent trois filles : Margaret (née en 1886), Jessie (1887) et Eleanor (1889). Sa femme a veillé à ce qu'il ait le calme pendant ses heures de travail, qu'il soit libéré des soucis d'argent et qu'il fréquente des amis intellectuels. Avec le petit salaire d'un enseignant, ils ont réussi à aider leurs jeunes parents à obtenir une éducation universitaire en leur ouvrant leur maison.

Un ami de longue date a écrit : "Plus je fréquente les Wilson, plus je suis frappé par leur vie de famille inégalée. Je n'ai jamais rêvé qu'une telle douceur et un tel amour puissent exister."

Président de l'université de Princeton

En tant que président de Princeton, Wilson lance sa première croisade de réforme : construire une université capable de former des dirigeants et des hommes d'État. Le premier problème était de se débarrasser des clubs de restauration de la classe supérieure. "Les spectacles secondaires sont en train d'engloutir le cirque", a-t-il fait remarquer. Le deuxième problème était d'établir un collège de diplômés plus fort.

Woodrow Wilson a proposé un plan dans lequel les diplômés et les étudiants de premier cycle devraient vivre ensemble dans de petits collèges présidés par des enseignants et des tuteurs. Les étudiants et les professeurs bénéficieraient de la stimulation mutuelle d'idéaux cultivés et érudits.

Woodrow Wilson réussit à réorganiser les cours et à ajouter à la faculté 47 jeunes universitaires, appelés précepteurs. Leur tâche consistait à superviser individuellement les étudiants et à développer de petits groupes de discussion. Mais sur les grandes questions, il échoue.

Les étudiants et les anciens élèves s'opposent à l'élimination des clubs sociaux. Un groupe de la faculté est déterminé à placer le collège des diplômés sous une administration distincte et à loger ses étudiants dans un quadrilatère éloigné du campus, des bibliothèques et des laboratoires du premier cycle.

Woodrow Wilson était convaincu que ces plans réduisaient l'université à un peu plus qu'une coûteuse résidence universitaire. Lorsque deux anciens élèves ont légué plusieurs millions de dollars au graduate college à la condition que les plans de l'opposition soient réalisés, Wilson a été vaincu. Il estimait que le problème se situait entre la démocratie et le pouvoir de l'argent et des privilèges spéciaux.

Les années de Woodrow Wilson en tant que gouverneur réformateur

La bataille de Princeton attire une large publicité et conduit à son élection au poste de gouverneur du New Jersey en 1910. Il y démontre son indépendance et sa capacité à faire avancer les choses. Une fois encore, comme à Princeton, il se lance dans la bataille contre des forces qui, il en est convaincu, s'opposent au bien public. Le New Jersey est dirigé par un groupe de patrons politiques qui pensent pouvoir utiliser Wilson comme une façade respectable.

Woodrow Wilson a contourné la machine du parti démocrate et s'est adressé directement aux électeurs pour qu'ils soutiennent son programme. En un peu plus d'un an, il fait passer une loi sur le contrôle des services publics, une loi sur les pratiques politiques corrompues, une loi sur l'indemnisation des travailleurs et une loi sur les primaires directes.

Ces réformes audacieuses attirent l'attention nationale sur le président d'université devenu homme politique. En 1912, il remporte l'investiture du parti démocrate pour la présidence des États-Unis. Theodore Roosevelt divise le parti républicain et Wilson remporte l'élection. Les votes des grands électeurs étaient de 435 pour Wilson, 88 pour Roosevelt et 8 pour Taft. Mais Wilson ne remporte que 42 % du vote populaire. Les votes combinés de Roosevelt et Taft dépassent ceux de Wilson de plus de 1 300 000 voix.

Woodrow Wilson à la Maison Blanche

La famille Wilson était loin d'être heureuse à l'idée de se rendre à la Maison Blanche. Le président sortant, William Howard Taft, leur avait dit : "Je suis heureux de partir - c'est l'endroit le plus solitaire du monde." Eleanor Wilson a écrit dans ses mémoires que la veille de l'investiture de son père, elle a pleuré jusqu'à l'épuisement, en s'écriant : "Ça va les tuer - ça va les tuer tous les deux."

Pourtant, la famille Woodrow Wilson s'est très vite adaptée à la vie à la Maison-Blanche. Mme Wilson fit un foyer simple et démocratique, comme elle l'avait fait partout où ils étaient allés. Deux mariages eurent lieu à la Maison-Blanche au cours des deux premières années. Jessie épouse Francis B. Sayre le 26 novembre 1913 et Eleanor épouse William Gibbs McAdoo le 7 mai 1914.

La santé de Mme Wilson a commencé à décliner au début de 1914. Son aptitude à se faire aimer de tous a été mise en évidence par une action du Congrès. Informés qu'elle était en train de sombrer, ils ont adopté à la hâte un projet de loi pour l'élimination des taudis à Washington, auquel elle tenait beaucoup, afin qu'elle puisse en être informée avant sa mort, en août de cette année-là.

Dépendant comme il l'a toujours été de la compagnie de sa femme, le président se sent seul et déprimé. Grâce à son médecin personnel, le colonel Cary Grayson, il rencontra une belle et gracieuse veuve, Mme Edith Bolling Galt. Wilson et Mme Galt se sont mariés en décembre 1915.

Woodrow Wilson, un réformateur politique

Woodrow Wilson a qualifié sa philosophie de gouvernement de "nouvelle liberté". "Ce qui m'intéresse, c'est que le gouvernement des États-Unis se préoccupe davantage des droits de l'homme que des droits de propriété", a-t-il déclaré. Convaincu qu'un leadership exécutif fort est nécessaire au progrès, il est allé plus loin que tout autre président pour imposer ses souhaits au Congrès.

Woodrow Wilson a convoqué le Congrès en session extraordinaire au début du mois d'avril 1913 et s'est adressé aux deux chambres en personne. Il a ainsi brisé un précédent de longue date. De temps en temps par la suite, il s'est présenté devant le Congrès avec des parties de son programme. Il en résulta une masse de législation progressiste inégalée par toute administration jusqu'alors.

Réforme tarifaire

Le tarif Underwood-Simmons a réduit les droits de douane sur plus d'une centaine d'articles. Une commission tarifaire est créée en 1916 pour étudier les tarifs et formuler des recommandations.

Pour compenser la perte de revenus due à la réduction des droits de douane, une loi sur l'impôt sur le revenu progressif a été promulguée, comme l'autorisait le 16e amendement à la Constitution nouvellement adopté. Il était prélevé en fonction de la richesse.

Le système bancaire de la Réserve fédérale a été créé, et un conseil de contrôle a été mis en place pour administrer le système. Pour la première fois dans l'histoire américaine, la finance et les crédits sont placés sous la direction du gouvernement. La loi fédérale sur les prêts agricoles a créé 12 banques de prêts agricoles pour accorder des crédits faciles et bon marché aux agriculteurs et aux locataires.

Règlements et législations

La Commission fédérale du commerce est créée, avec le pouvoir d'interdire les pratiques commerciales déloyales. Le Clayton Act, conçu pour renforcer le Sherman Anti-Trust Act, définit les méthodes de concurrence que la Commission est habilitée à interdire. Elle rendait les dirigeants de sociétés responsables des actes illégaux de ces sociétés, exemptait les syndicats des lois antitrust et interdisait le recours aux injonctions de travail, sauf lorsque cela était nécessaire pour protéger la propriété.

La loi La Follette sur les marins exigeait de meilleures conditions de vie et de travail pour les marins des océans et des lacs. La loi Adamson a fixé une journée de travail de huit heures pour les travailleurs des chemins de fer.

Amérique Latine

En 1912, le Congrès avait promulgué une loi sur les péages de Panama qui violait le traité Hay-Pauncefote de 1901 avec la Grande-Bretagne, garantissant l'égalité de traitement dans l'utilisation du canal de Panama. Wilson a persuadé le Congrès d'abroger cette loi.

Les hommes d'affaires américains investissent massivement dans les mines, les chemins de fer et les autres ressources de l'Amérique latine. Peu après son investiture, Wilson annonce qu'il abandonne la "diplomatie du dollar". Cela signifiait que les investisseurs ne pouvaient plus attendre du gouvernement des États-Unis qu'il protège leurs intérêts. Néanmoins, Wilson autorise l'intervention des États-Unis pour rétablir l'ordre au Nicaragua, en Haïti et en République dominicaine.

En 1914, les Marines s'emparent du port de Veracruz, au Mexique, lorsque la police mexicaine arrête plusieurs marins américains. La médiation des "puissances A B C" (Argentine, Brésil et Chili) permet d'éviter la guerre.

En mars 1916, un rebelle mexicain, Francisco (Pancho) Villa, fait un raid à Columbus, dans le Nouveau-Mexique, et tue 17 Américains. Avec la permission du président mexicain Carranza, les États-Unis ont envoyé une expédition au Mexique sous les ordres du général John J. Pershing. Ils n'ont pas réussi à attraper Villa et ont été retirés en janvier 1917.

Quartier général I

Au cours de l'été 1914, toute l'Europe est plongée dans la guerre. Woodrow Wilson a demandé aux États-Unis d'être neutres "même en esprit", mais peu d'Américains ont été capables de rester impartiaux. Pendant deux ans, le président a fait tout son possible pour éviter la guerre. Même après que le paquebot britannique non armé Lusitania a été coulé par un sous-marin allemand avec une perte de près de 1 200 vies, dont 124 Américains, il a soutenu : "Il existe une chose telle qu'un homme est trop fier pour se battre."

En 1916, Woodrow Wilson est réélu. Il bat le candidat républicain Charles Evans Hughes par un vote électoral de 277 contre 254. Le slogan de campagne "He kept us out of war" lui a probablement valu plus de votes populaires que tout autre facteur. Après l'élection, Wilson tente de mettre fin à la guerre par une médiation active.

Les Allemands, cependant, reprennent la guerre sous-marine sans restriction. Le 2 avril 1917, le président demande au Congrès une déclaration de guerre. Devant une session conjointe des deux chambres, il lit les mots solennels suivants : " La guerre sous-marine allemande actuelle contre le commerce est une guerre contre l'humanité. C'est une guerre contre toutes les nations....Nous acceptons ce défi....Le monde doit être rendu sûr pour la démocratie." Le 6 avril, le Congrès déclare la guerre. (Pour des informations sur la participation des États-Unis à la guerre.

Dans les 18 mois qui suivent, les États-Unis constituent une armée de 4 millions d'hommes par conscription, envoient 2 millions d'hommes en France et unissent toute la population derrière l'effort de guerre. Une vaste machine de propagande fut créée sous le nom de Comité de l'information publique. Les paroles de Woodrow Wilson parviennent au peuple allemand par la radio pour la première fois dans l'histoire. Des tracts sont dispersés depuis des avions, tirés par des fusils et des roquettes, et passés en contrebande derrière les lignes ennemies. Wilson a déclaré qu'il s'agissait d'une "guerre pour mettre fin à la guerre". Il a parlé de "paix sans victoire" et sans vengeance.

Le 8 janvier 1918, Woodrow Wilson a annoncé ses quatorze points comme base d'un accord de paix. Plus que des conditions de paix, il s'agissait de conditions pour un monde meilleur. Il a fait suivre ce discours de son célèbre discours sur "l'autodétermination", le 11 février, dans lequel il a déclaré : "Les aspirations nationales doivent être respectées ; les peuples ne peuvent désormais être dominés et gouvernés que par leur propre consentement. L'autodétermination n'est pas une simple expression, c'est un principe d'action impératif...."

La bataille du traité de paix

La guerre prend fin le 11 novembre 1918. Les propositions de paix allemandes arrivent en plein milieu des élections au Congrès. Wilson fait appel au peuple pour qu'il soutienne ses politiques en ramenant une majorité démocrate aux deux chambres. Le parti est cependant défait et, avec une majorité républicaine aux commandes, il n'est plus en mesure de diriger le Congrès.

Contre l'avis de ses proches, le président décide d'assister à la conférence de paix de Paris et de défendre sa politique en personne. Il emmène avec lui peu de conseillers, et aucun du parti républicain. Le 13 décembre, il arrive en Europe. Probablement aucun homme n'a jamais reçu une telle ovation. Partout où il passe, des foules énormes se rassemblent, sanglotant, acclamant, criant son nom.

La conférence de paix s'éternise semaine après semaine. David Lloyd George d'Angleterre, Vittorio Orlando d'Italie, Georges Clemenceau de France, tous sont des diplomates expérimentés et rusés et chacun est déterminé à obtenir ce qu'il veut. Les discussions interminables, les réceptions et les banquets officiels mettent les nerfs de Wilson à vif. Il souffre d'une maladie brève mais grave. Par la suite, il est plus tendu, nerveux et irritable.

La paix conclue en juin 1919 reprend nombre de ses idées. Sa plus grande réussite a été d'inscrire dans le traité de Versailles le Pacte (constitution) d'une Société des Nations. Le 10 juillet 1919, Woodrow Wilson l'a présenté devant un Sénat hostile, dirigé par Henry Cabot Lodge et un "petit groupe d'hommes obstinés", comme Wilson les a appelés. Ils sont particulièrement opposés à la Société des Nations, mais Wilson refuse de compromettre son rêve.

À la recherche d'un soutien populaire qui submergerait le Sénat, Woodrow Wilson parcourt le pays pour défendre la Ligue. Épuisé, il s'est effondré à Pueblo, Colorado, fin septembre. Une attaque l'a laissé paralysé.

Pendant un mois, seuls la femme de Woodrow Wilson et son médecin ont été autorisés à le voir. Puis, sa femme guidant sa main, il appose une signature chancelante sur les principales factures. Seule une forte volonté le maintient en vie. Lorsque le secrétaire d'État Robert Lansing a présumé de convoquer les réunions du Cabinet, Wilson l'a promptement congédié.

Woodrow Wilson refuse de laisser son vice-président, Thomas R. Marshall, prendre les choses en main. Dans ses mémoires, Edith Wilson a déclaré que le président restait le chef d'État actif, prenant ses décisions sur la base des synthèses qu'elle avait préparées.

Wilson ne peut pas participer à la campagne présidentielle de 1920, et le candidat démocrate, James M. Cox, est massivement battu par le républicain Warren G. Harding. Woodrow Wilson meurt le 3 février 1924. Il est enterré dans la cathédrale nationale de Saint-Pierre et Saint-Paul à Washington.

Questions de recherche

---

1. Quel a été l'aspect le plus controversé de l'administration du président Woodrow Wilson ?

2. Le considéreriez-vous comme un bâtisseur de nation responsable ou comme un mondialiste impérialiste ?
3. Si l'internet avait été inventé plus tôt, quels seraient les cinq principaux sites web que Woodrow Wilson voudrait voir immédiatement ?

29. Warren G. Harding (1921-1923)

Parti républicain | Vice-président : Calvin Coolidge

"L'honnêteté est le grand essentiel. Elle exalte la citoyenneté individuelle, et, sans honnêteté, aucun homme ne mérite la confiance du peuple dans la vie privée ou dans les fonctions publiques."

"Retour à la normale", tel était le slogan de campagne de Warren G. Harding, 29e président des États-Unis. Les électeurs américains de 1920, las de la guerre, ont tellement aimé cette idée qu'ils ont élu cet éditeur de journaux de l'Ohio par une majorité de 7 millions de voix.

Warren G. Harding est décédé le 2 août 1923, avant la fin de son mandat, mais ses politiques conservatrices ont été suivies par d'autres présidents républicains au cours des prospères années 1920.

Les premières années

Né dans le village de Corsica, devenu plus tard Blooming Grove, dans l'Ohio, le 2 novembre 1865, Warren G. Harding était l'aîné des huit enfants de George Tryon et Phoebe Dickerson Harding. La famille grandissante a du mal à joindre les deux bouts dans les jours difficiles qui suivent la guerre civile américaine. Le père travaille comme fermier, médecin de campagne et "commerçant" en général.

Warren est devenu un jeune homme costaud, à la forte ossature et à la belle prestance. Il apprend les tâches de la ferme des pionniers - abattre les arbres, fendre les rails, couper le bois, planter et récolter les cultures. Lorsque son père l'a échangé contre une participation dans un journal de village, le garçon a appris à composer lui-même.

Formation et début de carrière de Warren G. Harding

Warren G. Harding a commencé sa scolarité dans une petite école rouge à Caledonia, dans l'Ohio. À 14 ans, il est entré dans une académie à Iberia, appelée Ohio Central College. Bien qu'il ait dû abandonner ses études pour gagner de l'argent, il a obtenu son diplôme en 1882. Étudiant populaire, il a édité l'annuaire, joué du cor alto et participé à des concours d'éloquence.

Warren a également joué de son cor alto dans l'orchestre municipal de Caledonia et plus tard à Marion, Ohio, où sa famille a déménagé. Il est devenu le directeur du Marion Citizens' Cornet Band. L'histoire raconte qu'il était si désireux de diriger l'orchestre dans les concours des foires de comté qu'il s'est endetté pour acheter des uniformes. L'investissement s'est avéré judicieux, car l'orchestre de Marion a remporté le troisième prix d'un festival d'orchestre d'État, en concurrence avec des unités des grandes villes de l'Ohio. Le prix de 200 dollars a permis de rembourser la dette. Warren a également joué le rôle de substitut de première base dans l'équipe de baseball de la ville et a participé aux autres sports et divertissements d'une petite ville.

Comme de nombreux autres hommes d'État du XIXe siècle, il a commencé sa carrière en enseignant pendant un trimestre. Warren G. Harding dira plus tard que c'est le travail le plus difficile qu'il ait jamais eu. À Marion, il s'essaie à la lecture de textes de loi et à la vente d'assurances. Il n'a que 19 ans lorsqu'il trouve la vocation de sa vie : le journalisme. La politique lui fait perdre son premier emploi de reporter au Mirror, un hebdomadaire démocrate. Warren était déjà un républicain convaincu. En tant que partisan du "chevalier à plumes", James G. Blaine, lors de la campagne de 1884, il a osé porter un chapeau de campagne de Blaine au travail.

Le Marion Star

En quelques semaines, cependant, le jeune Warren G. Harding était devenu un éditeur. Un quotidien en faillite, le Marion Star, était disponible pour quiconque pouvait payer 300 dollars au shérif et reprendre l'hypothèque. Warren persuada deux jeunes amis d'investir dans le projet et emprunta sa propre part à son récent employeur, l'éditeur du Mirror.

La survie du quotidien, avec son équipement défectueux, ses maigres publicités et son prix d'abonnement de 10 cents par semaine, a été qualifiée de "petit miracle". Warren a parfois accompli toutes les tâches du bureau, du lavage des rouleaux d'encre à la rédaction d'éditoriaux et à la vente d'imprimés et de publicités. Il a été le premier à vendre de la publicité en tant qu'outil de développement commercial.

Les activités politiques de Warren G. Harding ont contribué à augmenter les revenus de l'impression et de la publicité officielles. À mesure que Marion se développe, la fortune du Star s'améliore. Harding est un promoteur enthousiaste de Marion, actif dans toutes les initiatives visant à attirer de nouvelles industries qui augmenteraient la population.

Mariage

Le 8 juillet 1891, Warren épouse Florence Kling DeWolfe, fille divorcée d'un banquier de Marion. Les compétences en affaires et l'ambition de Florence Harding se révèlent des facteurs importants dans la réussite de son mari. Elle se rend à son bureau pour l'aider lorsqu'il est malade. Elle est restée pour prendre en charge le département de la circulation et d'autres aspects de la gestion des affaires. Le Star prospère et son mari a du temps pour la politique.

Le jeune Harding aimait s'exercer à l'art oratoire lors des réunions politiques du comté. (Il inventera plus tard le mot " bloviate " pour désigner les discours publics enflammés, " brandissant des drapeaux ", courants dans sa jeunesse). Lors de l'un de ces rassemblements, alors que Harding n'a que 35 ans, il rencontre Harry M. Daugherty, un avocat et leader politique de Columbus. Le soutien enthousiaste de Daugherty devait plus tard conduire Harding à la Maison Blanche.

En 1898, Warren G. Harding est élu au sénat de l'État. Sa loyauté envers le parti et sa capacité à obtenir l'accord du parti sur les programmes lui valent une certaine popularité. Il devient lieutenant-gouverneur en 1904 mais est battu lorsqu'il se présente au poste de gouverneur en 1910. En 1914, il est élu sénateur américain de l'Ohio.

Warren G. Harding, un sénateur populaire

Au Congrès, Warren G. Harding gagne rapidement en popularité. Il est placé dans des comités importants. Harding vota pour les deux amendements constitutionnels de l'époque - le 18e, ou Prohibition, et le 19e, donnant le droit de vote aux femmes. Sur les questions intérieures, il votait généralement selon la politique républicaine. Après l'entrée de l'Amérique dans la Première Guerre mondiale, il vota pour donner des pouvoirs de guerre spéciaux au président démocrate, Woodrow Wilson.

Après la guerre, le président Wilson demande la ratification du traité de Versailles. Harding s'allie au groupe "strict réserviste" de la majorité sénatoriale républicaine. Le traité inclut le pacte de la Société des Nations, qui, selon ces sénateurs, limiterait la souveraineté nationale. Ils proposent réserve après réserve et finissent par rejeter le traité le 19 novembre 1919.

La nomination et l'élection de Warren G. Harding

En 1920, les Américains sont bouleversés par les restrictions, les sacrifices, l'idéalisme et les déceptions des années de guerre. Les entreprises, bien que bénéficiant de profits élevés, veulent être soulagées des règlements de guerre et des impôts élevés. Les travailleurs estiment que leurs gains de guerre ont été anéantis par l'augmentation du coût de la vie.

Un déclin commercial est survenu au printemps 1920. Il a entraîné le chômage et l'effondrement de la prospérité agricole. Les gens ont rejeté la faute de leurs problèmes sur Wilson et les démocrates.

Les sénateurs républicains estimaient que Wilson avait étendu le pouvoir de la présidence au détriment du pouvoir législatif. Ils voulaient qu'un de leurs propres hommes soit au pouvoir. Bien que Harding n'ait jamais obtenu un grand soutien des électeurs, il pensait que son plaidoyer pour un "retour à la normale" du pays ferait de lui un candidat favorable.

Warren G. Harding annonce sa candidature à la présidence, avec Harry Daugherty comme directeur de campagne. Lors de la convention de nomination républicaine à Chicago, aucun des principaux candidats, le général Leonard Wood ou le gouverneur Frank O. Lowden de l'Illinois, ne parvient à obtenir la majorité. Les dirigeants se réunissent et choisissent Harding comme leur candidat de compromis. Il

Warren G. Harding est désigné au tour de scrutin suivant. Le gouverneur Calvin Coolidge du Massachusetts est choisi comme candidat à la vice-présidence. Les démocrates désignent le gouverneur James M. Cox (Ohio) comme président et Franklin D. Roosevelt (New York) comme vice-président. Le 2 novembre 1920, Harding est élu président.

À Washington, les Harding ouvrent les portes de la Maison Blanche, verrouillées depuis l'avant-guerre. Ils accueillent leurs amis et leurs sympathisants. Harding s'adonne à autant de ses passe-temps et de ses intérêts qu'il le peut. Il est un golfeur enthousiaste et il aime aussi la boxe, l'automobile, la pêche, le baseball et les jeux de cartes. Les Harding n'ont pas eu d'enfants.

Le programme législatif et le cabinet de Warren G. Harding

Après son investiture, le nouveau président convoqua une session spéciale du Congrès et recommanda un programme conservateur. Celui-ci comprenait une économie de gouvernement stricte, la création d'un système de budget fédéral, l'augmentation des tarifs douaniers, la réduction des impôts, la restriction de l'immigration et l'aide aux anciens combattants et aux agriculteurs. Un Congrès coopératif a rapidement adopté une résolution conjointe déclarant la fin officielle de la Première Guerre mondiale.

Parmi les autres textes législatifs figurent le projet de loi sur le budget et la comptabilité et un projet de loi temporaire sur les tarifs douaniers. La loi Fordney-McCumber de 1922, qui prévoit les droits de douane les plus élevés de l'histoire, et une loi sur la restriction de l'immigration, qui fixe un quota d'étrangers pour chaque pays, sont également adoptées.

L'administration de Harding est également à l'origine de la conférence de Washington de 1922, au cours de laquelle sont négociés des traités limitant et réduisant les forces navales des puissances mondiales. Le Congrès adopte un programme libéral de soins pour les anciens combattants handicapés, mais lorsqu'il adopte un projet de loi sur les primes aux soldats, Harding y oppose son veto pour des raisons économiques. Son principal service à la main-d'œuvre est d'avoir personnellement incité " Big Steel " à abandonner la journée de 12 heures.

Le Cabinet de Warren G. Harding était un mélange d'hommes distingués et d'amis personnels ou politiques. Il avait une grande et indiscutable confiance en eux tous. Les principales réalisations de son mandat sont le fruit du leadership de Charles E. Hughes, secrétaire d'État, d'Andrew Mellon, secrétaire au Trésor, et d'Herbert Hoover, secrétaire au Commerce.

Affaires étrangères et économiques

Hughes préside la Conférence de Washington sur la limitation des armements navals, que Harding a convoquée pour le 12 novembre 1921. Les principales puissances navales invitées sont la Grande-Bretagne, la France, l'Italie et le Japon. Des invitations sont également adressées à la Chine, à la Belgique, au Portugal et aux Pays-Bas.

Hughes a audacieusement proposé qu'il y ait un congé de construction navale pendant dix ans. Il a également proposé que plusieurs navires américains, britanniques et japonais soient mis au rebut et que le rapport en puissance des navires d'équipement entre ces nations soit respectivement de 5-5-3. Le programme de Hughes fut largement adopté. D'autres traités prévoyaient le maintien de l'intégrité territoriale et de la souveraineté de la Chine et le principe de la "porte ouverte". Le Japon accepte de se retirer de Shantung.

Sous la direction du secrétaire Mellon, la dette nationale et les taux d'imposition fédéraux ont tous deux été réduits. Le Congrès a toutefois refusé de réduire les impôts sur les hauts revenus autant que Mellon l'avait demandé.

Scandales

La confiance de Warren G. Harding dans certaines personnes nommées s'avère mal placée. Il nomme Albert B. Fall, un ancien collaborateur du sénateur, secrétaire de l'Intérieur. Fall incite Edwin Denby, secrétaire à la Marine, à transférer les réserves pétrolières de la Marine sous le contrôle du ministère de l'Intérieur. Harding signe l'ordre exécutif effectuant le transfert. Fall loue ensuite des droits de forage dans les réserves d'Elk Hills, en Californie, et de Teapot Dome, dans le Wyoming, à des amis promoteurs pétroliers.

Lorsqu'une commission sénatoriale a enquêté sur la transaction, il est apparu qu'il avait reçu d'importants " prêts " et des blocs d'obligations de la liberté de la part des bailleurs. Entre-temps, Fall avait démissionné du Cabinet. Warren G. Harding est ensuite poursuivi et, après un long délai, condamné pour son rôle dans cette affaire. Il a purgé neuf mois de prison. Les baux ont été annulés en 1927.

D'autres scandales ont éclaté concernant la corruption du gardien des biens des étrangers et du directeur du Bureau des anciens combattants. L'ami de Harding, le procureur général Daugherty, démissionne et est jugé pour corruption.

Le président Harding n'a pas eu à souffrir de la plupart de ces révélations. Au début de l'année 1923, il eut une grave attaque de grippe, suivie d'autres troubles. La santé de sa femme est également mauvaise. Harding est préoccupé par la perte des sièges républicains dans les deux chambres du Congrès lors des élections de 1922.

Warren G. Harding décide qu'une tournée de conférences serait utile tant pour sa santé que pour sa popularité. Accompagné de sa femme et d'un groupe de 65 personnes, il entreprend un voyage transcontinental qui comprend une visite en Alaska. Au lieu de l'aider à se détendre, le voyage l'a épuisé.

Warren G. Harding tombe malade à Seattle et est emmené à San Francisco, où il meurt le 2 août dans des circonstances quelque peu mystérieuses. Calvin Coolidge devient président. Florence Harding retourne immédiatement à Washington et brûle tous les papiers de Harding.

Warren G. Harding avait été un président populaire, et il fut profondément regretté. Il fut enterré dans une tombe commémorative érigée à Marion grâce à des dons publics.

Questions de recherche

---

1. Combien de critiques a-t-il reçu pour sa vie personnelle par rapport à son travail au bureau ?
2. Que pensez-vous des grâces présidentielles ?

3. Quelle est la citation la plus drôle de Harding que vous ayez entendue ?

30. Calvin Coolidge (1923-1929)
Parti républicain | Vice-président : Charles G. Dawes

"Rien au monde ne peut remplacer la persévérance. Le talent ne le fera pas ; ... Le génie ne le fera pas ;... L'éducation ne le fera pas... Seules la persévérance et la détermination sont omnipotentes."

Le sixième vice-président à devenir président des États-Unis à la mort du chef de l'exécutif fut Calvin Coolidge. Il a prêté le serment du 30e président à 2 h 47 du matin, le 3 août 1923, quelques heures après la mort du président Warren G. Harding.

Élu pour un second mandat en 1924, Coolidge fut un président populaire. Républicain, il servit à une époque de croissance industrielle et commerciale rapide, de profits élevés et de hausse des cours de la bourse, appelée la période de "prospérité Coolidge". En ce jour de richesse rapide et de dépenses libres, Calvin Coolidge défendait les vertus yankees d'économie, de prudence et de respect de soi.

L'enfance de Calvin Coolidge

Calvin Coolidge est né le 4 juillet 1872 à Plymouth, dans le Vermont, fils de John Calvin Coolidge et de Victoria Moor Coolidge. Il porte le nom de son père, John Calvin, mais abandonne le John lorsqu'il obtient son diplôme universitaire. Son père était un fermier, un commerçant et, à l'occasion, un homme politique.

En grandissant, Calvin Coolidge apprend à faire les travaux de la ferme. Il aidait à remplir le coffre à bois, à conduire le bétail au pâturage, à déposer les pommes de terre de semence au moment de la plantation et à conduire la faucheuse tirée par des chevaux et le râteau au moment de la récolte. Pour s'amuser en hiver, il faisait du cabotage, du patinage et des promenades en foin. En été, il aimait la pêche, la natation et l'équitation. Son enfance a été attristée par la maladie de sa mère et son décès lorsqu'il avait 12 ans.

Le garçon a appris la politique ainsi que d'autres leçons de son père. Pendant la campagne Garfield-Hancock de 1880, Calvin Coolidge demanda à son père un penny pour acheter des bonbons. John Coolidge refusa, expliquant que si les démocrates étaient élus, il fallait s'attendre à des temps difficiles. Après la victoire de James A. Garfield, le garçon rappela à son père que les Républicains étaient restés au pouvoir. Il a obtenu le penny.

Éducation, carrière et mariage de Calvin Coolidge

Calvin Coolidge fréquente la Black River Academy à Ludlow, dans le Vermont, avant d'entrer au Amherst College dans le Massachusetts. Il est diplômé cum laude d'Amherst en 1895. Il apprend le droit à l'ancienne, en étudiant dans un cabinet d'avocats à Northampton, dans le Massachusetts. C'est à cette époque qu'il fait ses premiers pas en politique en travaillant dur dans des comités de quartier et de ville.

Calvin Coolidge était à l'opposé de l'image populaire du politicien pétaradant. Il était calme, sincère et plutôt timide, mais il était capable d'attirer et de conserver la confiance des électeurs comme des dirigeants politiques. Il a été élu et réélu à un poste après l'autre.

Calvin Coolidge a été représentant de l'État, maire de Northampton, sénateur et président du Sénat de l'État, lieutenant-gouverneur et gouverneur du Massachusetts. Il a toujours défendu l'économie, le conservatisme et la régularité du parti.

En 1905, Calvin Coolidge épouse Grace Anna Goodhue de Burlington, Vermont. Ils eurent deux fils, John et Calvin.

Le gouverneur Coolidge s'est fait connaître à l'échelle nationale lors de la grève de la police à Boston en 1919. Il laissa le maire gérer le problème jusqu'à ce que la police quitte son poste et que des troubles apparaissent. Il a alors convoqué la garde nationale pour maintenir l'ordre. À la protestation d'un dirigeant syndical, il a répondu : "Personne n'a le droit de faire grève contre la sécurité publique, où que ce soit et à tout moment." Lors de la convention républicaine de l'année suivante, il est désigné pour la vice-présidence au premier tour de scrutin.

En tant que vice-président, Calvin Coolidge était modeste et silencieux. Il préside le Sénat et assiste aux réunions du Cabinet à l'invitation du président Warren G. Harding. La mort de Harding amène Coolidge à la présidence à un moment critique. Les scandales de l'administration Harding deviennent publics. D'énormes malversations au sein du Bureau des anciens combattants et du Bureau du gardien des biens des étrangers sont révélées.

Le Sénat ouvre une enquête sur les baux privés concernant les réserves de pétrole de la marine à Teapot Dome, dans le Wyoming, et à Elk Hills, en Californie. Ils avaient été accordés par Albert B. Fall, le secrétaire à l'intérieur de Harding. Suite à une résolution du Congrès, Calvin Coolidge nomme des avocats pour poursuivre les personnes impliquées dans le scandale du pétrole. Fall a été condamné et emprisonné. Le secrétaire à la marine Denby et le procureur général Daugherty démissionnent sous la pression.

Calvin Coolidge a été désigné pour un second mandat en 1924, avec Charles G. Dawes de l'Illinois comme candidat à la vice-présidence. Les démocrates désignent John W. Davis (Virginie occidentale) pour la présidence et le gouverneur Charles W. Bryan (Nebraska) pour la vice-présidence. Les républicains insurgés mettent en lice un ticket du Parti progressiste, dirigé par le sénateur Robert M. La Follette du Wisconsin et le sénateur Burton K. Wheeler du Montana. Coolidge et Dawes l'emportent. Ils obtiennent 382 voix électorales contre 136 pour Davis et seulement 13 pour La Follette.

La famille Coolidge à la Maison Blanche

À la Maison Blanche, les Coolidge recevaient fréquemment de manière digne et formelle. Ils reçoivent de nombreux dirigeants de la nation. Ils fréquentent l'église congrégationaliste. Leurs deux fils, qui fréquentent la Mercersburg Academy, passent les vacances scolaires à la Maison Blanche.

Calvin Coolidge était dévoué à ses fils et était fier de leur donner une éducation digne de la Nouvelle-Angleterre. Calvin Jr. avait un emploi d'été dans un champ de tabac lorsque son père devint président. Un collègue de travail lui fait remarquer qu'il ne travaillerait pas si son père était président. Calvin Jr. répond : "Si mon père était ton père, tu le ferais." Le jeune est décédé en juillet 1924 des suites d'une infection du pied.

Programme législatif

Dans ses messages au Congrès, Calvin Coolidge demandait la réduction des impôts, la restriction de l'immigration, l'extension de la fonction publique, la réorganisation des services gouvernementaux, l'amélioration des rivières et l'adhésion à la Cour mondiale. Le Congrès se montre souvent peu coopératif. Une minorité de républicains progressistes détenait l'équilibre du pouvoir.

Calvin Coolidge oppose son veto au projet de loi McNary-Haugen, qui visait à soutenir les prix agricoles par des subventions gouvernementales. Il a également opposé son veto à un projet de loi prévoyant une prime, sous forme d'assurance, pour les anciens combattants de la Première Guerre mondiale. Le Congrès a adopté cette loi malgré son veto.

Calvin Coolidge et Andrew Mellon, secrétaire au Trésor, obtiennent l'adoption de mesures d'économie. Ils réduisent la dette nationale d'environ un milliard de dollars par an et diminuent les impôts dans toutes les tranches de revenus.

Les affaires étrangères de Calvin Coolidge

Le principal triomphe international de l'administration concerne le traité multilatéral Kellogg-Briand. Frank B. Kellogg, secrétaire d'État, a mis l'influence américaine au service de la renonciation à la guerre comme instrument de politique internationale. Les représentants de 15 nations signent le Pacte de Paris à Paris le 27 août 1928. D'autres nations ont signé plus tard.

Calvin Coolidge soutient une conférence de limitation navale à Genève en 1927, mais celle-ci ne débouche sur aucun accord. Le Sénat vote en faveur de l'adhésion à la Cour mondiale en 1926. Il ajoute cependant tellement de réserves que la résolution n'est pas acceptée par les autres membres.

Certaines frictions avec d'autres pays sont apparues. Le projet de loi sur l'immigration de 1924 a suscité un certain mécontentement en incluant les Japonais parmi les autres étrangers asiatiques dont l'entrée était interdite parce qu'ils n'étaient pas admissibles à la citoyenneté. Les problèmes avec le Mexique concernant les lois sur le pétrole et les terres menaçaient les biens des Américains. La nomination de Dwight W. Morrow comme ambassadeur au Mexique a contribué à rétablir l'harmonie. Calvin Coolidge est critiqué lorsque des Marines sont tués et blessés après qu'il les ait envoyés au Nicaragua pour protéger les intérêts américains lors d'un soulèvement.

Prospérité

Ce sont les affaires plutôt que la politique qui font les grandes nouvelles de l'époque. L'industrie est florissante. Les grandes entreprises deviennent plus grandes grâce à la croissance et à la consolidation. Les années 1920 voient 7 000 fusions dans l'industrie et les mines et la même tendance dans les services publics, le commerce et la banque. La publicité atteint un nouveau sommet, aidant à déplacer les énormes quantités de marchandises produites par les usines. Les chaînes de magasins, les maisons de vente par correspondance et les achats à tempérament sont des caractéristiques en expansion du commerce de détail. Presque toutes les villes connaissent un boom immobilier.

Le marché boursier a grimpé en flèche, attirant des investisseurs et des acheteurs de marge de toutes les couches de la société. Les sociétés ont trouvé facile d'émettre de nouveaux titres. Le crédit a été surexploité. L'argent bon marché a afflué dans les émissions d'obligations étrangères et dans divers projets nationaux, y compris des prêts de courtiers d'une valeur de 4 millions de dollars.

Lorsque les banquiers et économistes conservateurs se sont inquiétés de l'ampleur de ces prêts, Calvin Coolidge a déclaré que leur augmentation témoignait d'une expansion naturelle des affaires. Il avait une grande foi dans la poursuite de la marche de la prospérité.

La soi-disant prospérité de Coolidge n'a pas touché tout le monde. Les agriculteurs continuent de souffrir de la chute des prix et du déclin des achats étrangers de leurs produits. Les saisies d'hypothèques agricoles se multiplient.

La situation de l'emploi est inégale. Les salariés bénéficient d'un niveau de vie en hausse et d'une semaine de travail plus courte. Certaines grandes entreprises offrent aux travailleurs des services tels que des cafétérias à bas prix, des soins médicaux gratuits, des plans de participation aux bénéfices et des vacances payées. Le nombre de chômeurs, cependant, fluctue entre 1,5 et 2 millions. Les syndicats perdent du terrain en nombre et en influence.

La popularité de Calvin Coolidge reste inébranlable, mais en 1927, il fait une déclaration historique : "Je ne choisis pas de me présenter à la présidence en 1928". En mars 1929, Herbert Hoover lui succède et il se retire à Northampton où il écrit son autobiographie et des articles de magazines et de journaux.

Calvin Coolidge mourut subitement le 5 janvier 1933 et fut enterré à Plymouth aux côtés de son fils et de son père. Son Autobiographie comportait peu de reportages personnels, perpétuant ainsi l'image du président qui ne parlait pas.

Questions de recherche

1. Si vous pouviez changer une chose en pensant à Calvin Coolidge dans l'histoire américaine traditionnelle, quelle serait-elle ?
2. Quelqu'un d'autre a-t-il écrit une biographie intéressante sur lui avec un angle ou une approche différente ?
3. Quelle est la citation la plus drôle du président Calvin Coolidge à laquelle vous pouvez penser ?

31. Herbert Hoover (1929-1933)
Parti républicain | Vice-président : Charles Curtis

"Sois patient et calme, personne ne peut attraper de poisson dans la colère."

Lorsque les électeurs américains ont élu Herbert Hoover 31e président en 1928, le pays connaissait un essor industriel et financier. Cependant, sept mois après son entrée en fonction, le pays est englouti dans une dépression qui balaie le monde entier.

Herbert Hoover conçoit des mesures d'urgence dans les domaines intérieur et extérieur. Toutefois, la situation ne cesse de se dégrader et, à la fin de son mandat, plus de 12 millions de personnes sont au chômage. Blâmé pour ces temps difficiles, il est battu aux élections de 1932.

Herbert Clark Hoover est né à West Branch, dans l'Iowa, le 10 août 1874. Les Hoover sont des quakers d'origine suisse qui vivent en Amérique depuis 1740. Ses parents, Jesse Hoover, forgeron et marchand d'outils agricoles, et Huldah Minthorn Hoover, meurent avant qu'il ait dix ans. Lui, son frère et sa sœur sont accueillis chez des parents.

Les Mémoires de Hoover décrivent une enfance typique à la campagne. Il évoque des souvenirs heureux de la cuisine raffinée de sa tante Millie, des promenades en bateau, de la chasse aux dindons sauvages, du piégeage des lapins et de la pêche à l'hameçon et au ver. Une fois, ses cousins et lui ont fabriqué une tondeuse à partir d'une vieille scie et d'autres bricoles. La machine n'a pas duré longtemps après qu'ils l'aient attelée à un veau. Lors d'une visite chez son oncle Laban Miles, agent du gouvernement pour la nation Osage dans le territoire indien, il apprend à cuisiner sur le feu de camp et à acquérir d'autres compétences en plein air avec ses camarades de jeu indiens.

En 1884, Herbert Hoover se rend à Newberg, dans l'Oregon, pour vivre avec son oncle, le Dr John Minthorn. Herbert fréquente l'académie quaker dans laquelle son oncle enseigne. Lorsqu'il a presque 15 ans, les Minthorns déménagent à Salem.

Herbert Hoover travaille comme garçon de bureau dans l'entreprise de colonisation foncière de son oncle et suit des cours du soir. Un voyage de prospection avec un ingénieur des mines incite le jeune homme à étudier l'ingénierie. Herbert Hoover décide de s'inscrire à la nouvelle université Leland Stanford Jr. (aujourd'hui université Stanford) à Palo Alto, en Californie. Il est l'un des premiers à s'inscrire en 1891.

Les années d'Herbert Hoover en tant qu'ingénieur

Herbert Hoover a travaillé pendant ses études universitaires en exploitant une route de journaux et une agence de blanchisserie, et en faisant du travail de bureau dans le département de géologie. Il réussit à trouver le temps de jouer dans l'équipe de baseball de première année et de participer à l'organisation des activités étudiantes. Il travaillait sur des études géologiques pendant l'été.

L'une de ses histoires préférées concerne son travail en tant qu'agent de déboursement pour une équipe de l'United States Geological Survey. Lorsqu'une mule de bât est retrouvée morte, le règlement exige que Hoover et deux témoins enquêtent sur la cause de la mort. Ils ont trouvé une chaussure arrière libre prise dans le licou de l'animal. Ils ont donc déclaré qu'il s'était brisé le cou en se grattant la tête avec une patte arrière. Le bureau de Washington refuse d'accepter cette "histoire à dormir debout" et facture 60 dollars à l'intéressé pour l'animal perdu. À partir de ce moment-là, Hoover a observé des mules pour confirmer qu'elles pouvaient se gratter la tête avec un pied arrière.

Lorsque Herbert Hoover est diplômé en 1895, les emplois d'ingénieur sont rares. Il trouve du travail en poussant une voiture dans une mine d'or. Pour cela, il recevait 2 dollars par jour pour un service de nuit de dix heures, sept jours par semaine. Il a ensuite trouvé du travail dans le bureau d'un ingénieur en proposant de taper à la machine. Une fois embauché, il a prouvé ses capacités en travaillant au Colorado, au Nouveau-Mexique et en Arizona.

Herbert Hoover a reçu sa première grande chance avant ses 24 ans, lorsque son employeur l'a recommandé à une société d'ingénierie britannique. Il a introduit pour eux les méthodes d'exploitation minière américaines dans les champs aurifères chauds et secs de Coolgardie, en Australie occidentale. Une mine dont il a recommandé l'achat a produit 55 millions de dollars d'or au cours des 50 années suivantes.

Herbert Hoover en Chine

Lorsque Herbert Hoover se voit offrir un poste dans l'organisation d'un département national des mines et des chemins de fer en Chine, il envoie un câble à Lou Henry, sa petite amie de Stanford, lui proposant un mariage immédiat. Ils s'embarquent pour la Chine le jour de leur mariage, le 10 février 1899. En Asie, les voyages d'exploration de Hoover le conduisent en Mandchourie et en Mongolie. Les Chinois sont déçus de ne pas découvrir de vastes filons d'or, mais Hoover trouve d'immenses champs de charbon et de précieux minéraux industriels.

Lorsque la rébellion des Boxers éclate, les Hoover font partie des 200 étrangers qui sont assiégés à Tientsin (aujourd'hui Tianjin) pendant un mois. Les Hoover ont aidé à renforcer les fortifications et à se procurer de la nourriture et de l'eau pure. Sa femme a servi d'infirmière bénévole.

Les exploits de l'ingénierie mondiale

Herbert Hoover a été associé dans une société d'ingénierie britannique de 1902 à 1908. Il a voyagé dans le monde entier pour résoudre les problèmes d'ingénierie dans les mines gérées par sa société. Les propriétés comprenaient des mines de charbon en Chine, au Pays de Galles et au Transvaal, une mine d'étain en Cornouailles et des mines d'or en Australie occidentale, en Nouvelle-Zélande, en Afrique du Sud et en Afrique occidentale.

Il y avait également des mines de cuivre dans le Queensland et au Canada, une mine de plomb et d'argent dans le Nevada, et une mine de turquoise dans la péninsule du Sinaï en Égypte. La femme et les enfants d'Herbert Hoover ont partagé les difficultés et les aventures de ces voyages. Les fils des Hoover sont nés à Londres - Herbert Jr. le 4 août 1903 et Allan le 17 juillet 1907.

En 1908, Herbert Hoover ouvre sa propre société d'ingénierie, avec des bureaux à New York, San Francisco, Londres, Petrograd et Paris. Le cabinet sert de conseiller technique et de réorganisateur d'entreprises en difficulté.

Pendant ses loisirs, Herbert Hoover rédige le manuel Principles of Mining, qui est utilisé pendant de nombreuses années dans les salles de classe des universités. Avec l'aide de Mme Hoover, il a traduit le traité latin médiéval d'Agricola sur l'exploitation minière, De Re Metallica. (Le couple avait étudié la géologie ensemble à l'université.) Les réalisations techniques de

Hoover étaient nombreuses et remarquables. Ses travaux lui rapportent de beaux honoraires et des intérêts dans des mines rentables.

Le service public d'Herbert Hoover pendant la Première Guerre mondiale

Lorsque la Première Guerre mondiale éclate, Herbert Hoover est à Londres pour chercher des expositions pour l'exposition Panama-Pacifique. À la demande de l'ambassadeur américain, il entreprit d'aider 200 000 touristes américains bloqués à rentrer chez eux. Son organisation encaisse des chèques, fait des réservations et collecte des fonds.

Ensuite, Herbert Hoover est persuadé d'entreprendre la tâche de secourir la Belgique. Les armées allemandes ont occupé la Belgique et le nord de la France. Sous l'emprise du blocus allié, ces pays risquent la famine. Hoover confie ses affaires à d'autres et se consacre entièrement au projet de secours.

La première tâche consiste à surmonter les objections des Allemands et des Alliés. Hoover et ses collègues organisent alors la Commission de secours à la Belgique. Ils ont cherché et obtenu des fonds auprès de personnes charitables de partout et des gouvernements français, anglais et américains. À la fin de la guerre, la Commission avait envoyé un total de 5 millions de tonnes de nourriture et de vêtements en Belgique et en France occupées. Après la rupture des États-Unis avec l'Allemagne, Hoover confia le travail à des neutres néerlandais et espagnols.

Herbert Hoover n'a reçu aucun salaire pour ses années de travail et a payé ses propres dépenses. Plus tard, même en tant que président, il a continué à vivre de ses propres moyens. Il utilisait son salaire pour engager des collaborateurs compétents ou pour des objectifs publics ou caritatifs. Il n'en gardait aucun pour lui-même.

Conseiller en administration alimentaire et en économie

Lorsque les États-Unis entrent en guerre, le président Woodrow Wilson nomme Hoover administrateur des denrées alimentaires. Quatorze millions de familles se sont engagées à suivre son programme de production et d'économie de nourriture. Le mot Hooverize a été inventé pour signifier "économiser, substituer, pratiquer l'abnégation, et ainsi aider à gagner la guerre".

À la fin de la guerre, Hoover est nommé à la tête du Conseil économique suprême par la Conférence de paix. Il dirige la distribution de nourriture aux peuples affamés d'Europe. Son organisation a permis d'ouvrir le trafic ferroviaire, de gérer les approvisionnements en carburant, de lutter contre les épidémies de typhus et de relancer le commerce.

Herbert Hoover dirige l'American Relief Organization, qui fournit des repas aux enfants sous-alimentés. En trois ans, entre 14 et 16 millions d'enfants ont retrouvé force et santé. À la suggestion de Hoover, le Friends Service Committee (Quakers) a poursuivi ce travail en Allemagne. Il a continué à étendre le travail de secours, aidant plus de 30 pays, y compris l'Union soviétique lors de la famine de 1921.

Herbert Hoover comme secrétaire au commerce

Herbert Hoover a été secrétaire au commerce de 1921 à 1928, sous les administrations des présidents Harding et Coolidge. Il a considérablement développé les activités du ministère. Appelé "ingénieur-conseil de la nation", il cherche à accroître l'efficacité nationale. Sous sa direction, le Bureau des normes adopte des normes et des tailles pour des centaines d'articles. Il réorganise le Bureau of Foreign and Domestic Commerce pour fournir aux entreprises des informations sur les possibilités d'exportation.

Dans un souci constant d'améliorer l'utilisation des ressources en eau, Herbert Hoover a jeté les bases de l'irrigation et de la production d'électricité sur les fleuves Colorado et Columbia et en Californie. Il a fait pression pour le contrôle des inondations et l'amélioration de la navigation dans le système du Mississippi. Ces projets ont été étendus pendant son mandat de président.

Herbert Hoover élabore les principes et les méthodes de la propriété et du contrôle publics des canaux d'ondes pour la radiodiffusion. Il a contribué à mettre en place une aide gouvernementale et une réglementation de l'aviation civile.

Élection

Herbert Hoover est désigné comme candidat à la présidence au premier tour de scrutin lors de la convention républicaine de Kansas City (Mo) en 1928. Charles Curtis, du Kansas, reçoit l'investiture pour la vice-présidence. Le parti promet de maintenir la prospérité, d'aider les fermiers et de faire des efforts plus importants pour faire respecter l'amendement sur la prohibition et la loi en général.

Les démocrates mettent en avant les scandales de l'administration Warren G. Harding. Ils désignent le gouverneur Alfred E. Smith de New York, un catholique romain et un mouillé avéré. Le Sud, largement protestant et sec, se retourne contre Smith. Il n'a remporté que huit États. Trois voix sur cinq sont allées à Hoover pour sa première candidature à un poste électif.

Lorsque le nouveau président prit ses fonctions, le pays était sur la crête d'une vague de prospérité. En racontant les progrès économiques de la décennie, Herbert Hoover avait attiré l'attention sur une augmentation de 45 % du revenu national et de 25 % de la production et de la consommation, avec une croissance de 8 % de la population. Il a souligné que 3.500.000 nouvelles maisons, 9.000.000 de maisons équipées d'électricité, 6.000.000 de téléphones supplémentaires, 7.000.000 de postes de radio, et 14.000.000 d'automobiles supplémentaires.

Herbert Hoover a annoncé une augmentation de 11 % des inscriptions dans les écoles primaires, de 66 % dans les écoles secondaires et de 75 % dans les établissements d'enseignement supérieur. Il a exprimé l'espoir que "nous serons bientôt, avec l'aide de Dieu, en vue du jour où la pauvreté sera bannie de cette nation".

Relations extérieures

Les sept années passées par Hoover au sein du Cabinet lui avaient permis de voir les besoins du gouvernement et de façonner sa politique. Ses années à l'étranger lui avaient donné une vision du monde. Pour développer des relations de bon voisinage avec l'Amérique latine, lui et Mme Hoover ont effectué une visite des capitales latines sur le cuirassé Maryland avant son investiture. À la suite de ce voyage, Hoover a contribué à régler le différend de longue date entre le Pérou et le Chili au sujet de Tacna-Arica. Il retira ensuite toutes les troupes qui avaient été stationnées dans les pays d'Amérique latine pour protéger les intérêts des États-Unis.

La formation scientifique du président exigeait une étude approfondie de tout problème auquel il était confronté, aussi a-t-il nommé de nombreuses commissions d'enquête. La commission Wickersham étudia l'application de la loi. Elle recommande une application plus stricte de la prohibition et s'oppose à l'abrogation du 18e amendement.

L'opinion publique s'est retournée contre la prohibition pendant l'administration d'Herbert Hoover. À la fin de son mandat, le 21e amendement, qui abroge le 18e, est soumis aux États pour ratification.

Une importante commission sur les tendances sociales et économiques a analysé les grands changements survenus dans l'économie américaine depuis la Première Guerre mondiale. Une étude de l'organisation des bureaux gouvernementaux a précédé de nombreux changements visant à améliorer l'efficacité. Le Veterans' Bureau et le Bureau of Pensions, par exemple, ont été réorganisés et fusionnés.

Aide agricole et révision tarifaire

Herbert Hoover s'efforce de tenir ses promesses de campagne. Il a signé l'Agricultural Marketing Act en juin 1929 pour tenir les promesses d'aides agricoles, bien qu'il ne croyait pas au soutien des prix des produits de base. Les agriculteurs américains n'avaient pas partagé la prospérité généralisée des années 1920. Les ventes et les prix des produits agricoles avaient chuté. De nombreux agriculteurs avaient perdu leurs terres à la suite de saisies hypothécaires, et deux cinquièmes des exploitations étaient gérées par des locataires.

En vertu de la loi sur la commercialisation, un conseil agricole fédéral a été doté d'un fonds renouvelable de 500 millions de dollars pour établir des coopératives de commercialisation. Celles-ci prêtaient de l'argent aux agriculteurs membres, qui donnaient leurs récoltes en garantie. Les coopératives pouvaient tenir les produits à l'écart du marché en attendant une hausse des prix. La dépression a rendu ce plan inapplicable, car les prix sont rapidement tombés en dessous du taux de prêt. Lorsque le gouvernement fédéral a acheté les avoirs des coopératives pour maintenir les prix, les récoltes ont augmenté. Les prix ont continué à baisser.

La révision des tarifs douaniers avait été promise comme une aide aux agriculteurs. La loi tarifaire Hawley-Smoot de 1930 ne remplit pas cet objectif. Ses taux étaient les plus élevés de l'histoire. Les nations étrangères ont augmenté leurs tarifs pour créer des soldes d'exportation pour le paiement des dettes.

La panique financière déclenche la grande dépression

Le krach boursier d'octobre 1929 est généralement considéré comme le début de la Grande Dépression, bien qu'il y ait eu un effondrement de l'industrie auparavant. Les prix des titres avaient atteint leur point culminant en septembre, car des personnes de tous horizons avaient commencé à spéculer sur un marché en hausse constante.

Beaucoup ont acheté "sur marge". Leurs investissements ont été anéantis par la chute des prix des actions. Malgré des reprises occasionnelles, le marché a continué à baisser tout au long du mandat de Hoover. En 1932, par exemple, les actions se sont vendues à environ 10 % de leur valeur de 1929.

L'effondrement du marché a été le signal d'un effondrement économique généralisé. Le commerce s'est effondré car le crédit s'est resserré et les personnes disposant de liquidités ont eu peur de les dépenser. Les commerçants et les fabricants surstockés ont été contraints de fermer leurs portes ou de licencier leurs employés. Les travailleurs déplacés par de nouvelles machines permettant d'économiser de la main-d'œuvre sont venus grossir l'armée des chômeurs.

Les faillites bancaires généralisées ont fait disparaître les économies de centaines de milliers de personnes. Les saisies d'hypothèques ont emporté les entreprises et les maisons des gens. Une grave sécheresse, survenue en 1930, a ajouté à la souffrance des agriculteurs du Middle Western. Les chômeurs sont contraints de se tourner vers la charité publique ou privée lorsque leurs économies sont épuisées.

L'approche d'Herbert Hoover sur la dépression

Au début, les dirigeants pensaient que le marasme était temporaire. Hoover a rapidement convoqué des réunions avec les hommes clés de l'industrie et a reçu l'assurance qu'ils éviteraient de licencier et de réduire les salaires. Herbert Hoover a exhorté les États à créer des emplois par le biais de travaux publics. Il a encouragé les campagnes de collecte de fonds des communautés locales et d'autres organisations caritatives.

Herbert Hoover est d'avis que l'aide directe aux chômeurs est du ressort des localités et des organisations caritatives privées. Selon lui, l'aide fédérale serait soumise au contrôle politique et à la corruption, tandis qu'une aide directe affaiblirait l'initiative individuelle.

Il était convaincu que la meilleure façon d'accélérer le système économique était d'augmenter le crédit. Ainsi, les hommes d'affaires pourraient lancer des activités qui amélioreraient le commerce et l'emploi. Ses détracteurs appelaient cette aide aux hommes d'en haut le système de "ruissellement". Ils doutaient que les chômeurs du bas de l'échelle puissent attendre que le remède soit efficace.

En 1932, les banques sont au bord de l'effondrement et le chômage approche les 25 %. À l'instigation de Hoover, le Congrès crée la Reconstruction Finance Corporation (RFC) pour prêter de l'argent aux banques, aux associations de prêt, aux compagnies d'assurance et aux chemins de fer. Pendant son mandat, la RFC a prêté plus de 2 milliards de dollars.

Solutions

L'Emergency Relief Act de 1932 prévoyait l'octroi de prêts du RFC aux États pour qu'ils les utilisent dans le cadre de l'aide directe. Cette loi autorisait également les banques de la Réserve fédérale à prêter aux petites entreprises. Des Home Loan Banks ont été créées en 1932, et le capital des Federal Land Banks a été progressivement augmenté.

Herbert Hoover s'est d'abord tourné vers les travaux publics pour créer des emplois. Il a dépensé plus en travaux publics pendant son mandat que pendant les 36 années précédentes. Plus tard, il a décidé que le nombre d'emplois fournis par les travaux publics non productifs était trop faible pour leur coût élevé. Il s'est opposé aux projets de loi des membres du Congrès et a recommandé des prêts pour des projets qui pourraient s'autofinancer plus tard. Le Congrès a autorisé des prêts pour de tels projets - après qu'il était trop tard pour aider l'emploi pendant son mandat.

Les relations d'Herbert Hoover avec le congrès et le public

Lors des élections de 1930, les démocrates ont conquis la Chambre des représentants. Le Sénat était composé de 48 républicains, 47 démocrates et d'un homme du parti Farmer-Labor. Les républicains de l'aile libérale ne soutiennent pas le président. Hoover a du mal à faire adopter ses lois par le Congrès.

Le Congrès rejette les mesures prises par Hoover pour réformer le système bancaire et la bourse. L'enquête du Sénat relative à la nécessité de cette législation a toutefois révélé des scandales sur le marché des valeurs mobilières qui ont affaibli la confiance du public.

Herbert Hoover avait du mal à traiter avec le Congrès parce qu'il n'avait pas développé les compétences du politicien professionnel. Quelque peu timide, le président Hoover n'était pas tout à fait à l'aise en public et n'avait pas le pouvoir magnétique de charmer et de persuader.

La position d'Herbert Hoover sur le Soldiers' Bonus Bill le rend impopulaire auprès des groupes d'anciens combattants. Ce projet de loi, qui portait le montant maximal des prêts sur les certificats d'assurance des anciens combattants à 50 % de la valeur nominale, a été adopté malgré son veto. En 1932, il suscite le ressentiment en ordonnant à l'"armée des primes" de quitter Washington pour réclamer le paiement immédiat de la prime. Il fait appel aux troupes fédérales commandées par le général Douglas MacArthur pour brûler leur camp et les renvoyer chez eux.

Après 1931, Hoover considère que la dépression qui s'aggrave fait partie d'une dépression mondiale dont l'origine se trouve en Europe. Il prend la tête des efforts internationaux pour éviter la ruine lorsque les banques font faillite en Autriche et en Allemagne et que leurs économies s'effondrent. Herbert Hoover a demandé aux nations d'accepter un moratoire d'un an sur les dettes intergouvernementales. L'accord arrive trop tard pour sauver les économies étrangères qui s'effondrent. La Grande-Bretagne a été contrainte de cesser ses paiements en or en septembre et d'autres nations ont rapidement suivi. Le commerce extérieur s'est effondré et les prix agricoles américains ont continué à chuter.

Herbert Hoover recherchait la coopération internationale dans d'autres domaines. En 1930, il convoque la Conférence de Londres sur l'armement naval. Les nations y conviennent de limiter la taille et le nombre des navires de guerre. Il envoie une délégation à la conférence de désarmement de la Société des Nations en 1932. À la fin de son mandat, il organisait une conférence économique mondiale.

La défaite d'Herbert Hoover en 1932

La dépression continue de s'aggraver alors que la campagne électorale de 1932 est lancée. On assiste à de nouvelles faillites d'entreprises, dont certaines sont scandaleuses, impliquant des banques et des entreprises de services publics. On estime que 12 à 13 millions de personnes sont au chômage.

Herbert Hoover et Curtis ont été renommés par les républicains. Les démocrates nomment le gouverneur Franklin D. Roosevelt de New York, avec John N. Garner du Texas comme vice-président. Les électeurs américains ont fait de Hoover le bouc émissaire de leurs problèmes. Il a été écrasé par la défaite.

Aucune administration n'avait commencé de façon plus heureuse que celle de Hoover. Aucune ne s'est terminée dans un tel désespoir. De plus en plus de banques ont fermé. Les États ont déclaré des "vacances" bancaires pour sauver les autres. La session de canard boiteux du Congrès était lugubre. La chambre démocrate a reporté la législation corrective. Hoover tente de trouver une base sur laquelle le président élu coopérerait avec lui, mais Roosevelt refuse de s'impliquer dans la politique du président.

Le 20e amendement (Lame Duck) a été proclamé en vigueur le 6 février. Il a avancé la date de réunion d'un nouveau Congrès au 3 janvier suivant son élection, et la date d'investiture du président du 4 mars au 20 janvier.

Années en tant qu'aîné de l'État et décès

Se retirant dans sa maison de Palo Alto, en Californie, sur le campus de l'université Stanford, Herbert Hoover fait peu de commentaires sur les affaires publiques pendant deux ans. Puis, dans des livres, des articles et des discours, il critique le New Deal de Roosevelt, qu'il juge socialiste.

Après 1939, il s'écarte fréquemment de la politique de l'administration en matière de guerre et d'objectifs de paix. En 1940, il propose un plan de distribution de nourriture dans les pays occupés. Les Britanniques refusent de tester ce plan en Belgique, au motif que ce pays est une base pour les attaques nazies contre la Grande-Bretagne. La Pologne et la Finlande le nomment directeur des opérations de secours américaines en leur nom. La Hoover Institution on War, Revolution, and Peace abrite des archives historiques inestimables. Elle a été construite à Stanford en 1940.

En 1946, en tant que président honoraire du Comité d'urgence contre la famine, il s'est rendu en Europe, en Asie et en Amérique du Sud pour évaluer les besoins et les fournitures alimentaires. En 1947, le président Harry Truman le charge de recommander des changements qui rendraient les agences fédérales plus efficaces et plus économiques. Les changements qu'il propose pour économiser de l'argent comprennent la création de l'Administration des services généraux pour centraliser l'achat et la distribution des fournitures gouvernementales. Hoover a servi d'homme d'État aîné et de conseiller à l'administration Dwight D. Eisenhower et a dirigé une commission sur la nouvelle économie. En 1962, la bibliothèque présidentielle Herbert Hoover a été inaugurée à West Branch, dans l'Iowa.

Herbert Hoover est mort à New York le 20 octobre 1964, à l'âge de 90 ans. Il a été enterré près de son lieu de naissance à West Branch.

Questions de recherche

1. Quels ont été les premiers mots qu'il a prononcés en public et quel était son âge à l'époque ?
2. Pensez-vous que Herbert Hoover a eu une présidence passive ?
3. Quelle est l'agence gouvernementale américaine actuelle qui porte son nom (et que Franklin a cofondée) ?

32. Franklin D. Roosevelt (1933-1945)

Parti démocrate | Vice-présidents : John Nance Garner, Henry A. Wallace, et Harry S. Truman

"Nous ne pouvons pas toujours construire l'avenir pour nos jeunes, mais nous pouvons construire nos jeunes pour l'avenir."

De nombreux Américains avaient des sentiments forts à l'égard de Franklin D. Roosevelt pendant ses 12 années de présidence. Beaucoup le détestaient. Ils pensaient qu'il détruisait le pays et le mode de vie américain. La plupart des gens l'aimaient. Ils pensaient qu'il était un grand président, qui s'intéressait vraiment aux gens.

Franklin D. Roosevelt devient président en 1933. Les États-Unis sont alors en proie à une dépression économique mondiale. Des millions de personnes n'avaient ni travail ni argent. Roosevelt a utilisé ses pouvoirs pour créer des emplois et aider ceux qui en avaient besoin. Pour ce faire, il a dû modifier le rôle du gouvernement dans la vie nationale. En bien ou en mal, de nombreuses idées de Roosevelt sur le gouvernement font toujours partie de la loi du pays.

Franklin D. Roosevelt était un grand leader. Pendant la Seconde Guerre mondiale, il était le véritable commandant en chef des forces armées américaines. Il a pris en charge la puissance industrielle du pays.

Franklin D. Roosevelt a joué un rôle majeur dans la création des Nations unies. En temps de paix comme en temps de guerre, il a toujours eu le peuple derrière lui. Certaines de ses méthodes peuvent être remises en question, mais ses objectifs étaient bons.

L'enfance de Franklin D. Roosevelt

Franklin D. Roosevelt est né le 30 janvier 1882, dans la propriété familiale située sur le fleuve Hudson, près de Hyde Park, dans l'État de New York. Son père, James Roosevelt, était un riche propriétaire terrien et vice-président d'une compagnie ferroviaire. Il avait été diplomate sous le président Grover Cleveland. Sa mère est Sara Delano Roosevelt, issue d'une vieille famille de marchands et de marins. Elle est la seconde épouse de James Roosevelt.

Franklin D. Roosevelt était le seul enfant de ce second mariage. Il avait un demi-frère, de 18 ans son aîné. Le président Theodore Roosevelt était leur cinquième cousin, une fois retiré. La famille Roosevelt en Amérique avait été fondée par Klaes Martensen van Roosevelt. Il est venu de Hollande en Amérique vers 1644.

Le jeune Franklin a suivi des cours à la maison jusqu'à l'âge de 14 ans. Presque chaque année, la famille passe quelques mois en Europe. Les étés, ils passaient leurs vacances à Campobello, une petite île canadienne dans la baie de Fundy, près d'Eastport, dans le Maine. James Roosevelt emmène son fils faire du patin à glace et de la luge en hiver et pêcher en été. Il lui apprend à connaître les arbres, les chevaux, les vaches laitières et à gérer une ferme.

En tant qu'enfant unique, Franklin D. Roosevelt fait l'objet d'une attention particulière, mais il n'est pas gâté. Ses parents lui enseignent des règles de conduite qu'il doit suivre sans poser de questions. Il se rebelle rarement. Plus tard, à l'école, il obtient très peu de mauvaises notes pour sa conduite.

La richesse de James Roosevelt lui permet de passer beaucoup de temps avec son fils. La mère de Franklin, Sara Delano Roosevelt, est cependant son véritable guide et professeur. Elle l'aide à faire ses devoirs, surveille ses jeux, veille à ce qu'il mange bien et dorme profondément.

À dix ans, Franklin D. Roosevelt a commencé à s'intéresser aux oiseaux. Il les tirait et les faisait empailler pour sa collection. Lorsqu'il était président, il se rendait souvent dans les bois de Hyde Park à l'aube pour observer les oiseaux et les entendre chanter.

À peu près à la même époque, il a commencé un autre passe-temps qui a duré presque toute sa vie : la voile. Il navigue à Campobello et à la maison, d'abord sur les bateaux de son père, puis sur les siens. Il a commencé à collectionner des maquettes de bateaux et des livres et images sur la mer et les bateaux. Il s'intéresse également à la philatélie. À sa mort, il possédait une énorme et précieuse collection.

L'époque de Franklin D. Roosevelt à Groton et Harvard

En 1896, Franklin D. Roosevelt entre à la Groton School, une école préparatoire de Groton, dans le Massachusetts. Le fait de ne plus avoir son propre tuteur et de se retrouver dans des classes avec de nombreux autres garçons ne dérange pas Franklin. Il se fait tout de suite des amis et écrit des lettres enthousiastes sur l'école et ses camarades de classe.

À Groton, il a obtenu de bonnes notes et a pratiqué plusieurs sports. Lors de sa dernière année, il est manager de l'équipe de baseball. Le directeur de l'école, Endicott Peabody, un ecclésiastique épiscopal, fait naître chez le garçon la pensée du service public.

Après quatre ans à Groton, Franklin D. Roosevelt entre à l'université de Harvard. Il y étudie l'histoire, l'économie, les langues et les sciences. Ses notes sont bonnes mais pas exceptionnelles. Tout au long de ses études, il s'adonne à des activités parascolaires. Il s'intéresse particulièrement au Crimson, le journal des étudiants. Il a été président et rédacteur en chef du Crimson au cours de sa dernière année.

Son père meurt alors que Franklin est à l'université. Bien que son père ait laissé à Franklin D. Roosevelt un bon revenu annuel, Franklin est terriblement attristé. Sa mère meurt en 1941, pendant son troisième mandat de président. Dans sa jeunesse, Franklin est grand, bien bâti, mince, avec des cheveux châtain clair, des yeux bleus et un sourire engageant qui sera un jour connu dans le monde entier.

Première fonction publique

Après avoir obtenu son diplôme à Harvard, Roosevelt s'inscrit à la faculté de droit de l'université Columbia à New York. Il a terminé ses études en 1907 et a commencé à exercer dans un grand cabinet d'avocats new-yorkais.

Entre-temps, le 17 mars 1905, il épouse Anna Eleanor Roosevelt, sa sixième cousine. Le président Theodore Roosevelt, son oncle, est venu à New York pour conduire la mariée à l'autel. Le jeune couple voit beaucoup "T. R.". Ses idées libérales et ses qualités de leader ont aidé Franklin à décider de faire carrière dans le service public.

Au cours des dix années suivantes, les Roosevelt ont six enfants. Le premier est une fille, Anna Eleanor, née en 1906. Les autres sont des fils : James, né en 1907 ; Elliott, né en 1910 ; Franklin, Jr, né en 1914 ; John, né en 1916 ; et un fils mort en bas âge.

À mesure que son mari progressait dans le monde de la politique, Eleanor Roosevelt passait du statut de jeune fille timide et effacée à celui de femme posée et sûre d'elle. Alors que ses enfants grandissent, elle s'intéresse de plus en plus à l'enseignement et aux affaires publiques.

Franklin D. Roosevelt visite souvent Hyde Park et participe activement à la vie de la communauté. Les dirigeants du parti démocrate ont compris qu'il ferait une figure populaire en politique. En 1910, ils contribuent à sa nomination au poste de sénateur de l'État. La plupart du temps, les trois comtés qui composent le vingt-sixième district sont solidement républicains, mais cette fois, leur force électorale est divisée. Roosevelt fait une campagne combative. Faisant le tour du district en voiture, il prononce des dizaines de discours et impressionne les électeurs par sa forte personnalité. Il gagne de justesse.

À Albany, la capitale de l'État, il a obtenu de bons résultats. Courageux et indépendant, il combat Tammany Hall, la "machine" démocrate de la ville de New York. Tammany veut faire élire son homme, William F. Sheehan, au Sénat des États-Unis. Roosevelt dirige le groupe démocrate qui défait Sheehan. Il combat les projets de loi de Tammany qui profitent à des groupes spéciaux. Il travaille pour une réglementation plus complète des services publics, notamment de certaines lignes de transport.

En 1912, Franklin D. Roosevelt est réélu au sénat de l'État. Il a travaillé pour d'importants projets de loi visant à promouvoir la coopération agricole et à mettre fin aux pratiques déloyales des marchands de commissions (fruits et légumes). Il s'est toujours considéré comme un agriculteur actif et aimait qu'on l'appelle un châtelain.

Service de guerre

En 1911, il est devenu évident que le long contrôle républicain de la politique nationale allait être rompu. Le parti républicain est divisé lorsque le nouveau parti progressiste est formé. Une victoire démocrate est presque certaine. En 1912, Roosevelt soutient fermement la candidature de Woodrow Wilson, un démocrate du New Jersey, à la présidence. Il prononce des discours, écrit des lettres et conduit 150 délégués à la convention démocrate de Baltimore. Les dirigeants du parti apprécient son travail.

Lorsque l'administration Wilson entre en fonction en mars 1913, Franklin D. Roosevelt se voit proposer plusieurs postes. Il choisit de devenir secrétaire adjoint à la marine, un poste que Theodore Roosevelt avait occupé sur le chemin de la présidence. "Toute ma vie, j'ai aimé les navires et j'ai été un étudiant de la marine", a déclaré le plus jeune Roosevelt.

De 1913 à 1921, Roosevelt est un assistant infatigable du secrétaire à la Marine Josephus Daniels. Dans les années qui précèdent l'entrée des États-Unis dans la Première Guerre mondiale, il œuvre en faveur d'une marine plus grande et plus efficace. Pendant la guerre, il contribue à mener la marine à la victoire sur les forces maritimes allemandes. Dans les années d'après-guerre, il a aidé les Allemands à reconstruire leur pays.

Lorsque les États-Unis entrent en guerre en 1917, Roosevelt veut entrer dans les forces armées. "Dites au jeune homme", dit le président Wilson à Daniels, "son seul et meilleur service de guerre est de rester où il est." Roosevelt est resté à Washington et a travaillé dur. Il participe activement à l'agrandissement des chantiers navals et à l'amélioration de leurs méthodes.

En outre, Franklin D. Roosevelt a développé les services d'approvisionnement. Il a supervisé les relations de travail. Il consacre beaucoup de temps, de réflexion et d'énergie au recrutement des marins. La marine, qui comptait environ 75 000 hommes en temps de paix, a soudainement besoin de 500 000 hommes. Le besoin est comblé, en partie grâce aux efforts de Roosevelt.

Son plus grand travail a été de s'occuper des sous-marins allemands. Le président Wilson avait suggéré que "les frelons soient enfermés dans leurs nids". Franklin D. Roosevelt rédigea un long rapport pour montrer que la Manche et la mer du Nord pouvaient être fermées par une barrière de mines. Le plan est finalement mis en œuvre. Pour un coût de 80 millions de dollars, une ceinture de mines de 230 miles de long et 30 miles de large fut posée entre les îles Orcades et la Norvège. Cela a permis d'endiguer la menace des sous-marins allemands.

En 1918, Franklin D. Roosevelt a effectué un voyage d'inspection en Europe à bord d'un destroyer. Il repart à l'étranger après l'armistice. Il y supervise les plans de démobilisation et l'élimination des biens navals excédentaires.

Franklin D. Roosevelt avait beaucoup appris de Wilson. Tout le monde voyait qu'il avait un brillant avenir. Daniels commente une photographie de Roosevelt regardant la Maison-Blanche depuis une fenêtre du ministère de la Marine. "Vous vous dites, dit-il, qu'un jour je vivrai dans cette maison".

Défaite à la vice-présidence

Franklin D. Roosevelt est un fervent partisan de la Société des Nations. Lors de la campagne de 1920, le parti démocrate se bat sur une plateforme en faveur de la Société. Roosevelt espère voir son ami, le gouverneur Alfred E. Smith de New York, être nommé. Il travaille pour Smith à la convention.

Au lieu de cela, la nomination est allée au gouverneur James M. Cox de l'Ohio. Cox, originaire du Middle West, avait besoin d'un candidat à la vice-présidence de l'Est comme colistier. Les délégués choisissent Roosevelt, dont le service de guerre, le nom de famille et le domicile new-yorkais en font un bon choix politique.

Cox et Roosevelt visitent la Maison Blanche où Wilson gît à moitié paralysé, victime d'une attaque. Ils promettent solennellement à Wilson de se battre pour la Société des Nations. Lors de leurs tournées dans tout le pays, ils ont tenu cette promesse, plaidant pour une entrée totale des États-Unis dans l'organisation mondiale.

Franklin D. Roosevelt prononce plus de mille discours. Cependant, il est impossible d'arrêter la révolte d'une nation fatiguée par la guerre contre les politiques démocrates. Les Républicains, dirigés par Warren G. Harding, gagnent haut la main. Roosevelt retourne à New York et rejoint un cabinet d'avocats.

Polio

La paralysie infantile, ou poliomyélite ("polio"), est très répandue durant l'été 1921. Roosevelt et sa famille étaient à Campobello pour des vacances. Il a entendu dire qu'un incendie de forêt faisait rage à proximité. Avec deux de ses fils, il a passé des heures épuisantes à dégager les pare-feu et à mouiller les broussailles. Fatigué, il est allé se baigner dans la froide baie de Fundy.

De retour chez lui, Franklin D. Roosevelt s'assied dans son maillot de bain mouillé pour lire son courrier. Il se couche avec ce qu'il croit être un mauvais rhume et découvre que la polio le tenaille.

Après des jours de douleur et de fièvre, il a gardé les séquelles de la maladie - ses jambes étaient complètement et définitivement paralysées. Pourtant, la polio ne l'a pas arrêté. Incapable de prendre part à des activités physiques normales, il a continué à développer son esprit. Au fur et à mesure que Franklin D. Roosevelt progresse, sa confiance en lui-même et en son avenir grandit. "Une fois, j'ai passé deux ans au lit à essayer de bouger mon gros orteil", a-t-il dit. "Après ce travail, tout semble facile".

Un exercice prudent, des traitements hivernaux et la natation à Warm Springs, en Géorgie, lui ont redonné des forces. Pour le bien d'autres personnes atteintes de polio, il a contribué à la création d'un centre de traitement à Warm Springs. Plus tard, il a pu marcher un peu, mais uniquement à l'aide d'une canne, avec ses jambes entourées d'attelles en acier, et généralement avec l'aide de quelqu'un.

Franklin D. Roosevelt fonde le cabinet d'avocats Roosevelt et Connor en 1924. La même année, il revient à la politique. Lors de la convention démocrate, il propose Alfred E. Smith comme candidat à la présidence. Bien que Smith ne soit pas choisi cette fois, le discours du "guerrier heureux" de Roosevelt devient célèbre. Les contacts qu'il entretient avec d'autres dirigeants politiques dans tout le pays lui permettent de bénéficier d'une audience nationale de partisans dévoués.

Franklin D. Roosevelt en tant que gouverneur de New York

En 1928, Smith a rempli quatre mandats en tant que gouverneur de New York. Il est enfin choisi par les démocrates pour se présenter à la présidence. Une fois de plus, Roosevelt fait le discours de nomination. Pour renforcer la liste à New York, le parti demande à Roosevelt de se présenter comme gouverneur. Au cours d'une campagne passionnante, il obtient les votes des fermiers et des citadins et gagne avec une marge de 25 000 voix. Au même moment, le candidat républicain à la présidence, Herbert Hoover, remporte l'État par 100 000 voix.

Le gouvernorat de Franklin D. Roosevelt n'a rien de spectaculaire. Al Smith avait fait de New York l'un des états les plus progressistes de tous. Roosevelt l'a maintenu dans cette position. Son combat le plus remarquable a été contre les intérêts de l'énergie électrique. Il les a accusés d'essayer de s'emparer de l'énergie hydraulique du fleuve Saint-Laurent à des conditions injustes.

Franklin D. Roosevelt a défendu les pensions de vieillesse et l'assurance chômage. Malgré une forte opposition, il obtient une loi sur la sécurité de la vieillesse qui fournit quelques avantages mais pas tous ceux qu'il demandait. Il obtient une loi qui limite le temps de travail des femmes et des enfants. Les agriculteurs pauvres reçoivent des aides. Certains d'entre eux sont transférés de terres pauvres vers de meilleurs homesteads, et les zones désaffectées sont reboisées.

En 1930, Franklin D. Roosevelt est réélu gouverneur avec une marge de 725 000 voix. Cette victoire fait de lui un candidat potentiel à la présidence. Il poursuit sa politique progressiste en préconisant une meilleure réglementation des services publics, une réforme des tribunaux et une attention accrue à la santé publique et au logement. Il favorise l'organisation du travail et s'attaque à la prohibition de l'alcool. Mais il agit avec prudence face à la corruption de la ville de New York. Il destitue un shérif reconnu coupable de malversations et contribue à forcer la démission du maire James J. Walker.

Le krach boursier de 1929 a plongé le système économique de la nation dans le désordre. En trois ans, le revenu national a été réduit de moitié. En 1932, environ 12 millions de personnes étaient sans emploi. Les hypothèques ont été saisies sur des milliers de maisons et de fermes. Les faillites bancaires ont fait disparaître les économies. Les usines ferment, les mines ferment, les chemins de fer font faillite. Beaucoup de gens cherchent un nouveau leader. La politique d'aide vigoureuse de Roosevelt les convainc qu'il est de leur côté.

La présidence

La campagne présidentielle de 1932 se déroule dans un contexte de dépression. Herbert Hoover, candidat républicain à la réélection, est presque sûr d'être battu. Des millions de personnes l'accusaient à tort d'être responsable de la dépression. Les candidats à l'investiture démocrate sont Newton D. Baker (Ohio), John N. Garner (Texas) et Al Smith (New York).

Un remarquable manager politique, James A. Farley, entreprend de gagner des délégués pour Roosevelt dans tout le pays. Il envoie des brochures décrivant les réalisations de Roosevelt à New York et décrivant sa force pour obtenir des voix. Il écrit des milliers de lettres. Il demande à Roosevelt de téléphoner à des dirigeants politiques dans tout le pays. Dans tout le pays, des agents écrivent des articles de journaux et parlent à des hommes influents. Bien avant l'ouverture de la convention, Roosevelt a une forte avance.

À l'approche de la convention, Roosevelt réunit un petit groupe d'experts, le "brain trust", qui l'aide à façonner ses idées. Ils soutiennent son programme qui met l'accent sur les problèmes économiques. Il prononce plusieurs bons discours exposant une partie de son plan de relance de la nation. Dans un discours prononcé en avril 1932, il déclare que le pays est confronté à une crise plus grave que celle de la Première Guerre mondiale. Il affirme que le pays doit se construire à partir de la base et non du sommet. Il parle de "l'homme oublié au bas de la pyramide économique" comme de l'homme que le gouvernement doit aider.

Franklin D. Roosevelt demande un programme national pour aider les agriculteurs, les petites banques et les propriétaires de maisons. Le commerce international devait être encouragé par des réductions tarifaires. Un autre discours appelle à des expériences audacieuses. Avec une nation en détresse, il était logique d'essayer un plan et, s'il échouait, d'en essayer un autre. "Mais surtout, essayez quelque chose", a-t-il dit. "Les millions de personnes qui sont dans le besoin ne resteront pas éternellement silencieuses alors que les choses qui satisfont leurs besoins sont à portée de main."

Les discours impressionnent les gens. Lorsque la convention s'ouvre à Chicago, Roosevelt a la majorité, mais pas les deux tiers des votes des délégués requis pour être nommé. Le danger existe que les autres candidats se liguent contre lui. Au moment critique, Farley passe un accord par téléphone longue distance avec John N. Garner qui libère les délégués du Texas et de la Californie au profit de Roosevelt. Au quatrième tour de scrutin, Roosevelt est désigné. Garner est choisi comme candidat à la vice-présidence.

Franklin D. Roosevelt avait déjà écrit son discours d'acceptation. Il s'envole pour Chicago et prononce son discours en personne. Cela montre qu'il est prêt à agir avec audace et que la polio ne l'empêchera pas d'être président. Il a dit : "Je m'engage à une nouvelle donne....C'est plus qu'une campagne politique, c'est un appel aux armes."

Il a fait une campagne énergique. Il avait veillé à ce que la plate-forme démocrate soit brève, pratique et pleine de propositions concrètes. Il prononça maintenant une série de discours, chacun traitant d'un problème précis. Par exemple, au Kansas, il parla du problème agricole et proposa ce qui devint plus tard le "plan d'allocation domestique". Dans le cadre de ce plan, les agriculteurs acceptaient de planter ce que le gouvernement leur demandait et de recevoir des allocations gouvernementales. Dans l'Oregon, il a traité des questions d'énergie hydraulique et de services publics.

Devant le Commonwealth Club de Californie, il a discuté du bien-être social et des relations entre le gouvernement et les entreprises. À Atlanta, il déclare que la tâche la plus urgente est de reconstruire le pouvoir d'achat de la population. Au total, les voyages de campagne de Roosevelt couvrent 38 États.

Le président Herbert Hoover a mené une bataille vigoureuse. Il dénonce les idées de Roosevelt comme étant sûres de mettre en danger le système américain. Il prédit que sous ces idées "l'herbe poussera dans les rues de cent villes, de mille villes". Mais le public était pour Roosevelt. Dans les urnes, il remporte tous les États sauf six. Il avait une pluralité populaire d'environ 7 millions de voix de plus que Hoover. Le vote électoral de Roosevelt était de 472, et celui de Hoover de 59.

La dépression s'aggrave et ses défis

Pendant les quatre mois qui séparent l'élection et l'investiture de Franklin D. Roosevelt, ce dernier est très occupé. Il termine son mandat de gouverneur, planifie ses premiers pas en tant que président et choisit son cabinet. Il décida de convoquer une session extraordinaire du Congrès pour faire passer des projets de loi visant à protéger les agriculteurs contre les saisies hypothécaires, à les soulager grâce au plan d'attribution des terres domestiques, à aider les entreprises par de meilleures procédures de faillite et à légaliser la vente de bière. Il voulait aider le Congrès à équilibrer le budget. Il voulait également insister sur l'abrogation du 18e amendement (prohibition).

Pour le poste de secrétaire d'État, il choisit Cordell Hull, un libéral et un vétéran du Congrès, où sa popularité serait utile. Le poste de trésorier revient à William H. Woodin (remplacé plus tard par Henry Morgenthau, Jr.). Le nouveau Postmaster General est James A. Farley, son manager politique. Roosevelt veut unir les démocrates et les républicains progressistes.

Franklin D. Roosevelt choisit Henry A. Wallace comme secrétaire à l'agriculture. Il était un rédacteur agricole républicain de l'Iowa. Son père avait été secrétaire à l'agriculture dans le cabinet Harding-Coolidge. Le nouveau secrétaire à l'intérieur est Harold L. Ickes, partisan de Theodore Roosevelt et ami des sénateurs progressistes. Mlle Frances Perkins, une assistante sociale bien connue, est nommée secrétaire au travail. Elle est la première femme membre du Cabinet.

Au cours de l'hiver 1932-33, la dépression s'aggrave. La production industrielle est tombée au niveau le plus bas jamais enregistré. L'indice de cette production avait été de 91 en 1925 et de 110 en 1930. Durant l'hiver 1932-33, il était de 52. La nation semblait paralysée. Dans les rues des villes, des hommes autrefois fiers vendaient des pommes ou faisaient la queue pour un bol de soupe gratuit et un lit pour la nuit. Pourtant, les fermes étaient pleines d'aliments pour lesquels il n'y avait pas de marché, et les agriculteurs se formaient en bandes pour empêcher les saisies. Dans les villes industrielles, peu de roues bougent, peu de cheminées fument. Les trains roulaient à vide. Les banques font faillite par centaines. En janvier 1933, les déposants des banques prennent peur et retirent leurs économies dans la panique.

Le président Hoover voulait que Franklin D. Roosevelt travaille avec lui sur des mesures d'urgence. Le point de vue de Roosevelt est que sans autorité, il ne peut prendre aucune responsabilité. Il n'est pas d'accord avec Hoover sur les causes de la dépression. Hoover soutient que la reprise nationale a déjà commencé mais qu'elle est freinée par les troubles et la dépression en Europe. Roosevelt soutient que la reprise nationale n'a pas encore commencé. Le peuple manque de pouvoir d'achat, dit-il, et des réformes radicales sont nécessaires.

Le 2 mars 1933, plus de 20 États avaient déclaré des "jours fériés" pour les banques afin d'empêcher les retraits en panique. Le gouverneur Lehman a alors fermé toutes les banques et les bourses de New York. Le gouverneur Horner a fait de même dans l'Illinois. En quelques jours, les opérations bancaires ont été arrêtées dans tout le pays. La vie économique de la nation est presque à l'arrêt. Le peuple américain attend la solution de Roosevelt.

Mesures de crise

Le 4 mars 1933, la radio diffuse la voix de Roosevelt dans toute la nation. Son discours inaugural fait beaucoup pour restaurer la confiance du public. Il appelle au courage - "la seule chose que nous ayons à craindre est la peur elle-même". Il s'en prend aux pratiques commerciales - "les dirigeants des échanges de biens de l'humanité ont échoué par leur propre entêtement et leur propre incompétence". Il a promis des mesures constructives - "de l'action, et de l'action maintenant". Il a proposé d'augmenter les prix agricoles, de réorganiser les secours, d'assurer une surveillance plus stricte des banques, du crédit et des investissements, de réduire les coûts du gouvernement et d'embaucher des jeunes hommes pour travailler sur des projets parrainés par le gouvernement.

Le Congrès, fortement démocrate, s'est réuni en session spéciale le 9 mars. Le secrétaire Woodin avait préparé un projet de loi bancaire d'urgence. Il a été adopté à la hâte en quatre heures, avec un vote presque unanime. Toutes les banques devaient être fermées et soumises à une étude approfondie du gouvernement. Seules celles qui sont en bonne santé sont autorisées à rouvrir. Les banques saines devaient être renforcées par des billets de la Réserve Fédérale, émis pour elles sur la base de leurs actifs. La confiance dans les banques revient.

Franklin D. Roosevelt tente alors d'équilibrer le budget. Le déficit atteindra 4 milliards de dollars en quelques mois, ce qui ralentit la reprise. Le Congrès adopte rapidement une loi réduisant les salaires fédéraux, les prestations des vétérans et d'autres dépenses gouvernementales. Avec le temps, le budget est à nouveau déséquilibré.

Plus tard, Franklin D. Roosevelt a fait une distinction entre les dépenses "normales", qui étaient encore contenues, et les dépenses "d'urgence" pour les secours, le redressement et la défense nationale. Pour les urgences, le gouvernement dépense librement - trop librement, selon certains.

Avec la fin rapide de la crise bancaire et l'engagement de l'économie publique, l'optimisme a commencé à revenir. Les gens ont cessé de thésauriser de l'argent, et les prix des biens et des titres ont légèrement augmenté. À la demande de Roosevelt, le Congrès a légalisé la vente de bière. L'ère de la prohibition, avec son anarchie, a pris fin.

Pendant ce temps, le New Deal, nom donné au plan d'action global de Roosevelt, prend forme. Une partie du programme consistait à promouvoir la reprise. Une autre partie consistait à fournir des secours aux nécessiteux. Une troisième partie consiste à fournir des réformes permanentes, notamment dans la gestion des banques et des bourses. Le Congrès et le public font tellement confiance à Roosevelt qu'un nombre record de projets de loi est adopté au cours de la session de 99 jours.

Les lois d'aide montrent surtout les plans de redressement de Roosevelt. Il fait adopter une loi créant le Civilian Conservation Corps (CCC). Ce corps offrait à 250 000 jeunes hommes des repas, un logement, des uniformes et de petits salaires pour travailler dans les forêts nationales et autres propriétés du gouvernement. Une autre loi crée l'Administration fédérale des secours d'urgence (FERA), qui accorde des subventions aux États pour les activités de secours. L'Administration des travaux publics (PWA) donnait du travail aux gens sur les routes, les barrages, les bâtiments publics et autres projets fédéraux.

L'AAA et la NRA

Les projets les plus contestés du début du New Deal étaient des projets de loi visant à augmenter les prix des produits agricoles et manufacturés tout en réglementant les agriculteurs, les fabricants et les vendeurs. Ces mesures constituaient une économie planifiée. Elles s'éloignent fortement des anciennes méthodes conservatrices du gouvernement américain. L'administration Hoover avait créé la Reconstruction Finance Corporation pour prêter de l'argent aux banques, aux chemins de fer et aux fabricants en difficulté. Mais l'administration de Roosevelt est allée beaucoup plus loin.

La première loi à être adoptée est l'Agricultural Adjustment Act (AAA). Son plan consistait à payer les agriculteurs pour qu'ils acceptent les contrôles du gouvernement et était conçu pour réduire les excédents de récolte. Les agriculteurs qui cultivent du blé, du maïs, du coton, du riz et d'autres produits de base destinés au commerce extérieur doivent placer leurs exploitations agricoles sous la responsabilité du secrétaire à l'agriculture. Celui-ci

Franklin D. Roosevelt devait réduire la superficie des cultures de base surproduites et détourner une partie des terres vers des cultures améliorant le sol ou d'autres utilisations. Le président pouvait gonfler la monnaie en frappant librement de l'argent, en imprimant davantage de papier-monnaie ou en réduisant la teneur en or du dollar. De nombreux agriculteurs de l'Ouest pensaient que cet argent moins cher ferait augmenter le prix des récoltes. La loi prévoyait également des prêts fédéraux à faible taux d'intérêt pour les agriculteurs.

L'AAA était la loi la plus radicale jamais adoptée pour aider les agriculteurs. Elle contrôlait la plupart des 6 millions de fermes américaines, dont les propriétaires avaient toujours été très indépendants. La loi rendait la coopération volontaire. Les agriculteurs qui n'aimaient pas le plan pouvaient rester en dehors. Cependant, la plupart des producteurs de cultures d'exportation l'ont accepté.

Le National Industrial Recovery Act était un plan encore plus radical et touchait un plus grand nombre de personnes. Elle met en place un système d'autonomie de l'industrie sous la supervision du gouvernement fédéral. Pendant de nombreuses années, les fabricants avaient organisé des associations commerciales qui élaboraient des codes de pratiques commerciales équitables et tentaient de les faire respecter. L'un des objectifs de ces codes était de mettre fin à la concurrence acharnée. De nombreuses personnes pensent que la dépression est en partie due à cette concurrence.

Les hommes de Franklin D. Roosevelt ont élaboré un plan dans lequel chaque branche de l'industrie devait rédiger un code commercial équitable. Les codes devaient être amendés si nécessaire par le gouvernement. Une fois acceptés, ils pouvaient être appliqués par les tribunaux fédéraux. La main-d'œuvre est protégée par les dispositions du code qui abolissent le travail des enfants, fixent des heures de travail maximales et des taux de rémunération minimaux, et prévoient des négociations collectives.

La National Recovery Administration (NRA) est créée pour administrer la loi. À sa tête, Roosevelt place le général Hugh S. Johnson, ancien officier de l'armée et chef d'entreprise, célèbre pour son langage percutant.

Beaucoup de gens considéraient cette législation comme une expérience douteuse. Les associations commerciales, avec leurs codes, pouvaient contribuer largement à la fixation des prix. Il est parfois difficile de distinguer leurs activités de celles des monopoles et des trusts que le gouvernement attaque depuis longtemps.

Pendant quelques mois, le pays a apporté un soutien loyal à la NRA. Franklin D. Roosevelt était plein de foi. Il a dit que l'histoire déclarerait probablement que c'était "la législation la plus importante et la plus ambitieuse jamais adoptée par un Congrès américain". Finalement, elle a été déclarée inconstitutionnelle par la Cour suprême.

Lois sur le pouvoir et les banques

Une autre mesure de réforme spectaculaire a été la Tennessee Valley Authority (TVA). Pendant la Première Guerre mondiale, un énorme barrage destiné à fournir de l'énergie électrique à une usine de nitrates a été construit à Muscle Shoals sur le fleuve Tennessee. Par la suite, les intérêts publics et privés se sont disputés âprement l'utilisation de la force hydraulique du Tennessee. Le président Hoover était en faveur d'un contrôle privé. Le sénateur George W. Norris du Nebraska s'est battu pour que le gouvernement soit propriétaire des centrales hydroélectriques sur les grands fleuves afin que l'énergie puisse être vendue à bas prix. La nouvelle loi a créé un conseil pour appliquer cette idée à la rivière Tennessee.

La plupart des banquiers sont convaincus qu'il faut mettre fin aux abus bancaires. L'un de ces abus est le prêt de sommes énormes pour des paris boursiers. Cela a contribué au boom de 1928-29 et au krach qui a suivi. Le Glass-Steagall Banking Act donne au Federal Reserve Board le contrôle des taux d'intérêt et des prêts. Un autre abus a été la combinaison des banques commerciales avec les banques d'investissement. De nombreuses grandes banques commerciales possédaient des succursales d'investissement qui utilisaient l'argent des déposants pour spéculer sur des titres. Désormais, les banques et les sociétés d'investissement étaient rigoureusement séparées. Le gouvernement garantit également les dépôts bancaires jusqu'à 5 000 dollars, de sorte que les petits déposants ne puissent plus jamais retirer leurs économies en cas de panique.

Des millions d'Américains avaient perdu leurs économies en 1930-1933 à cause de fraudes et de fausses déclarations lors de la vente d'actions et d'obligations. La loi sur les valeurs mobilières de 1933, qui a été renforcée un an plus tard, exigeait que des informations importantes sur les nouvelles valeurs soient communiquées à une agence fédérale et à tous les acheteurs.

Lorsque le Congrès a terminé sa session spéciale de 99 jours, un nombre étonnant de lois avaient été adoptées. Le temps devait prouver certaines bonnes choses, d'autres mauvaises. Roosevelt disait qu'il serait satisfait s'il avait raison 60 % du temps.

La conférence économique mondiale

Le programme de Franklin D. Roosevelt pour surmonter la dépression mettait l'accent sur des mesures nationales plutôt qu'internationales. Bien que la dépression soit mondiale, il estime que les principaux problèmes doivent être résolus par les seuls États-Unis. L'un de ses objectifs était d'augmenter les prix et les salaires américains. Cela nécessitait des ajustements internationaux délicats. Si les prix montaient en flèche, les produits étrangers afflueraient sur les marchés américains.

Franklin D. Roosevelt veut augmenter les exportations et réduire les importations. Sur les conseils d'experts, Roosevelt a décidé que la meilleure façon d'y parvenir était de dévaluer le dollar, c'est-à-dire de réduire la quantité d'or qu'un dollar pouvait acheter. La Grande-Bretagne et d'autres pays l'avaient déjà fait. Les États-Unis ont pris cette mesure en mars 1933. Le dollar est tombé à 85 cents par rapport à son ancienne valeur en or.

Une conférence économique mondiale se tient à Londres du 12 juin au 27 août. Les États-Unis ont envoyé une délégation, dirigée par le secrétaire Hull. Au début, Roosevelt pense que cette conférence pourrait apporter de grands avantages. Elle devrait réduire les barrières commerciales, disait-il, et stabiliser les monnaies mondiales. Pendant un certain temps, la conférence semblait susceptible de réduire tous les droits de douane et de fixer le dollar, la livre et le franc à leur valeur actuelle.

Puis Franklin D. Roosevelt a soudainement décidé que le dollar n'était pas encore descendu à son niveau approprié. S'il ne baissait pas, il pensait que son programme national de hausse des prix serait en danger. Il a donc surpris la conférence avec son message "bombe" du 3 juillet 1933, qui rejetait le programme de stabilisation.

Le secrétaire Hull a essayé d'obtenir quelques résultats de dernière minute, mais la conférence s'est soldée par un échec. Roosevelt pense qu'une action future visant à réduire la valeur du dollar est plus importante qu'un accord international. Plus tard dans l'année, il dévalue le dollar à environ trois cinquièmes de son ancienne teneur en or. Mais la hausse des prix attendue ne se produit pas. Pour certains Européens et de nombreux Américains, Roosevelt avait ruiné un bon effort pour aider à la reprise mondiale.

Tests de la NRA et de l'AAA

Au cours de l'été et de l'automne 1933, les industries rédigent des codes NRA sous la direction de Johnson. Au total, 557 codes de base sont rédigés. Parmi eux, 441 contiennent des dispositions relatives à la fixation des prix. Tous les codes interdisent le travail des enfants ; beaucoup augmentent les salaires et réduisent les heures de travail. La NRA tente de créer plus d'emplois, mais le public y est de plus en plus hostile.

L'une des raisons est que les codes qui fixaient les prix et limitaient la production semblaient augmenter trop fortement le coût de la vie. Sous le régime de la NRA, les marchandises étaient trop chères. Une autre raison est que l'ANR a nui aux petites entreprises. Leurs coûts sont généralement plus élevés que ceux des grandes entreprises, et certaines des nouvelles règles augmentent ces coûts. De nombreux codes étaient trop compliqués. Il faut des avocats experts pour savoir ce qui peut être fait. Les dirigeants syndicaux affirment que les salaires minimums prévus par les codes sont généralement les salaires maximums payés. Ils se plaignent également que les grandes entreprises échappent aux négociations collectives en créant des syndicats d'entreprise.

Le gouvernement tente de répondre à ces objections. Un conseil, présidé par l'avocat de Chicago Clarence Darrow, a été mis en place pour examiner et faire un rapport sur la NRA. De nombreuses petites entreprises ont été libérées de ses règles. Le général Johnson démissionne et est remplacé par Donald Richberg. La NRA ne fonctionne toujours pas bien. Le 27 mai 1935, la Cour suprême déclare à l'unanimité que la NRA est inconstitutionnelle.

Suite aux dispositions relatives au travail contenues dans la NRA, la loi sur les relations de travail nationales (Wagner) est entrée en vigueur le 5 juillet 1935. Elle garantit aux travailleurs le droit à la négociation collective. Les syndicats se développent rapidement. En 1933, la Fédération américaine du travail, dirigée par William Green, ne comptait que 2 317 500 membres. Elle se développe maintenant. Une nouvelle organisation puissante, dirigée par John L. Lewis, est apparue. Elle s'appellera plus tard le Congress of Industrial Organizations. En 1943, les syndicats comptaient près de 12 millions de membres.

L'AAA, sous la direction du secrétaire Wallace, a réduit les excédents de récolte et augmenté les revenus agricoles. L'application de la loi est judicieusement laissée aux conseils locaux d'agriculteurs et aux agents des bureaux agricoles des comtés. Dans le Sud, 1 800 000 producteurs de coton se sont unis pour retirer plus de 10 millions d'acres de la production. Dans le Nord-Ouest, un programme de réduction des superficies de blé a connu le même succès. Au total, près de 36 millions d'acres ont été retirés de la production en 1934 et plus de 30 millions en 1935. Le revenu en espèces des agriculteurs a augmenté d'un tiers entre 1932 et 1935.

La plupart des agriculteurs ont aimé l'AAA. D'autres s'y opposaient. L'idée qu'il faille labourer le coton et tuer des bébés cochons semblait scandaleuse alors que certaines personnes avaient faim et étaient mal habillées. D'autres critiques soulignent que les principaux avantages de l'AAA vont aux grandes exploitations. Les fermiers locataires et les métayers avaient encore des temps difficiles. En outre, toute hausse des prix du coton, du blé et du porc signifiait une perte de marchés étrangers, car l'Europe ne pouvait acheter que lorsque les prix étaient bas.

La Cour suprême a annulé l'AAA le 6 janvier 1936. L'administration avait un substitut prêt. Le Soil Conservation and Domestic Allotment Act, signé le 1er mars 1936, rémunère les agriculteurs pour la préservation et l'amélioration de leurs sols. Les agriculteurs contrôlent l'érosion, utilisent des engrais et font pousser du trèfle, de la luzerne, du soja et d'autres cultures productrices d'azote à la place du maïs et du blé. Le nouveau plan a été rentabilisé par la valeur ajoutée aux exploitations agricoles. En 1938, une loi élargie a été adoptée qui comprenait le plan de "grenier à grains toujours normal" du secrétaire Wallace. Les excédents modérés des cultures de base seraient achetés et stockés par le gouvernement comme réserves pour faire face aux mauvaises récoltes des mauvaises années.

Mesures de sécurité sociale

En 1935, Franklin D. Roosevelt propose ses mesures de sécurité sociale. Dans son message annuel, il déclare que l'époque des grandes fortunes privées est révolue. À la place, les richesses doivent être mieux réparties. Chaque citoyen doit se voir garantir "une sécurité adéquate, des loisirs raisonnables et une vie décente tout au long de sa vie".

Le chômage et la pauvreté sont encore très répandus. La dépression s'est atténuée, mais elle n'est pas encore terminée. Les gens commencent à écouter les projets "farfelus". Le plan Townsend, qui prévoit de verser 200 dollars par mois à chaque personne âgée, et le plan de "partage de la richesse" de Huey Long montrent qu'il existe encore un grand mécontentement. Il est temps pour les États-Unis de suivre l'exemple de la Grande-Bretagne en fournissant une assurance pour le chômage et la vieillesse.

La loi sur la sécurité sociale est signée en août 1935. En vertu de cette loi, les chômeurs et les personnes âgées devaient être pris en charge par une action combinée des États et du gouvernement fédéral. Pour constituer un fonds d'assurance chômage, une taxe nationale, atteignant 3 % en

1939, devait être prélevée sur les salaires. Le gouvernement national devait également aider les États à verser des pensions aux personnes âgées. Un système fédéral distinct de rentes, basé sur les cotisations des salariés, devait donner à chaque cotisant une pension à 65 ans.

L'administration de Franklin D. Roosevelt accorde des prêts importants pour la résorption des bidonvilles et la construction de nouveaux logements. Elle prête de l'argent aux métayers et aux ouvriers agricoles qui veulent devenir propriétaires. L'Administration de l'électrification rurale (REA) aide à apporter l'électricité aux fermes. La Works Progress Administration (WPA) et la Public Works Administration (PWA) aident les nécessiteux en les embauchant pour travailler sur des projets publics. L'Administration nationale de la jeunesse offrait un travail à temps partiel aux lycéens et aux étudiants.

La réélection de Franklin D. Roosevelt

En 1936, Franklin D. Roosevelt tente de se faire réélire avec la plupart des grands hommes d'affaires contre lui, mais avec la plupart des agriculteurs, des ouvriers et des petits commerçants de son côté. Son adversaire, Alfred M. Landon du Kansas, est soutenu par environ deux tiers des grands journaux du pays. Les partisans de Roosevelt ont dépensé un peu plus de 5 millions de dollars, ceux de Landon environ 9 millions. Pourtant, le résultat pouvait être prédit longtemps à l'avance. C'est un glissement de terrain de Roosevelt. Le président remporte 46 états, ne laissant à Landon que le Maine et le Vermont. Il gagne par une majorité de 11 078 204 voix.

Fort de ce soutien au New Deal, Roosevelt décide de remettre en cause la composition politique de la Cour suprême avec ce qui est rapidement connu comme un projet de création de tribunaux. Elle avait fait beaucoup pour bloquer ses mesures. Il avait aboli l'AAA et la NRA. Elle avait tué le Guffey-Snyder Coal Stabilization Act, conçu pour aider l'industrie du charbon bitumineux, et le New York Minimum Wage Act.

Une demi-douzaine de lois importantes du New Deal sont encore en attente de décision. Si l'attitude de la cour ne change pas, il semble impossible de rendre son programme efficace. Sur les neuf juges, six ont dépassé l'âge permis de la retraite, soit 70 ans. Quatre d'entre eux sont très conservateurs et peuvent généralement compter sur un cinquième pour les rejoindre dans une décision majoritaire.

Malgré le respect du public pour le tribunal, Franklin D. Roosevelt l'attaque. Dans son deuxième discours d'investiture, il déclare que des lois sociales comportant des changements radicaux sont encore nécessaires. "Je vois un tiers d'une nation mal logée, mal habillée et mal nourrie", dit-il. Le 5 février 1937, il envoie au Congrès un message proposant de réorganiser la cour. Pour chaque juge qui ne prendrait pas sa retraite à 70 ans, il demande à être autorisé à nommer un nouveau juge jusqu'à ce que la cour en compte 15 au total.

Le plan a suscité de nombreuses critiques. La commission judiciaire du Sénat déclare qu'il est "inutile, futile et totalement dangereux". Les sénateurs conservateurs et libéraux attaquent le plan parce qu'il menace d'amener le contrôle présidentiel sur la cour. Franklin D. Roosevelt lance un appel au pays dans une "discussion au coin du feu". La nation reste peu convaincue. Même son ami le gouverneur Lehman de New York s'oppose au changement. Puis le sénateur Joseph T. Robinson, qui était en charge de la mesure, meurt subitement. L'espoir de son adoption s'évanouit.

Pourtant, alors que la lutte pour la réorganisation du tribunal faisait rage au Congrès, le tribunal lui-même a commencé à soutenir une mesure du New Deal après l'autre. Parmi celles-ci figurent la loi Wagner sur les relations de travail et une loi sur le salaire minimum dans l'État de Washington, comme la loi new-yorkaise que la Cour avait annulée. Plusieurs juges conservateurs démissionnent et sont remplacés par des hommes de Roosevelt. La cour devient suffisamment libérale pour satisfaire le président.

Franklin D. Roosevelt continue d'insister sur les mesures du New Deal. En 1938, le Congrès adopte une loi sur l'assurance-récolte fédérale pour assurer les producteurs de blé contre les pertes dues à la grêle, à la sécheresse, aux tornades, aux inondations et à d'autres catastrophes similaires. L'expansion de la TVA est soutenue.

Franklin D. Roosevelt encourage la construction d'autres barrages, notamment le barrage Norris, sur le Tennessee, et les barrages Bonneville et Grand Coulee, sur le Columbia. En 1938, le Fair Labor Standards Act (loi sur les normes du travail équitable) est devenu une loi. Pour toutes les industries du commerce interétatique, le salaire minimum devait commencer à 25 cents de l'heure et passer à 40 cents de l'heure en sept ans. La semaine de travail maximale devait commencer à 44 heures et passer à 40 heures en deux ans. Cette mesure place "un plancher sous les salaires et un plafond sur les heures".

Traités commerciaux - Amérique latine

En matière d'affaires étrangères, Franklin D. Roosevelt est un adepte de Woodrow Wilson. Il souhaite la paix dans le monde, une amitié étroite avec l'Amérique latine et l'Empire britannique, et un commerce extérieur plus important. Avec le secrétaire d'État Hull, il fait pression pour obtenir des réductions tarifaires. Celles-ci sont rendues possibles par la loi sur les accords commerciaux réciproques de 1934. Cette loi permet au président de conclure des accords de réduction tarifaire réciproque avec d'autres pays.

Dans son premier discours inaugural, Roosevelt parle d'une politique de "bon voisinage" envers l'Amérique latine. Pour la mener à bien, les États-Unis abandonnent l'ancienne application unilatérale de la doctrine Monroe. Au lieu de cela, ils comptent sur l'application par toutes les nations américaines. Ils ne s'immiscent plus dans la politique intérieure des pays d'Amérique latine. Même lorsque Cuba est déchirée par des émeutes sous le règne de Machado, les États-Unis n'envoient pas de troupes. En 1934, les États-Unis ont renoncé à l'amendement Platt, en vertu duquel ils avaient le droit d'intervenir à Cuba. La même année, les marines américains ont quitté Haïti. Le gouvernement n'a pas non plus soutenu les investisseurs américains dans les propriétés d'Amérique latine. En 1938, le Mexique a saisi toutes les terres pétrolières des sociétés américaines et n'a pas réussi à les payer convenablement. L'administration Roosevelt n'émet que des protestations légères et pleines de tact.

Franklin D. Roosevelt s'efforce de gagner la confiance de l'Amérique latine. Il se rend à Buenos Aires en 1936 pour ouvrir la Conférence interaméricaine par un discours cordial. Il traite le Canada avec beaucoup d'amabilité. Il souhaite notamment développer une voie d'eau Grands Lacs-Saint-Laurent vers la mer. En Ontario, en 1938, il promet son aide si jamais le Canada est attaqué. Lorsque la guerre approche, la plupart des pays de l'hémisphère occidental soutiennent la politique de Roosevelt.

Asie

Pendant des années, Franklin D. Roosevelt s'est efforcé d'éveiller les États-Unis aux dangers de la guerre. Il tente d'arrêter les actes brutaux du Japon, de l'Italie et de l'Allemagne. Il encourage la Grande-Bretagne, la France et d'autres démocraties.

Le Japon est le premier à mettre les États-Unis en garde. En 1931, il avait envahi la Mandchourie. En 1932, il a pris Shanghai et tué des milliers de Chinois. Le président Hoover a refusé de reconnaître l'état fantoche du Japon, le Mandchoukouo. Il a protesté contre les efforts du Japon pour bloquer le commerce chinois. Lorsque les combats reprennent en Chine du Nord, à Shanghai et à Nankin, Franklin D. Roosevelt est profondément troublé. Au même moment, les Allemands, les Italiens et les Soviétiques se battent dans la guerre civile espagnole. Hitler et Mussolini profèrent des menaces belliqueuses. Franklin D. Roosevelt avait le sentiment que "l'anarchie internationale" était en selle.

Le Japon avait l'intention de conquérir toute la Chine. Les biens et les investissements américains en Chine valent 250 millions de dollars. Les États-Unis apprécient le commerce chinois. Ils s'intéressaient particulièrement à l'éducation, au travail des missionnaires et à la croissance démocratique de la Chine. A Chicago, le 5 octobre 1937, Roosevelt proposa que les nations responsables de "l'anarchie internationale" soient mises en quarantaine. Il a déclaré que la paix, la liberté et la sécurité des neuf dixièmes du monde étaient menacées par l'autre dixième. Les 90 % qui défendent la paix et la moralité "peuvent et doivent trouver un moyen de faire prévaloir leur volonté."

La réponse à ce discours déçoit Roosevelt. Les sondages et les journaux montrent que la nation ne veut pas d'action. Environ deux mois plus tard, des avions japonais ont bombardé et coulé la canonnière américaine Panay et trois pétroliers américains. Le Japon s'est immédiatement excusé et le pays est resté calme.

L'isolationnisme américain atteint un point culminant en 1937-38. Le Congrès adopte une loi de neutralité "permanente" en 1937 pour remplacer une loi temporaire adoptée deux ans plus tôt. Cette loi visait à préserver la paix et la sécurité nationales si une guerre éclatait à l'étranger. Aucun prêt, crédit ou armement ne devait être accordé à l'une ou l'autre des parties. Même les matières premières ne devaient pas être expédiées, sauf sur une base "cash and carry" et uniquement dans des navires étrangers. Roosevelt et Hull s'opposent à cette loi, car dans une guerre d'agression, l'Amérique ne peut pas aider la victime.

Le mieux que Franklin D. Roosevelt puisse faire est de renforcer les défenses américaines. Sous son impulsion, le Congrès adopte en mai 1938 un crédit d'un milliard de dollars. Il s'agit de construire une marine suffisamment forte pour protéger les deux côtes contre une éventuelle attaque simultanée.

Diplomatie

Alors que le Congrès adopte ses lois sur la neutralité, l'Allemagne, l'Italie et le Japon prévoient de détruire toutes les démocraties. Benito Mussolini et ses fascistes italiens cherchent à conquérir l'étranger. Adolf Hitler arrive au pouvoir en 1933 avec le parti nazi allemand. Toute l'Europe est remplie d'effroi car l'Allemagne se réarme. Les nazis et les fascistes forment l'Axe et comptent sur l'aide du Japon.

En mars 1938, Hitler s'empare de l'Autriche et l'intègre à la grande Allemagne. La Tchécoslovaquie est la suivante. La partie des Sudètes est déjà majoritairement allemande. En septembre 1938, les armées d'Hitler sont prêtes à marcher. Ses dures exigences rendent tout compromis impossible. Une guerre européenne générale est sur le point de commencer.

Le 26 septembre, Roosevelt a câblé à chaque nation un appel à la paix. Il envoie des messages personnels désespérés à Mussolini et à Hitler. Mais la conférence de Munich donne les Sudètes à Hitler. Le peuple américain commence à réaliser que toutes les démocraties sont en danger.

Hitler avait promis de respecter l'indépendance de ce qui restait de la Tchécoslovaquie. En mars 1939, il envoie ses armées écraser le pays. Avec l'appui de Roosevelt, Hull proteste contre "l'anarchie gratuite" de cette "force arbitraire". Mussolini s'empare de l'Albanie.

Franklin D. Roosevelt envoie des notes aux deux dictateurs pour leur demander de s'engager à ne plus attaquer. Il écrivait : "Les chefs des grands gouvernements de cette heure sont littéralement responsables du sort de l'humanité dans les années à venir... l'histoire les tiendra pour responsables de la vie et du bonheur de tous." Il n'en est rien ressorti, sinon une dérobade insultante.

La crise européenne s'intensifie. Hitler exige que la Pologne donne Danzig à l'Allemagne et fasse des concessions sur le Corridor polonais. En août 1939, l'Allemagne et l'Union soviétique concluent un accord qui laisse les mains libres aux nazis.

Franklin D. Roosevelt a envoyé des notes au roi d'Italie, au président de la Pologne et à Hitler, plaidant pour la paix. Hitler n'a pas répondu. Il veut une guerre de conquête. Le 1er septembre 1939, il ordonne à ses armées d'attaquer la Pologne. La France et la Grande-Bretagne se joignent au combat. La guerre la plus terrible de l'histoire a commencé.

1939-1941

Pendant 27 mois, les États-Unis ont été officiellement neutres. En fait, ils étaient du côté de la Grande-Bretagne, de la France et de la Pologne dès le début. Roosevelt a convoqué le Congrès à une session spéciale alors qu'Hitler envahissait la Pologne. Il abroge l'embargo sur les armes le 4 novembre 1939. Les obus, les canons et les avions sont immédiatement envoyés aux Britanniques et aux Français. Roosevelt a rallié l'Amérique latine à une action unie.

Le monde était en feu. Le Congrès a voté 1 800 millions de dollars pour la défense. Ce n'était qu'un début. En avril 1940, les nazis s'emparent de la Norvège et du Danemark. En mai, les armées d'Hitler entrent aux Pays-Bas et en Belgique, les envahissent, écrasent la résistance française et forcent les Britanniques à se retirer de l'Europe continentale.

Franklin D. Roosevelt a souligné l'horrible destruction de la guerre moderne devant le Congrès le 6 mai 1940. Il a déclaré qu'aucune nation ne pouvait être trop forte et a exigé des moyens pour arrêter tout faiseur de guerre "avant qu'il ne puisse établir des bases solides sur le territoire des intérêts vitaux américains." Il demande de l'argent pour au moins 50 000 avions et une armée et une marine beaucoup plus importantes. Le 31 mai, alors que l'offensive nazie se poursuit, il demande un milliard de dollars supplémentaire.

Le Congrès a voté l'argent, et le 5 juillet 1940, il a voté 5 milliards supplémentaires. Cet été-là, la nation adopte un service militaire en temps de paix et commence à former un million d'hommes. Avec le Canada, elle a mis en place une commission mixte de défense. Elle a donné à la Grande-Bretagne, qui était sous pression, 50 destroyers. En retour, elle obtient des baux sur les bases navales de l'Atlantique, de Terre-Neuve à la Guyane britannique.

Franklin D. Roosevelt a déclaré qu'il s'agissait de l'étape la plus importante de la défense nationale depuis l'achat de la Louisiane. En juillet 1940, une réunion des pays d'Amérique latine à La Havane se termine par un accord complet pour la défense collective des Amériques.

C'est l'été d'une campagne présidentielle. Roosevelt est opposé à Wendell Willkie, le candidat républicain. En temps normal, la nation n'aurait pas élu un président pour un troisième mandat. Mais pour beaucoup de gens, la crise exigeait un leader expérimenté. Willkie s'est opposé à de nombreuses politiques intérieures de Roosevelt, mais il a refusé de faire de la politique avec les mesures de défense. Il approuve avec audace l'accord sur les destroyers et demande une aide accrue à la Grande-Bretagne.

Willkie a également accepté de nombreuses réformes du New Deal. Il a simplement insisté pour que l'on améliore les moyens de les mettre en œuvre. C'est un leader d'une grande vision et d'un grand courage, mais la nation refuse de prendre le risque d'un changement. Roosevelt remporte l'élection avec 55 % du vote populaire et 449 voix de grands électeurs contre 82 pour Willkie.

Arsenal de la démocratie

Six semaines après l'élection, Roosevelt a donné une conférence radiophonique avertissant la nation que si la Grande-Bretagne était vaincue, l'Axe gouvernerait le monde et l'Amérique vivrait à la pointe d'un fusil. "Nous devons être le grand arsenal de la démocratie", a-t-il dit. Il avait en vue l'une de ses plus grandes mesures : le prêt-bail.

Le Lend-Lease Act est devenu une loi, le 11 mars 1941, après un âpre débat au Sénat. Elle permettait au président de "vendre, transférer le titre de propriété, échanger, louer, prêter ou disposer autrement" de matériel de guerre aux pays dont la défense était vitale pour la sécurité américaine. Il s'agissait d'armes, de machines, de matières premières et même de services de réparation. La loi permet aux nations alliées d'envoyer des navires de guerre aux États-Unis pour qu'ils soient rééquipés et des équipages aériens pour qu'ils s'entraînent. Elle encourage l'échange d'informations militaires. Elle faisait des États-Unis une aide active pour tous les ennemis de l'Axe.

Le Congrès a voté 7 milliards de dollars pour soutenir le prêt-bail. L'argent arrive juste à temps pour aider la Grande-Bretagne et l'Union soviétique, envahies par Hitler en juin 1941. Des navires, des avions, des canons et des obus, ainsi que de la nourriture, des vêtements et des métaux, sont régulièrement envoyés outre-mer dans des navires américains et étrangers. Pour protéger la livraison du matériel prêté, des navires de guerre américains ont commencé à patrouiller les voies maritimes de l'Atlantique Nord et des forces américaines ont été stationnées au Groenland et en Islande. Après que des sous-marins allemands aient attaqué des navires américains, les États-Unis ont fermé tous les consulats allemands et ordonné aux navires de patrouille de l'Atlantique de tirer à vue.

Franklin D. Roosevelt a compris l'importance de la préparation morale. En janvier 1941, il a déclaré au Congrès que les États-Unis attendaient "un monde fondé sur quatre libertés humaines essentielles". Ces libertés sont la liberté d'expression, la liberté de vivre à l'abri du besoin, la liberté de culte et la liberté de ne pas avoir peur.

Rencontrant le Premier ministre Winston Churchill à bord de navires de guerre dans l'Atlantique Nord pendant cinq jours, il s'est entendu avec le dirigeant britannique sur la Charte de l'Atlantique le 14 août. Ils y fondent leurs "espoirs d'un monde meilleur".

La charte reprenait en termes plus simples les meilleurs des Quatorze Points de Woodrow Wilson, qui exposaient des propositions pour un règlement de paix. Elle comprend des déclarations contre l'expansion des terres par la force, contre les changements de territoire sans l'approbation des populations qui y vivent, pour le droit des peuples à choisir leur propre forme de gouvernement, et pour la liberté des mers, le libre-échange, la coopération économique et la fin de la guerre.

Pearl Harbor

Dans le Pacifique, les événements mènent à la guerre. Le Japon est convaincu que l'Allemagne vaincra l'Union soviétique et la Grande-Bretagne. Il veut achever la conquête de l'Asie orientale. En novembre 1941, le Japon s'empare d'une partie de l'Indochine française et installe des bases aériennes en Thaïlande (Siam). Il menace la Birmanie, les Indes orientales néerlandaises et les Philippines.

Les États-Unis ont protesté. Un groupe spécial de Japonais est venu à Washington le 14 novembre pour entamer des discussions. Ils voulaient que les États-Unis acceptent les conquêtes japonaises en Asie et fassent des affaires comme avant. Le secrétaire Hull refuse. En échange d'une coopération économique totale, il voulait que le Japon quitte l'Indochine et la Chine. L'impasse est totale. Le 6 décembre, Franklin D. Roosevelt s'adresse directement à l'empereur. Le lendemain, dimanche 7 décembre 1941, les forces japonaises lancent leur attaque surprise sur Pearl Harbor. Les États-Unis sont entrés dans la Seconde Guerre mondiale.

Pendant une année entière, l'Axe a eu le contrôle. La marine américaine a été paralysée à Pearl Harbor. Les Japonais envahissent les Philippines, la Malaisie britannique et les îles néerlandaises. Les sous-marins allemands coulent des centaines de navires au large de la côte atlantique des États-Unis. Les Britanniques en Afrique du Nord sont repoussés au Caire. Les armées soviétiques se battent en dehors de Moscou et de Stalingrad.

Au début de 1942, Franklin D. Roosevelt a demandé à l'industrie de produire du matériel de guerre comme il n'en avait jamais été produit auparavant. Il a demandé 185 000 avions, 120 000 chars d'assaut et 18 millions de tonnes de poids mort pour le transport maritime, et ce, en deux ans. Les forces armées devaient être portées à plus de 11 millions d'hommes en 1944. La marine devait devenir la plus grande du monde, plus grande que toutes les autres marines réunies. À terme, le nombre de personnes employées ou faisant partie des forces armées devait atteindre plus de 65 millions.

Tous les fils de Franklin D. Roosevelt sont dans les forces armées. James était dans les Marines, Elliott dans l'armée de l'air, et Franklin, Jr. et John dans la marine.

Chef de guerre

"Nous sommes maintenant au milieu d'une guerre, non pas pour la conquête, non pas pour la vengeance, mais pour un monde dans lequel cette nation, et tout ce que cette nation représente, sera en sécurité pour nos enfants." C'est ce que Roosevelt a dit au pays dans son message de guerre du 9 décembre 1941. Le Congrès a adopté les premier et deuxième Actes sur les pouvoirs de guerre et d'autres lois pour lui donner toute l'autorité nécessaire.

Franklin D. Roosevelt avait le contrôle de l'agriculture, de la fabrication, de la main-d'œuvre, des prix, des salaires, des transports et de l'attribution des matières premières. Il confie à son tour ces pouvoirs aux hommes, conseils ou départements compétents. De nombreuses agences de guerre ont été créées. Se déplaçant et changeant selon les besoins, elles ont placé presque toutes les activités du pays sous la direction du gouvernement.

Avec l'aide du général George C. Marshall, chef d'état-major de l'armée de terre, et de l'amiral Ernest J. King, chef d'état-major de la marine, Roosevelt élabore les principaux plans de bataille. Avec Churchill, il met en place le modèle d'unité américano-britannique. Il choisit les responsables des agences de guerre. Il tente de régler les difficultés entre les hauts responsables.

En 1943, Franklin D. Roosevelt doit faire face à une lutte acharnée entre le vice-président Henry Wallace, également président du Board of Economic Warfare, et le secrétaire au commerce Jesse H. Jones, également à la tête de la Reconstruction Finance Corporation. Elle ne prend fin que lorsqu'il les relève tous deux de leurs fonctions en matière d'économie étrangère. Roosevelt doit également garder sous contrôle un Congrès jaloux et parfois irritable. Il doit garder le moral de la nation pendant les jours sombres des premiers revers militaires.

Le président a fait de mauvaises nominations. Il n'a jamais donné à son administration de guerre, rapidement mise en place, une véritable organisation ou efficacité. On dit qu'il favorise les travailleurs, en particulier la C.I.O. Cela provoque une révolte du Congrès en 1943. Dans l'ensemble, cependant, il a fait son travail avec confiance et compétence.

Les agences de guerre

La plupart des agences de guerre ont fait preuve d'une grande efficacité. Certaines erreurs ont été commises, et une grande partie du gaspillage a été jugée inévitable. Le War Production Board, dirigé par Donald M. Nelson (puis par J. A. Krug), obtenait les matières premières, les attribuait aux usines, passait les contrats et régulait la production. La Commission de la main-d'œuvre de guerre, sous la direction de Paul V. McNutt, veillait à ce que l'agriculture, l'exploitation minière, la fabrication et d'autres activités vitales disposent des travailleurs dont elles avaient besoin et les utilisent bien.

Le National War Labor Board, présidé par William H. Davis, réglait les conflits du travail et décidait des augmentations de salaire. Le Bureau d'administration des prix, dirigé d'abord par Leon Henderson, puis plusieurs années plus tard par Chester Bowles, veillait à la stabilité des prix, contrôlait les loyers, rationnait les voitures, l'essence, les aliments et de nombreux autres biens de consommation en pénurie et, de manière générale, empêchait une inflation galopante.

La War Shipping Administration, dirigée par le contre-amiral Emory S. Land, contrôlait tous les navires marchands de haute mer. L'Office of Lend-Lease Administration, dirigé par E. R. Stettinius, Jr. dirigeait le flux de matériel de prêt-bail vers d'autres pays et le retour de prêt-bail aux États-Unis. Tous les transports publics par air, route, rail et navires côtiers étaient supervisés par l'Office of Defense Transportation. Joseph E. Eastman en est le directeur. Le Bureau de l'information sur la guerre, dirigé par Elmer Davis, coordonne le flux des informations sur la guerre provenant de tous les départements fédéraux. Il utilisait la presse, la radio et le cinéma pour transmettre les informations de guerre aux Américains. Il faisait de la "guerre psychologique" sur l'ennemi.

James F. Byrnes dirigeait l'Office of Economic Stabilization, qui coordonnait les contrôles des prix et des salaires des différents départements gouvernementaux. L'Office of Civilian Defense, sous la direction de James M. Landis, s'efforçait de maintenir le moral des troupes et de faire participer les civils à la préparation de leur défense.

Pour renforcer l'amitié avec les autres nations américaines, le Bureau de coordination des affaires interaméricaines a été créé sous la direction de Nelson A. Rockefeller. L'une des agences les plus importantes était l'Office of Scientific Research and Development, dirigé par le Dr Vannevar Bush. Il travaillait sur des problèmes scientifiques secrets tels que la bombe atomique.

Franklin D. Roosevelt s'intéresse particulièrement aux agences qui coordonnent les efforts de guerre des États-Unis, du Canada et de la Grande-Bretagne. En décembre 1941, Churchill et ses chefs militaires rencontrent Roosevelt et ses chefs. Le Combined Chiefs of Staff est alors créé. Il planifie le placement de toutes les forces américaines et britanniques. Il répartit les travailleurs et les munitions, contrôle les communications et le renseignement militaire, et administre conjointement les zones conquises. Le Combined Production and Resources Board gère les ressources industrielles des trois nations en tant qu'unité. Le Combined Raw Materials Board et le Combined Food Board contribuent à la mise en commun des approvisionnements.

L'unité nationale était plus complète pendant la Seconde Guerre mondiale que pendant toute autre guerre auparavant. C'est en partie parce que la brutalité de l'Axe a profondément choqué et offensé les Américains. C'était en partie parce que le Japon avait traîtreusement attaqué les États-Unis. Ensuite, les gens ont également réalisé que la paix n'avait pas été maintenue après la Première Guerre mondiale. Ils voulaient une paix durable. Le 5 octobre 1944, Franklin D. Roosevelt a déclaré : "Nous devons à notre postérité, nous devons à notre héritage de liberté, nous devons à notre Dieu, de consacrer le reste de nos vies et toutes nos capacités à la construction d'une structure solide et durable de paix mondiale."

La production craint la guerre

Les forces armées ont atteint un pic d'environ 14 millions d'hommes et de femmes. Pour les équiper et les approvisionner, pour contribuer à équiper les près de 50 millions de personnes dans les forces armées des autres Alliés, et pour maintenir l'économie civile, des prouesses de production jamais approchées auparavant sont nécessaires.

Pour payer la guerre, des sommes énormes ont été levées par les impôts. Le coût total de la guerre s'est élevé à près de 300 milliards de dollars. Les emprunts de guerre ont permis de réunir une partie considérable de l'argent. En 1944, la dette nationale s'élevait à près de 200 milliards de dollars. Les impôts étaient devenus beaucoup plus lourds que ce que l'on avait cru possible. Au cours de l'année fiscale se terminant le 30 juin 1944, la nation a récolté près de 20 milliards de dollars en impôts directs sur les particuliers, plus de 14 milliards de dollars en impôts directs sur les sociétés et 5 milliards de dollars en taxes d'accise.

D'énormes usines de munitions ont été construites dans tout le pays. De grands chantiers navals apparaissent au bord de l'océan et dans les villes des Grands Lacs. Les usines automobiles fabriquent des avions, des chars, des jeeps et des canons antiaériens. De nouvelles industries - le magnésium et le caoutchouc synthétique, par exemple - se développent. Les aciéries rugissent jour et nuit, atteignant une production annuelle de près de 100 millions de tonnes. L'industrie de l'aluminium double de taille.

La main-d'œuvre travaillait avec une volonté. Les ingénieurs inventent de nouvelles méthodes radicales qui augmentent énormément la production. Les agriculteurs, dont les fils sont partis à la guerre et les outils limités, font des récoltes record. En 1941, ils ont produit plus de nourriture que jamais auparavant. En 1942, ils relèvent à nouveau la barre. En 1943, ils l'élèvent encore une fois.

"Nous devons mener la bataille à venir pour l'Amérique et la civilisation à une échelle digne de la façon dont nous avons mené ensemble les batailles contre la tyrannie et la réaction", a déclaré Franklin D. Roosevelt à Boston en 1944. Cette année-là, la production de caoutchouc synthétique des États-Unis et du Canada avait atteint un taux de 850 000 tonnes longues par an, soit plus que tout le caoutchouc naturel importé chaque année en temps de paix. Les aciéries ont suivi le rythme de l'énorme demande. La conception des chars d'assaut laisse beaucoup à désirer jusqu'à la fin de la guerre, mais la production de chars d'assaut est si importante qu'elle doit être réduite.

Les États-Unis sont fiers de leurs avions de chasse et de leurs bombardiers. En 1944, l'industrie aéronautique emploie près de 2,5 millions de travailleurs et constitue la plus grande industrie manufacturière du monde. Franklin D. Roosevelt avait demandé un total final de 10 000 avions par mois. L'objectif a presque été atteint en 1944, lorsque la production a dépassé les 100 000 avions.

Les chantiers navals ont travaillé dur. Les navires sont construits par des méthodes de production de masse en beaucoup moins de temps que jamais auparavant. Le premier type standardisé s'appelait le Liberty ship. Le second, plus grand et plus rapide, était le Victory. Le premier Liberty ship, le Patrick Henry, a été lancé le 27 septembre 1941.

En deux ans, quelque 2 100 navires marchands, totalisant environ 21 millions de tonnes de port en lourd, ont été achevés. Ils permettent aux troupes et aux fournitures américaines de se rendre rapidement sur tous les fronts. Ils ont également donné aux États-Unis une marine marchande beaucoup plus importante que toutes les autres marines marchandes réunies.

Victoire

Il a été convenu très tôt que les États-Unis se battraient avec acharnement sur tous les fronts. Toutefois, leur principale force serait utilisée en premier lieu pour vaincre l'Allemagne. Pendant un an, seule une guerre défensive a été menée dans le Pacifique. Quelques victoires sont cependant remportées. En mai 1942, une flotte japonaise a été mise en échec lors de la bataille de la mer de Corail. En juin, une force japonaise plus importante a été vaincue lors de la bataille de Midway. En novembre, l'ennemi subit une nouvelle défaite sévère au large de Guadalcanal.

Le premier coup dur américain contre l'Allemagne a été porté le 8 novembre 1942. Une forte force anglo-américaine débarque en Afrique du Nord française et prend les forces nazies par surprise. Les Américains et les Britanniques, dirigés par le lieutenant-général Dwight D. Eisenhower, prennent rapidement l'Algérie et envahissent Tunis. Ils y rencontrent une armée britannique, commandée par le général Harold Alexander, qui a chassé les troupes d'Erwin Rommel d'Égypte et de Tripoli. Le 12 mai 1943, les dernières forces allemandes en Afrique se rendent. Les Alliés se dirigent maintenant vers la Festung Europa - la forteresse Europe.

L'attaque a commencé le 10 juillet 1943. Un assaut amphibie est lancé contre la Sicile. En 39 jours, les armées américaines et britanniques envahissent l'île. L'invasion de l'Italie suit le 9 septembre. Naples est rapidement prise. Une bataille acharnée est livrée pour Rome. La ville est finalement prise au printemps 1944. À ce moment-là, l'action principale s'est déplacée vers la France, où se trouvent les principales forces allemandes.

Le monde observait avec tension. Le 6 juin 1944, les généraux Eisenhower et Bernard Montgomery lancent une énorme armée sur les plages de Normandie. Après un combat court mais acharné, les têtes de pont sont sécurisées. Le port de Cherbourg tombe le 27 juin.

Ensuite, suffisamment d'hommes et de matériel sont rassemblés pour permettre aux armées anglo-américaines de sortir des têtes de pont et de frapper l'Allemagne. Le 25 juillet, le général Omar N. Bradley lance une grande offensive, et les Allemands sont repoussés. Le 25 août, Paris était aux mains des Alliés.

L'avancée en Allemagne se poursuit avec un seul revers sérieux. La bataille des Ardennes, une contre-offensive nazie de décembre 1944, repousse temporairement les troupes américaines, mais ne parvient pas à les retenir. Les armées alliées libèrent l'ennemi de la majeure partie de la zone située à l'ouest du Rhin. Les Soviétiques avancent depuis l'est. Les armées allemandes sont réduites en pièces par les coups combinés des Alliés. Le 7 mai 1945, les dernières forces nazies se sont rendues aux Alliés à Reims.

Entre-temps, la victoire sur le Japon était en bonne voie. En 1943, les forces américaines, australiennes et néo-zélandaises prennent l'offensive dans le Pacifique. L'ennemi est chassé de la majeure partie de la Nouvelle-Guinée. La marine américaine s'empare de Tarawa et de deux autres îles dans les Gilberts. Par la suite, les États-Unis, avec plus de navires et d'avions que l'ennemi, ont pu se déplacer à peu près comme ils le voulaient.

En juillet 1944, Saipan et Guam, dans les Mariannes, ont été prises. Les deux îles constituaient de bonnes bases aériennes. Le 20 octobre, les troupes américaines commandées par le général Douglas MacArthur débarquent à Leyte, aux Philippines, après une campagne de "saut d'île" commencée en Australie. En février 1945, elles avaient capturé Manille. L'amiral William F. Halsey engage la principale force navale japonaise sous les ordres de l'amiral Kurita. La marine américaine détruit la majeure partie de la flotte ennemie et anéantit pratiquement la puissance maritime japonaise.

Nations Unies

Franklin D. Roosevelt dirigeait l'effort de guerre américain grâce à des contacts étroits avec Churchill et d'autres dirigeants britanniques. Plus tard, Staline s'est joint aux conférences. De nombreuses réunions Churchill-Roosevelt ont lieu à Washington. En août 1943, une conférence anglo-américaine a eu lieu à Québec. D'autres réunions alliées ont eu lieu plus tard dans l'année.

D'abord Franklin D. Roosevelt, Churchill et Chiang Kai-shek se sont rencontrés au Caire. Puis Roosevelt et Churchill se sont rendus à Téhéran pour des jours d'entretiens avec Staline. À la fin, ils ont parlé de leur espoir d'une "famille mondiale de nations démocratiques".

Roosevelt avait à cœur la formation d'une nouvelle organisation mondiale, plus efficace que la vieille Société des Nations. Il bénéficie pour cela de l'aide du secrétaire Hull et du Congrès. Les résolutions Connolly et Fulbright, adoptées par le Congrès en 1943, sont favorables à une telle organisation d'après-guerre. Le 30 mai 1944, les États-Unis invitent la Grande-Bretagne, l'Union soviétique et la Chine à une conférence à Washington pour discuter de la paix mondiale. Les pourparlers débutent le 21 août à Dumbarton Oaks, un manoir de Washington. Un ensemble de plans a été soumis à l'étude et aux commentaires des gens de toutes les nations.

Durant l'été et l'automne 1944, une autre campagne présidentielle a lieu. Les démocrates désignent une fois de plus Roosevelt. Les républicains choisissent le gouverneur Thomas E. Dewey de New York. Les programmes des deux partis parlent vigoureusement de la participation américaine à une organisation mondiale. Dewey, tout comme Roosevelt, est pour cette idée.

Presque tout le pays était derrière le mouvement visant à organiser la paix et la justice dans un monde libre. Dans une émission de radio, le 5 octobre 1944, et dans d'autres discours, Roosevelt insiste pour que les Nations unies aient le pouvoir de maintenir la paix par la force et que les représentants américains aient le pouvoir d'agir rapidement. Aucun policier ne pourrait être utile, disait-il, si, lorsqu'il voyait un cambrioleur au travail, il devait "convoquer une assemblée municipale pour émettre un mandat avant que le criminel puisse être arrêté."

Franklin D. Roosevelt est réélu pour un quatrième mandat. Il l'emporte par un vote populaire de 25 606 585 contre 22 014 745 pour Dewey et 432 voix électorales contre 99. Il souhaite clairement que les Nations unies deviennent un groupe permanent de temps de paix doté des pleins pouvoirs pour mettre fin à tous les fauteurs de guerre. Dans son message de 1945 au Congrès, il déclare que l'année qui commence "peut être la plus grande année d'accomplissement de l'histoire humaine". Elle pourrait voir la victoire totale sur l'Axe. "Plus important encore, 1945 peut et doit voir le début substantiel de l'organisation de la paix mondiale. Cette organisation doit être l'accomplissement de la promesse pour laquelle des hommes ont combattu et sont morts dans cette guerre."

L'étape suivante consistait à tenir une réunion internationale complète et à rédiger une charte pour l'organisation mondiale. En février 1945, visiblement en mauvaise santé et l'air hagard, Roosevelt s'entretient avec Churchill et Staline à Yalta, en Crimée. Ils discutent des derniers plans de guerre et des questions de paix. (Pendant des années après sa mort, on a dit que Roosevelt avait trop concédé aux Soviétiques à Yalta. Une grande partie de la discussion portait sur le sort des nations d'Europe de l'Est, et après la guerre, Staline a réussi à les faire entrer toutes dans la sphère d'influence soviétique).

Une réunion a été convoquée à San Francisco pour le 25 avril 1945, afin de concrétiser les propositions de Dumbarton Oaks. Roosevelt prévoit d'ouvrir la conférence. La délégation qu'il nomme pour représenter les États-Unis est dirigée par le secrétaire d'État E. R. Stettinius, Jr. Stettinius avait succédé à Hull lorsque ce dernier était tombé malade.

Roosevelt meurt

Les délégués se réunissent à San Francisco. Les forces américaines s'enfoncent davantage en Allemagne. Roosevelt se rend à Warm Springs, en Géorgie, pour un court repos. Le matin du 12 avril 1945, il est occupé à signer des documents et à étudier des papiers d'État. Un peintre fait des croquis de lui. Soudain, il s'affaisse sur sa chaise. Il a été victime d'une hémorragie cérébrale. La mort survient rapidement. Ce soir-là, le vice-président Harry S. Truman a prêté serment en tant que président.

La vague d'émotion qui déferle sur une grande partie du monde est semblable à celle qui a suivi la mort d'Abraham Lincoln. Les mesures intérieures de Franklin D. Roosevelt ont suscité la colère de nombreuses personnes. Certains d'entre eux désapprouvent violemment sa politique étrangère. Mais presque tout le monde a le sentiment que la nation a perdu un grand leader. Les gens en étaient venus à éprouver une chaleureuse estime pour l'homme qui avait affronté la dépression avec tant de courage, qui avait mené à bien un ensemble de réformes plus larges et plus profondes qu'aucun autre président avant lui, qui avait si habilement dirigé l'Amérique dans son plus grand effort de guerre et qui avait joué le rôle principal dans la création des Nations unies.

Franklin D. Roosevelt a été enterré dans le jardin de sa maison de Hyde Park. Cette maison est aujourd'hui un site historique national. La Petite Maison Blanche et sa ferme à Warm Springs appartiennent désormais à l'État de Géorgie. Le domaine de l'île Campobello est devenu un parc international en 1964.

Questions de recherche

1. Y a-t-il quelque chose sur Franklin D. Roosevelt que vous pensez que personne d'autre n'a encore découvert ?
2. Que pensez-vous des épisodes télévisés, des documentaires et des films sur FDR ?
3. Quelles sont vos citations préférées de FDR ?

33. Harry S. Truman (1945-1953)

Parti démocrate | Vice-président : Alben W. Barkley

"En lisant la vie des grands hommes, j'ai constaté que la première victoire qu'ils remportaient était sur eux-mêmes... l'autodiscipline chez tous venait en premier."

C'est la fin de l'après-midi d'une chaude journée de printemps. Le vice-président Harry S. Truman venait de finir d'écouter un débat au Sénat. Il a reçu un message téléphonique. Il lui demandait de se rendre à la Maison Blanche le plus rapidement possible. Le président Franklin D. Roosevelt est mort à Warm Springs, en Géorgie. Ce soir-là, le 12 avril 1945, à 19 h 09, Harry S. Truman a prêté le serment d'office en tant que 33e président des États-Unis.

Après avoir prêté serment, le président Truman a embrassé la Bible. Plus tard, il a dit à plusieurs journalistes de la Maison Blanche : "J'ai l'impression que la lune, toutes les étoiles et toutes les planètes sont tombées sur moi. S'il vous plaît, les garçons, donnez-moi vos prières. J'en ai grand besoin."

Le nouveau président doit faire face à de nombreuses difficultés. La fin de la Seconde Guerre mondiale est en vue, mais les forces américaines combattent toujours en Europe et dans le Pacifique. Les habitants du pays répondent aux besoins de leurs propres combattants et aident leurs alliés pour un coût total de près de 90 milliards de dollars par an. Une bombe atomique a été mise au point. C'est l'arme la plus puissante que le monde ait jamais connue. Le président Truman sait qu'il doit décider d'utiliser ou non la bombe dans la guerre contre le Japon.

La victoire et la paix ont également apporté leurs problèmes. La nouvelle administration est confrontée à la question de savoir comment traiter les nations vaincues et comment aider les peuples nouvellement libérés. Elle devait participer à la planification d'une organisation mondiale des nations pour faire respecter la paix. Sur le front intérieur, il y avait la tâche gigantesque de rétablir l'économie du pays en temps de paix.

Les débuts de la vie de Harry S. Truman

L'homme qui devait guider les États-Unis à travers cette période critique est né le 8 mai 1884 à Lamar, dans le Missouri. Harry S. Truman est le fils de John Anderson Truman, négociant en bétail, et de Martha Young Truman.

Il est nommé Harry en l'honneur du frère de sa mère, Harry Young. Il reçut l'initiale centrale "S" (mais pas de nom) pour ses grands-pères, Anderson Shippe Truman et Solomon Young. L'arrière-grand-mère de Truman, Nancy Tyler Holmes, était une cousine germaine de John Tyler, dixième président des États-Unis. Il est intéressant de savoir que Tyler fut le premier vice-président à devenir président par succession, et que Truman fut le septième. C'est Tyler qui a insisté pour que le vice-président devienne réellement le président des États-Unis et non un simple président par intérim lorsqu'il prend la fonction de chef de l'exécutif.

Peu après la naissance de Harry, la famille Truman s'installe à Independence, Missouri, non loin de Kansas City. Harry y fréquente l'école primaire et le lycée. Dès l'âge de 9 ans, il porte des lunettes, ce qui l'empêche de faire beaucoup de choses que les autres garçons font. Il préférait passer son temps à lire. Mark Twain, les histoires de la guerre civile américaine et la vie des grands hommes sont ses préférés. Il a lu la Bible deux fois avant l'âge de 12 ans. Il y avait une petite bibliothèque à Independence, où le jeune Harry passait des heures supplémentaires à lire des histoires, des romans et des encyclopédies.

Parfois, Harry S. Truman emportait les encyclopédies chez lui pour les lire. Mathilda Brown, le professeur d'histoire de Truman au lycée, dit de lui : "Je doute qu'il y ait un élève dans n'importe quel lycée du pays qui connaisse mieux l'histoire des États-Unis que Harry." Le garçon le plus intelligent de cette classe de 1901, cependant, était Charles G. Ross. Ross deviendra plus tard l'attaché de presse du président Truman.

Pendant les étés, Harry, sa sœur, Mary Jane, et son jeune frère, John Vivian, rendaient visite à leurs grands-parents, les Solomon Young, dans leur ferme de Grandview, dans le Missouri. Là, ils aidaient aux travaux de la ferme, montaient à cheval et nageaient. Dès l'âge de 13 ans, Harry prend des leçons de piano, d'abord à Independence puis à Kansas City. Il devient un bon pianiste amateur. Truman dira plus tard qu'il aurait pu devenir pianiste de concert s'il ne s'était pas lancé dans la politique.

Lorsque Harry S. Truman devint président, il joua souvent du piano pour se détendre des soucis de la fonction. Il accompagne également sa fille, Margaret, lorsqu'elle chante pour les visiteurs de la Maison Blanche. Chopin et Mozart étaient ses compositeurs préférés.

Après avoir obtenu son diplôme de fin d'études secondaires, Harry S. Truman tente d'être nommé à West Point, mais il est refusé en raison de sa mauvaise vue. N'ayant pas d'argent pour payer ses études, il prend un emploi dans une pharmacie de Kansas City. En même temps, il s'engage dans la garde nationale du Missouri. Après un bref séjour dans la pharmacie, Truman devient commis au Kansas City Star. Il essaie ensuite de travailler comme chronométreur pour une équipe de construction de chemin de fer et comme commis dans une banque de Kansas City. zCinq ans après avoir quitté le lycée, Truman est fatigué de la vie urbaine. Il retourne dans la ferme de son père et y travaille pendant les dix années suivantes.

Le service de Harry S. Truman dans la Première Guerre mondiale

Harry S. Truman était encore fermier lorsque les États-Unis sont entrés dans la Première Guerre mondiale. En tant que membre de la garde nationale du Missouri, il a été appelé pour une courte période d'entraînement à l'école d'artillerie de campagne de Fort Sill, en Oklahoma. Il est parti outre-mer en tant que capitaine de la 35e division et a commandé la batterie D de la 129e artillerie de campagne lors des offensives de St-Mihiel et de Meuse-Argonne. Après la guerre, il est nommé major dans la réserve de l'artillerie de campagne.

Le 28 juin 1919, Harry S. Truman épouse Bess Wallace d'Independence. Ils étaient des amoureux d'enfance. Une fille, Mary Margaret, est née des Truman le 17 février 1924.

Après son mariage, Harry S. Truman investit toutes ses économies dans une mercerie de Kansas City. L'entreprise réussit pendant deux ans, puis fait faillite pendant la dépression de 1922. Truman et son associé, Eddie Jacobson, remboursèrent fidèlement leurs créanciers, mais il leur fallut 12 ans pour y parvenir.

Début de carrière politique

Après l'échec de son entreprise de mercerie, Harry S. Truman décide de se lancer dans la politique. Pendant qu'il était dans l'armée, Truman avait été un ami proche de James Pendergast, neveu de Tom Pendergast, le patron politique démocrate de Kansas City. Cette amitié a permis à Truman d'être nommé superviseur des routes du comté de Jackson.

Après avoir occupé cette fonction pendant un an, Harry S. Truman est élu juge dans le comté de Jackson en 1922, toujours avec le soutien de Pendergast. Il n'était pas tenu d'être avocat pour occuper ce poste, mais Truman pensait que sa carrière serait facilitée s'il étudiait le droit. Il s'inscrit donc à la faculté de droit de Kansas City et suit des cours du soir pendant deux ans.

En 1924, l'année de la naissance de son unique enfant, Harry S. Truman est battu pour sa réélection. "J'étais fauché et sans emploi avec une famille à soutenir", a déclaré Truman plus tard. "Mais j'avais beaucoup d'amis et je m'en suis sorti jusqu'en 1926". Cette année-là, il est élu juge président du tribunal du comté de Jackson. Ce n'est pas un poste judiciaire. Dans la plupart des États, on l'appellerait le président du conseil des commissaires de comté. Ce poste inclut la supervision de nombreuses dépenses du comté. Réélu en 1930, Truman est responsable de la dépense de plus de 60 millions de dollars pour la construction d'autoroutes et de bâtiments.

Harry S. Truman s'est construit une réputation d'efficacité et d'honnêteté absolue qui contraste avec la mauvaise réputation de nombre de ses associés politiques. En 1934, Truman est choisi comme candidat de Pendergast au poste de sénateur des États-Unis. Il remporte la nomination démocrate dans une course à trois et est élu sénateur du Missouri. Il est réélu en 1940.

Le comité Truman

Alors que les États-Unis se préparaient à la guerre, Harry S. Truman se remémorait les histoires de gaspillage fédéral pendant la Première Guerre mondiale. Il se souvenait également, à partir des livres qu'il avait lus dans son enfance, du travail effectué par la célèbre Commission sur la conduite de la guerre civile. Avec ces éléments en tête, le sénateur Truman a fait le tour du pays dans sa propre voiture, à ses frais, pour observer l'avancement des travaux de la Seconde Guerre mondiale. Les irrégularités qu'il a constatées au cours de son périple de 30 000 miles l'ont incité à demander au Sénat de créer la Commission d'enquête sur le programme de défense nationale, communément appelée la Commission Truman.

La commission a enquêté sur de nombreux organismes et industries qui produisaient du matériel de guerre. Elle a mis en lumière et aidé à corriger de nombreux cas de mauvaise gestion, de gaspillage et de négligence. Il a permis au gouvernement d'économiser environ 15 milliards de dollars. Plus tard, lorsque 50 journalistes ont voté pour désigner les dix hommes qui avaient le plus contribué à l'effort de guerre, Truman était le seul législateur sur la liste.

La présidence

Lors de la Convention nationale du parti démocrate en juin 1944, une compétition animée se développa entre plusieurs candidats à la nomination de la vice-présidence. Les plus en vue étaient Henry Wallace, qui avait le soutien de l'aile radicale du parti démocrate, et James Byrnes, qui représentait l'aile conservatrice. La désignation de Truman comme candidat de compromis permet de sortir de l'impasse. Harry S. Truman a d'abord refusé catégoriquement d'accepter la nomination. Il voulait rester au Sénat. Roosevelt insiste, et Truman finit par accepter.

En tant que vice-président, Truman n'a pas grand-chose à voir avec l'élaboration de la politique américaine sur le territoire national ou à l'étranger. Roosevelt le consulte rarement. Par conséquent, lorsque Roosevelt meurt subitement, Harry S. Truman, en tant que président, est confronté à de nombreux problèmes. Les collaborateurs du président et d'autres personnes font de leur mieux pour l'aider, et Truman apprend rapidement.

Deux semaines après son accession à la présidence, Truman apprend l'existence du projet top secret de développement d'une bombe atomique. Le 16 juillet 1945, on lui annonce qu'un essai réussi de la bombe atomique a été réalisé à Los Alamos, au Nouveau-Mexique. Truman consulte ses assistants pour décider si la bombe doit être utilisée contre le Japon. Une invasion du Japon était en préparation. Ils ont estimé que si la bombe fonctionnait, elle sauverait un quart de million de vies américaines.

Harry S. Truman suggère que les États-Unis avertissent le Japon que, s'il ne se rend pas, la bombe sera utilisée. Le Japon refuse de céder. Le 6 août 1945, la bombe atomique explose au-dessus d'Hiroshima, détruisant les trois cinquièmes de la ville. Le 10 août, le Japon demande la paix.

Les problèmes d'après-guerre de Harry S. Truman

Au cours des premiers mois de l'administration Truman, une conférence internationale organisée à San Francisco, en Californie, avait rédigé une charte pour une nouvelle organisation de paix, les Nations unies. Truman est très favorable à ce que les États-Unis deviennent un membre clé de cette organisation. Il a toujours pensé que les États-Unis avaient eu tort de ne pas rejoindre la Société des Nations après la Première Guerre mondiale. Le 28 juillet 1945, le Sénat des États-Unis approuve la charte des Nations unies. En décembre 1945, le Sénat et la Chambre des représentants ont voté en faveur de l'adhésion des États-Unis aux Nations unies.

La première crise de l'administration du président survient peu après son retour de Potsdam, en Allemagne, à la fin de l'année 1945. Il s'y était entretenu avec Joseph Staline et Winston Churchill sur le traitement de l'Allemagne et sur d'autres problèmes d'après-guerre. Chez lui, des grèves nationales menacent de perturber le retour ordonné à la normale. En janvier 1946, 1,5 million d'hommes avaient quitté leur emploi dans les industries automobile, électrique, de la viande et de l'acier. En avril 1946, John L. Lewis a dirigé une grève de 400 000 membres de l'United Mine Workers. En mai, les mécaniciens de locomotive et les agents de train des chemins de fer ont fait grève.

Harry S. Truman ordonne au gouvernement de saisir les mines et les chemins de fer. La grève des chemins de fer n'a duré que deux jours. Fin mai, le gouvernement et le syndicat des mineurs signent un contrat mettant fin à la grève des mines. À partir de juin 1946, Truman et son administration sont confrontés à des problèmes de prix et d'approvisionnement de plus en plus critiques dans des domaines tels que le logement, l'alimentation, l'habillement et l'automobile. Le mécontentement général entraîna un désastre politique pour l'administration lors des élections au Congrès du 5 novembre 1946. Un raz-de-marée républicain balaie la nation et les républicains prennent le contrôle des deux chambres du Congrès.

Avant que le nouveau Congrès ne se réunisse, Lewis ordonne aux United Mine Workers de faire grève le 21 novembre. Furieux, le président a donné des instructions pour une lutte jusqu'au bout. Le gouvernement obtient une injonction de la cour fédérale, invoquant une interférence avec l'exploitation des mines par le gouvernement. Lorsque Lewis a ignoré cette injonction, la Cour suprême l'a déclaré coupable d'outrage à la cour. Il a été condamné à une amende de 10 000 dollars et son syndicat à 700 000 dollars. Entre-temps, Lewis avait mis fin à la grève.

Plan Marshall

Le 31 décembre 1946, le président Truman a déclaré la fin de la période des hostilités de la Seconde Guerre mondiale. Au début de 1947, les Britanniques ont déclaré qu'ils ne pourraient pas soutenir le gouvernement grec après le 31 mars. De nombreux diplomates craignaient que l'Union soviétique n'étende alors son pouvoir au Moyen-Orient. Le président Truman répond au problème en demandant au Congrès 400 millions de dollars pour aider la Grèce et la Turquie. Le Congrès s'approprie l'argent. Cette politique d'aide, connue sous le nom de "Doctrine Truman", est un défi américain aux ambitions soviétiques dans le monde.

Le 5 juin, le secrétaire d'État George C. Marshall propose une mesure encore plus forte. Son plan Marshall prévoit l'octroi d'une aide à toutes les nations d'Europe. Ce plan, officiellement appelé Programme de redressement européen, est autorisé par le Congrès en 1948. Six milliards de dollars d'aide sont prévus pour la première année du programme. L'Union soviétique empêchant les nations d'Europe de l'Est d'accepter toute aide, le programme se limite aux nations d'Europe occidentale.

En 1947, le 80e Congrès républicain adopte la loi sur les relations entre les travailleurs et les employeurs (loi Taft-Hartley), en dépit du veto du président. À la demande de Truman, le Congrès modifie l'ordre de succession à la fonction de président des États-Unis. Le Congrès remplace également les anciens départements de la guerre et de la marine par un nouvel établissement militaire national (appelé plus tard département de la défense).

En 1948, le président Truman doit faire face à une année difficile. Les deux partis politiques sont d'accord sur la politique étrangère, mais aucun accord de ce type n'existe sur les questions intérieures. À l'approche d'une élection présidentielle, les questions intérieures deviennent des enjeux de campagne. Pendant ce temps, la brèche entre l'Union soviétique et les puissances occidentales s'élargit pour devenir une "guerre froide".

Victoire

En juin 1948, les républicains désignent le gouverneur de New York, Thomas E. Dewey, comme président. De nombreux dirigeants démocrates tentent d'éviter le leadership de Truman en faisant pression pour la nomination du général Dwight D. Eisenhower. Eisenhower refuse d'être pris en considération, et les démocrates désignent Truman. Le sénateur Alben Barkley du Kentucky est son colistier.

Un groupe de démocrates du Sud, furieux du programme de droits civiques du président, se révolte et tient une convention " Dixiecrat " à Birmingham, en Alabama. Ils désignent le sénateur J. Strom Thurmond de Caroline du Sud comme candidat démocrate des droits des États à la présidence. Une autre menace pour Truman provient de la formation d'un parti progressiste, dont le candidat à la présidence est Henry Wallace.

Toutes les indications politiques laissent présager une victoire écrasante des républicains. Truman, cependant, refuse de croire les sondages d'opinion. Dans une campagne solo, il parcourt plus de 30 000 miles et prononce quelque 300 discours. Il ne cesse de critiquer ce qu'il appelle le "80e Congrès républicain qui ne fait rien".

L'élection du 2 novembre est le bouleversement politique le plus spectaculaire de l'histoire de la nation. Truman est le premier président démocrate à être élu sans le "Sud solide". Il remporte 28 États et 303 voix de grands électeurs. Les démocrates prennent également le contrôle du Congrès. Dewey remporte 16 États et 189 voix des grands électeurs ; Thurmond gagne 4 États et 39 voix des grands électeurs.

D'importantes grèves dans les secteurs du charbon, de l'acier et de l'automobile continuent de menacer l'économie du pays au début du second mandat du président Truman. Un autre problème était le communisme à l'intérieur du pays. En octobre 1949, 11 dirigeants communistes américains sont condamnés à des amendes et à des peines de prison pour conspiration contre le gouvernement.

Des accusations ont rapidement été portées sur la présence de communistes au sein du département d'État, bien qu'une sous-commission du Sénat ait par la suite blanchi le département. En septembre 1950, le Congrès adopte une loi stricte sur le contrôle des communistes, malgré le veto du président Harry S. Truman.

En 1950, le 81e Congrès élargit la loi sur les personnes déplacées de 1948 pour admettre 415 744 réfugiés aux États-Unis. Il a également élargi le programme de sécurité sociale et étendu le contrôle des loyers cette année-là. Des crédits de défense accrus ont été accordés pour la production de la bombe à hydrogène, que Harry S. Truman avait commandée. L'armée de l'air installe un écran d'alerte radar autour des États-Unis et de l'Alaska.

Corée

Le 25 juin 1950, la guerre éclate en Corée. C'est un grand choc personnel pour le président Truman. Il avait souvent dit qu'il souhaitait plus que tout être considéré par les historiens comme un président ayant apporté la paix au monde. Truman ordonne aux forces militaires américaines de soutenir l'"action de police" des Nations unies en Corée. Le 16 décembre, il déclara l'état d'urgence national afin de préparer les États-Unis à une éventuelle guerre "totale" avec le communisme.

Au milieu de ces problèmes, un amendement a été ajouté à la Constitution - le 22e. Il limitait un président à deux mandats complets ou à un total de dix ans s'il avait servi une partie d'un mandat non expiré. Cet amendement a été adopté en 1947 par un Congrès républicain, principalement en réaction aux quatre victoires de Franklin D. Roosevelt aux élections présidentielles. Il a été avancé que cet amendement controversé sert à affaiblir l'efficacité d'un président pendant le second mandat, car le président sortant ne peut pas se représenter.

Tentatives d'assassinat

Entre 1948 et 1952, la Maison-Blanche fut entièrement reconstruite. Pendant la majeure partie de cette période, la famille Truman vécut à Blair House, en face du manoir exécutif. C'est pendant que les Truman y vivaient qu'une tentative d'assassinat du président fut perpétrée par deux terroristes portoricains, Oscar Collazo et Greselio Torresola. Le 1er novembre 1950, le président Truman était en train de faire une sieste à l'étage lorsque les deux hommes armés ont monté les marches de la porte d'entrée de Blair House. Les policiers armés de la Maison Blanche se sont précipités pour les arrêter, tirant dans leur course. En quelques instants, Torresola gisait mort et Collazo était grièvement blessé. Deux officiers de police ont été blessés ; un troisième, Leslie Coffelt, a été tué.

Le président Truman prit la tentative d'assassinat avec calme, gardant tous les autres rendez-vous prévus ce jour-là et allant faire sa promenade habituelle tôt le matin le lendemain. Il savait qu'Abraham Lincoln, James A. Garfield et William McKinley avaient été assassinés pendant leur mandat et que des assassins avaient tenté de tuer Andrew Jackson, Theodore Roosevelt et Franklin Roosevelt. "Un président doit s'attendre à de telles choses", a déclaré Harry S. Truman.

Les assassins potentiels de Harry S. Truman étaient des membres du parti révolutionnaire nationaliste portoricain, déterminé à obtenir l'indépendance de Porto Rico. Collazo est reconnu coupable du meurtre de Coffelt et condamné à mourir sur la chaise électrique. Truman a par la suite commué la peine en emprisonnement à vie. Le président avait auparavant assuré au peuple portoricain qu'il était libre de définir son propre avenir politique.

Le conflit coréen se poursuit

La politique étrangère de la nation a éclipsé toutes les autres questions politiques en 1951. Après un long débat, le Sénat vote l'envoi de quatre divisions supplémentaires de l'armée de terre en Europe dans le cadre des forces de l'Organisation du traité de l'Atlantique Nord (OTAN). Elles sont placées sous le commandement général du général Dwight D. Eisenhower.

En Corée, les troupes américaines et les autres troupes des Nations Unies combattent une énorme force de communistes - l'armée nord-coréenne compte des "volontaires" chinois. Le président Truman insiste pour que le combat se limite à la Corée. Le commandant suprême en Extrême-Orient, le général Douglas MacArthur, et d'autres veulent frapper directement la Chine afin de remporter une victoire rapide.

Le 11 avril, Harry S. Truman relève MacArthur de ses fonctions et nomme le général Matthew Ridgway commandant en chef en Extrême-Orient. MacArthur rentre immédiatement chez lui. Il reçoit d'immenses éloges pour ses services héroïques pendant la Seconde Guerre mondiale et en Corée. Ridgway devient ensuite commandant suprême des puissances alliées en Europe, lorsque Eisenhower demande à être relevé de ce poste pour le 1er juin 1952. Eisenhower rentre alors chez lui pour briguer l'investiture républicaine pour la présidentielle.

Sur le front intérieur, la nation s'efforce de se réarmer et de réarmer ses alliés. Avant le début des combats en Corée, les États-Unis consacraient 6 % de leur production industrielle à la défense nationale. En 1952, ce pourcentage est passé à 20 % de la production totale, au milieu d'une expansion économique croissante en temps de paix. Le coût de la vie, à l'été 1951, a grimpé à plus de 185 % de la moyenne de base de 1935-39, et les prix ont augmenté d'environ 9 % depuis 1950.

La fin d'une carrière politique active

Un grand problème auquel Truman doit faire face en 1952 est l'accusation de corruption au sein du gouvernement fédéral. L'année précédente, les enquêtes du Congrès avaient révélé des irrégularités dans plusieurs ministères. Truman donne l'ordre au département du procureur général d'éliminer les fonctionnaires malhonnêtes.

Au cours de sa deuxième session, le 81e Congrès a ratifié le traité de paix avec le Japon et approuvé un "contrat de paix" avec l'Allemagne de l'Ouest. Pour renforcer la défense nationale, le Congrès a alloué plus de 6 milliards de dollars pour la deuxième année du programme de sécurité mutuelle et plus de 46 milliards de dollars pour les forces armées. Dans d'autres textes législatifs, le Congrès a adopté une "déclaration des droits des GI" pour les vétérans de la guerre de Corée et a augmenté les paiements de sécurité sociale.

Un coup dur pour la production de défense en 1952 a été une grève de 54 jours par la C.I.O. United Steelworkers. Dans un premier temps, Harry S. Truman a évité la grève en ordonnant au gouvernement de prendre le contrôle de 92 entreprises sidérurgiques. La Cour suprême a jugé cette mesure anticonstitutionnelle et les travailleurs se sont mis en grève immédiatement. Le conflit est finalement réglé par une augmentation générale des salaires.

Harry S. Truman refuse de se représenter en 1952, et la nomination démocrate revient au gouverneur Adlai E. Stevenson de l'Illinois. Le candidat du parti républicain est le général Dwight D. Eisenhower.

La campagne électorale fut l'une des plus vigoureuses de l'histoire de la nation. Le président Truman lui-même effectue trois tournées en faveur de Stevenson. Le 4 novembre, Dwight Eisenhower est élu à une écrasante majorité.

Eisenhower est investi président le 20 janvier 1953, et Harry Truman se retire dans sa maison d'Independence, dans le Missouri. Lorsqu'il quitta ses fonctions, Truman déclara : "J'ai eu une carrière allant du commissariat au président, et je suis fier de cette carrière." Des amis ont levé des fonds pour construire la bibliothèque Harry S. Truman à

Independence. Après sa mort, le 26 décembre 1972, Harry S. Truman fut enterré dans la cour de la bibliothèque. Ses mémoires parurent en 1955-56. En 1959, sa maison natale à Lamar est consacrée sanctuaire de l'État du Missouri. En 1965, la loi sur l'assurance maladie (Medicare), une assurance maladie gouvernementale pour les personnes âgées, parrainée pour la première fois par Truman en 1945, a été signée à la bibliothèque Truman.

Questions de recherche

1. Quelles étaient les pensées de Harry Truman sur l'éducation ?
2. Comment pensez-vous que votre vie aurait été différente si Truman n'avait pas dirigé les États-Unis pendant la Seconde Guerre mondiale ?
3. Qu'a fait Truman en tant que président qu'aucun autre président n'a fait avant ou depuis ?

34. Dwight D. Eisenhower (1953-1961)

Parti républicain | Vice-président : Richard Nixon

"Aucun homme ne vaut tes larmes, mais quand tu en auras trouvé un, il ne te fera pas pleurer."

Pendant la Seconde Guerre mondiale, le général Dwight D. Eisenhower est devenu l'un des commandants les plus efficaces de l'histoire. Après la guerre, il a ajouté à sa réputation militaire par son travail en tant que chef d'état-major de l'armée. Plus tard, il est devenu le premier chef des armées de l'Organisation du traité de l'Atlantique Nord (OTAN). Passé à la politique en 1952, Eisenhower s'est révélé être un commandant efficace dans ce domaine également.

Après avoir remporté l'investiture républicaine pour la présidence, il a battu massivement le candidat démocrate, Adlai E. Stevenson. Dwight D. Eisenhower devient le 34e président des États-Unis et le premier président républicain depuis 20 ans.

Au cours du premier mandat présidentiel d'Eisenhower, de 1953 à 1957, la guerre de Corée prend fin et les États-Unis connaissent la plus grande prospérité de leur histoire à cette époque. En 1956, le parti républicain renomme Eisenhower à l'unanimité pour la présidence.

Faisant campagne sur un programme de "paix et de prospérité", Dwight D. Eisenhower bat de manière décisive le même adversaire démocrate, Stevenson. Il a recueilli plus de 35 millions de voix populaires et 457 voix de grands électeurs. Stevenson a reçu quelque 26 millions de voix populaires et 73 voix de grands électeurs. Richard Nixon est à nouveau élu vice-président.

Les débuts de la vie de Dwight D. Eisenhower

Le nom Eisenhower vient de mots allemands signifiant une sorte de ferrailleur. Le père du président, David Eisenhower, descendait d'immigrants allemands qui s'étaient installés en Pennsylvanie dans les années 1730. En 1878, la famille s'est installée à Abilene, au Kansas. La mère du président, Ida Elizabeth (Stover) Eisenhower, avait quitté la Virginie pour le Kansas en 1883.

Les parents de Dwight D. Eisenhower se sont rencontrés dans une école United Brethren à Lecompton, au Kansas. Ils se sont mariés en 1885. Quelques années plus tard, David Eisenhower a déplacé sa famille d'Abilene à Denison, au Texas. C'est là que Dwight est né le 14 octobre 1890. Deux ans plus tard, la famille retourne à Abilene.

Le futur président, avec ses frères Arthur, Edgar, Roy, Earl et Milton, a grandi dans l'ancienne propriété de son grand-père Jacob Eisenhower. En 1947, cette maison est devenue un sanctuaire national. Les souvenirs et les papiers de la famille sont conservés au musée de la fondation Eisenhower, ouvert à Abilene en 1954.

Pendant sa scolarité, le jeune Dwight D. Eisenhower était généralement appelé Ike par ses amis. Ce surnom l'accompagnera toute sa vie. Les matières scolaires préférées d'Ike étaient l'anglais, l'histoire et la géométrie. En sport, il était champion de basket-ball et de football.

Carrière militaire

Ike est diplômé du lycée d'Abilene en 1909. Pendant les deux années suivantes, il travaille dans une crèmerie pour aider à payer les dépenses d'Edgar à l'école de droit. En 1911, il passe l'examen d'entrée à l'Académie militaire de West Point. Il se classe deuxième dans les épreuves mais obtient la nomination lorsque le meilleur candidat ne réussit pas l'examen physique.

Le jeune cadet était un demi-arrière prometteur dans l'équipe de football de l'académie, mais il a dû abandonner le jeu après s'être blessé au genou. Eisenhower obtient son diplôme de West Point en 1915 et est nommé sous-lieutenant d'infanterie. Il s'était classé 61e dans une classe de 168 étudiants.

Dwight D. Eisenhower est affecté au 19e régiment d'infanterie à Fort Sam Houston, au Texas. Dans la ville voisine de San Antonio, il rencontre Mamie Doud de Denver. Il l'épouse le 1er juillet 1916, le jour où il est promu premier lieutenant. Les Eisenhower ont élevé un fils, John, qui est également devenu officier dans l'armée.

Peu après l'entrée des États-Unis dans la Première Guerre mondiale, Eisenhower est promu capitaine. Il a ensuite reçu le grade temporaire de major, puis de lieutenant-colonel. La guerre s'est terminée un jour avant qu'il ne s'embarque pour la France. Pour son travail d'organisation d'un corps de chars, il reçoit la Distinguished Service Medal, sa plus haute décoration militaire. (Deux grappes de feuilles de chêne ont été ajoutées à cette médaille pendant la Seconde Guerre mondiale. Il a reçu la Navy Distinguished Service Medal en 1947).

Après la Première Guerre mondiale, Dwight D. Eisenhower est ramené au rang de capitaine, mais il est rapidement promu major. Dans les années qui suivent, il est affecté aux États-Unis, dans la zone du canal de Panama et en Europe. Ses capacités administratives lui valent un poste de direction à Washington, D.C., de 1929 à 1933. Lorsque le général Douglas MacArthur devient conseiller militaire aux Philippines en 1935, Eisenhower devient son assistant. Promu lieutenant-colonel en 1936, il apprend à piloter et forme des pilotes philippins.

Dwight D. Eisenhower rentre aux États-Unis en 1940. La Seconde Guerre mondiale lui vaut d'être promu colonel et général de brigade en 1941, puis major général et lieutenant général en 1942. En juillet 1942, le chef d'état-major de l'armée, le général George C. Marshall, lui confie la planification de l'invasion de l'Afrique du Nord.

À ce poste, Dwight D. Eisenhower a fait preuve d'un grand talent pour réunir des officiers de différents pays en une seule équipe. Il a également prouvé qu'il savait résoudre les problèmes militaires et politiques à l'échelle internationale. Eisenhower commande les forces américaines lors de l'invasion de l'Afrique du Nord le 8 novembre 1942, et devient rapidement le commandant en chef de l'ensemble de l'opération. En février 1943, il est promu général quatre étoiles. Au cours de cette année, il lance des attaques réussies sur la Tunisie, la Sicile et l'Italie.

En décembre 1943, Dwight D. Eisenhower est nommé commandant suprême des forces expéditionnaires alliées, ce qui le place en charge de la prochaine invasion de la France. Ses forces débarquent en Normandie le 6 juin 1944, lors de la plus grande opération amphibie de l'histoire. Au printemps 1945, les Alliés ont pénétré au cœur de l'Allemagne. Les nazis se rendent le 8 mai. Entre-temps, Eisenhower avait reçu le plus haut grade militaire américain, celui de général cinq étoiles, en décembre 1944.

Fin 1945, Dwight D. Eisenhower retourne à Washington pour succéder au général Marshall en tant que chef d'état-major de l'armée. En 1948, il se retire de l'armée pour devenir président de l'université Columbia à New York, mais sa carrière militaire est loin d'être terminée.

L'année suivante, par exemple, il obtient un congé de ce poste pour présider les chefs d'état-major interarmées lors de l'unification des forces armées qui s'est produite lorsque le War Department est devenu le Defense Department. Cette même année, son rapport sur la campagne européenne est publié dans un livre à succès, Crusade in Europe.

Dwight D. Eisenhower retourne à l'université de Columbia en 1949. Il reprend son congé à la fin de 1950 pour développer les défenses de l'Europe occidentale contre une éventuelle agression communiste. Au cours des 18 mois suivants, il organise les différents services armés de l'Organisation du traité de l'Atlantique Nord (OTAN) en un groupe de combat unifié. Ce succès accroît son statut militaire et politique déjà élevé.

La nomination et l'élection de Dwight D. Eisenhower

Au cours de sa carrière dans l'armée, Dwight D. Eisenhower n'avait pas pris part à la vie politique et l'incertitude régnait quant au parti qu'il préférait. Au début de 1952, cependant, il révèle publiquement qu'il a toujours été républicain. Le général a également déclaré qu'il se présenterait aux élections présidentielles s'il recevait un "appel clair et net au devoir politique". Plusieurs dirigeants républicains inscrivent alors son nom dans diverses primaires présidentielles d'État.

Lors des premières élections, Dwight D. Eisenhower fait preuve d'une grande force politique dans le New Hampshire, le Minnesota et le Nebraska. Conscient de sa popularité croissante, il démissionne du commandement de l'OTAN et se retire du service actif de l'armée. Il ouvre ensuite une campagne vigoureuse pour l'investiture républicaine à la présidence en prononçant un discours à Abilene, dans le Kansas, en juin.

En tant que militant politique, Dwight D. Eisenhower a connu un succès immédiat. Son visage expressif et sa sincérité chaleureuse ont beaucoup contribué à son efficacité en tant qu'orateur public. Lors de la convention républicaine de Chicago, il remporte l'investiture au premier tour de scrutin dans une course serrée avec le sénateur Robert Taft de l'Ohio. Le sénateur Richard Nixon, un conservateur de Californie, est choisi comme candidat à la vice-présidence pour équilibrer le ticket sur le plan idéologique et géographique.

Le leadership d'Eisenhower et son grand charme personnel ont uni toutes les factions du parti républicain derrière sa candidature. Tout au long de la campagne, il préconise une politique ferme et intermédiaire, tant dans les affaires étrangères que dans les affaires intérieures. Dans un effort pour trouver une solution à l'impasse de la guerre de Corée, il fait une promesse spectaculaire : "J'irai en Corée."

Le 4 novembre 1952, Dwight Eisenhower est élu président par un vote écrasant. Il a reçu près de 34 millions de votes populaires, ce qui était jusqu'alors le plus grand nombre jamais accordé à un candidat politique aux États-Unis. Ses 442 voix électorales proviennent de 39 États, dont des États traditionnellement démocrates comme la Floride, le Texas et la Virginie. Son adversaire, Adlai E. Stevenson, a obtenu un vote populaire d'environ 27 millions de voix et 89 voix de grands électeurs.

La victoire écrasante du général permet à son parti de prendre le contrôle du Congrès, bien que la majorité républicaine dans les deux chambres soit faible. Étant donné que la marge républicaine est si faible et que de nombreux républicains de droite au Congrès sont en désaccord avec ses politiques, Eisenhower dépend de plus en plus des démocrates pour atteindre ses objectifs.

Le premier mandat de Dwight D. Eisenhower

Immédiatement après avoir pris ses fonctions le 20 janvier 1953, Dwight D. Eisenhower a clairement exprimé ses intentions d'œuvrer pour la paix dans le monde. Il engagea les États-Unis à une recherche constante d'un règlement honorable des problèmes internationaux. Il est également entré en fonction après avoir promis de mettre fin à la guerre de Corée, de limiter les dépenses publiques, d'équilibrer le budget, d'abolir l'inflation et de réformer le parti républicain.

La guerre froide

Les affaires étrangères, en particulier la rivalité croissante entre les États-Unis et l'Union soviétique dans le cadre de la guerre froide, occupent une grande partie de l'attention d'Eisenhower. La guerre de Corée est un conflit clé dans les premières années de la guerre froide. Elle a commencé en 1950 lorsque la Corée du Nord communiste, soutenue par les Soviétiques, a envahi la Corée du Sud, une démocratie soutenue par les États-Unis.

Quatre semaines après le début de sa présidence, Dwight D. Eisenhower honore sa promesse électorale la plus audacieuse en effectuant un voyage spécial en Corée. Au cours d'une visite étroitement surveillée, il se rend sur le front pour étudier les possibilités d'un accord de paix honorable. En juillet 1953, le président annonce officiellement la signature d'une trêve. Il avertit toutefois que les États-Unis doivent rester sur leurs gardes face à d'autres actes d'agression communiste. Cet avertissement a été souligné en août lorsque l'Union soviétique a révélé qu'elle avait mis au point une bombe H.

La menace croissante de l'expansionnisme communiste en Extrême-Orient a conduit à une réunion de huit pays à Manille. En septembre 1954, ces pays ont formé l'Organisation du traité de l'Asie du Sud-Est (SEATO) pour la défense collective de la région. Les pays membres étaient les États-Unis, l'Australie, la France, la Grande-Bretagne, la Nouvelle-Zélande, le Pakistan, les Philippines et la Thaïlande.

Dans le but d'apaiser les tensions mondiales, les chefs des quatre grandes puissances - les États-Unis, la Grande-Bretagne, la France et l'Union soviétique - se sont réunis à Genève, en Suisse, en juillet 1955. (C'était la première conférence de haut niveau depuis la réunion de 1945 à Potsdam, en Allemagne).

Dwight D. Eisenhower présente sa proposition de "ciel ouvert", par laquelle les États-Unis et l'Union soviétique autorisent une inspection aérienne continue de leurs installations militaires respectives. Cette proposition est accueillie favorablement par l'opinion mondiale mais est rejetée par l'Union soviétique. Les sentiments hostiles persistent entre les Soviétiques et l'Occident.

La politique intérieure de Dwight D. Eisenhower

Dans les affaires intérieures, Eisenhower était généralement conservateur. Il prône la réduction des impôts, l'équilibre budgétaire et une diminution du contrôle du gouvernement sur l'économie. L'une de ses premières mesures a été de lever le plafond imposé aux salaires en 1951. Ensuite, le contrôle des prix a été soit supprimé, soit autorisé à expirer. Pour rapprocher le budget de l'équilibre, Dwight D. Eisenhower a contribué à bloquer certaines réductions d'impôts et a ordonné la réduction des dépenses fédérales. Il a également demandé le retour de certaines responsabilités fédérales aux États.

En 1954, le Congrès a réduit les droits d'accises d'environ 1 milliard de dollars par an. Le Congrès a également voté la révision fiscale la plus complète depuis 75 ans. Cette mesure réduit le revenu national de 1,3 milliard de dollars supplémentaires. Malgré tout, les impôts restent assez élevés et les dépenses de défense diminuent, ce qui permet à Eisenhower d'éviter de graves déficits, de stopper l'inflation et d'encourager la croissance économique. Les Américains dans leur ensemble étaient plus prospères qu'ils ne l'avaient jamais été auparavant.

Dwight D. Eisenhower soutient également les travaux publics et poursuit la plupart des réformes sociales entamées par les présidents démocrates qui l'ont précédé, Franklin D. Roosevelt et Harry S. Truman. En 1954, le Congrès autorise les États-Unis à se joindre au Canada pour construire la voie maritime du Saint-Laurent, un projet recommandé par tous les présidents depuis Warren G. Harding dans les années 1920. Deux ans plus tard, le Congrès approuve le système d'autoroutes inter-États, le projet favori d'Eisenhower et le plus grand programme de travaux publics de l'histoire. Le salaire minimum est porté à 1 dollar de l'heure et des amendements à la loi sur la sécurité sociale en 1954 et 1956 étendent les prestations à des millions de personnes qui n'étaient pas couvertes auparavant. En 1953, le ministère de la santé, de l'éducation et de la protection sociale est créé et se voit attribuer le rang de cabinet.

L'aile droite du parti républicain se heurte à Dwight D. Eisenhower plus souvent que les démocrates pendant son premier mandat. Le plus grand défi était le sénateur républicain Joseph McCarthy du Wisconsin, qui enquêtait sur les accusations d'influence communiste dans le gouvernement américain. De nombreuses personnes pensent que les tactiques de McCarthy (qualifiées de "maccarthysme") sont une partie nécessaire de ses enquêtes anticommunistes. D'autres accusaient McCarthy de violer les principes démocratiques.

En privé, Dwight D. Eisenhower exprime son dégoût pour le sénateur. Par moments, cependant, il semble encourager les attaques de McCarthy. Avec l'approbation d'Eisenhower, le Congrès adopte une loi visant à mettre hors la loi le parti communiste américain. Toutefois, lorsque McCarthy commence à enquêter sur l'administration Eisenhower et l'armée, une enquête sur les propres activités de McCarthy est lancée. À la fin de 1954, le Sénat, avec Eisenhower jouant un rôle en coulisse, vota pour condamner McCarthy pour sa conduite. McCarthy perdit bientôt toute influence.

En matière de politique militaire, Dwight D. Eisenhower réduit la taille de l'armée et de la marine tout en augmentant les dépenses pour l'armée de l'air. En 1954, il a signé un projet de loi portant création d'une académie de l'armée de l'air, semblable à celle de West Point pour l'armée de terre et d'Annapolis pour la marine. Intéressé principalement par la dissuasion d'une attaque nucléaire, Eisenhower encourage le développement d'armes nucléaires et de missiles à longue portée.

Deux juges de la Cour suprême décèdent au cours du premier mandat de Dwight D. Eisenhower, ce qui oblige le président à procéder à deux nominations. En 1953, il nomme le gouverneur Earl Warren de Californie au poste de juge en chef pour succéder à Frederick M. Vinson. En 1955, Eisenhower choisit le juge John Marshall Harlan de New York pour remplacer le juge Robert H. Jackson.

Élections de mi-mandat et réélection

En novembre 1954, les électeurs américains se rendent aux urnes pour élire une nouvelle Chambre des représentants et un tiers du Sénat. Vers la fin de la campagne, le président plaide vigoureusement en faveur de l'élection d'un Congrès républicain. Malgré ses efforts, les démocrates ont remporté le contrôle des deux chambres du Congrès lors d'une élection serrée. Ils remportent également 8 nouveaux postes de gouverneur, ce qui porte leur total à 27.

Les résultats de l'élection semblent indiquer un mécontentement à l'égard du parti républicain en général plutôt qu'à l'égard du président lui-même. De nombreux observateurs politiques estiment que seule la campagne élaborée d'Eisenhower a empêché une victoire encore plus large des démocrates. En outre, un sondage d'opinion révèle que plus des deux tiers des électeurs pensent que le président fait du bon travail.

En septembre 1955, Dwight D. Eisenhower est victime d'une crise cardiaque alors qu'il est en vacances à Denver, dans le Colorado. Il se rétablit progressivement et sort de l'hôpital au bout de sept semaines. Après un repos supplémentaire, il reprend ses fonctions à Washington, D.C.

Après la crise cardiaque du président, l'incertitude régnait quant à sa volonté de briguer un nouveau mandat. Ces spéculations prennent fin en février 1956, lorsque Eisenhower annonce sa candidature à la réélection. Il a déclaré aux électeurs que sa santé était suffisamment bonne pour assumer ses fonctions pendant quatre années supplémentaires. Il reste déterminé à se présenter malgré un trouble intestinal qui nécessite une opération en juin 1956.

Lors de la campagne électorale, où son adversaire était à nouveau Adlai Stevenson, de l'Illinois, Eisenhower souligna son approche modérée des problèmes. Il est réélu avec la plus grande marge obtenue par un président républicain jusqu'alors. Les démocrates, cependant, gagnent le contrôle des deux chambres du Congrès.

Le second mandat de Dwight D. Eisenhower

Au cours de son second mandat, Dwight D. Eisenhower est confronté à de graves problèmes à l'étranger et dans son pays. L'un des principaux points chauds à l'étranger est le Moyen-Orient, qui est affecté par les tensions de la guerre froide. Les problèmes intérieurs comprennent la lutte pour les droits civiques et une récession économique.

La guerre froide et la défense nationale

La campagne électorale de 1956 avait été compliquée par une crise au Moyen-Orient due à la prise du canal de Suez par l'Égypte. La Grande-Bretagne, la France et Israël réagissent en attaquant l'Égypte, qui est soutenue par l'Union soviétique. La crise incite Eisenhower à adopter une politique que l'on appellera la "doctrine Eisenhower".

Dwight D. Eisenhower s'engage à envoyer une aide militaire et économique à tout pays du Moyen-Orient demandant une assistance contre l'agression communiste. Ce plan s'inscrit dans la continuité de la politique d'endiguement adoptée dans les années 1940 par l'administration Harry S. Truman, qui visait à contrecarrer les visées expansionnistes de l'Union soviétique. Le Congrès adopte la doctrine Eisenhower en mars 1957.

En octobre et novembre 1957, l'Union soviétique lance les deux premiers satellites artificiels de la Terre, Spoutniks I et II. L'Union soviétique déclare également avoir réussi à mettre au point un missile balistique intercontinental. Dwight D. Eisenhower entreprend alors une série d'entretiens pour rassurer le pays en matière de sécurité nationale. En décembre 1957, les représentants de l'Organisation du traité de l'Atlantique Nord conviennent d'armer l'Europe occidentale de missiles nucléaires américains.

De nombreux Américains, stupéfaits par l'exploit soviétique avec Spoutnik, craignaient que les États-Unis n'aient pris du retard sur leur rival en matière de technologie militaire et spatiale, et ils en rendaient Eisenhower responsable. Le président a réagi en stimulant la recherche spatiale et, en janvier 1958, des scientifiques de l'armée de terre ont mis en orbite un satellite américain, Explorer I. En mars, des scientifiques de la marine ont également lancé un satellite, Explorer II. En mars, des scientifiques de la marine ont également lancé un satellite, Vanguard I.

L'armée de l'air a lancé un missile balistique intercontinental Atlas en août.

Dwight D. Eisenhower a demandé au Congrès de créer une agence aéronautique et spatiale nationale civile pour administrer les projets non militaires de recherche et d'exploration spatiale du pays. La nouvelle National Aeronautics and Space Administration (NASA) a été créée en juillet 1958. Les activités spatiales militaires sont restées sous la responsabilité du ministère de la Défense.

Dwight D. Eisenhower a également introduit un changement majeur dans l'organisation du département de la défense. Le plan fusionne les unités opérationnelles de l'armée de terre, de la marine et de l'armée de l'air sous des commandements unifiés. Les commandants rendent compte directement au secrétaire à la défense. La réorganisation donne au secrétaire à la défense un plus grand contrôle sur la planification stratégique et les opérations militaires.

Droits civils

Au cours du second mandat d'Eisenhower, la race est devenue une préoccupation nationale centrale pour la première fois depuis la période de reconstruction qui a suivi la guerre civile. Certaines avancées en matière de droits civils avaient été réalisées au cours des dernières années. En 1954, la Cour suprême avait jugé que la ségrégation raciale dans les écoles publiques était inconstitutionnelle. Cette décision annulait la doctrine des établissements "séparés mais égaux".

Cette décision est accueillie avec beaucoup d'hostilité dans le Sud, mais elle est suivie d'une série d'arrêts et d'ordonnances qui limitent continuellement le droit à la discrimination. En 1955, Martin Luther King, Jr, a pris la tête d'un boycott des bus ségrégués à Montgomery, en Alabama, donnant naissance au mouvement non violent pour les droits civiques.

Ni Dwight D. Eisenhower ni le Congrès ne se sont impliqués dans la question raciale jusqu'en 1957, lorsque le gouverneur de l'Arkansas a utilisé la Garde nationale pour empêcher l'admission de neuf étudiants noirs dans un lycée de Little Rock. Le président tente de régler le problème par la négociation. En cas d'échec, il ordonne l'envoi de troupes fédérales à Little Rock pour faire respecter l'ordre d'intégration de la Cour suprême. La même année, le Congrès adopte la loi sur les droits civils de l'administration Eisenhower. Il s'agit de la première loi de ce type adoptée en 82 ans. Elle crée une commission des droits civils au sein du ministère de la Justice. Elle donne également au gouvernement fédéral le pouvoir d'agir pour soutenir l'interdiction de la ségrégation scolaire décidée par la Cour suprême.

La récession économique

Les années Dwight D. Eisenhower peuvent, en général, être caractérisées comme une période de croissance et de prospérité. Certains problèmes économiques sont toutefois apparus au cours de son second mandat. En 1957-58, une récession frappe et le chômage atteint son niveau le plus élevé depuis 1941. Les problèmes de main-d'œuvre s'intensifient, et quelque 500 000 sidérurgistes font grève pendant 116 jours en 1959. La production industrielle diminue, tandis que les prix à la consommation atteignent des niveaux record.

D'importantes réductions d'impôts ont été envisagées, mais Eisenhower a refusé de baisser les impôts car il craignait que cela n'alimente l'inflation. Le gouvernement a cependant fourni des fonds aux États pour les personnes dont les indemnités de chômage étaient épuisées. En juillet 1958, les économistes du gouvernement ont déclaré que le pays se remettait de sa pire récession depuis la fin de la Seconde Guerre mondiale.

Tout au long de la récession, le président reste personnellement populaire. Les élections au Congrès de 1958 reflètent toutefois le mécontentement de la population, les démocrates obtenant une large majorité dans les deux chambres.

Les efforts de paix de Dwight D. Eisenhower

Dwight D. Eisenhower a continué à mettre l'accent sur la réalisation de la paix mondiale comme l'un des principaux objectifs de la politique étrangère de son administration. Après la mort du secrétaire d'État John Foster Dulles en 1959, le président a assumé un rôle plus vigoureux et plus personnel en matière de politique étrangère. Il entreprend une série de tournées de bienveillance, parcourant plus de 480 000 kilomètres dans quelque 27 pays au cours des deux dernières années de son mandat.

Pour améliorer les relations avec l'Union soviétique, Eisenhower invite le premier ministre soviétique Nikita Khrouchtchev à visiter les États-Unis. Khrouchtchev a visité certaines parties du pays en septembre 1959 et a eu des entretiens privés avec Eisenhower à Camp David, dans le Maryland. Ils conviennent que les questions en suspens entre les pays doivent être traitées par des moyens pacifiques et que le désarmement général est la question la plus importante du moment. L'année suivante, Eisenhower est invité à effectuer une visite d'État en Union soviétique.

En décembre 1959, Dwight D. Eisenhower effectue une tournée de 19 jours dans 11 pays d'Europe, d'Afrique, du Moyen-Orient et d'Asie. À Paris, il rencontre les dirigeants britannique, français et ouest-allemand et propose une série de rencontres au sommet entre les puissances occidentales et l'Union soviétique. Le premier ministre Khrouchtchev accepte et la date du 16 mai 1960 est fixée pour le début de la conférence à Paris.

En février 1960, Dwight D. Eisenhower entreprend une tournée en Amérique du Sud. Il prononce six grands discours et est acclamé avec enthousiasme par plus de 3 millions de personnes. À la fin de sa tournée, le 7 mars, il renouvelle l'engagement des États-Unis contenu dans le traité de Rio de Janeiro de 1947, qui prévoit la défense mutuelle des Amériques.

Entre-temps, les plans de la conférence au sommet Est-Ouest avaient été achevés. Le président Eisenhower, le premier ministre soviétique Khrouchtchev, le premier ministre britannique Harold Macmillan et le président français Charles de Gaulle devaient y participer. Parmi les principales questions à l'ordre du jour figurent les problèmes de l'Allemagne et le désarmement mondial.

Une nouvelle ère de diplomatie personnelle semblait à portée de main. Mais le 1er mai 1960, les Soviétiques abattent un avion d'observation américain U-2 au cœur de l'Union soviétique. Son pilote est emprisonné par les Soviétiques, qui l'accusent d'être un espion. Khrouchtchev attaque amèrement les États-Unis et Eisenhower, qualifiant l'incident de "provocation agressive visant à faire échouer la conférence au sommet".

L'annonce par Dwight D. Eisenhower de l'annulation de tous les vols au-dessus du territoire soviétique ne parvient pas à apaiser le premier ministre soviétique. Lors de la séance d'ouverture du sommet de Paris, l'attitude belliqueuse de Khrouchtchev anéantit tout espoir de poursuivre la conférence. Le dirigeant soviétique a également retiré son invitation au président Eisenhower à visiter l'Union soviétique en juin. Eisenhower a admis que les vols avaient duré quatre ans et a accepté une grande part de responsabilité dans cet incident inopportun.

Malgré l'échec de la réunion au sommet, le président poursuit sa politique de diplomatie personnelle. En juin 1960, il se rend à nouveau à l'étranger. Au cours de cette tournée, il visite l'Alaska, les Philippines, Taïwan, Okinawa, la Corée du Sud et Hawaï.

L'arrêt prévu à Tokyo est cependant annulé. La capitale japonaise avait été le théâtre d'une série d'émeutes pour protester contre le projet de ratification d'un nouveau traité de sécurité mutuelle entre les États-Unis et le Japon. Le gouvernement pro-occidental du Premier ministre japonais Nobusuke Kishi a admis qu'il n'était pas en mesure de garantir la sécurité du président. Le traité a toutefois été ratifié par l'assemblée législative japonaise le 19 juin 1960.

Les tensions de la guerre froide se sont manifestées une nouvelle fois au cours des dernières semaines de l'administration Eisenhower, lorsque les États-Unis ont rompu leurs relations diplomatiques avec Cuba en janvier 1961. Pendant deux ans, le pays avait été dirigé par le régime communiste de Fidel Castro.

Autres événements nationaux

Dwight D. Eisenhower remplit les postes vacants de trois juges de la Cour suprême qui partent à la retraite pendant son second mandat. En 1957, William J. Brennan, Jr. remplace Sherman Minton, et Charles E. Whittaker succède à Stanley F. Reed. En 1958, Eisenhower choisit Potter Stewart pour remplacer Harold H. Burton.

Deux nouveaux États ont rejoint l'Union pendant la présidence d'Eisenhower. En juin 1958, le Congrès a donné son accord final pour faire de l'Alaska le 49e État. Le président, qui avait insisté pour qu'elle soit adoptée, a signé le projet de loi sur le statut d'État de l'Alaska en juillet. L'Alaska est officiellement devenu un État en janvier 1959. En mars 1959, le Congrès a approuvé l'octroi du statut d'État à Hawaï. Le président a signé la loi sur le statut d'État en mars et Hawaï a été admis dans l'Union en août en tant que 50e État.

Dans les derniers mois de son administration, Dwight D. Eisenhower cherche à contenir l'inflation. Il contrôle les dépenses du Congrès et des chefs de bureau et de département dans le but d'équilibrer le budget.

John F. Kennedy, un démocrate, est élu successeur d'Eisenhower en 1960. Bien que sa présidence ait fait l'objet de nombreuses critiques, Eisenhower était encore extraordinairement populaire lorsqu'il quitta ses fonctions en janvier 1961. Dans son discours d'adieu, il met en garde contre la montée et le pouvoir du "complexe militaro-industriel" - le réseau d'individus et d'institutions impliqués dans la production d'armes et de technologies militaires.

Dwight D. Eisenhower pensait que le complexe militaro-industriel avait tendance à promouvoir des politiques qui n'étaient pas forcément dans le meilleur intérêt du pays, comme la participation à la course aux armements nucléaires. Il craignait que son influence croissante, si elle n'était pas maîtrisée, ne mine la démocratie américaine. Cependant, ses successeurs l'ont ignoré face aux exigences de la guerre froide en matière de sécurité nationale.

Les dernières années de Dwight D. Eisenhower

Lorsque Eisenhower quitte ses fonctions, le Congrès lui restitue son rang de général de l'armée. Il retourne dans sa ferme de Gettysburg, en Pennsylvanie, et consacre une grande partie de son temps à la rédaction de ses mémoires. En 1963, il publie Mandate for Change, qui sera suivi en 1965 de Waging Peace. Un ouvrage plus léger, At Ease : Stories I Tell to Friends, paraît en 1967. En 1962, il inaugure la Eisenhower Presidential Library à Abilene, dans le Kansas, qui abrite la majeure partie de ses documents personnels et d'État.

Après une longue période de maladie et une hospitalisation de près d'un an, Dwight D. Eisenhower est décédé d'une insuffisance cardiaque le 28 mars 1969, à l'hôpital général Walter Reed de Washington. Des funérailles nationales de trois jours sont organisées à Washington, après quoi il est enterré à Abilene dans la chapelle du centre Eisenhower.

Questions de recherche

1. Quelle était l'une des citations préférées d'Eisenhower ?
2. Comment pensez-vous que c'était de travailler avec des alliés de la seconde guerre mondiale ?
3. Quel a été, selon vous, le plus grand défi qu'il a dû relever pendant sa présidence ?

35. John F. Kennedy (1961-1963)

Parti démocrate | Vice-président : Lyndon B. Johnson

"Ceux qui osent échouer misérablement peuvent accomplir de grandes choses."

En novembre 1960, à l'âge de 43 ans, John F. Kennedy est devenu le plus jeune homme jamais élu président des États-Unis. Theodore Roosevelt était devenu président à 42 ans lorsque le président William McKinley avait été assassiné, mais il n'avait pas été élu à cet âge. Le 22 novembre 1963, John F. Kennedy est abattu à Dallas, au Texas, devenant ainsi le quatrième président des États-Unis à mourir par la balle d'un assassin.

John F. Kennedy a été le premier président catholique de la nation. Il a été inauguré en janvier 1961, succédant au président républicain Dwight D.

Eisenhower. Il a battu le candidat républicain, le vice-président Richard M. Nixon, par un peu plus de 100 000 voix. Ce fut l'une des élections les plus serrées de l'histoire de la nation. Bien que Kennedy et son colistier à la vice-présidence, Lyndon B. Johnson, aient obtenu moins de la moitié des plus de 68 millions de voix exprimées, ils ont remporté le vote du Collège électoral. John F. Kennedy devient ainsi le 14e président issu d'une minorité.

En raison du vote serré, les résultats de l'élection ont été contestés dans de nombreux États. Le vote électoral officiel était de 303 pour Kennedy, 219 pour Nixon et 15 pour le sénateur Harry F. Byrd de Virginie.

Les racines de John F. Kennedy

Les arrière-grands-parents du président John F. Kennedy ont immigré d'Irlande aux États-Unis en 1858. Ils se sont installés à Boston, dans le Massachusetts. Ses grands-pères, Patrick J. Kennedy et John F. (Honey Fitz) Fitzgerald, y sont nés. Les deux hommes sont devenus influents dans la politique de l'État. Honey Fitz a rempli plusieurs mandats en tant que maire de Boston et membre de la Chambre des représentants des États-Unis. Patrick Kennedy était un puissant chef de quartier et a siégé dans les deux chambres de l'assemblée législative du Massachusetts.

Le fils de Patrick, Joseph, était un brillant mathématicien. À l'âge de 25 ans, il devient le plus jeune président de banque des États-Unis. Sa fortune ne cesse de croître, et il est l'un des rares financiers à pressentir le krach boursier de 1929. Il a gagné des centaines de millions de dollars.

Joseph a épousé Rose Fitzgerald, fille de Honey Fitz, le 7 octobre 1914. Leur premier enfant, Joseph, Jr, est né en 1915. John est né le 29 mai 1917. Sept autres enfants ont suivi : Rosemary, Kathleen, Eunice, Patricia, Robert, Jean, et Edward (appelé Teddy). Tous sont nés à Brookline, Massachusetts, une banlieue de Boston.

La formation porte ses fruits

Joseph Kennedy, père, a créé un fonds fiduciaire d'un million de dollars pour chacun de ses enfants. Cela les libérait de tout souci financier futur et leur permettait de consacrer leur vie au service public, s'ils le souhaitaient. Lorsque les enfants grandissent, leurs parents soulignent l'importance de l'esprit de compétition. L'une des devises préférées de leur père était : "La deuxième place est un perdant." La volonté de gagner était profondément ancrée chez les enfants, et ils ne faisaient jamais rien à moitié.

Leurs parents veillent à ne négliger ni le développement intellectuel ni le développement physique des enfants. En grandissant, les enfants prenaient leur repas du soir en deux groupes, divisés par âge. M. et Mme Kennedy mangeaient aux deux repas. Cela leur permettait de discuter des sujets qui intéressaient chaque groupe.

Tous les enfants ont fréquenté l'école de danse lorsqu'ils étaient très jeunes, et tous, à l'exception de Rosemary, aimaient les activités sportives. Rosemary ne prend pas part aux jeux brutaux. Les autres enfants, en revanche, en raffolent. Même à l'âge adulte, l'un de leurs passe-temps préférés est le touch football, une partie passionnante et souvent meurtrière.

Les jours agréables, Mme Kennedy emmenait ses enfants faire de longues promenades. Elle se faisait un devoir de les emmener à l'église pour une visite chaque jour. "Je voulais qu'ils prennent l'habitude de faire de Dieu et de la religion une partie intégrante de leur vie", a-t-elle déclaré plus tard dans sa vie.

Avec ce contexte, il était tout naturel pour John Kennedy et ses frères et sœurs d'exceller à l'école et dans les sports. John fréquente les écoles publiques de Brookline. Plus tard, il entre dans des écoles privées à Riverdale, New York, et Wallingford, Connecticut. En 1935 et 1936, il étudie à la London School of Economics. Puis il suit son frère aîné, Joe, à l'université de Harvard. Excellent athlète, John est un nageur vedette et un bon golfeur. Ses activités sportives sont cependant réduites après qu'il se soit blessé au dos lors d'un match de football à Harvard. Cette blessure le handicapera plus tard dans sa vie.

John et son frère aîné étaient très proches. Lorsqu'il était un jeune garçon, Joe disait qu'un jour il serait président des États-Unis. La famille le prend au mot. De tous les enfants, Joe semble être le plus susceptible d'entrer dans le domaine politique.

Joseph, père, est nommé ambassadeur au Royaume-Uni en 1937. John et son frère aîné travaillent alors comme reporters internationaux pour leur père. John passe ses étés en Angleterre et une grande partie du reste de son temps à Harvard. Les frères se rendent souvent dans des régions éloignées du monde pour observer les événements d'importance internationale pour leur père. À cette époque, les nuages de la Seconde Guerre mondiale planent sur l'Europe.

Le retour au pays de John F. Kennedy

L'aîné des Kennedy était un ambassadeur controversé. Ses remarques franches sur l'évolution de la guerre en Europe lui valurent l'inimitié des Anglais et de certains de ses compatriotes aux Etats-Unis. Sa famille rentra au pays en 1939, et il suivit l'année suivante.

John F. Kennedy termine ses études à Harvard et est diplômé avec les honneurs en 1940. La même année, il fait des études supérieures en économie à l'université de Stanford en Californie. Il a également transformé une thèse universitaire en un livre complet intitulé Why England Slept. Ce livre traite de l'impréparation de l'Angleterre à la Seconde Guerre mondiale et est basé sur les expériences personnelles de John lorsqu'il travaillait pour son père. Ce livre est devenu un best-seller.

Le temps avec la marine

Quelques mois avant que les Japonais n'attaquent Pearl Harbor en décembre 1941, John tente de s'engager dans l'armée américaine. Sa vieille blessure au dos l'empêche d'être accepté. Après plusieurs mois d'exercice, cependant, il a obtenu une commission dans la marine. Par la suite, John F. Kennedy est devenu commandant d'un torpilleur et a participé à de nombreuses opérations dans le Pacifique Sud.

En août 1943, lors d'une action de nuit dans les îles Salomon, le torpilleur de John a été éperonné et coupé en deux par un destroyer japonais. La force de la collision l'a projeté sur le pont, lui causant de nouvelles blessures au dos. Malgré cela, il a rassemblé les dix membres de son équipage. L'un des membres de l'équipage est si gravement blessé qu'il est incapable de nager. Il a été mis dans un gilet de sauvetage. Kennedy a pris une des sangles du gilet entre ses dents et a remorqué l'homme pendant que l'équipage nageait vers une île proche. Il leur a fallu cinq heures pour l'atteindre. Pour son héroïsme, Kennedy a reçu la médaille de la Marine et du Corps des Marines, la Purple Heart et une citation. La blessure au dos l'a cependant mis hors de combat pour le reste de la guerre.

Près d'un an après l'échappée belle de John, Joe Jr, pilote de la Navy, est tué lorsque son avion explose en vol au-dessus des côtes anglaises. À la mémoire de son frère, John a écrit As We Remember Joe, un recueil d'hommages.

En 1948, la sœur de John F. Kennedy, Kathleen, est morte dans un accident d'avion dans le sud de la France. Elle était la veuve du marquis de Hartington d'Angleterre. Lui aussi avait été tué au combat pendant la Seconde Guerre mondiale, alors qu'il dirigeait une charge d'infanterie en Normandie, en France.

La carrière politique de John F. Kennedy

La mort de son frère a profondément affecté John Kennedy. Avant la guerre, Joe avait décidé de poursuivre son ambition d'entrer en politique. Cela provoqua un certain degré de déception chez John, car lui aussi avait envisagé ce domaine. Il pensait cependant qu'un seul Kennedy en politique était suffisant et décida de devenir journaliste.

Après sa démobilisation de la marine, John F. Kennedy travaille pendant une courte période comme correspondant pour le Chicago Herald American et l'International News Service. En 1946, il décide d'entrer en politique. Pour la famille, c'était la chose la plus naturelle à faire pour lui.

Pour son premier objectif, Kennedy choisit de briguer un siège à la Chambre des représentants des États-Unis. Il représentera le 11e district du Congrès du Massachusetts. Sa famille se rallie à lui alors qu'il entame sa campagne pour l'investiture. Le 11e district étant majoritairement démocrate, le candidat à ce poste n'aura aucun mal à être élu une fois qu'il aura obtenu l'investiture.

John F. Kennedy et sa famille travaillent sans relâche. Leurs efforts, les antécédents de guerre impressionnants de Kennedy lui-même et l'expérience politique de sa famille ont grandement aidé sa campagne. Il a facilement battu huit autres candidats en lice pour la même nomination.

En poste, Kennedy s'impose rapidement comme un penseur modérément indépendant. Il vota parfois contre des mesures proposées qui avaient reçu l'approbation de son propre parti démocrate. Il est réélu en 1948 et 1950. Orateur accompli, le jeune membre du Congrès devient un conférencier populaire.

Sa blessure au dos continue cependant de le gêner. John F. Kennedy apparaissait souvent sur le parquet de la Chambre des représentants et lors de ses discours avec des béquilles. En 1946, il est nommé par la Chambre de commerce des États-Unis comme l'un des hommes les plus remarquables de l'année.

Le Sénat

En 1952, John F. Kennedy décide de se présenter au Sénat des États-Unis. Son adversaire est le sénateur républicain Henry Cabot Lodge, Jr. Une fois de plus, la famille Kennedy s'efforce de faire élire John. Kennedy bat Lodge par plus de 70 000 voix. Cette victoire est d'autant plus impressionnante que dans le reste de la nation, les candidats républicains ont été balayés par les élections et que le nouveau président républicain, Dwight D. Eisenhower, a reçu un grand nombre de voix.

Au Sénat, John F. Kennedy a fait relever les droits de douane sur les textiles en laine et a exhorté le président Eisenhower à obtenir un accord avec le Japon pour réduire les importations de textiles. Le président a accepté de le faire. Kennedy a contribué à l'adoption de plusieurs autres mesures importantes pour l'industrie textile du Massachusetts. Il a également parrainé des projets de loi qui ont amélioré les programmes de conservation de son État.

L'un des nombreux comités auxquels Kennedy a participé est le Select Committee of the Senate to Investigate Improper Activities in Labor-Management Relations. Son frère cadet Robert était le principal conseiller juridique de ce groupe. Les deux Kennedy étaient fréquemment sous les feux de la rampe en 1959, alors que la commission enquêtait sur le racket parmi les hauts responsables des syndicats. John a parrainé un projet de loi sur le travail qui a fait beaucoup pour éliminer les pratiques criminelles dans les syndicats.

Mariage et chirurgie

John F. Kennedy a rencontré sa future épouse, Jacqueline Lee Bouvier, lors d'une fête à Washington, peu après son élection au Sénat. Décrite comme une beauté camée, Jackie était la fille d'une famille de Long Island. Au moment de leur rencontre, elle était photographe et dessinatrice pour un journal de Washington. Ils se sont mariés le 12 septembre 1953.

Leur fille, Caroline, est née en 1957. Leur fils, John Fitzgerald, est né le 25 novembre 1960, 17 jours après l'élection de John F. Kennedy à la présidence des États-Unis. En tant qu'épouse du président, Jackie est devenue l'une des plus gracieuses et des plus belles hôtesses de la Maison Blanche.

L'ancienne blessure au dos de Kennedy lui causait encore beaucoup de douleur. À partir d'octobre 1954, il subit une série d'opérations de la colonne vertébrale.

Pendant sa convalescence en 1955, il décida d'écrire un livre qu'il envisageait depuis plusieurs années. Il s'agissait d'une série de portraits de huit des sénateurs les plus courageux de l'histoire de la nation. Intitulé Profiles in Courage, il devient un best-seller et vaut à Kennedy le prix Pulitzer 1957 de la biographie.

La nomination à la vice-présidence

Pendant sa campagne pour l'investiture démocrate de 1960, Kennedy commençait souvent ses discours par cette remarque : "Merci de ne pas avoir voté pour moi en 1956." C'était l'année où il avait manqué de peu d'être nommé vice-président sur le ticket démocrate. Le sénateur Estes Kefauver du Tennessee, qui avait remporté l'investiture, et Adlai E. Stevenson, le candidat à la présidence, ont été battus lors de l'élection. Si John F. Kennedy avait remporté l'investiture et avait été battu lors de l'élection, ses chances d'accéder à la présidence auraient pu être perdues.

La présidence de John F. Kennedy

Après l'élection nationale de 1956, John F. Kennedy entame une campagne élaborée en vue de l'investiture démocrate pour la présidentielle de 1960. Sa popularité augmente. En 1958, il est réélu au Sénat avec une marge de quelque 874 000 voix, soit plus qu'aucun autre sénateur du Massachusetts n'avait jamais obtenu. Son frère Robert gère la campagne sénatoriale de John. En 1958, Teddy, le plus jeune de la famille Kennedy, travaille avec Robert à la gestion de la campagne de John pour l'investiture démocrate.

Dans les premiers mois de 1960, Kennedy se présente et remporte sept élections primaires à travers le pays. Lors de la convention démocrate de 1960 à Los Angeles, il reçoit l'investiture de son parti au premier tour de scrutin.

Pendant la campagne, John F. Kennedy et le vice-président Richard M. Nixon se sont rencontrés lors de quatre débats télévisés nationaux. Il est généralement admis que ces apparitions télévisées ont davantage aidé Kennedy que Nixon.

Des problèmes surgissent

Avec l'entrée en fonction de Kennedy, les tensions de la guerre froide entre les nations communistes et occidentales augmentent. Les forces communistes ont pénétré au Laos et menacent le Sud-Vietnam. Le nouveau président s'engage à faire de gros efforts pour stopper la propagation du communisme. À cette fin, il crée un Corps de la Paix composé de jeunes Américains qui travaillent dans les pays sous-développés.

Après que les Soviétiques aient réussi à lancer le premier humain dans l'espace en avril 1961, Kennedy a demandé une augmentation considérable du budget consacré à la recherche spatiale. Cette nouvelle phase de la guerre froide a été appelée la course à l'espace. Le premier vol spatial habité des États-Unis a eu lieu en mai.

Au printemps 1961, la baie des Cochons, près de La Havane, à Cuba, est envahie par des opposants au premier ministre communiste cubain, Fidel Castro. Les rebelles sont rapidement vaincus. L'invasion avait bénéficié de l'aide de la Central Intelligence Agency (CIA) des États-Unis.

John F. Kennedy a été critiqué par certains pour avoir approuvé le soutien de la CIA à l'invasion. D'autres le rendent responsable de l'échec de l'opération. Kennedy rencontre le premier ministre de l'Union soviétique, Nikita Khrouchtchev, à Vienne (Autriche) en juin pour discuter de la question allemande. La conférence ne modifie pas les objectifs communistes. Le mur de Berlin est construit en août.

Affaires intérieures et Amérique latine

Sur le plan intérieur, Kennedy obtient l'approbation du Congrès pour un certain nombre de ses propositions, notamment l'augmentation des prestations de sécurité sociale, l'augmentation du salaire minimum et l'aide aux régions économiquement défavorisées du pays. Le 23e amendement à la Constitution des États-Unis est ratifié au début du mandat de Kennedy. Il donne aux résidents de Washington, D.C., le droit de voter aux élections présidentielles.

En mars 1961, John F. Kennedy a proposé un programme international de développement économique pour les États-Unis et 22 pays d'Amérique latine. La charte de ce programme, appelé Alliance pour le progrès, est ratifiée en août par l'Organisation des États américains (OEA).

1962

En mars 1962, John F. Kennedy use de son influence pour obtenir un accord salarial dans l'industrie sidérurgique, généralement considéré comme non inflationniste. Au début du mois d'avril, cependant, plusieurs entreprises annoncent une augmentation des prix de l'acier. Kennedy réagit vivement. Il exerce une pression inhabituelle en transférant des commandes gouvernementales à des fabricants d'acier rivaux et en menaçant de poursuites judiciaires les entreprises qui tentent d'augmenter leurs prix. En quatre jours, les augmentations de prix sont annulées.

Le succès législatif le plus important de Kennedy en 1962 a été l'adoption de la loi sur l'expansion du commerce. Cette loi confère au président de larges pouvoirs, notamment celui de réduire ou d'éliminer les droits de douane. Cette loi était destinée à aider les États-Unis à concurrencer ou à commercer avec la Communauté économique européenne (CEE) sur un pied d'égalité. Le projet de soins médicaux de John F. Kennedy est rejeté par le Congrès. Dans le cadre de ce projet, certaines dépenses hospitalières de la plupart des personnes âgées auraient été payées par le biais du système de sécurité sociale.

En octobre 1962, Kennedy est confronté à la crise internationale la plus grave de son administration. Des photographies aériennes montrent que des bases de missiles soviétiques sont en cours de construction à Cuba. Déclarant que cette construction constituait une menace pour les nations de l'hémisphère occidental, Kennedy avertit que toute attaque de Cuba serait considérée comme une attaque des Soviétiques et que les États-Unis riposteraient contre l'Union soviétique.

John F. Kennedy a également imposé une quarantaine aux navires apportant des armes offensives à Cuba. Les négociations se poursuivent entre le président et Khrouchtchev. À la fin du mois de novembre, les missiles ont été renvoyés en Union soviétique, les États-Unis ont levé la quarantaine et la crise qui a duré un mois s'est calmée.

Les droits civils

En 1963, les affrontements entre la police et les Afro-Américains qui manifestaient à Birmingham, en Alabama, et ailleurs, notamment dans le Sud, incitèrent le président à mettre l'accent sur la législation relative aux droits civiques. Le nouveau message de John F. Kennedy sur les droits civils comprenait des projets de loi visant à interdire la discrimination dans les lieux d'affaires, à accélérer la déségrégation des écoles publiques et à mettre fin à la discrimination dans l'embauche de travailleurs sur les projets de construction fédéraux.

Un accord visant à établir une liaison par télétype entre Kennedy et Khrouchtchev a été signé en juin 1963. Cette réalisation limitée, mais prometteuse, se voulait une précaution contre une guerre par accident ou par erreur de calcul.

Le président accorde également une attention croissante au renforcement de l'Organisation du traité de l'Atlantique Nord (OTAN). En visite en Europe au début de l'été 1963, il s'entretient avec des chefs de gouvernement en Allemagne de l'Ouest, en Italie et au Royaume-Uni. En Allemagne de l'Ouest, le président s'engage à ce que les forces militaires américaines restent sur le continent européen. Kennedy se rendit également en Irlande, pays d'où ses arrière-grands-parents avaient émigré aux États-Unis.

Un traité d'interdiction limitée des essais nucléaires a été signé par les représentants des États-Unis, de l'Union soviétique et de la Grande-Bretagne au cours de l'été 1963. L'accord autorisait les essais nucléaires souterrains, et les nations signataires pouvaient se retirer après un préavis de 90 jours. Kennedy a qualifié le traité de "victoire pour l'humanité".

Jacqueline Kennedy a donné naissance à son deuxième fils, Patrick Bouvier, le 7 août 1963. Né prématurément, le nourrisson est mort après seulement 39 heures de vie.

En novembre, dans la perspective de l'élection présidentielle de 1964, Kennedy fit une visite politique en Floride et au Texas, les deux Etats du

Sud les plus peuplés. Sa femme, le vice-président Johnson, et Mme Johnson l'accompagnent lors du voyage au Texas.

John F. Kennedy avait été averti que le Texas pourrait être hostile. A Dallas, seulement un mois plus tôt, Adlai Stevenson, ambassadeur des Etats-Unis aux Nations Unies, avait été craché et frappé avec la pancarte d'un piqueur. À San Antonio, Houston et Fort Worth, cependant, les foules étaient amicales et manifestement ravies de la charmante jeune Jacqueline Kennedy.

Assassinat

Une foule nombreuse et enthousiaste a accueilli le cortège présidentiel à son arrivée à l'aéroport de Dallas le matin du 22 novembre. Le long du parcours du cortège vers le centre-ville de Dallas, les gens se tenaient par 10 ou 12, applaudissant chaleureusement. À côté du président, dans une grande limousine ouverte, était assise son épouse. Devant eux, sur des strapontins, se trouvaient John B. Connally, le gouverneur du Texas, et sa femme, Nellie. La troisième voiture du cortège transportait le vice-président et Mme Johnson. Alors que les voitures s'approchaient d'un passage souterrain, Mme Connally s'est retournée et a dit : "Vous ne pouvez pas dire que Dallas ne vous aime pas, M. le Président."

À ce moment-là, trois coups de feu retentissent. Le président, touché à la gorge et à la tête, s'effondre sur les genoux de sa femme. La deuxième balle a atteint le gouverneur Connally, lui transperçant le dos, la poitrine, le poignet et la cuisse. Un journaliste, levant les yeux, a vu un fusil disparaître lentement dans une fenêtre d'angle du sixième étage du Texas School Book Depository, un entrepôt surplombant l'autoroute. Il était 12 h 30 à Dallas.

Le président John F. Kennedy est mort au Parkland Memorial Hospital sans avoir repris connaissance. L'heure du décès a été fixée à 13 heures. Le gouverneur Connally s'est remis de ses multiples blessures.

Six minutes après la fusillade, la description d'un homme vu quittant l'entrepôt de manuels scolaires a été diffusée par la radio de la police. À

13 h 18, le patrouilleur J.D. Tippit a arrêté et interrogé un homme qui répondait à la description. L'homme l'a abattu. À 13 h 35, la police de Dallas a capturé Lee Harvey Oswald dans un cinéma, où il s'était caché après avoir tué le policier Tippit.

Bien qu'une masse de preuves circonstancielles, y compris des tests balistiques, désignaient Oswald comme l'assassin du président Kennedy, ce jeune homme de 24 ans qui se disait marxiste et sympathisant de Castro n'a jamais été jugé. Le dimanche 24 novembre, alors qu'il était conduit dans le sous-sol de l'hôtel de ville pour être transféré dans une autre prison, Jack Ruby (né Rubenstein), propriétaire d'une boîte de nuit de Dallas, franchit un cordon de police et abat Oswald. Le meurtre a été commis sous les yeux des caméras de télévision, sous le regard de millions de personnes.

Le corps de John F. Kennedy retourne à Washington

Le cercueil portant le corps de Kennedy a été transporté dans l'avion présidentiel, Air Force One, où Lyndon B. Johnson a prêté le serment de président des États-Unis. Seulement 98 minutes s'étaient écoulées depuis la mort de Kennedy.

Pendant tout ce long après-midi et jusqu'au petit matin du jour suivant, Mme Kennedy a refusé de quitter le corps de son mari. Après son retour à Washington, le frère et le conseiller le plus proche de son mari, le procureur général Robert F. Kennedy, était toujours à ses côtés. Mme Kennedy a dirigé avec soin les détails des funérailles, consultant des historiens sur les procédures traditionnelles d'enterrement des autres présidents décédés en exercice.

Le corps repose pendant une journée dans la salle Est de la Maison-Blanche. Le 24 novembre, dans une procession solennelle au rythme lent de tambours étouffés, le cercueil a été transporté dans la rotonde du Capitole et placé sur le catafalque qui avait porté le cercueil du président Abraham Lincoln.

Le lendemain, le cortège funèbre s'est déplacé du Capitole à la Maison Blanche, puis à la cathédrale Saint-Mathieu. Là, le cardinal Richard Cushing, archevêque catholique romain de Boston, a célébré la messe basse. De la Maison Blanche à la cathédrale, Mme Kennedy marchait dans le cortège entre les frères de son mari, Robert et Edward. Dans une scène sans précédent dans l'histoire, 220 dirigeants étrangers les ont suivis.

L'enterrement a eu lieu au cimetière national d'Arlington, sur une colline surplombant le fleuve Potomac et la ville de Washington. À la fin du service, Mme Kennedy a allumé une flamme éternelle sur la tombe.

Deux enfants Kennedy ont été ré-enterrés plus tard de part et d'autre de leur père. Il s'agissait de Patrick Bouvier et d'une fille non nommée qui était mort-née en 1956.

Le 8 juin 1968, la famille Kennedy et une foule d'autres personnes en deuil se réunissent à nouveau sur la tombe des Kennedy, cette fois pour l'enterrement de Robert F. Kennedy. Le frère du président, qui était devenu sénateur des États-Unis, avait été abattu le 5 juin à Los Angeles, en Californie, alors qu'il faisait campagne pour l'investiture démocrate à la présidence. Il est mort le 6 juin. Sirhan Bishara Sirhan, un immigrant jordanien saisi sur les lieux de la fusillade, a finalement été inculpé pour ce meurtre.

Pour la deuxième fois, le président Johnson déclara un jour de deuil pour un Kennedy. Beaucoup des mêmes Américains qui ont honoré la mémoire de Robert Kennedy le 9 juin 1968 se sont tristement souvenus d'un jour de deuil antérieur.

Dans sa proclamation déclarant le 25 novembre 1963, une journée de deuil national pour John Kennedy, le président Johnson rendit cet hommage au président tué, citant en conclusion le discours inaugural de Kennedy de janvier 1960 : "De même qu'il n'a pas fui ses responsabilités, mais les a accueillies, de même il ne voudrait pas que nous fassions l'impasse sur la poursuite de son œuvre au-delà de cette heure de tragédie nationale. Il l'a dit lui-même : 'L'énergie, la foi, la dévotion que nous apportons à cette entreprise illumineront notre pays et tous ceux qui le servent - et la lueur de ce feu peut vraiment éclairer le monde'".

Commission Warren

Le 29 novembre 1963, le président Johnson crée la Commission présidentielle sur l'assassinat du président John F. Kennedy pour enquêter et faire un rapport sur les faits relatifs à cette tragédie. Elle ne fonctionnait ni comme un tribunal ni comme un procureur. Le juge en chef de la Cour suprême, Earl Warren, fut nommé président.

Les autres membres de la commission bipartisane étaient les sénateurs Richard B. Russell (Géorgie) et John Sherman Cooper (Kentucky), les représentants Hale Boggs (Louisiane) et Gerald R. Ford (Michigan), Allen W. Dulles et John J. McCloy. J. Lee Rankin était l'avocat général. Le rapport a été publié le 24 septembre 1964.

Comme Oswald n'était pas en mesure d'être jugé et de se défendre lui-même, et par souci d'équité envers lui et sa famille, la commission a demandé à Walter E. Craig, président de l'American Bar Association, de participer à l'enquête et de conseiller la commission pour savoir si la procédure était conforme aux principes fondamentaux de la justice américaine.

La commission a conclu que les coups de feu qui ont tué le président Kennedy et blessé le gouverneur Connally ont été tirés par Lee Harvey Oswald. À l'époque, rien ne prouvait qu'Oswald ou Jack Ruby faisaient partie d'une quelconque conspiration, nationale ou étrangère, visant à assassiner le président John F. Kennedy.

Aucune relation directe ou indirecte entre Oswald et Jack Ruby n'avait été mise en évidence. Sur la base des preuves dont elle disposait, la commission a conclu qu'Oswald avait agi seul. Malgré les conclusions de la commission, les théories de la conspiration ont persisté pendant des décennies.

La commission a critiqué à la fois le Secret Service et le Federal Bureau of Investigation (FBI). Certains des préparatifs et des mesures de sécurité mis en place par les services secrets à Dallas se sont révélés déficients. En outre, bien que le FBI ait obtenu des informations considérables sur Oswald, il n'avait pas la responsabilité officielle de transmettre ces informations au Secret Service. "Un traitement mieux coordonné de l'affaire Oswald par le FBI aurait peut-être permis de porter les activités d'Oswald à l'attention du Secret Service", indique le rapport.

La commission a suggéré d'améliorer les mesures de protection des services secrets et de renforcer la liaison avec le FBI, le Département d'État et d'autres agences fédérales.

Il a également été recommandé qu'un comité de membres du Cabinet, ou le Conseil de sécurité nationale, examine et supervise les activités de protection des services secrets et des autres agences qui contribuent à protéger le président.

que le Congrès adopte une loi qui ferait de l'assassinat du président et du vice-président un crime fédéral. Et que les représentants du barreau, des associations d'application de la loi et des médias d'information établissent des normes éthiques concernant la collecte et la présentation d'informations au public afin qu'il n'y ait aucune interférence avec les enquêtes criminelles en cours, les procédures judiciaires ou le droit des individus à un procès équitable.

Questions de recherche

1. Quel est le président qui a eu le plus de mal à garder son sang-froid pour prononcer un discours d'investiture ?
2. Avez-vous déjà vécu un moment qui a été rendu plus mémorable par ce président ?
3. Selon vous, quelle est l'histoire la plus importante de l'administration de JFK, hormis son assassinat ?

36. Lyndon B. Johnson (1963-1969)

Parti démocrate | Vice-président : Hubert Humphrey

"Les livres et les idées sont les armes les plus efficaces contre l'intolérance et l'ignorance."

Le 22 novembre 1963, Lyndon B. Johnson prête le serment de 36e président des États-Unis. À sa droite se tenait son épouse, Lady Bird. À sa gauche, Jacqueline Kennedy, au visage de pierre, sous le choc. Moins de deux heures plus tôt, le président John F. Kennedy était mort dans un hôpital de Dallas sous les balles d'un assassin. Il avait été abattu alors qu'il circulait dans un cortège de voitures dans le centre de Dallas. Johnson, qui roulait deux voitures derrière Kennedy, n'a pas été blessé.

En tant que vice-président des États-Unis, Lyndon Johnson devient immédiatement président. Il était le quatrième vice-président à être propulsé au sommet de la nation par l'assassinat de son prédécesseur. Le premier message du nouveau président à la nation, télévisé le soir de ce jour fatidique à son arrivée à la base aérienne d'Andrews, près de Washington, fut bref. "Je ferai de mon mieux. C'est tout ce que je peux faire. Je demande votre aide, et celle de Dieu."

Le 3 novembre 1964, les électeurs de la nation ont élu Johnson pour un mandat complet. Il a battu à une écrasante majorité le sénateur républicain Barry M. Goldwater de l'Arizona. Le sénateur Hubert H. Humphrey du Minnesota est élu vice-président. Lyndon B. Johnson a déclaré que sa victoire écrasante était "un hommage au programme qui avait été lancé par notre président bien-aimé, John F. Kennedy".

Les débuts de la vie de Lyndon B. Johnson

Lyndon B. Johnson, un Texan d'un mètre quatre-vingt-dix, avait un air de pionnier même lorsqu'il ne portait pas son chapeau de dix gallons. Les visiteurs de son ranch LBJ, près de Johnson City, au Texas, ont pu voir deux forts en pierre construits par son grand-père, Samuel Ealy Johnson, fondateur de Johnson City. Ils ont été construits pour protéger les premiers colons des raids indiens.

Sa grand-mère a un jour sauvé sa vie lors d'un raid indien surprise en se cachant dans un baril de farine. Le grand-père Johnson a siégé à la législature de l'État du Texas et est devenu secrétaire d'État du Texas. Selon la légende, lorsqu'il a vu l'enfant Lyndon pour la première fois, il aurait prédit que son petit-fils deviendrait un jour sénateur des États-Unis.

Le père de Lyndon B. Johnson, Samuel Ealy Johnson, Jr, était fermier et instituteur. Il a également été membre de la législature de l'État, où il était un collègue et un ami proche de Sam Rayburn, un collègue démocrate qui est devenu plus tard président de la Chambre des représentants des États-Unis, où il est resté plus de 48 ans.

La mère de Johnson était Rebekah Baines Johnson. Sa famille était également des pionniers du centre du Texas. Son grand-père était le révérend George W. Baines (le nom était initialement orthographié Bains). Il était un leader baptiste au Texas pendant la guerre civile et a été président de l'université Baylor pendant deux ans (1861-1863). Le père de

Mme Johnson, Joseph W. Baines, était représentant à la législature de l'État. Sa mère était la nièce d'un membre du premier Congrès de la République du Texas. Ses ancêtres ont représenté leur district natal au Parlement écossais pendant des générations. Rebekah Baines était diplômée de l'université Baylor et enseignait avant son mariage.

Lyndon Baines Johnson est né le 27 août 1908 dans une ferme près de Stonewall, au Texas. Il est l'aîné de cinq enfants. Il a trois sœurs et un frère, Sam Houston Johnson. Lorsque Lyndon a cinq ans, la famille déménage à Johnson City. Pour gagner sa vie, le jeune Lyndon cire les chaussures dans le seul salon de coiffure de la "ville" et garde les chèvres pour les ranchers.

Lyndon B. Johnson termine ses études secondaires en 1924 et, avec un groupe d'amis, travaille sur des trains de marchandises jusqu'en Californie. Les petits boulots ne suffisent pas à nourrir ce jeune homme longiligne en pleine croissance. Affamé et ayant le mal du pays, il fait du stop pour revenir à Johnson City et s'engage dans une équipe de construction de routes.

À cette époque, Lyndon B. Johnson commence à se rendre compte que ses parents avaient raison d'insister pour qu'il fasse des études supérieures. "Il m'est apparu de plus en plus clairement", dira-t-il plus tard, "qu'il y avait quelque chose dans cette idée d'enseignement supérieur".

Le passage de Lyndon B. Johnson à l'université

Avec un peu d'argent emprunté, il s'inscrit au Southwest Texas State Teachers College, à San Marcos. Il a payé ses dépenses en travaillant à temps partiel comme concierge, secrétaire du président du collège et vendeur de bonneterie de porte à porte. Contraint de quitter temporairement l'école lorsqu'il n'a plus d'argent, il enseigne à des enfants mexicains dans la petite ville de Cotulla, au sud du Texas.

Un an plus tard, Lyndon B. Johnson est en mesure de rembourser l'argent qu'il a emprunté. Il a acheté des équipements sportifs pour les enfants défavorisés de la ville et a ramené un petit garçon chez lui pour que sa mère lui donne des cours particuliers. Cotulla possède un club d'anciens élèves de Lyndon Johnson, composé de Mexicains-Américains qui affirment avoir reçu l'enseignement du célèbre Texan. Johnson retourne à l'école normale et obtient son diplôme en 1930. Il a ensuite enseigné l'art oratoire et les débats dans un lycée de Houston pendant deux ans.

Politique

Lyndon B. Johnson entre en politique à l'âge de 24 ans, lorsque le député Richard M. Kleberg, l'un des propriétaires du célèbre King Ranch, le prend comme secrétaire à Washington (1932-1935). Ses capacités politiques étaient déjà reconnues à l'époque. Il est élu président du "Little Congress", une organisation de secrétaires du Congrès.

En 1934, Lyndon B. Johnson rencontre Claudia Alta Taylor, fille d'un riche éleveur de Marshall, au Texas. Il sait immédiatement qu'elle est la femme qu'il veut épouser. Ils se marient le 17 novembre 1934. Lorsque Mme Johnson était bébé, elle fut surnommée Lady Bird par un domestique de la famille qui déclara qu'elle était "pure comme une coccinelle". Elle n'a jamais été appelée par un autre nom. Les Johnson ont eu deux filles : Lynda Bird, née en 1944, et Luci Baines, née en 1947. Johnson appartenait à l'église chrétienne, sa femme et Lynda à l'église épiscopalienne. Luci est devenue membre de l'église catholique romaine en 1965.

Mme Johnson était une femme d'affaires avisée qui a bâti la fortune familiale pendant que son mari occupait des fonctions publiques. Avec un héritage de ses parents, elle a acheté une station de radio à Austin qui perdait de l'argent. La LBJ Company, Inc. finit par contrôler plusieurs stations de radio et de télévision, une banque, d'importants biens immobiliers et d'autres propriétés de valeur. Lorsque Johnson est devenu vice-président en 1960, lui et Mme Johnson ont transféré le contrôle de cette société à des fiduciaires.

Sam Rayburn, le vieil ami de la famille, obtient pour Johnson son premier poste public important, en tant que directeur texan de l'Administration nationale de la jeunesse. C'était en 1935. Deux ans plus tard, Johnson, un démocrate, est élu à la Chambre des représentants des États-Unis pour occuper le poste laissé vacant par le décès de James P. Buchanan. Sa victoire sur un programme de New Deal intégral attire l'attention du président Franklin D. Roosevelt, qui est alors en vacances au Texas. Roosevelt demande au nouveau membre du Congrès de rentrer à Washington avec lui dans le train présidentiel. Il est alors identifié comme l'un des membres de la "Jeune Garde" des partisans de Roosevelt.

Le lendemain de l'attaque japonaise sur Pearl Harbor, Johnson devient le premier membre du Congrès à entrer en service actif pendant la Seconde Guerre mondiale. Lieutenant-commandant dans la marine, il est stationné en Nouvelle-Zélande et en Australie. Le général Douglas MacArthur le décore de la Silver Star pour bravoure au combat lors d'un vol au-dessus du territoire ennemi.

Lyndon B. Johnson a effectué cinq mandats complets successifs à la Chambre des représentants. Pendant un an, il a également étudié à la faculté de droit de l'université de Georgetown. En 1948 et 1954, il est élu au Sénat des États-Unis. Johnson s'y impose rapidement comme l'un des chefs de parti les plus efficaces et les plus convaincants de mémoire d'homme. Ses journées de travail de 18 heures ont peut-être contribué à une grave crise cardiaque dont il a été victime au cours de l'été 1955. Lors de la session suivante du Congrès, cinq mois plus tard, il était de retour au travail.

En 1953, Lyndon B. Johnson devint le leader de la minorité d'un Sénat républicain, et en 1957, il fut nommé leader de la majorité du Sénat. Il suit une politique de compromis qui se traduit par une coopération inhabituelle entre les sénateurs républicains et démocrates. Sa plus grande réussite est d'avoir fait adopter par le Sénat la première loi sur les droits civiques depuis 1875. Il était membre de la commission sénatoriale des services armés et de la commission des crédits.

Lyndon B. Johnson en tant que vice-président des États-Unis

Lyndon B. Johnson était candidat à l'investiture présidentielle en 1960, mais il accepta la deuxième place sur le ticket avec John F. Kennedy. Sa campagne vigoureuse dans les États du Sud lui a permis de remporter les 81 voix du Sud en faveur des démocrates lors de l'élection. Johnson est réélu au Sénat en même temps qu'il est choisi comme vice-président. Il démissionne du Sénat après les élections de novembre pour assumer ses nouvelles fonctions.

Kennedy a tenu sa promesse électorale de faire de son vice-président un partenaire actif. Johnson assiste aux réunions du Cabinet, du Conseil national de sécurité et aux réunions spéciales de la Maison-Blanche. Il est président de la commission présidentielle sur l'égalité des chances en matière d'emploi, qui cherche à mettre fin à la discrimination raciale dans les pratiques d'embauche des entrepreneurs du gouvernement. Il dirige également le Conseil consultatif national pour le Corps de la paix et préside le Conseil national de l'aéronautique et de l'espace.

Lyndon B. Johnson représente le président lors de missions de bonne volonté dans le monde entier, expliquant la politique d'aide extérieure de l'administration. En tant que "politicien mondial", il fait preuve du même charme persuasif que celui qui lui est familier au Sénat. Les agents des services secrets chargés de sa garde désapprouvent fortement la façon dont il se jette dans la foule pour serrer les mains tendues.

Lyndon B. Johnson était déterminé à " rencontrer les gens ", à " sentir les gens ". En octobre 1962, il est décoré de la Grande Croix du Mérite de l'Ordre souverain de Malte pour ses "importantes contributions humanitaires", le premier Américain à être ainsi honoré par les chevaliers de l'un des plus anciens ordres catholiques romains.

La présidence de Lyndon B. Johnson

En novembre 1963, M. et Mme Johnson se sont rendus au Texas avec le président et Mme Kennedy pour un voyage politique, en vue de la campagne présidentielle de 1964. Les Kennedy devaient passer des vacances au ranch LBJ après la visite de Dallas. L'assassinat du président Kennedy a plongé Johnson dans le poste qu'il avait brigué trois ans plus tôt.

Dans la soirée du 25 novembre, après les funérailles de Kennedy, Johnson organise une réception dans le bâtiment du département d'État pour les 220 chefs de gouvernement venus du monde entier pour honorer le président défunt. La famille Johnson s'installe à la Maison-Blanche le 7 décembre.

Le premier discours du président Johnson devant une session conjointe du Congrès, le 27 novembre, a mis l'accent sur le thème de la continuité du gouvernement des États-Unis. En matière de politique étrangère, il déclare que "cette nation tiendra ses engagements du Sud-Vietnam à Berlin-Ouest".

Lyndon B. Johnson s'engage à poursuivre l'aide étrangère à l'Afrique, à l'Asie et à l'Amérique latine. En outre, il a promis que les États-Unis continueraient à soutenir les Nations unies. Dans les affaires intérieures, il a demandé au Congrès de promulguer une loi de réduction des impôts et a insisté sur l'économie dans les dépenses gouvernementales.

Lorsque Lyndon B. Johnson devient président, il prend fermement les rênes du gouvernement, rassurant un monde inquiet sur la continuité de la politique et du leadership des États-Unis. S'adressant à l'Assemblée générale des Nations unies le 17 décembre, il réaffirme l'attachement de sa nation à la paix mondiale et appelle à une "révolution pacifique" qui éliminerait à jamais la faim, la pauvreté et la maladie.

Au cours des premiers mois de son mandat, Johnson s'efforce de gagner le soutien des hommes d'affaires du pays tout en maintenant les liens traditionnellement amicaux de son parti avec les syndicats. Dans son message sur l'état de l'Union adressé au Congrès le 8 janvier 1964, Johnson annonce une réduction du budget fédéral. Il demande une augmentation des dépenses dans les domaines de l'éducation, de la santé et de la formation de la main-d'œuvre, mais une réduction des dépenses militaires, malgré la poursuite de l'engagement militaire en Asie du Sud-Est.

La grande popularité de Lyndon B. Johnson est en partie le résultat de l'essor commercial continu de la nation. Le 26 février, il signe une loi de réduction des impôts de plusieurs milliards de dollars, qu'il présente comme un stimulant majeur de l'économie. Il préconise également une guerre contre la pauvreté qui rappelle le New Deal du président Franklin D. Roosevelt.

La législation promulguée au cours de la première année de Johnson était en grande partie basée sur le travail préparatoire effectué par l'administration Kennedy. Parmi les premières mesures signées par le nouveau président figurent des projets de loi autorisant près de 3 milliards de dollars pour l'aide à l'éducation, plus de 11/2 milliards de dollars pour les travaux publics et plus de 3 milliards de dollars pour l'aide étrangère. En février, il a signé le document qui ajoutait à la Constitution le 24e amendement, interdisant la taxe électorale comme condition préalable au vote aux élections fédérales.

Les capacités de persuasion de Lyndon B. Johnson ont été démontrées lorsqu'il a aidé à régler un conflit de règles de travail vieux de cinq ans dans l'industrie ferroviaire. Lorsqu'il est intervenu, le 9 avril 1964, les responsables du syndicat et de la compagnie ont accepté de reporter une menace de grève. Johnson prend part aux négociations suivantes. Le 22 avril, il annonce qu'un accord "juste et équitable" a été conclu.

Crises au Panama et en Asie du Sud-Est

Le nouveau président est confronté à de graves problèmes dans la conduite des affaires étrangères de la nation. L'un d'eux est né des affrontements entre les manifestants panaméens et les troupes américaines en janvier 1964. Plus de 20 personnes ont été tuées. Le Panama rompt alors ses relations diplomatiques avec les États-Unis, exigeant la révision du traité du canal de Panama de 1903. Johnson proposa un "examen complet et franc" des problèmes mais refusa de prendre un engagement plus définitif. Les liens diplomatiques avec le Panama ne sont rétablis que début avril.

Les relations avec l'Union soviétique s'améliorent quelque peu, mais Johnson ne parvient pas à combler le fossé croissant entre les politiques américaine et française. Ce fossé est particulièrement visible en Asie du

Sud-Est, où la France préconise la neutralisation du Sud-Vietnam. Au lieu de cela, les États-Unis - engagés dans la lutte contre une insurrection communiste croissante - augmentent brusquement leur aide militaire au gouvernement sud-vietnamien.

En outre, après que le Nord-Vietnam eut attaqué des destroyers américains dans le golfe du Tonkin en août 1964, Johnson ordonna aux forces armées américaines de mener des attaques de représailles. La France étend la reconnaissance diplomatique à la République populaire de Chine, une politique à laquelle s'opposent les États-Unis.

La loi sur les droits civiques de 1964

L'un des événements majeurs de la première année de présidence de Johnson a été l'adoption par le Congrès de la loi sur les droits civiques la plus ambitieuse de l'histoire du pays. Soutenue par le président Kennedy, cette mesure avait été présentée au Congrès en juin 1963 à la suite de manifestations nationales en faveur des droits civiques. Lorsque Johnson prend ses fonctions, il soutient fermement la loi.

Le projet de loi est adopté par la Chambre des représentants en février, mais les opposants sudistes bloquent son adoption au Sénat. Le 10 juin, après un record de 75 jours d'obstruction, une coalition bipartisane a voté la motion de censure - la première fois dans l'histoire que le Sénat a voté pour couper le débat sur une mesure de droits civils. Le projet de loi est ensuite adopté par le Sénat par 73 voix contre 27. Le 2 juillet, le président Johnson a signé cette mesure historique. Sa loi anti-pauvreté a également été adoptée cet été-là.

Victoire électorale écrasante

Après sa désignation comme candidat du parti démocrate à l'élection présidentielle de 1964, Lyndon B. Johnson se lance dans la campagne. Attaquant le soi-disant "extrémisme" de son adversaire républicain, le sénateur Barry M. Goldwater de l'Arizona, il appelle à la poursuite des politiques bipartites de "paix et de prospérité".

En novembre, Lyndon B. Johnson est élu président par ce qui est alors la plus grande victoire de l'histoire du pays. Il remporte 61 % du vote populaire total et une majorité de près de 16 millions de voix. Il remporte tous les États à l'exception de l'Arizona et de cinq États du Sud profond, avec 486 voix du collège électoral.

La grande société

Le 20 janvier 1965, Lyndon B. Johnson est investi pour son premier mandat présidentiel complet. Le premier changement au sein du cabinet qu'il avait hérité de Kennedy devient officiel en janvier. John T. Connor prête serment en tant que secrétaire au commerce, succédant à Luther H. Hodges. Nicholas deB. Katzenbach est nommé procureur général pour succéder à Robert F. Kennedy. En avril, Henry H. Fowler remplace C. Douglas Dillon au poste de secrétaire au Trésor. Les autres nouveaux membres du Cabinet en 1965 sont Lawrence F. O'Brien, qui succède à John A. Gronouski au poste de ministre des Postes, et John W. Gardner, qui remplace Anthony J. Celebrezze au poste de secrétaire à la Santé, à l'Éducation et à la Protection sociale.

Dans le domaine des affaires intérieures, Lyndon B. Johnson développe son concept de la Grande Société, nom qu'il utilise pour distinguer son administration de la Nouvelle Frontière de Kennedy. Le programme législatif proposé par Johnson se concentre sur des mesures de lutte contre la pauvreté, de santé, d'éducation, de conservation et d'urbanisme.

Très impliqué dans les questions de droits civiques, Johnson fait pression sur le Congrès pour obtenir une loi garantissant le droit de vote des Noirs. La législation adoptée en juillet a augmenté les paiements de la sécurité sociale et les impôts. Elle prévoit également des prestations hospitalières (Medicare) pour la plupart des personnes âgées de 65 ans et plus.

Lyndon B. Johnson obtient une excellente coopération de la part du 89e Congrès, dans lequel les démocrates sont plus nombreux que les républicains dans une proportion de plus de deux contre un. Une mesure de 1,3 milliard de dollars pour aider les écoles publiques et un projet de loi créant un ministère du logement et du développement urbain (HUD) sont adoptés, bien que des lois similaires demandées par d'autres présidents aient été rejetées.

Parmi les autres mesures importantes adoptées en 1965 figurent l'assouplissement des procédures d'immigration, une loi sur l'embellissement des autoroutes, une aide à l'enseignement supérieur et un projet de loi omnibus sur le logement. En janvier 1966, Lyndon B. Johnson nomme Robert C. Weaver au poste de secrétaire du HUD, le premier Noir à diriger un ministère.

1966 Programme national

Le président a réduit son emploi du temps pendant plusieurs semaines après avoir subi une intervention chirurgicale pour l'ablation de sa vésicule biliaire en octobre 1965. Son troisième message sur l'état de l'Union est prononcé en janvier 1966. Il promet le soutien des États-Unis au Viêt Nam " jusqu'à ce que l'agression cesse " et la poursuite de ses programmes de la Grande Société.

Le Congrès a approuvé un grand nombre des propositions législatives de Johnson en 1966, notamment la création d'un ministère des Transports (DOT). Parmi les propositions du président rejetées par le Congrès figurent un projet de loi sur les droits civils comportant une disposition sur le logement libre et des amendements constitutionnels visant à abolir le collège électoral et à porter à quatre ans le mandat des membres de la Chambre des représentants.

Problèmes et événements internationaux

Le rôle des États-Unis au Sud-Vietnam a changé en 1965. En mars, les avions américains ont commencé à bombarder des cibles militaires au Nord-Vietnam. En juin, les forces américaines au Sud-Vietnam se joignent aux combats. Tout au long de l'année, de nombreuses propositions de discussions pour mettre fin au conflit sont faites directement par Johnson ou par le biais de discussions diplomatiques privées ; toutes sont rejetées par le Nord-Vietnam.

Dans un effort majeur de recherche de la paix, Lyndon B. Johnson suspendit les bombardements à la fin de 1965 et envoya des représentants personnels en mission de paix dans les capitales du monde entier. Le rejet de ces efforts par le Nord-Vietnam a conduit à la reprise des bombardements le 31 janvier 1966.

En février 1966, Lyndon B. Johnson et ses conseillers militaires et politiques se sont réunis à Honolulu, à Hawaï, avec des représentants du gouvernement sud-vietnamien. Ils publient une "Déclaration d'Honolulu", qui expose les grandes lignes de la politique à suivre pour gagner le conflit. Les critiques bipartites à l'égard de la politique de Johnson au Vietnam se multiplient en 1965. Elles se sont également accrues en 1966, lorsque le rôle des États-Unis dans les combats s'est intensifié, notamment par le bombardement du Nord-Vietnam.

Lorsqu'une révolte apparemment dirigée par les communistes avait éclaté en République dominicaine en avril 1965, Johnson avait envoyé des Marines et d'autres forces pour protéger les Américains et les autres non Dominicains sur place. Plus tard, une force de l'Organisation des États américains, comprenant des troupes américaines, a assumé les fonctions de maintien de la paix. Le retrait des troupes a commencé en 1966 après l'élection d'un nouveau gouvernement par les Dominicains.

En avril 1966, Lyndon B. Johnson se rend à Mexico pour l'inauguration d'une statue d'Abraham Lincoln, offerte au Mexique par les États-Unis. C'était sa première visite dans une capitale étrangère depuis qu'il était devenu président.

Lyndon B. Johnson effectue son premier grand voyage à l'étranger en octobre. Aux Philippines, il discute du conflit vietnamien et d'autres problèmes asiatiques avec les chefs de gouvernement du Sud-Vietnam, de l'Australie, de la Nouvelle-Zélande, de la Thaïlande, de la Corée du Sud et des Philippines. Il a visité ces pays ainsi que la Malaisie. Il rentre chez lui juste avant les élections de novembre. Une opération mineure l'empêche de faire campagne.

Vietnam

Lyndon B. Johnson s'est longuement attardé sur le problème du Viêt Nam dans son message sur l'état de l'Union de 1967. À mesure que les États-Unis étendent leur participation à la guerre, les affaires intérieures tendent à passer au second plan.

Néanmoins, le président a fait de nombreuses propositions législatives lors de la première session du 90e Congrès. Il s'agit notamment d'un projet de loi sur les droits civils semblable à celui qui avait été rejeté en 1966, de suggestions visant à étendre la sécurité sociale et à lutter contre la criminalité, et d'une demande de majoration de l'impôt sur le revenu.

Le 25e amendement à la Constitution, ratifié en février, a réglé des questions qui n'avaient pas été résolues lorsque Johnson a succédé à Kennedy. Il clarifie le rôle du vice-président en cas de décès ou d'invalidité du président et celui du président lorsqu'il s'agit de pourvoir un poste de vice-président vacant.

En 1967, Lyndon B. Johnson nomme Alan S. Boyd premier secrétaire au ministère des Transports, Alexander B. Trowbridge secrétaire au commerce, succédant à Connor, et William Ramsey Clark procureur général, succédant à Katzenbach. Johnson comble les vacances à la Cour suprême en nommant Abe Fortas en 1965 et Thurgood Marshall, le premier juge noir de la Cour, en 1967.

Lors d'une visite à Guam en mars 1967, Johnson a tenu des séances de stratégie sur le Vietnam et s'est entretenu avec des responsables des possessions américaines des îles du Pacifique. En avril, il participe à une conférence au sommet de l'Amérique latine sur le commerce et l'économie interaméricains.

Le déclenchement de la guerre des Six Jours entre Israël et plusieurs nations arabes en juin 1967 a conduit à des conférences entre Johnson et le premier ministre de l'Union soviétique, Aleksei N. Kosygin. Kosygin se rend aux États-Unis pour soutenir la position arabe aux Nations Unies. Il rencontre Johnson les 23 et 25 juin à Glassboro, dans le New Jersey. Les entretiens sont cordiaux mais inefficaces.

Des pas vers la paix

Au début de l'année 1968, Lyndon B. Johnson doit faire face à une dissidence croissante au sein de la nation et du Congrès sur la conduite de la guerre au Vietnam. En outre, de graves émeutes urbaines en 1967 avaient soulevé la question des priorités nationales, et la balance des paiements de la nation était de plus en plus menacée par une sortie d'or.

Pour faire face à ces problèmes, le président, dans son message sur l'état de l'Union, a renouvelé sa demande d'une surtaxe sur l'impôt sur le revenu ; il a demandé l'abrogation de la couverture or de 25 pour cent pour les dollars ; et a proposé une législation sur le logement, l'emploi et les affaires urbaines pour aider à atténuer la pauvreté et les conditions des ghettos. Le Congrès a promulgué des lois pour couvrir ces propositions, y compris une loi sur les droits civils avec des dispositions sur le logement libre.

Sous la pression des problèmes intérieurs et de la montée du sentiment anti-guerre, le président annonce le 31 mars une réduction des bombardements au Nord-Vietnam et propose à nouveau des pourparlers de paix aux Nord-Vietnamiens. Il renonce à sa candidature à un second mandat afin de se libérer pour les négociations de paix. Les pourparlers de paix débutent à Paris en mai mais sont rapidement dans l'impasse. Johnson sort de l'impasse en ordonnant l'arrêt total des bombardements sur le Nord-Vietnam, à compter du 1er novembre.

En avril, Lyndon B. Johnson rencontre sur l'île d'Hawaï plusieurs commandants militaires du Sud-Vietnam. En juillet, il se rend au Salvador, où il discute de l'intégration économique de l'Amérique centrale avec les présidents du Salvador, du Costa Rica, du Honduras, du Nicaragua et du Guatemala.

En 1968, Lyndon B. Johnson s'efforce d'améliorer les relations américano-soviétiques. Un traité de non-prolifération nucléaire est proposé. L'invasion de la Tchécoslovaquie par les Soviétiques en août est cependant condamnée par Johnson, et ses espoirs de visiter l'Union soviétique sont réduits à néant.

Les dernières années de Johnson

Le couronnement de la présidence de Johnson fut le succès du premier vaisseau spatial habité à se mettre en orbite autour de la lune en décembre 1968. Richard M. Nixon, un républicain, lui succède le 20 janvier 1969. Johnson se retire dans son ranch du Texas. C'est là qu'il a écrit The Vantage Point (1971) et qu'il a contribué à la création d'une bibliothèque pour abriter ses documents présidentiels et de la Lyndon Baines Johnson School of Public Affairs à l'université du Texas à Austin.

Le 22 janvier 1973, Lyndon B. Johnson est victime d'une crise cardiaque fatale dans son ranch, quelques jours seulement avant la fin de la guerre au Vietnam. Plus tard en 1973, le centre spatial de Houston a été rebaptisé Centre spatial Lyndon Baines Johnson en sa mémoire.

Questions de recherche

1. Quel était le surnom de Lyndon B. Johnson ? Pourquoi était-il surnommé ainsi ?
2. Quel est l'un de ses programmes sociaux les plus remarquables ?
3. Lyndon est-il l'un de vos présidents préférés ? Pourquoi ou pourquoi pas ? Veuillez élaborer.

37. Richard Nixon (1969-1974)

Parti républicain | Vice-présidents : Spiro Agnew et Gerald Ford

"N'oubliez jamais que les autres peuvent vous haïr, mais ceux qui vous haïssent ne gagnent pas, à moins que vous ne les haïssiez, et alors vous vous détruisez vous-même."

Le premier président des États-Unis à démissionner de ses fonctions est Richard Nixon. Avant sa retraite à mi-mandat en 1974, il n'avait été que le deuxième président à faire l'objet d'une procédure de destitution.

En 1968, lors d'un retour politique sans précédent dans l'histoire américaine, Nixon est élu 37e président des États-Unis. Cette victoire fait suite à deux défaites politiques majeures. Lors de sa première candidature à la présidence en 1960, le candidat démocrate, John F. Kennedy, l'a battu. Deux ans plus tard, il subit une défaite cuisante dans sa campagne pour le poste de gouverneur de son État natal, la Californie. Il se retire alors temporairement de la politique pour pratiquer le droit.

Avant l'élection de 1960, la carrière politique de Nixon avait été une série de succès ininterrompus. Il a été élu au Congrès des États-Unis en 1946, est entré au Sénat des États-Unis en tant que plus jeune membre en 1951 et, deux ans plus tard, à 39 ans, est devenu le deuxième plus jeune vice-président de la nation (le plus jeune étant John C. Breckinridge). (Le plus jeune était John C. Breckinridge.) Richard Nixon a effectué deux mandats sous la présidence du républicain Dwight D. Eisenhower.

En 1969, Richard Nixon a été le premier président depuis le début du système bipartite à entrer en fonction handicapé par un Congrès d'opposition. Sa faible marge sur les 73 millions de voix exprimées fait de lui le 15e président issu d'une minorité. Nixon, avec 301 voix électorales, a battu le vice-président Hubert H. Humphrey.

Renommé en 1972, Richard Nixon obtient un nombre record de 46 millions de voix populaires et remporte 49 États. Bien que George McGovern, le candidat démocrate, ne reçoive que 17 voix électorales, les démocrates conservent le contrôle du Congrès. C'est une victoire écrasante pour Nixon. Pourtant, en 1974, sa mise en accusation semble inévitable à la suite de scandales politiques impliquant son personnel.

Les débuts de la vie de Richard Nixon

Richard Milhous Nixon est né à Yorba Linda, un village agricole du comté d'Orange, en Californie, le 9 janvier 1913. Il est le deuxième des cinq fils de Francis (Frank) Anthony Nixon et Hannah Milhous Nixon. Frank Nixon est issu d'une famille d'agriculteurs écossais. Il était un descendant de James Nixon, qui a émigré d'Irlande pour s'installer dans le Delaware en 1753. Un membre de la famille Nixon a servi dans la Révolution américaine. Un autre a été tué lors de la bataille de Gettysburg pendant la guerre civile.

Le père de Richard, qui est né près de McArthur, dans l'Ohio, a dû aller travailler après n'avoir eu qu'environ six ans d'école. Son dernier emploi dans l'Ohio était celui d'un conducteur de tramway. Un jour d'hiver, ses pieds ont été gelés dans le wagon, et il a décidé de déménager vers un climat plus chaud. À Whittier, en Californie, il a trouvé un emploi de conducteur de tramway.

Whittier a été fondé en 1887 en tant que colonie quaker et nommé d'après le poète quaker John Greenleaf Whittier. C'est là que Frank Nixon a rencontré Hannah Milhous, sa future épouse. Hannah était l'un des neuf enfants de Franklin Milhous, dont les ancêtres avaient émigré d'Allemagne en Angleterre, puis en Irlande. Quakers en quête de liberté religieuse, ils sont arrivés en Pennsylvanie en 1729.

Lorsque Hannah Milhous est née, ses parents vivaient près de Butlerville, dans l'Indiana. Ils ont déménagé en Californie en 1897. Frank et Hannah se sont rencontrés lors d'une fête à la maison de réunion Quaker en février 1908. Quatre mois plus tard, ils se marient. Frank, qui avait été élevé comme méthodiste, devient quaker. Leur premier fils, Harold, est né en 1909.

L'année précédant la naissance de Richard Nixon, son père a acheté un terrain à Yorba Linda. Il y a construit une maison et commencé une plantation de citronniers. Les frères de Richard, Francis Donald et Arthur, sont également nés à Yorba Linda. L'aventure des agrumes s'avère infructueuse et, après dix ans de lutte, la famille retourne à Whittier. C'est là que le dernier des enfants Nixon, Edward, est né en 1930.

À Whittier, Frank Nixon installe une station-service, où il commence également à vendre quelques produits d'épicerie. Plus tard, il a acheté une ancienne maison de réunion Quaker, qu'il a déplacée à côté de la station pour servir à la fois de marché et de maison. Le commerce était une entreprise familiale. Dès que les garçons sont assez grands, ils aident au magasin et à la gare. C'est là que le jeune Richard apprend ses premières leçons de relations avec le public. "J'ai vendu de l'essence et livré des produits d'épicerie et j'ai rencontré beaucoup de gens. Je pense que cela a été inestimable comme point de départ d'une carrière publique", a déclaré Nixon plus tard.

La mère de Richard Nixon, une fervente quaker, était patiente, gentille et consciencieuse. Son père est un homme plutôt sévère dont le principal intérêt est la politique. L'amour de Frank Nixon pour les débats transforme le marché en un club de quartier. À l'âge où la plupart des enfants lisent des contes de fées, le jeune Richard s'intéresse à la politique et commence à lire les journaux. Il absorbe également le goût de son père pour les débats. Alors que le garçon est encore à l'école primaire, son père l'aide à préparer son premier débat public : "Résolu : Il est plus économique de louer une maison que d'en posséder une."

Une grande partie de la vie des Nixon est centrée sur les activités religieuses. Ils se rendent à la maison de réunion des Quakers trois fois par dimanche et assistent également aux services du mercredi. Le garçon, qui avait commencé à prendre des leçons de piano à l'âge de 7 ans, jouait également de l'orgue de l'église. L'un des moments forts de l'année pour les enfants Nixon est la réunion de Noël chez Grand-mère Milhous à Whittier. Richard est son petit-fils préféré.

La famille Nixon a connu son lot de tragédies. Arthur, l'avant-dernier garçon, meurt à l'âge de 7 ans. Lorsque Richard est au lycée, son frère aîné, Harold, contracte la tuberculose. Dans un effort pour améliorer la santé d'Harold, sa mère l'emmène en Arizona pendant deux ans, mais il meurt en 1933.

Pendant l'absence de Hannah Nixon, Richard et son frère Francis Donald aident leur père à maintenir l'ordre dans la maison et à gérer l'entreprise. Richard était en charge des fruits et légumes. Tous les matins, il se levait à 4 heures, conduisait 12 miles jusqu'au marché de fruits et légumes, et arrangeait le comptoir avant l'école.

Étudiant de l'université et leader

À 17 ans, Richard Nixon entre au Whittier College, un établissement quaker que sa mère avait fréquenté. Dès sa première année, il est élu président de sa classe et d'une nouvelle fraternité, les Orthogonians. En deuxième année, il représente Whittier dans plus de 50 débats, remportant la plupart d'entre eux. Il est devenu président du corps étudiant au cours de sa dernière année.

Richard Nixon était également actif dans le domaine du théâtre. En petits groupes, il était réservé, mais il perdait sa timidité lorsqu'il faisait face à une foule. Sa matière principale, l'histoire, est facile pour lui, mais il doit travailler dur en sciences et en mathématiques. Néanmoins, il est deuxième de sa classe lorsqu'il obtient son diplôme en 1934.

L'ambition de Richard Nixon était de devenir avocat, mais la longue maladie de son frère avait épuisé les économies de la famille. Cependant, ses bons résultats au collège et les recommandations de ses professeurs lui permettent d'obtenir une bourse d'études à l'université Duke, à Durham, en Caroline du Nord.

Nixon en tant qu'avocat

À Durham, Nixon partageait un appartement à 25 dollars par semestre avec trois autres étudiants. Pour aider à payer ses frais de subsistance, il travaille à la bibliothèque de l'université. Ses camarades de classe l'appellent " Nix " ou " Gloomy Gus " en raison de sa tendance à broyer du noir. À Duke, son leadership est rapidement reconnu. Il est élu président du corps étudiant et, lors de sa dernière année, devient président de la Duke Bar Association. En juin 1937, il est diplômé, troisième de sa promotion.

Cinq mois plus tard, Nixon est admis au barreau de Californie. Richard Nixon rejoint le cabinet de Wingert et Bewley à Whittier. Peu de temps après, ce cabinet devient Bewley, Knoop et Nixon.

La vie militaire

Dans la troupe du petit théâtre de Whittier, Nixon a rencontré "Pat" Ryan, un nouveau professeur du lycée de la ville. Pat est intelligente et séduisante, avec des cheveux roux et des yeux bruns. Le 21 juin 1940, deux ans après leur première rencontre, ils se sont mariés.

Thelma Catherine Patricia Ryan est née le 16 mars 1912 à Ely, dans le Nevada. Son père, un mineur d'argent, la surnomme Pat. Lorsqu'elle a un an, la famille déménage dans une ferme de 10 acres en Californie, où elle grandit. Elle avait 13 ans au moment de la mort de sa mère et 17 ans à la mort de son père.

Après une année au Fullerton Junior College, Pat conduit un couple de personnes âgées à New York, avec l'intention de n'y rester que brièvement. Au lieu de cela, en 1931-32, elle travaille dans un hôpital de New York, d'abord comme secrétaire, puis comme technicienne en radiologie. Elle utilise ses économies pour entrer à l'université de Californie du Sud. Pendant ses études, elle joue des petits rôles dans des films. Elle est diplômée en 1937 et commence sa carrière d'enseignante. Après le mariage des Nixon, Pat continue à enseigner.

Quelques semaines après l'entrée des États-Unis dans la Seconde Guerre mondiale, Richard Nixon se rend à Washington, D.C. En janvier 1942, il accepte un emploi à l'Office of Price Administration. Deux mois plus tard, il demande une commission de la marine et, en septembre 1942, Richard Nixon est nommé lieutenant de rang inférieur. Pendant une grande partie de la guerre, il sert en tant qu'officier des opérations au sein du South Pacific Combat Air Transport Command, atteignant le grade de lieutenant commandant.

Le militant anti-communiste

Après la guerre, Richard Nixon rentre aux États-Unis, où il est affecté à des contrats de la marine en attendant d'être libéré. Il travaille à Baltimore, dans le Maryland, lorsqu'il reçoit un appel téléphonique qui va changer sa vie. Un comité de citoyens républicains de Whittier envisageait la candidature de Nixon au Congrès dans le 12e district. En décembre 1945, Nixon accepte la candidature en promettant de "mener une campagne de combat, de rocking, de socking".

Jerry Voorhis, un démocrate qui représentait le 12e district depuis 1936, se présentait pour sa réélection. Au début de sa carrière, Voorhis avait été un socialiste actif. Il est devenu plus conservateur au fil des ans et est désormais un anticommuniste déclaré. Malgré la position anticommuniste de Voorhis, la section de Los Angeles du Political Action Committee (PAC) de gauche le soutient, apparemment à son insu et sans son approbation.

Le thème de la campagne de Richard Nixon était "un vote pour Nixon est un vote contre le PAC dominé par les communistes". L'approche a été couronnée de succès. Le 5 novembre 1946, Richard Nixon a remporté sa première élection politique.

La fille des Nixon, Patricia (appelée Tricia), est née pendant la campagne, le 21 février 1946. Leur deuxième fille, Julie, est née le 5 juillet 1948.

L'affaire Hiss

En tant que nouveau membre du Congrès, Richard Nixon est affecté à la Commission des activités anti-américaines. C'est à ce titre qu'il a entendu, en août 1948, le témoignage de Whittaker Chambers, un ancien agent d'espionnage communiste avoué. Chambers a nommé Alger Hiss, un conseiller en politique étrangère pendant les années Roosevelt, comme complice pendant qu'il était au service du gouvernement.

Hiss, ancien collaborateur du département d'État, demande et obtient une audition devant la commission. Il a fait une impression favorable, et l'affaire aurait ensuite été abandonnée si Richard Nixon n'avait pas insisté pour que l'on enquête sur le témoignage de Hiss concernant sa relation avec Chambers.

Le comité a laissé Richard Nixon poursuivre l'affaire à huis clos. Il a mis Chambers et Hiss face à face. Chambers produit des preuves prouvant que Hiss lui a transmis des secrets du département d'État. Parmi les pièces à conviction, il y avait des rouleaux de microfilms que Chambers avait cachés dans une citrouille dans sa ferme près de Westminster, dans le Maryland, par précaution contre le vol. Le 15 décembre 1948, un grand jury fédéral de New York inculpe Hiss pour parjure. Après deux procès, il est reconnu coupable, le 21 janvier 1950, et condamné à cinq ans de prison. L'affaire Hiss rend Nixon célèbre au niveau national.

Alors que l'affaire est encore devant les tribunaux, Richard Nixon décide de se présenter au Sénat. Dans sa campagne sénatoriale, il attaque l'administration Harry S. Truman et son adversaire, Helen Gahagan Douglas, pour leur "mollesse" envers les communistes.

Richard Nixon remporte l'élection, qui a lieu le 7 novembre 1950, par 680 000 voix, et devient, à 38 ans, le plus jeune membre du Sénat. Sa carrière au Sénat est sans histoire, et il peut concentrer tous ses efforts sur l'élection présidentielle de 1952.

Le fonds secret

Richard Nixon a bien fait son travail. Il s'attaque à trois grands problèmes : la guerre de Corée, le communisme au gouvernement et le coût élevé des programmes du parti démocrate. Lors de leur convention nationale de 1952, les républicains le choisissent comme colistier d'Eisenhower, pour équilibrer le ticket avec un conservateur de la côte ouest.

Quelques jours seulement après le triomphe du jeune sénateur, sa carrière politique semblait condamnée. Le New York Post publie un article intitulé "Le fonds secret des riches maintient Nixon dans un style qui dépasse largement son salaire". Le public est choqué. Les républicains sont pris de panique. Des membres éminents du parti pressent Eisenhower de se débarrasser de Nixon avant qu'il ne soit trop tard.

Ce fonds n'avait vraiment rien de secret. Richard Nixon était un homme aux moyens limités, et lorsqu'il a obtenu son siège au Sénat, un groupe d'hommes d'affaires avait publiquement sollicité des fonds pour lui permettre de rester en contact avec les électeurs de son État natal pendant qu'il siégeait au Sénat. Nixon s'est adressé directement au peuple lors d'une émission télévisée nationale. Il a invité à enquêter sur ses finances et a expliqué qu'aucun donateur n'avait demandé ou reçu de faveurs.

La partie de son discours dont on se souvient le mieux est son aveu qu'un admirateur avait un jour envoyé aux Nixon un petit cocker nommé

Checkers. "Les enfants adorent ce chien, et je tiens à dire dès maintenant que quoi qu'ils disent, nous allons le garder", a-t-il déclaré.

Le discours est un triomphe politique. Eisenhower a demandé à Nixon de venir à Wheeling, en Virginie occidentale, où il faisait campagne. Le futur président accueille son colistier à l'aéroport en lui disant "Dick, tu es mon garçon". Les républicains ont gagné haut la main.

Richard Nixon en tant que vice-président actif

Les seules fonctions énumérées pour le vice-président dans la Constitution sont de présider le Sénat et de voter en cas d'égalité des voix. Eisenhower, cependant, a préparé son vice-président pour le service actif. Richard Nixon assiste régulièrement aux réunions du Cabinet et du Conseil national de sécurité. En l'absence du président, il présidait ces sessions.

Richard Nixon a pu assumer les fonctions de président lorsque Eisenhower était frappé d'incapacité par la maladie - après une importante crise cardiaque en 1955, une opération de l'abdomen en 1956 et une légère attaque cérébrale en 1957.

Au cours de ses huit années de vice-présidence, Nixon effectue une série de tournées de bienveillance qui le conduisent sur tous les continents. En 1958, il affronte des foules en émeute et lanceuses de pierres au Pérou et au Venezuela. En 1959, il engage le premier ministre de l'Union soviétique, Nikita Khrouchtchev, dans un débat impromptu à Moscou.

Une "nécrologie politique"

En 1960, le parti républicain choisit son vice-président chevronné pour briguer la plus haute fonction de la nation. Son colistier était Henry Cabot Lodge, Jr, qui avait été ambassadeur aux Nations unies pendant huit ans. Les électeurs se sont déplacés en nombre record. Lorsque les 68 millions de votes sont comptés, John F. Kennedy est devenu le premier président catholique de la nation, et Richard Nixon a perdu la course à la présidence par une marge étroite d'environ 100 000 voix. Nixon a obtenu 49,55 % des voix ; Kennedy, 49,71 %. Nixon a remporté 26 États pour un total de 219 voix des grands électeurs. Kennedy a remporté 22 États et a reçu 303 voix de grands électeurs.

Les partisans de Nixon ont imputé sa défaite à des irrégularités dans les votes du Texas et de l'Illinois. Parmi les autres raisons invoquées, citons sa piètre prestation lors d'une série de débats télévisés avec Kennedy, son refus, en raison de la mauvaise santé du président, de laisser Eisenhower mener une véritable campagne pour lui, et son refus d'autoriser toute discussion sur la religion pendant la campagne.

En fait, les démocrates avaient remporté les trois dernières élections au Congrès et détenaient 34 postes de gouverneur. Les républicains n'ont pas le soutien des syndicats et leur programme de protection sociale n'est pas à la hauteur de celui des démocrates. Quelles que soient les raisons, Nixon a perdu une élection pour la première fois, et il semble avoir disparu de la scène politique.

Deux ans plus tard, Richard Nixon est le candidat républicain au poste de gouverneur dans sa Californie natale. Le titulaire du poste, Edmund G. (Pat) Brown, l'a battu. Lors de sa "dernière conférence de presse", Nixon dénonce de manière cinglante les médias et laisse entendre qu'il en a fini avec la politique.

Nixon quitte la Californie pour New York, où il se lance dans un important cabinet d'avocats. Son image de "perdant" en politique semble achevée. Une chaîne de télévision diffuse même un documentaire intitulé The Political Obituary of Richard M. Nixon.

La présidence de Richard Nixon

En 1964, Richard Nixon ne fait aucun pas vers la présidence. Il soutient Barry M. Goldwater, le candidat républicain conservateur. Pendant la campagne, Nixon a parcouru quelque 80 000 km et visité 36 États pour le compte de Goldwater. La défaite écrasante de Goldwater est dépeinte comme un désastre pour le parti républicain, déjà déchiré par des dissensions entre ses membres conservateurs et libéraux. Ce revers n'est toutefois que temporaire.

Richard Nixon, s'imposant comme une force unificatrice, commence à faire campagne pour les candidats républicains dans tout le pays. En 1966, il a parcouru 30 000 miles et visité 35 États pour le compte de 87 candidats au Congrès. Cette année-là, les républicains gagnent 47 sièges à la Chambre des représentants, 8 postes de gouverneurs et 3 sièges supplémentaires au Sénat. Entre 1964 et 1967, il a contribué à collecter 5 à 6 millions de dollars pour les dépenses de campagne des républicains. Au moment où la campagne présidentielle de 1968 est lancée, les républicains de tout le pays doivent à Nixon leur soutien.

Lors des élections primaires de 1968, Richard Nixon commence à se défaire de l'image du "perdant". Il remporte des victoires successives dans le New Hampshire, le Wisconsin, l'Indiana, le Nebraska, l'Oregon et le Dakota du Sud. En Pennsylvanie et dans le New Jersey, il gagne grâce à des votes par correspondance.

Au moment où la convention républicaine se réunit à Miami Beach, en Floride, le seul adversaire sérieux de Nixon pour l'investiture présidentielle est Nelson A. Rockefeller, le gouverneur de New York. Les opinions libérales du gouverneur sont inacceptables pour de larges groupes de républicains conservateurs. De plus, Rockefeller s'est lancé tardivement dans la course. Nixon remporte une large victoire au premier tour. À 1 h 30 du matin, le 8 août, les 30 voix du Wisconsin donnent 680 voix à l'ancien vice-président, soit 13 de plus que ce dont il avait besoin pour obtenir l'investiture. Les 12 voix du Wyoming portent son total à 692. Rockefeller ne recueille que 277 voix.

Pour son colistier, Richard Nixon choisit Spiro T. Agnew, le gouverneur du Maryland, un homme peu connu en dehors de son propre État. Ce choix est une surprise pour les prévisionnistes politiques et une déception pour certains républicains. Nixon s'est toutefois rendu compte qu'un candidat conservateur du Sud lui aurait fait perdre les votes des grandes villes et des libéraux dont il avait cruellement besoin dans le Nord, et qu'un républicain libéral du Nord se serait aliéné le Sud, qui l'avait soutenu fermement lors de la convention. Agnew était un choix de compromis acceptable à la fois pour le Nord et le Sud.

Tout au long de la campagne électorale, Nixon dirige ses attaques contre les échecs de l'administration démocrate. Il déplore le taux croissant de criminalité dans les rues, attire l'attention sur le coût élevé et les limites des programmes d'aide sociale des démocrates et dénonce leur inaction face à l'inflation.

Au début de la campagne, les candidats républicains ont annoncé qu'ils s'abstiendraient de tout commentaire sur le règlement du conflit vietnamien. Cette politique a été adoptée pour éviter toute interférence avec les négociations de paix entamées en mai entre les représentants des gouvernements des États-Unis et du Nord-Vietnam à Paris, en France.

Richard Nixon insiste sur sa détermination à endiguer la violence dans les villes. Dans le même temps, il propose un programme de développement du "capitalisme noir" et d'incitations fiscales pour les investisseurs privés qui s'installent dans les villes. Le 5 novembre 1968, le soutien long et loyal de Nixon à son parti est récompensé, et il est élu 37e président des États-Unis. Environ un mois avant son investiture, le 20 janvier 1969, sa fille cadette, Julie, se marie avec David Eisenhower, le petit-fils de l'ancien président Eisenhower.

Les nominations de Nixon

Dans son discours d'investiture, le président Nixon a souligné sa détermination à rechercher la paix à l'étranger, notamment au Viêt Nam, et à parvenir à une réconciliation des différences qui divisent les États-Unis.

Tous les hommes nommés par le président à des postes ministériels sont approuvés par le Sénat. William P. Rogers est le choix de Nixon comme secrétaire d'État. David M. Kennedy devient secrétaire au Trésor et Melvin R. Laird, secrétaire à la Défense. Clifford M. Hardin est nommé nouveau secrétaire à l'agriculture ; Walter J. Hickel, secrétaire à l'intérieur ; Maurice H. Stans, secrétaire au commerce ; George P. Shultz, secrétaire au travail ; John A. Volpe, secrétaire aux transports. Robert H. Finch est désigné pour diriger le ministère de la santé, de l'éducation et de la protection sociale ; George Romney, celui du logement et du développement urbain. John N. Mitchell est nommé procureur général ; Winton M. Blount, ministre des postes.

Les premiers changements dans le Cabinet original ont été effectués à la mi-1970. Elliot L. Richardson remplace Finch. James D. Hodgson succède à Shultz, qui prend la tête de l'Office of Management and Budget, une nouvelle agence créée pour remplacer le Bureau of the Budget. Plus tard en 1970, Richard Nixon renvoie Hickel, avec qui il avait des différends, et nomme à sa place l'ancien président national républicain Rogers C.B. Morton. Début 1971, John B. Connally Jr, ancien gouverneur du Texas, remplace Kennedy au poste de secrétaire au Trésor.

Lorsque le ministère des Postes a été réorganisé en 1971, Blount a perdu son statut de cabinet. Toujours en 1971, Earl L. Butz succède à Hardin. Début 1972, Mitchell démissionne pour diriger la campagne de réélection de Nixon ; le procureur général adjoint Richard G. Kleindienst le remplace. Mitchell quitte la campagne au début du mois de juillet. Peter G. Peterson remplace Stans, qui a également démissionné pour travailler pour la campagne. Shultz succède à Connally.

Le choix le plus important de Richard Nixon est peut-être celui du successeur du président de la Cour suprême des États-Unis Earl Warren, qui prend sa retraite. Le Sénat approuve son candidat, Warren E. Burger, un juge de district du système judiciaire fédéral. Il a cependant eu du mal à obtenir l'approbation du Sénat pour un juge associé afin de pourvoir un poste vacant à la Cour suprême. Après avoir rejeté les deux premiers candidats de Nixon, tous deux originaires du Sud, le Sénat accepte Harry A. Blackmun, du Minnesota, juge à la cour d'appel des États-Unis. Deux autres candidats nommés par Nixon, William H. Rehnquist et Lewis F. Powell, sont acceptés comme juges associés pour remplacer Hugo L. Black et John M. Harlan, qui ont pris leur retraite en 1971.

Politique étrangère

Dès son accession à la présidence, Richard Nixon se consacre principalement aux affaires étrangères. En février 1969, il se rend en Belgique, en Angleterre, en Allemagne de l'Ouest, en Italie et en France dans le but de renforcer l'Organisation du traité de l'Atlantique Nord (OTAN).

Afin d'assurer les nations asiatiques non communistes du soutien continu des États-Unis, Nixon entreprend fin juillet une tournée des Philippines, de l'Indonésie, de la Thaïlande, de l'Inde, du Pakistan et du Sud-Vietnam. Nixon se rend ensuite en Roumanie. Il est le premier président américain à se rendre dans un pays du bloc soviétique depuis la Seconde Guerre mondiale.

À l'automne 1970, pour souligner la détermination des États-Unis à maintenir la paix dans la région méditerranéenne, Nixon se rend en Italie, en Espagne et en Yougoslavie, et visite la Sixième flotte des États-Unis, stationnée dans la région. Cette tournée comprend des réunions avec les commandants de l'OTAN, une audience avec le pape Paul VI et des visites en Angleterre et en Irlande.

Le changement d'administration a eu peu d'effet initial sur les pourparlers de paix sur le Vietnam menés à Paris. Toutefois, en juin 1969, le président Nixon a annoncé qu'il allait entamer un retrait progressif des forces américaines. Le premier contingent de quelque 25 000 hommes est rentré aux États-Unis en juillet.

En avril 1970, Richard Nixon annonce que des troupes américaines ont été envoyées au Cambodge pour rechercher et détruire les bases d'approvisionnement du Nord-Vietnam et du Viet Cong. Cette extension de l'effort de guerre en Indochine suscite une forte opposition. Le 29 juin, les dernières troupes terrestres américaines sont retirées du Cambodge. En 1971 et 1972, Nixon poursuit ses efforts pour "vietnamiser" la guerre. À l'automne 1972, l'effectif des troupes américaines au Viêt Nam - qui avait atteint un pic de 543 000 hommes en avril 1969 - était de 32 200 hommes.

Au début de 1972, les Nord-Vietnamiens ont monté une offensive contre le Sud, qui a réussi à se défendre de façon inégale. Afin de couper l'approvisionnement militaire de Hanoi, Richard Nixon ordonne le minage des ports nord-vietnamiens et le bombardement des voies d'approvisionnement terrestres en provenance de Chine. En octobre 1972, un accord pour mettre fin à la guerre a été conclu avec le Nord-Vietnam, mais le gouvernement du Sud-Vietnam s'y est opposé.

Malgré la poursuite du conflit au Viêt Nam, Richard Nixon reste déterminé à inaugurer une ère de négociation avec les pays communistes qui soutiennent le Nord-Viêt Nam. Il participe à des réunions au sommet en République populaire de Chine en février 1972 et en Union soviétique en mai. Les tensions s'apaisent entre la Chine continentale et les États-Unis.

Alors que les drapeaux américains flottent au-dessus du Kremlin, Richard Nixon et ses hôtes soviétiques signent des accords préparés de longue date. L'accord le plus important limite la fabrication d'armes nucléaires. Des plans sont également élaborés pour mettre en commun les ressources dans le domaine de l'exploration spatiale et de la recherche médicale et environnementale. Une commission mixte est créée pour mettre en place des accords commerciaux. Depuis le Kremlin, Nixon prononce un discours télévisé au peuple soviétique. Il visite l'Iran et la Pologne avant de rentrer chez lui.

Politique intérieure

Au cours de l'été 1969, Richard Nixon demande l'adoption de lois visant à améliorer les transports urbains, à augmenter les prestations de sécurité sociale, à lutter contre la criminalité et à réorganiser le service postal. Il demande également l'établissement de normes minimales nationales pour les prestations sociales et le partage des recettes fédérales avec les États.

La demande de Nixon pour un système de défense antimissile balistique de plusieurs milliards de dollars se heurte à une forte opposition du Congrès. Le 91e Congrès, contrôlé par les démocrates, adopte une version modifiée de ses recommandations par une faible marge. Lors des élections de l'automne 1970, les démocrates ont conservé le contrôle des deux chambres du Congrès.

En juin 1970, Richard Nixon a signé une loi abaissant l'âge du droit de vote aux élections fédérales de 21 à 18 ans. À la mi-1971, le 26e amendement à la Constitution, qui étend le droit de vote aux citoyens âgés de 18 ans pour toutes les élections, est ratifié.

Dans son message sur l'état de l'Union adressé au Congrès en janvier 1971, Nixon présente six propositions radicales. Il demande à nouveau le partage des recettes fédérales avec les États et les collectivités locales. Richard Nixon souhaite également un budget fédéral déficitaire destiné à stimuler l'économie en retard, la réforme des programmes d'aide sociale, une garantie fédérale de soins de santé adéquats pour tous les citoyens, de nouvelles mesures pour préserver les ressources naturelles et une révision de la structure du gouvernement fédéral.

En août 1971, Richard Nixon impose un contrôle obligatoire des salaires et des prix ainsi qu'une surtaxe de 10 % sur les importations afin de renforcer l'économie. L'administration Nixon fait pression pour encourager les gouvernements étrangers à contribuer à la résolution de la crise monétaire internationale en réalignant leurs monnaies. Les gouvernements étrangers, à leur tour, incitent Nixon à dévaluer le dollar. C'est ce qu'il fait en décembre 1971, en mettant fin à la convertibilité du dollar en or, qui existait depuis longtemps. Peu de temps après, il supprima la surtaxe à l'importation.

En vertu d'une décision de la Cour suprême de 1969, les communautés étaient tenues de commencer à transporter les élèves d'un district scolaire à l'autre pour atteindre l'équilibre racial dès qu'un tribunal fédéral de district l'ordonnait. En juin 1972, le Congrès a approuvé une loi qui retardait de 18 mois au maximum l'application de ces décisions de justice. Le projet de loi contenait également le programme de Nixon visant à verser 2 milliards de dollars sur une période de deux ans aux communautés en cours de déségrégation de leurs écoles.

La réélection

Richard Nixon a mené sa campagne pour un second mandat par substitution. S'il quitte rarement son bureau de la Maison-Blanche, le vice-président et d'autres collaborateurs font campagne pour lui. Ses partisans interprètent son vote écrasant comme un mandat pour ses programmes. Peu après sa réélection, Nixon demande la démission de quelque 2 000 personnes nommées par le président dans le cadre d'une réorganisation visant à rationaliser la bureaucratie fédérale. Néanmoins, Nixon a battu tous les records de nominations au sein du Cabinet présidentiel à la mi-1974.

Kleindienst démissionne de son poste au Cabinet en avril 1973. Il est remplacé par Richardson, auquel succède au poste de secrétaire à la défense James R. Schlesinger, ancien chef de la Central Intelligence Agency et de la Commission de l'énergie atomique. En août, Rogers démissionne de son poste de secrétaire d'État et est remplacé par Henry A. Kissinger, le principal conseiller de Nixon en matière de sécurité nationale. À la mi-1974, Nixon a procédé à 30 nominations au sein de son cabinet, battant ainsi tous les records pour un président américain.

Le 10 octobre 1973, le vice-président Agnew démissionne de ses fonctions et est condamné par un tribunal fédéral pour fraude fiscale. Nixon choisit le représentant Gerald R. Ford du Michigan comme successeur d'Agnew, et le Congrès le confirme.

Le 27 janvier 1973, un accord de cessez-le-feu au Vietnam est signé par les négociateurs à Paris. En mars, Nixon accueille les dernières troupes terrestres américaines et les derniers prisonniers de guerre du Vietnam. L'engagement militaire américain se poursuit avec des raids de bombardement sur le Cambodge jusqu'à la mi-août.

En juin 1973, Richard Nixon reçoit la visite de Leonid I. Brejnev, secrétaire général du parti communiste soviétique. Les deux dirigeants signent un accord d'amitié. Ils ont également institué des accords pour l'expansion des échanges scientifiques, techniques, éducatifs et culturels, et pour l'accélération des négociations en vue de limiter les arsenaux nucléaires.

En février 1973, il a été révélé que les États-Unis et la République populaire de Chine allaient créer des bureaux de liaison gouvernementaux à Washington et à Pékin. En mai, Nixon rencontre le président français

Georges Pompidou en Islande pour discuter des relations militaires, politiques et économiques entre les États-Unis et leurs alliés d'Europe occidentale.

La guerre éclate au Moyen-Orient en octobre 1973 lorsque la Syrie et l'Égypte attaquent simultanément Israël. La médiation des États-Unis a conduit au désengagement des troupes égyptiennes et israéliennes en janvier 1974 et des troupes syriennes et israéliennes en mai.

Lors d'un voyage de bienveillance au Moyen-Orient en juin, Richard Nixon visite l'Égypte, l'Arabie saoudite, la Syrie, Israël et la Jordanie. À l'Égypte et à Israël, Nixon offre une aide pour développer l'énergie nucléaire à des fins pacifiques. Plus tard en juin, Nixon s'est rendu en Union soviétique pour des entretiens au sommet.

Dans son message budgétaire et dans une série de messages sur l'état de l'Union adressés au Congrès au début de 1973, Richard Nixon a annoncé la réduction des dépenses fédérales en matière d'aide sociale. Il demande que les villes et les États reçoivent des fonds dans le cadre d'un plan de partage des revenus pour prendre en charge les programmes fédéraux en matière de développement urbain, d'éducation, de main-d'œuvre et d'application de la loi.

En février 1973, Richard Nixon annonce sa deuxième dévaluation du dollar. Face à l'inflation croissante, Nixon ordonne en juin un gel de 60 jours de tous les prix de détail et de gros, à l'exception des matières premières agricoles. Le contrôle des prix, sous une forme ou une autre, est resté en vigueur jusqu'à ce que le Congrès le laisse expirer le 30 avril 1974. L'inflation persiste.

En décembre 1973, Richard Nixon avait demandé au Congrès d'examiner certaines de ses transactions financières. (Des rapports avaient circulé sur ses faibles paiements d'impôts par rapport à ses revenus). En 1974, le Joint Committee on Internal Revenue Taxation et l'Internal Revenue Service ont constaté que Nixon devait plus de 400 000 dollars d'arriérés d'impôts.

Le "Watergate" et les années suivantes

Un problème majeur au début du second mandat de Richard Nixon est devenu connu sous le nom de scandale du Watergate. En juin 1972, des agents engagés par le Comité pour la réélection du président avaient été arrêtés alors qu'ils s'introduisaient par effraction dans le siège du Comité national démocrate, dans le complexe d'appartements et de bureaux du Watergate à Washington, D.C. Au début de 1973, ils ont été reconnus coupables de cambriolage et d'espionnage politique. Le Sénat a tenu des audiences pour enquêter sur les allégations de tentatives de hauts responsables de la Maison Blanche de dissimuler l'implication de l'administration dans cette affaire. Plusieurs des principaux collaborateurs de Nixon démissionnent lorsqu'ils sont impliqués.

Entre-temps, la commission judiciaire de la Chambre des représentants a entamé une enquête pour déterminer s'il avait commis des infractions passibles de mise en accusation. Le 30 avril 1974, Nixon publie des transcriptions éditées de conversations de la Maison-Blanche qui, selon lui, rassureront le public sur son innocence concernant le cambriolage et la dissimulation du Watergate. Au lieu de cela, il perd un grand nombre de ses partisans.

La Cour suprême a ordonné à Richard Nixon de remettre d'autres enregistrements de la Maison-Blanche demandés par le procureur spécial du Watergate comme preuves dans une procédure pénale. Trois de ces enregistrements documentaient l'ordre personnel de Nixon de couvrir l'effraction du Watergate.

La commission judiciaire de la Chambre des représentants avait déjà voté fin juillet pour recommander la mise en accusation de Nixon. Le soutien du Congrès ayant été détruit, Richard Nixon choisit de démissionner. Le vice-président Ford lui succède le 9 août 1974. Dans le mois qui suit, le président Ford accorde à Nixon un pardon complet pour tous les crimes qu'il a pu commettre pendant son administration.

Richard Nixon passe les vingt années suivantes à essayer de réhabiliter sa réputation au niveau national, mais il ne perd jamais l'admiration des dirigeants étrangers. Il devient un ancien homme d'État respecté dans le domaine des affaires étrangères. Il revisite la Chine en 1976 et 1989 et effectue plusieurs visites en Russie, la dernière au début de 1994.

Les cinq présidents vivants ont assisté à l'inauguration de la bibliothèque Richard Nixon à Yorba Linda en 1991. La bibliothèque et le musée, d'une valeur de 21 millions de dollars, ont été construits avec des fonds privés. L'épouse de Nixon, Pat, est décédée en juin 1993. Richard Nixon est décédé le 22 avril 1994 dans un hôpital de New York, quatre jours après avoir subi une grave attaque. Il venait de terminer la rédaction de son 11e livre, Beyond Peace.

Questions de recherche

1. Quelle est votre citation préférée de Nixon ?
2. Que pensez-vous du scandale du Watergate et de ce qu'il a signifié pour l'Amérique ?
3. Pensez-vous que Nixon a perdu son sens moral pendant la période de corruption de son administration ?
4. Comment évaluez-vous sa présidence sur une échelle de 1 à 5 ?

38. Gerald Ford (1974-1977)
Parti républicain | Vice-président : Nelson Rockefeller

"Plus tu travailles dur, plus tu as de la chance, et j'ai travaillé comme un fou."

Lorsque Gerald Ford devint le 38e président des États-Unis le 9 août 1974, le pays avait pour la première fois de son histoire un chef de l'exécutif nommé. Il a pris la direction du pays lorsque son prédécesseur, Richard Nixon, est devenu le premier président des États-Unis à démissionner.

Pendant les deux ans et demi de présidence de Gerald Ford, son plus grand défi a été de faire face à la grave récession que traversait le pays. À la fin de 1975, ses politiques prudentes visant à limiter les dépenses et à contrôler l'inflation semblaient apporter une amélioration constante de l'économie. Le chômage reste cependant élevé, et c'est en grande partie sur cette question que Ford perd les élections de 1976 face au candidat démocrate, Jimmy Carter. Premier président sortant depuis Herbert Hoover à être battu à la présidence, Ford reçoit 241 voix des grands électeurs de 27 États. Carter a remporté près de 41 millions de voix populaires, contre 39 millions pour Ford.

Gerald Ford était chef de la minorité de la Chambre des représentants des États-Unis lorsque le président Nixon l'a désigné comme vice-président le 12 octobre 1973. Le vice-président Spiro T. Agnew avait démissionné deux jours plus tôt, après avoir plaidé sans contestation sur une accusation de fraude fiscale fédérale.

Gerald Ford accède à la vice-présidence en vertu du 25e amendement de la Constitution, adopté en 1967. Cet amendement autorise le président à combler toute vacance au poste de vice-président, sous réserve de confirmation par un vote majoritaire des deux chambres du Congrès.

Les scandales de l'administration Nixon font apparaître clairement que Ford pourrait être élevé à la présidence. Le Congrès le soumet à l'examen le plus minutieux jamais accordé à un fonctionnaire. Une enquête du Federal Bureau of Investigation et des auditions ouvertes du Congrès aboutissent à la confirmation de Ford par un vote de 92 contre 3 au Sénat et de 387 contre 35 à la Chambre. Il a prêté serment le 6 décembre 1973.

Au cours de ses 25 années en tant que député républicain de Grand Rapids, Michigan, Gerald Ford était indubitablement partisan et conservateur dans sa politique. Son opposition démocrate le respectait cependant en tant qu'homme politique et l'appréciait en tant qu'homme digne de confiance et sans prétention.

L'enfance de Ford

Gerald Ford est né le 14 juillet 1913 à Omaha, Nebraska, de Leslie Lynch King, un négociant en laine, et de Dorothy Gardner King. Il s'appelle à l'origine Leslie Lynch King, Jr, du nom de son père. Lorsque l'enfant a moins de deux ans, ses parents divorcent. Sa mère l'emmène à Grand

Rapids, où vivent ses parents. En 1916, Mme King épouse Gerald R. Ford, qui adopte son enfant et lui donne son nom, Gerald Rudolph Ford. Trois fils naissent des Ford : Thomas, Richard et James. King se remarie également, et un fils et deux filles naissent de ce mariage. Ils s'appellent Leslie Henry, Marjorie et Patricia. King meurt en 1941, et Mme Ford meurt en 1967, cinq ans après le décès de son mari.

Du côté maternel, Gerald Ford fait remonter son ascendance américaine à Ezra Chase, né dans le Massachusetts en 1717. Le grand-père du président du côté King était Charles Henry King, un marchand de laine prospère dont les intérêts commerciaux se trouvaient dans le Wyoming.

Gerald Ford père, qui avait une réputation d'intégrité, de travail acharné et d'engagement communautaire, a inculqué ses valeurs au jeune Gerald, que l'on appelait Jerry. Sa mère lui apprend à être d'humeur égale. Les années de dépression ne sont pas faciles pour la famille. Le krach boursier de 1929 a presque anéanti l'entreprise de peinture et de vernis de Ford. Lorsqu'il était lycéen, Jerry Ford était serveur et laveur de vaisselle dans un restaurant pour gagner de l'argent.

Au lycée South High School, le jeune Gerald Ford remporte les honneurs de la ville et de l'État en football. À l'université du Michigan, il était un centre dans les équipes de football invaincues du Michigan en 1932 et 1933. Il a été élu meilleur joueur de l'équipe en 1934, et en 1935, il a été sélectionné comme College All-Star.

Lorsque Gerald Ford obtient son diplôme d'arts libéraux en 1935, il refuse les offres des Green Bay Packers et des Detroit Lions de jouer au football professionnel. Il décide plutôt d'être entraîneur de football et de boxe à l'université de Yale. Ford est entraîneur à Yale de 1935 à 1940. En 1938, il a commencé à suivre des cours de droit, et il était dans le premier tiers de sa classe lorsqu'il a obtenu son diplôme de la faculté de droit de Yale en 1941.

Athlète naturel, Gerald Ford a continué à s'intéresser aux sports et à la forme physique. Passé l'âge de 60 ans, il aimait encore nager quotidiennement ; il faisait également du ski, du golf et du tennis.

Gerald Ford est admis au barreau en 1941 et pratique le droit pendant une courte période avant de s'engager dans la marine américaine en avril 1942. Il a servi pendant 47 mois, dont 18 en tant qu'officier des opérations aériennes à bord du porte-avions léger USS Monterey.

À la fin de son service naval, Ford avait le grade de lieutenant commandant. Il retourne à Grand Rapids et à son cabinet d'avocat, mais il s'intéresse à la politique. Son expérience en temps de guerre le fait réfléchir davantage au rôle des États-Unis dans le monde.

Début de carrière politique

Le sénateur principal des États-Unis du Michigan, Arthur Vandenberg de Grand Rapids, avait abandonné son isolationnisme de longue date pour devenir un porte-parole exceptionnel de l'internationalisme. En 1948, il encourage Gerald Ford à se présenter contre l'isolationniste Bartel Jonkman, du cinquième district du Congrès.

Gerald Ford remporte l'élection primaire par une marge de près de 2 contre 1. Il a ensuite battu son adversaire démocrate avec 74 191 voix contre 46 972. Lors des 12 élections suivantes, Ford a remporté son district avec au moins 60 % des voix.

La Junior Chamber of Commerce de Grand Rapids a décerné à Ford son Distinguished Service Award en 1948. En 1949, la Junior Chamber of Commerce des États-Unis le cite parmi les dix jeunes Américains les plus remarquables.

Par l'intermédiaire d'amis, Ford rencontre Elizabeth (Betty) Bloomer Warren, coordinatrice de mode pour un grand magasin de Grand Rapids. Elle était née à Chicago, dans l'Illinois, le 8 avril 1918, mais elle avait vécu la majeure partie de sa vie à Grand Rapids. Elle avait été mannequin pour gagner sa vie et avait étudié la danse à New York pendant un certain temps avec Martha Graham.

Un mariage de cinq ans s'était soldé par un divorce. Elle et Ford se sont mariés le 15 octobre 1948. Ils ont eu trois fils et une fille : Michael Gerald, né en 1950 ; John Gardner, né en 1952 ; Steven Meigs, né en 1956 ; et Susan Elizabeth, née en 1957.

Bilan au Congrès

En tant que jeune membre du Congrès, Gerald Ford suivait les débats, apprenait la stratégie et offrait un service personnel à ses électeurs. Ford était un modéré dans les affaires intérieures, un conservateur dans la politique fiscale et un internationaliste dans les affaires étrangères. Il se méfiait des programmes fédéraux destinés à vaincre la pauvreté et les inégalités sociales. Ses électeurs n'apprécient pas ce qu'il appelle la "main lourde" du gouvernement dans leur vie. De 1951 à 1965, Ford est membre du House Appropriations Committee, spécialisé dans le budget de la défense et l'aide étrangère. Il est en faveur de budgets militaires importants.

En 1963, Gerald Ford a été membre de la Commission Warren, qui a enquêté sur l'assassinat du président John F. Kennedy. Plus tard, Ford fut le coauteur d'un livre intitulé Portrait of the Assassin (1966).

Les jeunes membres républicains du Congrès voulaient un nouveau leadership après l'élection écrasante des démocrates en 1964. Ils convainquent Ford, alors président de la Conférence républicaine de la Chambre, de se présenter au poste de chef de la minorité de la Chambre contre Charles A. Halleck, de l'Indiana. Ford bat Halleck dans le caucus républicain et devient ainsi une figure nationale. Lors d'une conférence de presse hebdomadaire télévisée, Ford et le leader de la minorité du Sénat, Everett M. Dirksen (Illinois), s'opposent au programme national du président Lyndon B. Johnson et à la conduite de la guerre au Vietnam.

En tant que leader de la minorité, Gerald Ford est parvenu à rassembler les divers éléments de son parti. Il n'a pas ménagé ses efforts en matière de campagne et de collecte de fonds. Il a maintenu un taux d'assiduité de 90 % au Congrès, tout en trouvant le temps de prononcer en moyenne près de 200 discours à l'extérieur de la ville par an au nom d'autres membres du Congrès. Lors des élections de 1966, il contribue à la conquête par les républicains de 47 nouveaux sièges à la Chambre.

Lorsque Nixon se présente à la présidence en 1968, Ford est le président permanent de la convention nationale républicaine. À ce poste, il a aidé son vieil ami et collègue du Congrès à remporter l'investiture. Gerald Ford était un ardent défenseur du conflit vietnamien, mais lorsque le président Nixon a commencé à réduire son engagement dans ce pays et à s'orienter vers une détente avec l'Union soviétique, Ford a soutenu ces politiques. En fait, il a soutenu Nixon jusqu'au bout sur la plupart des questions controversées.

La vice-présidence

Gerald Ford a souvent dit que son ambition était de devenir président de la Chambre des représentants, mais en 1973, il était peu probable que les républicains contrôlent bientôt la Chambre. Ford envisageait de mettre fin à sa carrière politique en 1976 et de retourner, peut-être, à la pratique du droit, mais l'appel à la vice-présidence est arrivé.

Gerald Ford a prêté serment en tant que 40e vice-président des États-Unis dans la chambre de la Chambre qu'il aimait tant. Une session conjointe du Congrès a été convoquée pour l'occasion. Au cours de ses huit mois à ce poste, Ford a parcouru plus de 100 000 miles et fait plus de 500 apparitions pour rallier son parti.

Les républicains étaient en grande partie angoissés, comme d'autres Américains, par les scandales connus sous le nom de Watergate. D'anciens collaborateurs et associés de Nixon sont inculpés, jugés et condamnés à des peines de prison. Nixon résiste aux citations à comparaître pour obtenir des preuves, et la Chambre des représentants envisage de le mettre en accusation. Ford soutient Nixon, mais il l'incite également à coopérer avec le procureur spécial du Watergate.

Dans son discours de démission, le président Nixon a déclaré que la direction du pays serait entre de bonnes mains avec Ford. Le jour suivant, alors que la lettre de démission de Nixon était remise au secrétaire d'État, Ford devenait président. Peu de temps après, il prête serment devant le juge en chef Warren E. Burger de la Cour suprême des États-Unis. Les membres du cabinet Nixon et les dirigeants du Congrès assistent à la cérémonie dans la salle Est de la Maison-Blanche, où Nixon avait fait ses adieux à ses amis et à son personnel le matin même.

Dans un bref discours, le président Gerald Ford a appelé le pays à panser les plaies du Watergate. "Notre long cauchemar national est terminé", a-t-il déclaré. "Notre Constitution fonctionne. Notre grande république est un gouvernement de lois et non d'hommes." Il a promis de suivre ses instincts d'ouverture et de franchise. Sa voix s'est brisée lorsqu'il a dit : "Que notre ancien président, qui a apporté la paix à des millions de personnes, la trouve pour lui-même."

Une nouvelle administration

Gerald Ford commença à rencontrer immédiatement les envoyés des gouvernements étrangers pour les rassurer qu'il poursuivrait la politique étrangère de l'administration Nixon. Le président Ford est accompagné du secrétaire d'État Henry A. Kissinger, qui conserve son bureau à la demande de Ford. Par la suite, Ford demanda à tous les membres du Cabinet et à tous les responsables d'agences gouvernementales de rester en place dans un souci de continuité et de stabilité.

Le Cabinet, outre le Secrétaire Kissinger, comprenait William E. Simon, secrétaire au Trésor, James R. Schlesinger, secrétaire à la Défense, William B. Saxbe, procureur général, Rogers C.B. Morton, secrétaire à l'Intérieur, Earl L. Butz, secrétaire à l'Agriculture, Frederick B. Dent, secrétaire au commerce ; Peter J. Brennan, secrétaire au travail ; Caspar W. Weinberger, secrétaire à la santé, à l'éducation et au bien-être ; James T. Lynn, secrétaire au logement et au développement urbain ; et Claude S. Brinegar, secrétaire aux transports.

Ford a commencé à réduire le personnel exécutif, qui avait considérablement augmenté sous les prédécesseurs successifs, et a également cherché à rendre la présidence plus ouverte et moins impériale. Pendant les années Nixon, le ton et les attributs de la présidence ont été largement critiqués.

Gerald Ford demanda aux responsables républicains et aux leaders démocrates du Congrès de suggérer leurs choix pour le poste de vice-président. Le 20 août, il annonce qu'il a choisi l'ancien gouverneur de l'État de New York, Nelson A. Rockefeller, comme vice-président désigné. En vertu du 25e amendement, sa nomination était également soumise à l'approbation du Congrès. Lorsque Rockefeller prête serment le 19 décembre 1974, pour la première fois de son histoire, le pays a un président et un vice-président non élus par le peuple.

Au début de sa présidence, Ford tente de détourner l'attention du pays du Watergate pour trouver des solutions à ses nombreux autres problèmes. Deux actes ont causé beaucoup de dissensions et ont compromis ses chances de réélection. Le 8 septembre 1974, Gerald Ford accorde son pardon à Nixon pour tous les crimes qu'il aurait pu commettre en tant que président. Étant donné que la grâce empêche toute poursuite fédérale à l'encontre de Nixon, de nombreuses personnes critiquent cette mesure, estimant qu'elle viole le principe de l'égalité de la justice devant la loi. Ford a également confié à Nixon la garde des enregistrements et des documents relatifs au Watergate, une décision qui a été annulée par la suite.

De nombreux groupes se sont également opposés au projet de Ford d'accorder une amnistie conditionnelle aux hommes qui avaient échappé au service militaire pendant la guerre du Viêt Nam. Son programme exigeait jusqu'à deux ans de service public. Lorsque le programme a pris fin en 1975, seul un cinquième environ des personnes éligibles avaient déposé une demande. Moins de la moitié des personnes ayant bénéficié de l'amnistie en avaient accepté les conditions.

Affaires intérieures

Lorsque Ford accède à la présidence, le pays est confronté à une combinaison d'inflation et de chômage élevé. En septembre, il organise un sommet économique avec les dirigeants du Congrès et les représentants des syndicats, de l'industrie et de l'agriculture. Ford a d'abord proposé un programme visant à réduire l'inflation, qui atteignait un taux annuel de 12

%. Son programme WIN (Whip Inflation Now) s'appuie sur plusieurs mesures volontaires pour faire baisser les prix et les salaires.

À la fin de 1974, cependant, il est devenu évident que la baisse de la production industrielle et de l'activité commerciale, accompagnée d'une hausse rapide du chômage, était aussi grave que l'inflation. La campagne WIN de Ford est abandonnée au profit de mesures alternatives qui sortiraient le pays de sa plus grave dépression depuis la Seconde Guerre mondiale.

Les propositions économiques du président étaient généralement prudentes. Il accepte des réductions d'impôts et débloque des fonds pour le logement et d'autres constructions afin de stimuler l'économie. Ford s'oppose aux grands programmes de travaux publics. Il préconise de limiter les dépenses publiques, notamment pour les programmes sociaux. Gerald Ford s'est efforcé de rétablir la santé du secteur privé de l'économie et, à travers lui, de la nation dans son ensemble.

En mai 1975, le taux de chômage a dépassé les 9 % ; il a ensuite commencé à baisser lentement à mesure que les affaires s'amélioraient. L'inflation est passée sous la barre des 8 % en 1975 et a continué à baisser lentement. Toutefois, à la mi-1976, le chômage était encore supérieur à 7 %.

Le programme économique de Gerald Ford reçoit un accueil mitigé, principalement en raison de son incapacité à créer davantage d'emplois. Le Congrès, très majoritairement démocrate, s'est fortement opposé à sa politique. Au cours des deux premières années de sa présidence, Ford a opposé son veto à près de 60 projets de loi, dont plusieurs auraient permis d'allouer des sommes importantes pour créer des emplois et stimuler l'économie. Malgré sa force libérale, le Congrès n'a pu passer outre qu'environ un veto sur cinq.

La législation fiscale, les programmes de travaux publics et la politique énergétique sont des questions qui divisent fortement Ford et le Congrès. Ce dernier fait un compromis au début de 1975 en acceptant des réductions d'impôts plus importantes que celles qu'il avait souhaitées.

Ford s'oppose toutefois à leur prolongation en 1976, à moins qu'elles ne s'accompagnent d'une limitation des dépenses publiques.

Gerald Ford accepte finalement un accord non contraignant pour tenter de réduire les dépenses. Les réductions d'impôts sont encore prolongées par la loi sur la réforme fiscale de 1976. En juin 1975, Ford oppose son veto à un projet de loi de 5,3 milliards de dollars sur les emplois publics, affirmant qu'un tel programme serait inflationniste. Le Congrès ne parvient pas à passer outre le veto. En août 1976, cependant, le Congrès adopte un projet de loi similaire de près de 4 milliards de dollars et passe outre le veto de Ford à cette mesure.

Gerald Ford a préconisé une politique énergétique qui découragerait la consommation en permettant aux prix d'augmenter. Il a proposé la suppression du contrôle des prix du pétrole national, un tarif sur le pétrole importé et la déréglementation des prix du gaz naturel. Le Congrès était favorable au maintien des contrôles des prix et des mesures obligatoires, y compris le rationnement si nécessaire. Au début de 1975, Ford a instauré des tarifs douaniers sur le pétrole importé, une mesure qu'il a ensuite annulée.

Gerald Ford opposa son veto à la législation prolongeant les contrôles, puis accepta leur prolongation temporaire. En décembre 1975, Ford et le Congrès sont finalement parvenus à un accord sur une politique énergétique, en maintenant temporairement les contrôles qui devaient être levés progressivement au cours des 40 mois suivants.

Parmi les autres lois auxquelles Ford a opposé son veto figurent des projets de loi sur le logement, l'éducation, les garderies et le travail. L'un de ses vetos les plus controversés concernait un projet de loi qui aurait permis à un syndicat en grève de dresser un piquet de grève devant tous les entrepreneurs d'un chantier de construction. Ford a menacé d'opposer son veto à toute aide financière à la ville de New York, qui était presque en faillite. En novembre 1975, cependant, il propose des prêts fédéraux directs si la ville équilibre son budget, et le Congrès accepte ses propositions.

En partie à cause des scandales du Watergate, les enquêtes sur les opérations de renseignement des États-Unis se sont poursuivies pendant l'administration Ford. En janvier 1975, Ford nomme le vice-président Rockefeller à la tête d'une commission chargée d'étudier les activités inappropriées de la Central Intelligence Agency (CIA). Des commissions du Congrès ont enquêté sur la CIA et le Federal Bureau of Investigation (FBI). Les rapports publiés au cours de l'année, dont certains malgré les objections de Ford, ont révélé que la CIA et le FBI avaient commis de nombreux actes illégaux et contraires à l'éthique.

Il y a beaucoup de changements dans le cabinet de Ford. Pour diriger le ministère de la Justice, qui avait été critiqué pour sa gestion de l'enquête sur le Watergate, Ford nomme Edward H. Levi, président de l'université de Chicago, pour succéder à Saxbe au poste de procureur général. Stanley K. Hathaway remplace Morton au poste de secrétaire à l'intérieur, mais il démissionne rapidement et est remplacé par Thomas S. Kleppe. Morton succède à Dent au poste de secrétaire au commerce, mais il est ensuite remplacé par Elliot L. Richardson.

John T. Dunlop succède à Brennan au poste de secrétaire au travail, mais il démissionne lorsque Ford oppose son veto au projet de loi sur le situs commun. Ford nomme W.J. Usery, Jr. pour succéder à Dunlop. Ford choisit F. David Mathews, président de l'université d'Alabama, pour remplacer Weinberger au poste de secrétaire à la santé, à l'éducation et au bien-être. Carla A. Hills, troisième femme seulement à occuper un poste ministériel, est nommée secrétaire au logement et au développement urbain, succédant à Lynn. William T. Coleman, le deuxième Afro-Américain à faire partie du Cabinet d'un président, remplace Brinegar au poste de secrétaire aux transports.

En novembre 1975, Gerald Ford effectue les changements les plus discutés de son administration. Il renvoie Kissinger à la tête du Conseil national de sécurité. Ford renvoie également James R. Schlesinger, un critique de la politique de détente de Kissinger, et nomme Donald H. Rumsfeld pour lui succéder au poste de secrétaire à la défense. Dans le même temps, Ford nomme George Bush pour remplacer William E. Colby au poste de directeur de la CIA. Lorsque Ford effectue ces changements, le vice-président Rockefeller annonce qu'il ne se présentera pas aux élections avec Ford en 1976. Butz démissionne sous le feu des critiques en octobre 1976.

Gerald Ford procède à une seule nomination à la Cour suprême. William O. Douglas, qui avait servi plus longtemps que tout autre juge de la Cour suprême, démissionne en 1975. Ford nomme John Paul Stevens pour le siège.

Il y a eu deux tentatives d'assassinat de Ford en 1975. Le 5 septembre, Lynette Fromme pointe une arme sur le président à Sacramento, en Californie. Deux semaines plus tard, Sara Jane Moore a tiré sur Ford à San Francisco, en Californie. Ford n'a pas été blessé lors de ces deux incidents. En juillet 1976, un homme qui avait escaladé la clôture de la Maison-Blanche fut abattu par un garde.

La politique étrangère de Gerald Ford

Gerald Ford maintient la politique de détente de Nixon avec l'Union soviétique et avec la Chine continentale. Kissinger continue à diriger la politique étrangère, mais il devient une figure controversée pendant l'administration Ford. Ses détracteurs l'accusent de garder des secrets injustifiés et d'abuser de son pouvoir. En 1975, Kissinger réussit à négocier un accord entre Israël et l'Égypte qui rouvre le canal de Suez et établit une zone neutre entre les forces des deux nations.

Le Congrès refusa la demande d'aide de Ford pour l'Indochine pendant les derniers mois de la guerre du Vietnam. Lorsque le Sud-Vietnam tombe aux mains du Nord en avril 1975, Ford ordonne l'évacuation du personnel américain restant. L'évacuation simultanée de milliers d'orphelins et de réfugiés vietnamiens et leur réinstallation aux États-Unis furent largement critiquées. En 1976, le Congrès refuse la demande d'aide de Ford aux forces pro-occidentales combattant en Angola.

Le plus grand triomphe personnel de Ford dans le domaine des affaires étrangères fut peut-être sa réponse à la saisie du navire marchand américain Mayaguez par le Cambodge en mai 1975. Ford ordonna aux forces américaines de récupérer l'équipage et le navire, et l'opération fut un succès. En novembre 1974, Ford est devenu le premier président américain à visiter le Japon. Le voyage en Asie comprenait également un arrêt en Corée du Sud et une rencontre en Union soviétique avec le chef du parti communiste Leonid Brejnev. Ils parviennent à un accord provisoire sur le contrôle des armements, mais les négociations ultérieures sont improductives.

En 1975, Ford rencontre les chefs d'État de l'Organisation du traité de l'Atlantique Nord (OTAN) à Bruxelles, en Belgique, et assiste ensuite à la signature de l'accord de la Conférence sur la sécurité et la coopération en Europe à Helsinki, en Finlande. Ford a également assisté à une conférence économique près de Paris. Lors de cette conférence, un plan de stabilisation des monnaies a été élaboré. Au cours de ses voyages, Ford a rencontré les dirigeants de plusieurs pays, dont le président égyptien Anwar el-Sadat, avec qui les États-Unis ont amélioré leurs relations. Ford s'est également rendu en Chine.

L'élection de 1976

Gerald Ford annonce sa candidature aux élections en juillet 1975. L'ancien gouverneur de Californie Ronald Reagan, populaire parmi les républicains conservateurs, défie Ford pour l'investiture. Les deux hommes remportent plusieurs élections primaires. À l'ouverture de la convention républicaine à Kansas City, dans le Missouri, aucun des deux n'avait la majorité des voix des délégués. Ford remporte l'investiture au premier tour de scrutin, avec 1 187 voix contre 1 070 pour Reagan.

Gerald Ford choisit Robert J. Dole, un sénateur conservateur du Kansas, comme colistier pour la vice-présidence. Ils se présentent sur une plate-forme conservatrice sur le plan fiscal et moins accommodante sur le plan des affaires étrangères. Malgré le fait que Ford réussit à restaurer l'intégrité de la présidence et à renforcer l'économie, il ne parvient pas à être élu à la présidence. En 1980, Ford est invité à se présenter comme vice-président de Ronald Reagan, mais il décide de ne pas se joindre à l'équipe.

Après avoir quitté la Maison Blanche, Gerald Ford se retire de la vie publique et rejoint les conseils d'administration de plusieurs sociétés. Il publie son autobiographie, A Time to Heal, en 1979. Sa bibliothèque présidentielle et son musée, tous deux situés dans le Michigan, ont été inaugurés en 1981. Gerald Ford est décédé le 26 décembre 2006, à Rancho Mirage, en Californie.

Questions de recherche

1. Quel est votre moment préféré de sa présidence ?
2. Quel était son plus célèbre slogan de campagne ?
3. Qui a été le premier président à démissionner de son poste, et pourquoi l'a-t-il fait ?

39. Jimmy Carter (1977-1981)
Parti démocrate | Vice-président : Walter Mondale

"Nous devons nous adapter aux temps qui changent tout en restant fidèles à des principes immuables."

En novembre 1976, Jimmy Carter est élu 39e président des États-Unis. L'accent qu'il met sur la moralité du gouvernement et son souci de l'aide sociale séduisent les électeurs perturbés par la corruption du gouvernement et les problèmes économiques.

En remportant la présidence, Jimmy Carter et son candidat à la vice-présidence, Walter F. Mondale (Minnesota), ont battu le président sortant républicain, Gerald R. Ford, et son colistier, le sénateur Robert J. Dole (Kansas). Carter a obtenu la moitié du vote populaire et a reçu 297 voix des grands électeurs de 23 États et du district de Columbia.

Renommé en 1980, malgré une forte contestation de la part du sénateur Edward Kennedy du Massachusetts, Carter n'a obtenu que 49 voix des grands électeurs de six États et du district. Il a été battu par le candidat républicain, Ronald Reagan, par une victoire écrasante. Carter avait été le premier homme élevé dans le Sud profond à être élu président depuis l'époque précédant la guerre de Sécession.

Les débuts de la vie de Jimmy Carter

James Earl Carter, Jr, est né le 1er octobre 1924 à Plains, une petite ville du sud-ouest de la Géorgie. Premier président né dans un hôpital, il était le premier des quatre enfants de James Earl Carter (appelé Earl) et de Lillian Gordy Carter (connue sous le nom de Miss Lillian). Ses sœurs étaient Gloria et Ruth, et il avait un frère, William (Billy).

Earl Carter a servi dans l'armée américaine pendant la Première Guerre mondiale. Il a exploité une ferme à Archery, en Géorgie, où il a également tenu un petit magasin général. Il travaillait dur et était un homme d'affaires innovant. Lorsque les cacahuètes remplacent le coton comme principale culture dans le sud-ouest de la Géorgie dans les années 1930, il commence à acheter des cacahuètes à d'autres agriculteurs pour les transformer en huile.

Plus tard, Earl Carter gère un entrepôt prospère, vendant des semences et d'autres fournitures agricoles à Plains. Il était strict avec ses enfants et exigeait qu'ils travaillent dur dans la ferme familiale. Pourtant, il était largement respecté comme une personne amicale et généreuse, toujours bien informée de la politique locale. Il était membre du conseil scolaire du comté et l'un des premiers directeurs du programme local d'électrification rurale.

La mère de Jimmy Carter était une infirmière diplômée. Elle était une lectrice passionnée et était un peu moins rigide dans ses attitudes envers la ségrégation que son mari. Beaucoup de ses patients sont afro-américains. Elle prodiguait parfois des soins aux patients sans les rémunérer.

Les Carter sont l'une des deux seules familles blanches d'Archery, une communauté qui compte plus de 25 familles noires. Les enfants noirs d'Archery étaient les collègues de travail de Jimmy dans les champs et ses camarades de jeu. Pendant une grande partie de son enfance, la famille a vécu dans une petite maison sans plomberie ni électricité.

Dès son plus jeune âge, Jimmy a démontré les qualités qui allaient faire de lui un fermier et un homme d'affaires prospère. Enfant, il vendait des cacahuètes à Plains. A l'âge de 9 ans, il avait économisé assez d'argent pour acheter cinq balles de coton. Des années plus tard, il a vendu le coton à un prix nettement supérieur. Avec ses gains, Jimmy a acheté cinq maisons de locataires, qu'il a louées.

Les Carter étaient membres de l'église baptiste de Plains. La religion était un élément régulier et important de leur vie. Plus tard, la sœur de Jimmy, Ruth, est devenue évangéliste, et Jimmy a travaillé brièvement dans des projets de mission. Il a beaucoup lu sur la théologie chrétienne et, en tant que diacre baptiste "born-again", il a rendu publiques ses convictions religieuses tout au long de sa carrière politique.

L'éducation de Jimmy Carter

Jimmy Carter est le premier membre de la famille Carter à avoir terminé ses études secondaires. Il a fréquenté les écoles publiques pendant 11 ans, le programme complet dans la Géorgie rurale de l'époque, et il a obtenu son diplôme en étant le premier de sa classe. L'une des influences les plus importantes sur lui a été un directeur d'école qui l'a initié aux arts et à la littérature sérieuse.

En partie grâce à l'influence d'un oncle qui était dans la marine, Carter décide, alors qu'il est au lycée, qu'il veut entrer à l'Académie navale des États-Unis à Annapolis, dans le Maryland. Comme il n'y a pas de poste vacant dans l'immédiat, en 1941-42, il fréquente le Georgia Southwestern College, à Americus. En 1942, Carter reçoit une nomination à Annapolis pour l'année suivante. En 1942-43, il fréquente le Georgia Institute of Technology, à Atlanta, où il s'inscrit au Corps de formation des officiers de réserve de la marine (ROTC). En 1943, Carter entre à l'Académie navale.

Comme Jimmy Carter l'avait été au lycée et à l'université, il était un étudiant sérieux à Annapolis. Il aimait les études et l'entraînement militaires, mais il n'aimait pas toujours le bizutage auquel étaient soumis les étudiants de première année. Il lui arrivait de subir une punition plutôt que d'exécuter des cascades qu'il trouvait dégradantes. Carter participe à des croisières d'été pendant les dernières années de la Seconde Guerre mondiale et obtient son diplôme en 1946, 59e d'une classe de 820 élèves. Il a reçu le grade d'enseigne de vaisseau.

Lors d'une visite à Plains avant sa dernière année à Annapolis, Jimmy Carter a renoué avec Rosalynn Smith, la meilleure amie de sa sœur Ruth. Ils se sont mariés l'été suivant l'obtention de son diplôme. Comme son mari, Rosalynn est issue d'une famille qui s'est installée en Géorgie à la fin des années 1700. Son père est mort quand elle avait 13 ans. Deux ans plus tard, elle commence à travailler dans un salon de beauté pour aider sa mère à subvenir aux besoins de la famille. Plus tard, elle a fréquenté l'université Georgia Southwestern.

Jimmy Carter a passé plus de six ans en tant qu'officier de la marine. Au départ, il était instructeur en programmes navals à Norfolk, en Virginie, et travaillait sur divers projets, dont un radar expérimental. En 1948, Carter est accepté pour le service sous-marin. Sa première affectation est sur le USS Pomfret en Extrême-Orient. En 1950, Carter est affecté comme officier supérieur à l'USS K-1, le premier navire construit par la marine américaine après la Seconde Guerre mondiale. Il travaille à la conception, à l'installation et aux essais de diverses parties du sous-marin et se qualifie comme commandant de sous-marin.

Jimmy Carter postule ensuite pour le programme de sous-marins nucléaires dirigé par l'amiral Hyman Rickover. Carter a déclaré qu'après ses parents, Rickover était la personne la plus influente dans sa vie. Il admirait l'insistance de Rickover sur les normes les plus élevées pour lui-même et ses subordonnés. Carter est nommé officier supérieur du Seawolf, l'un des deux premiers sous-marins à propulsion nucléaire. Il a travaillé à la construction de la centrale électrique du navire, a étudié la technologie des réacteurs et la physique nucléaire, et a été instructeur naval.

Au début des années 1950, Carter et sa femme ont trois fils : John William (Jack), James Earl III (Chip) et Donnel Jeffrey (Jeff). Rosalynn avait suivi son mari dans la mesure du possible lors de ses diverses affectations dans la marine. Leurs fils sont nés, respectivement, en Virginie, à Hawaï et dans le Connecticut. Carter a atteint le grade de lieutenant et une brillante carrière navale semble l'attendre.

Jimmy Carter retourne en Géorgie

En 1953, le père de Carter, alors membre de la Chambre des représentants de Géorgie, meurt. Jimmy Carter est ému par l'effusion d'admiration et d'affection pour son père de la part des habitants de l'État. Jimmy Carter a constaté que son père avait eu un grand impact sur les gens par sa réussite commerciale, sa générosité personnelle et son service dans la politique locale et de l'État. Jimmy Carter décide de démissionner de la marine pour mener une vie calquée sur celle de son père.

Bien que Rosalynn se soit d'abord opposée au déménagement, la famille Carter est retournée en Géorgie, où elle a vécu pendant un bref moment dans un logement social. Carter aide sa mère à la ferme et dans l'entreprise familiale. Il commence à réapprendre tout ce qu'il avait oublié de l'agriculture. Au début, Carter ne réussit pas en tant que fermier.

Le revenu de Jimmy Carter en 1954 n'était que d'environ deux cents dollars. Cependant, grâce à un travail acharné et à l'expansion de l'entreprise de graines d'arachide, l'entreprise familiale dirigée par Carter ne tarde pas à réussir. Pendant ce temps, Rosalynn commence à aider son mari dans les affaires en s'occupant de la comptabilité.

Après la mort de son mari, Lillian Carter a travaillé comme femme de chambre dans une université de l'Alabama, puis a dirigé une maison de retraite. En 1966, à l'âge de 68 ans, elle rejoint le Corps des volontaires de la paix pour deux ans de service en tant qu'infirmière en Inde.

Un quatrième enfant, Amy Lynn, est né des Carter en 1967. À la fin des années 1960, le frère de Carter, Billy, devient un partenaire de l'entreprise familiale.

Politique de la Géorgie

Dès le début de son retour en Géorgie, Carter s'implique dans des questions locales politiquement sensibles. Il refuse de rejoindre le Conseil des citoyens blancs, une organisation qui tente de maintenir la ségrégation raciale dans la société du Sud. Jimmy Carter travaille sans succès à l'intégration de son église. Il siège brièvement au conseil scolaire, mais son projet de regroupement des écoles est rejeté par les électeurs.

En 1962, Jimmy Carter se lance dans la course à la nomination démocrate pour le Sénat de Géorgie. Il perd de quelques voix, en partie à cause d'une fraude, notamment des urnes bourrées. Carter conteste vigoureusement les résultats devant les tribunaux et le parti de l'État. Il parvient également à intéresser un journal d'Atlanta à l'affaire, ce qui permet d'exposer à l'échelle de l'État la fraude électorale en Géorgie. Bien que découragé par l'ampleur de la corruption en politique, Carter poursuit ses recours jusqu'à ce qu'il soit déclaré vainqueur de la primaire. La décision est toutefois intervenue si tard que les électeurs de certains comtés ont dû inscrire le nom de Carter pour l'élection générale. Malgré la confusion, Carter remporte l'élection.

En tant que sénateur d'État, Jimmy Carter a développé des approches des problèmes qu'il utilisera plus tard en tant que gouverneur et candidat à la présidence. Il préconise une planification globale du gouvernement, un examen critique des budgets et des programmes d'aide aux pauvres et aux personnes défavorisées. Il a été réélu en 1964.

En 1966, Jimmy Carter annonce sa candidature à la Chambre des représentants des États-Unis. Lorsque le candidat républicain, un rival politique depuis de nombreuses années, se lance dans la course au poste de gouverneur, Jimmy Carter change également ses plans et devient candidat à l'investiture démocrate pour le poste de gouverneur. Il perd l'élection primaire et commence immédiatement à faire des plans pour se représenter en 1970.

La planification de Jimmy Carter a réussi, et en 1971, il a été inauguré comme gouverneur de Géorgie. Bien qu'il n'ait pas fait campagne comme un innovateur radical, en tant que gouverneur, Carter a introduit des politiques qui ont contribué à changer le gouvernement et la société de la Géorgie.

Jimmy Carter a soutenu l'intégration et a nommé de nombreux Afro-Américains à des postes dans le gouvernement de l'État. Il a accroché des portraits du révérend Martin Luther King, Jr. et d'autres Afro-Américains éminents dans le Capitole de l'État. Carter a formé des groupes biraciaux pour faire face aux tensions raciales. Il encourage la réforme des prisons et les programmes de santé mentale. Carter tente de rendre le gouvernement de l'État plus efficace en réduisant et en réorganisant la bureaucratie de l'État. Il institue également la budgétisation à base zéro, exigeant que tous les programmes soient fréquemment réévalués.

Pendant son mandat de gouverneur, il a beaucoup voyagé. Jimmy Carter reçoit de nombreux visiteurs nationaux et internationaux en Géorgie. Au fur et à mesure qu'il rencontrait des politiciens de premier plan au niveau national, Carter commençait à croire qu'il était aussi bien qualifié qu'eux pour se présenter à la présidence. Dès 1971, Carter commence à envisager la possibilité de devenir candidat. En tant que président du comité de campagne du parti démocrate pour 1974, il établit de nombreux contacts avec d'autres dirigeants démocrates dans tout le pays. Il commence à réunir une équipe et des conseillers pour la campagne. Fin 1974, Carter annonce qu'il est candidat à la présidence.

Après la fin de son mandat de gouverneur, début 1975, il retourne à l'entreprise familiale. Jimmy Carter a également consacré un certain temps à des missions chrétiennes dans le Nord.

Politique nationale

Lorsque Jimmy Carter a commencé sa campagne nationale, il n'était pas aussi connu que plusieurs autres candidats, y compris certains membres du Congrès. Dès le début, cependant, Carter démontre sa capacité à gagner des voix. Il s'inscrit à 26 des 27 primaires préférentielles et arrive en tête dans 17 d'entre elles. Il remporte 19 des 31 primaires au total. Carter est fort à la fois dans les États traditionnellement conservateurs et dans les États libéraux.

Jimmy Carter obtient de bons résultats dans les États industriels et les États agricoles. Il dépasse tous les autres candidats démocrates dans toutes les régions du pays, à l'exception du Far West. À la fin des primaires, la plupart de ses rivaux se sont retirés, certains promettant leur soutien à Carter. Il commence également à recevoir le soutien d'autres démocrates éminents.

Lors de la convention démocrate qui se tient à New York en juillet 1976, Jimmy Carter reçoit l'investiture au premier tour de scrutin. Comme colistier pour la vice-présidence, il choisit Walter F. Mondale, sénateur américain du Minnesota et leader du bloc libéral au Congrès. De nombreux dirigeants démocrates se joignent à la famille Carter à la tribune, soulignant ainsi l'unité du parti.

Dans les sondages d'opinion réalisés au moment de sa nomination, Jimmy Carter devance le président Ford de 30 points de pourcentage, l'une des plus grandes avances jamais obtenues par un candidat à la présidence. Pendant la campagne - la première financée par les recettes fiscales - Carter et Ford organisent une série de débats télévisés. Pendant ce temps, l'avance de Carter ne cesse de se réduire.

Jimmy Carter a fait campagne pour l'efficacité et l'honnêteté du gouvernement ainsi que pour des programmes sociaux plus larges, notamment une assurance maladie nationale. Il a insisté sur le rôle humain que le gouvernement devrait jouer dans la vie des citoyens. Il a fait campagne en tant qu'homme d'intégrité et de confiance, capable de conduire la nation vers un renouveau de l'esprit. Avec le soutien d'une grande partie de la coalition démocrate traditionnelle et avec le soutien important des Afro-Américains et des syndicats, Carter remporte une victoire étroite. Sa marge de 57 voix au collège électoral est la plus faible depuis 60 ans.

L'inauguration de Carter était appropriée aux thèmes populistes de sa campagne. Des milliers de ses travailleurs bénévoles ont assisté aux célébrations, qui étaient un peu moins formelles que d'habitude. Dans un discours d'investiture qui mettait l'accent sur les vertus de l'ancien temps, Carter a cité un instituteur des Plaines : " Nous devons nous adapter aux temps qui changent tout en restant fidèles à des principes immuables. " Avec une partie de sa famille, Carter a parcouru à pied les deux kilomètres du défilé inaugural jusqu'à la Maison-Blanche.

Cette marche est le premier d'une série d'actes symboliques posés par Carter pour donner l'image d'un président qui reste en contact avec le peuple. Il vendit le yacht présidentiel, réduisit le service de limousine de la Maison-Blanche, limita l'utilisation de son portrait dans les bureaux du gouvernement et suspendit la diffusion de "Hail to the Chief".

Jimmy Carter anime une émission de radio téléphonique, Ask the President, au cours de laquelle 42 auditeurs, sur les 9 millions qui ont essayé de le joindre, posent un large éventail de questions. Vêtu d'un cardigan qui a permis de mettre en valeur les économies d'énergie, Carter a tenu une "discussion au coin du feu" télévisée. Il a assisté à une simulation de réunion municipale en Nouvelle-Angleterre, passant la nuit dans une famille locale.

Nominations

Le cabinet Carter initial comprenait plusieurs membres qui avaient été des fonctionnaires éminents dans les administrations démocrates précédentes : Cyrus R. Vance, secrétaire d'État ; W. Michael Blumenthal, secrétaire au Trésor ; Harold Brown, secrétaire à la Défense ; et Joseph A. Califano, Jr. secrétaire à la Santé, à l'Éducation et à la Protection sociale. Carter a nommé Griffin B. Bell, juge fédéral et associé de longue date, au poste de procureur général. Les autres chefs de cabinet sont Cecil D. Andrus, à l'intérieur, Robert Bergland, à l'agriculture, F. Ray Marshall, au travail, et Brock Adams, aux transports. James R. Schlesinger devient secrétaire d'un nouveau ministère de l'Énergie.

Jimmy Carter nomme deux femmes : Juanita M. Kreps, secrétaire au commerce, et Patricia Roberts Harris, secrétaire au logement et au développement urbain. Harris est le seul membre afro-américain du Cabinet, mais Carter nomme Andrew Young, un membre noir du Congrès de Géorgie, comme ambassadeur auprès des Nations unies (ONU).

Proche collaborateur de Carter, Young devient un porte-parole éminent mais controversé de la politique étrangère. Carter nomme William H. Webster directeur du Federal Bureau of Investigation et l'amiral Stansfield Turner directeur de la Central Intelligence Agency. Il ne procède à aucune nomination à la Cour suprême.

En juillet 1979, Jimmy Carter demande la démission officielle de tous les membres du Cabinet. Il remplace Blumenthal par G. William Miller, Adams par Neil E. Goldschmidt, et Schlesinger par Charles W. Duncan, Jr. En outre, Carter remplace Califano par Harris et nomme Moon Landrieu pour remplacer Harris. Benjamin R. Civiletti a remplacé Bell, qui est parti volontairement. Tous les autres membres du Cabinet sont reconduits dans leurs fonctions.

Young démissionne en août 1979 après qu'il a été révélé qu'il avait tenu une réunion non autorisée avec des représentants de l'Organisation de libération de la Palestine. Il est remplacé par Donald F. McHenry. En novembre, Philip M. Klutznick remplace Kreps, qui a démissionné. Shirley Hufstedler est nommée à la tête du nouveau ministère de l'Éducation au niveau du Cabinet ; lorsqu'il entre en fonction en 1980, le ministère de la Santé, de l'Éducation et du Bien-être social devient le ministère de la Santé et des Services sociaux. En avril 1980, Vance démissionne ; son successeur est le sénateur Edmund Muskie du Maine.

Carter établit des directives en matière d'éthique pour les membres du Cabinet et pour les assistants de haut rang. Entre autres exigences, les membres du Cabinet sont tenus de placer leurs avoirs financiers dans des fiducies sans droit de regard. Il y a cependant eu deux scandales majeurs pendant l'administration de Carter.

Bert Lance, un confident de Jimmy Carter qui est devenu directeur de l'Office of Management and Budget, a démissionné en 1978 après avoir été accusé de conduite inappropriée en tant que banquier ; il a ensuite été acquitté par la justice. En 1980, une sous-commission du Sénat enquête sur les relations d'affaires entre le gouvernement libyen et le frère de Jimmy Carter, Billy. Bien que la sous-commission ait déterminé que la politique étrangère n'avait pas été affectée, son rapport a critiqué le président Carter pour ne pas avoir agi pour empêcher les activités douteuses de son frère.

Politiques

Jimmy Carter entre en fonction pendant l'un des hivers les plus rigoureux jamais enregistrés. La longue période de températures négatives a provoqué la pire pénurie de gaz naturel de l'histoire du pays. Carter a obtenu du Congrès l'autorisation temporaire de répartir les réserves de gaz naturel et de réglementer les prix. Il a également utilisé la loi Taft-Hartley pour mettre fin à une grève des mineurs de charbon.

En avril 1977, Jimmy Carter a prononcé le premier d'une série de discours majeurs à la nation sur l'énergie, qui allait devenir l'une des principales préoccupations de son administration. Le Congrès a approuvé plusieurs des propositions de Carter en matière d'énergie, notamment la déréglementation des prix du gaz naturel, d'ici 1985, et des incitations à des mesures de conservation telles que la conversion au charbon dans l'industrie et l'amélioration des économies de carburant dans les foyers.

Dans le cadre d'un deuxième grand programme énergétique, annoncé en avril 1979, Jimmy Carter a ordonné le décontrôle progressif des prix intérieurs du pétrole, mais un tribunal a par la suite annulé son ordre. Le Congrès a approuvé la taxe de Carter sur les soi-disant bénéfices exceptionnels des compagnies pétrolières mais a rejeté sa demande d'une autorité de réserve pour le rationnement de l'essence. Une troisième série de mesures énergétiques majeures comprenait la prise en charge par le gouvernement du développement des carburants synthétiques, que le Congrès a également approuvée.

L'économie devient l'autre préoccupation intérieure de Carter. Bien qu'il ait mis l'accent sur la réduction des dépenses, il a également approuvé certaines mesures visant à stimuler l'économie. Le taux d'inflation augmentant, Jimmy Carter annonce en octobre 1978 le premier d'une série de plans anti-inflation, qui comprennent un contrôle volontaire des salaires et des prix. En novembre, il prend des mesures d'urgence pour protéger le dollar en baisse sur les marchés mondiaux.

Le coût de la vie a augmenté de plus de 13 % en 1979, et en mars 1980, Carter a annoncé de nouvelles mesures anti-inflation. Celles-ci comprennent des restrictions de crédit, qui provoquent une chute des ventes de voitures et de logements et entraînent une récession profonde, mais de courte durée, aux États-Unis.

Plusieurs autres réformes de Jimmy Carter sont approuvées par le Congrès. Il s'agissait notamment de lui accorder une autorité limitée pour réorganiser la bureaucratie fédérale, de modifier la fonction publique pour récompenser les performances et de déréglementer les secteurs du transport routier, aérien et ferroviaire.

Jimmy Carter a également obtenu une réforme majeure du système bancaire et le renforcement du fonds fiduciaire de la sécurité sociale. Le Congrès a rejeté sa proposition d'élection directe du président.

Affaires militaires et étrangères

Dans son premier acte officiel en tant que président, Carter accorde son pardon aux insoumis de l'époque du Vietnam. Les grâces ne s'étendent pas aux déserteurs ou aux évadés qui ont fait usage de la force ou qui étaient des employés du Selective Service.

Si Jimmy Carter a reporté la production de la bombe à neutrons et du bombardier B-1, il a approuvé le développement à grande échelle du système de missiles MX. Il insiste sur les droits de l'homme dans les affaires étrangères, critiquant publiquement plusieurs pays et certains dirigeants pour leurs politiques répressives. Il soutient plusieurs dissidents soviétiques, une action que l'Union soviétique dénonce comme une ingérence dans ses affaires intérieures. Certains gouvernements d'Amérique latine rompent leurs accords avec les États-Unis en raison des accusations de répression.

Le président a participé à des réunions au sommet en Europe et au Japon. Il s'est rendu en Amérique du Sud, en Afrique, en Asie et au Moyen-Orient, et son épouse a également voyagé au nom du gouvernement. Après avoir levé l'interdiction de voyager au Kampuchéa (aujourd'hui Cambodge), à Cuba, en Corée du Nord et au Vietnam en 1977, Carter a accordé une reconnaissance diplomatique totale à la Chine à partir de 1979.

Jimmy Carter obtient de justesse l'approbation par le Sénat de deux traités dans lesquels les États-Unis acceptent de renoncer au contrôle du canal de Panama et de sa zone environnante d'ici à l'an 2000. Une forte opposition retarde la ratification du deuxième accord SALT II (Strategic Arms Limitation Talks) conclu avec l'Union soviétique.

En 1978, Jimmy Carter dirige une réunion au sommet entre le Premier ministre israélien Menachem Begin et le président égyptien Anwar el-Sadat, qui aboutit à des accords sur les principes d'un traité de paix. Lors de visites en Égypte et en Israël en 1979, Carter négocie l'acceptation de dernière minute d'un traité officiel.

Le 4 novembre 1979, des militants iraniens s'emparent de l'ambassade des États-Unis à Téhéran et prennent plus de 50 Américains en otage. Carter entreprend une série de démarches pour négocier la libération des otages. Il a annulé un sauvetage militaire infructueux en cours en avril 1980. (Les derniers otages ont été libérés quelques instants après que Carter ait quitté ses fonctions, le 20 janvier 1981).

Jimmy Carter a ordonné l'interdiction des expéditions de céréales et de produits de haute technologie vers l'Union soviétique après l'invasion de l'Afghanistan par ce pays en décembre 1979. Il appelle au boycott, auquel se joignent plus de 60 pays, des Jeux olympiques de 1980 à Moscou.

Carter obtient l'approbation du Congrès pour reprendre l'inscription au service militaire.

La renomination et la défaite de Jimmy Carter

Peu après son élection, Jimmy Carter commence à perdre le soutien de nombreux démocrates libéraux qui critiquent sa politique économique. Lors des primaires de 1980, Edward Kennedy bat Carter dans certains des États les plus peuplés, notamment la Californie, New York, la Pennsylvanie et le Michigan. En juillet 1980, Carter reçoit la cote de popularité la plus basse de tous les présidents dans l'histoire des sondages d'opinion modernes. La crise des otages a joué un rôle majeur dans l'image de faiblesse et d'incompétence de Carter.

Lors de la convention démocrate, bien que Jimmy Carter ait été renommé, les partisans de Kennedy ont pu adopter une plateforme avec des politiques économiques auxquelles Carter s'opposait. Carter refuse de participer aux débats télévisés auxquels participe le député républicain John B. Anderson de l'Illinois, qui se présente en tant qu'indépendant. Bien que les sondages aient prédit une élection serrée, la défaite de Carter face au candidat républicain, Ronald Reagan, est l'une des pires jamais subies par un président en exercice.

À la retraite, Jimmy Carter est l'un des rares dirigeants modernes à ne pas avoir essayé de tirer profit de la présidence. Il a été professeur à l'université Emory d'Atlanta et a publié plusieurs livres. En 1982, il a fondé avec sa femme le Centre Carter, en association avec l'université Emory, afin de garantir les droits de l'homme, de résoudre les conflits et de combattre la maladie, la faim et la pauvreté dans le monde.

Les services bénévoles de Jimmy Carter allaient de l'aide concrète à la construction de logements sociaux aux États-Unis à la poursuite de la médiation internationale pour les droits de l'homme et la paix. Il a également surveillé des élections controversées dans le monde entier. En 2002, Jimmy Carter s'est rendu à Cuba pour rencontrer le président Fidel Castro ; il était le premier président américain en exercice ou ancien à se rendre dans ce pays depuis près de 75 ans.

Pour son travail de pacificateur et de champion des droits de l'homme et de la démocratie, pendant et après sa présidence, Jimmy Carter a reçu le prix Nobel de la paix en 2002.

Questions de recherche

1. Quel a été votre succès préféré de l'administration Carter ?
2. A-t-il déjà partagé des leçons précieuses sur la résilience ?
3. Quel est votre candidat présidentiel préféré qui modère les deux côtés d'une question et qui est respectable de chaque côté, républicain et démocrate ?

40. Ronald Reagan (1981-1989)

Parti républicain | Vice-président : George H. W. Bush

"Le plus grand leader n'est pas nécessairement celui qui fait les plus grandes choses. Il est celui qui amène les gens à faire les plus grandes choses."

En 1980, Ronald Reagan est élu 40e président des États-Unis à l'issue d'une victoire écrasante. Ancien acteur connu pour son charme populaire et son aisance à parler en public, le Grand Communicateur, comme on l'appelait parfois, a remporté les suffrages de groupes divergents qui n'avaient pas traditionnellement soutenu le parti républicain. Il a battu Jimmy Carter, le président démocrate en exercice, par 489 voix contre 49. En 1984, Ronald Reagan est réélu avec un nombre sans précédent de 525 voix électorales.

Ronald Reagan était considéré comme le candidat le plus conservateur à avoir remporté le poste depuis un demi-siècle. Il était un critique des programmes sociaux, un défenseur d'une armée forte et un adversaire zélé du communisme. Il était également l'un des rares hommes à devenir président qui n'avait pas passé la majeure partie de sa vie en politique ou dans une profession de service public étroitement liée.

Pendant 30 ans, Ronald Reagan a été principalement un artiste de divertissement à la radio, au cinéma et à la télévision. Bien qu'il ait été actif dans des causes politiques, il ne s'est pas porté candidat à des fonctions publiques avant d'avoir atteint le milieu de la cinquantaine.

Les débuts de la vie de Ronald Reagan

Ronald Wilson Reagan est né le 6 février 1911 à Tampico, Illinois, une petite ville du nord-ouest de l'État. Il est le deuxième des deux fils de John Edward Reagan (appelé Jack) et de Nelle Wilson Reagan. Son surnom, Dutch, lui vient de l'habitude qu'avait son père de qualifier son jeune fils de "gros petit Hollandais". Jack Reagan était un démocrate connu pour son opposition franche à la bigoterie raciale. Nelle Reagan, qui était plus conservatrice, faisait des lectures dramatiques dans les clubs de femmes, les hôpitaux et les prisons.

Jack Reagan était un vendeur de chaussures qui déplaçait sa famille d'une petite ville à l'autre dans l'Illinois. Lorsque Ronald a neuf ans, la famille s'installe à Dixon, dans l'Illinois. Son père a ouvert un magasin de chaussures avec un ancien patron, mais il a rapidement échoué. Jack Reagan a ensuite occupé un petit poste au sein du gouvernement pour distribuer des chèques de secours pendant la Grande Dépression.

Nelle Reagan a aidé en travaillant dans un magasin de vêtements. Elle apprend à lire à Ronald dès son plus jeune âge. Bien qu'il soit mince et myope, il aime l'athlétisme. Dès l'âge de 14 ans, il occupe des emplois à temps partiel et des emplois d'été. Son premier emploi est celui d'ouvrier du bâtiment. Pendant plusieurs années, il a été sauveteur en été.

Au lycée et à l'université, Reagan montra ses capacités dans les trois domaines qui allaient dominer sa vie : le sport, le théâtre et la politique. À l'Eureka College d'Eureka, dans l'Illinois, il est garde universitaire dans l'équipe de football et capitaine de l'équipe de natation ; il fait également de l'athlétisme. Membre du club d'art dramatique, il a joué des rôles dans les productions dramatiques du collège. En tant que président de la classe de première année, il a participé à l'organisation d'une grève des étudiants contre les coupes dans le programme d'études, ce qui a conduit à la démission du président de l'université. Reagan a ensuite été président du corps étudiant. Bien qu'il n'ait obtenu que des notes moyennes, il a obtenu en 1932 une licence en économie et en sociologie.

Tentant de lancer une carrière dans le show-business, Ronald Reagan passe une audition pour la station de radio WOC à Davenport, dans l'Iowa, en improvisant le commentaire d'un match de football. Il est engagé pour annoncer les matchs de football de l'université de l'Iowa pour 10 dollars par match, et à la fin de l'année 1932, il devient un annonceur permanent.

L'année suivante, Ronald Reagan est transféré à une station affiliée, WHO, à Des Moines. Présentateur jusqu'en 1937, il rédige également une chronique sportive pour un journal. Il est notamment chargé de diffuser les matchs de baseball des Chicago Cubs à partir de bandes magnétiques.

Alors qu'il se trouve au camp d'entraînement des Cubs en Californie en 1937, Ronald Reagan passe un test d'écran pour le studio Warner Brothers. Il signe un contrat à 200 dollars par semaine. Au cours des 27 années suivantes, il apparaît dans plus de 50 films. Dans son premier film, Love Is on the Air, Reagan joue le rôle d'un annonceur radio.

Tout au long de sa carrière, Ronald Reagan a le plus souvent tenu des rôles secondaires, souvent en tant qu'acolyte du héros. Ce n'est que dans son dernier film, The Killers, qu'il incarne un méchant. Parmi ses films les plus connus, citons Brother Rat, Dark Victory, Knute Rockne-All American et King's Row.

Pendant le tournage de Brother Rat en 1938, Reagan rencontre Jane Wyman, une autre actrice sous contrat avec la Warner. Mariés en 1940, ils ont eu une fille, Maureen Elizabeth, en 1941 ; en 1945, ils ont adopté un fils, Michael Edward. Ils divorcent en 1948.

Pendant la Seconde Guerre mondiale, Reagan est membre de l'Army Air Corps, mais il est rejeté pour le service actif en raison de sa mauvaise vue. Il a passé les années de guerre à raconter des films d'entraînement et a été libéré avec le grade de capitaine en 1945.

Ronald Reagan a rempli six mandats - de 1947 à 1952 et en 1959-1960 - en tant que président de la Screen Actors Guild, le syndicat des acteurs de cinéma. Il a contribué à l'obtention de meilleurs salaires, à la révision des procédures fiscales et à l'amélioration des conditions de travail des acteurs. À partir de 1949, Reagan a rempli deux mandats en tant que président du Motion Picture Industry Council.

Militamment anticommuniste, Ronald Reagan s'est présenté en 1947 comme un témoin coopératif devant la Commission des activités non américaines de la Chambre des représentants, qui enquêtait sur l'influence communiste dans l'industrie cinématographique. Il a coopéré à la politique tristement célèbre des studios de cinéma consistant à dresser des listes noires ou à refuser d'employer des acteurs, des réalisateurs et des scénaristes soupçonnés d'avoir des sympathies communistes.

En 1952, Ronald Reagan épouse l'actrice Nancy Davis. Leur fille, Patricia Ann, est née en 1952, et leur fils, Ronald Prescott, est né en 1958. En 1957, Ronald Reagan et sa femme apparaissent ensemble dans le film de guerre Hellcats of the Navy. Les Reagan possédaient un grand ranch où ils élevaient des chevaux et du bétail.

Après avoir participé à plusieurs émissions de télévision, Reagan a entamé en 1954 une association de huit ans avec la General Electric Company. Il était l'hôte et le superviseur des programmes de la populaire série télévisée General Electric Theater, et il apparaissait occasionnellement comme acteur dans la série.

Dans le cadre de son contrat, Ronald Reagan passe également plusieurs semaines par an à s'adresser aux employés de General Electric dans tout le pays. Au cours de ces entretiens, il défendait fréquemment la libre entreprise et critiquait le grand gouvernement. Entre 1964 et 1966, Ronald Reagan a animé et parfois joué dans la série Death Valley Days.

Engagements politiques

Dans les années 1930 et 1940, Ronald Reagan est un démocrate libéral et membre d'organisations politiques libérales, notamment le Mouvement fédéraliste mondial uni et les Américains pour l'action démocratique. Il admire beaucoup Franklin D. Roosevelt et, en 1948, il soutient la réélection du président Harry S. Truman. Mais ses opinions politiques deviennent progressivement plus conservatrices.

Après avoir d'abord soutenu la candidate démocrate au Sénat, Helen Douglas, en 1950, Ronald Reagan a changé d'allégeance pour le républicain Richard Nixon au milieu de la campagne. Lors des campagnes présidentielles de 1952 et 1956, il travaille en tant que démocrate pour Dwight D. Eisenhower, et en 1960, il soutient Nixon. En 1962, il passe officiellement au parti républicain et soutient également un membre de la John Birch Society, un parti d'extrême droite, lors d'une campagne électorale infructueuse au Congrès.

En 1964, Ronald Reagan a soutenu le sénateur Barry Goldwater, candidat républicain conservateur à la présidence. Son appel télévisé en faveur de Goldwater est le discours politique de collecte de fonds le plus réussi de l'histoire. Il a catapulté Reagan sur la scène politique nationale.

Avec le soutien d'hommes d'affaires et d'autres partisans conservateurs, Ronald Reagan se lance en 1966 dans la course au poste de gouverneur de Californie. Il bat son adversaire républicain modéré lors des primaires et mène ensuite une campagne sur des thèmes tels que l'aide sociale, les étudiants dissidents, la criminalité et le "gros gouvernement". Bien que les démocrates inscrits soient trois fois plus nombreux que les républicains dans l'État, Reagan l'emporte avec près d'un million de voix. Il est réélu en 1970.

En tant que gouverneur de Californie, Ronald Reagan ne réussit pas entièrement à mettre en œuvre ses programmes conservateurs. Pendant ses deux mandats, l'État a connu les plus fortes augmentations budgétaires de son histoire et les dépenses ont presque doublé. En partie à cause des déficits précédents, Reagan a augmenté les impôts à un taux supérieur à la moyenne nationale, et les impôts sont devenus plus progressifs.

Les électeurs californiens ont rejeté la proposition de Ronald Reagan de limiter les dépenses de l'État et les niveaux d'imposition. Reagan a toutefois atteint certains de ses objectifs. Il a opposé son veto à 994 projets de loi adoptés par la législature de l'État, et tous les vetos, sauf un, ont été confirmés.

Plusieurs des réalisations de Reagan au cours de ses mandats de gouverneur ont été très appréciées, même par ses adversaires politiques. Il a doublé l'aide aux écoles et augmenté les dépenses pour la santé mentale de 400 %.

Ronald Reagan a coopéré avec le corps législatif pour réformer le système d'aide sociale de l'État en restreignant les conditions d'éligibilité et en réduisant le nombre de personnes bénéficiant de prestations, tout en augmentant les prestations pour les plus démunis. Ronald Reagan a signé les projets de loi sur la pollution de l'air et de l'eau les plus stricts du pays et a encouragé la réforme judiciaire.

Politique nationale

En 1968, alors qu'il effectuait son premier mandat de gouverneur de Californie, Reagan annonça sa candidature à la présidence lors de la convention républicaine. En tant qu'alternative conservatrice à Nixon, le favori, Reagan ne reçoit que 14 % des votes des délégués et Nixon est nommé.

Le désaccord de Reagan avec la politique étrangère du président Gerald R. Ford le pousse à entrer dans la course à l'investiture républicaine en 1976. Reagan bat Ford dans plusieurs primaires, mais il ne participe pas aux primaires dans suffisamment de grands États pour obtenir une majorité claire de délégués. Reagan perd l'investiture au profit de Ford avec seulement 117 voix de délégués.

En 1979, Ronald Reagan se lance à nouveau dans la course à l'investiture républicaine pour la présidentielle. Malgré l'opposition de certains candidats importants, il remporte plusieurs primaires et un grand nombre de délégués dans les caucus des États. En mai 1980, Reagan avait suffisamment de délégués pour remporter l'investiture.

La plate-forme républicaine est adaptée aux vues de Reagan. Elle préconise d'importantes réductions d'impôts, une diminution des dépenses publiques pour les programmes sociaux, une augmentation des dépenses militaires et une politique étrangère plus agressive. Ronald Reagan choisit George Bush, qui avait été son meilleur adversaire lors des primaires, comme colistier pour la vice-présidence.

Après la convention, Reagan perd la large avance qu'il avait sur le président Jimmy Carter, et les candidats sont souvent à égalité dans les sondages. Même si Ronald Reagan est souvent critiqué pour son manque de précision, ses talents d'orateur l'aident à projeter une image favorable.

L'excellente performance de Ronald Reagan lors d'un débat avec Carter une semaine avant l'élection est créditée d'avoir convaincu un grand nombre d'électeurs. Le jour de l'élection, Reagan bat Carter et John Anderson (qui s'est présenté en tant qu'indépendant) avec un peu plus de la moitié du vote populaire, contre 41 % pour Carter et 7 % pour Anderson. À 69 ans, Reagan est la personne la plus âgée à être élue président.

La résidence de Ronald Reagan

Les premiers mois de la présidence de Reagan sont dramatiques. Juste après son investiture, il annonce que l'Iran a accepté de libérer les otages américains qui étaient retenus prisonniers à l'ambassade des États-Unis à Téhéran depuis novembre 1979. Puis, lors d'une tentative d'assassinat perpétrée par John Hinckley Jr. le 30 mars 1981, Reagan reçoit une balle dans la poitrine alors qu'il quitte un hôtel à Washington. Après une intervention chirurgicale visant à retirer la balle de son poumon gauche, il se remet rapidement et reprend ses fonctions.

Politique intérieure

Dès le début de sa présidence, Ronald Reagan a tenté de réduire le rôle du gouvernement fédéral. Son administration a donné un nouveau ton, illustré par des thèmes tels que "retirer le gouvernement du dos des gens" et ne pas le laisser dépenser plus qu'il ne perçoit. Il a proposé des réductions d'impôts massives et une augmentation des dépenses de défense, ainsi que des réductions significatives des dépenses pour les programmes sociaux tels que l'éducation, les coupons alimentaires et les logements pour les personnes à faibles revenus. En 1981, le Congrès a adopté la plupart des propositions budgétaires du président.

Une grave récession en 1982 a atténué l'attrait de la "Reaganomie". Le taux de chômage du pays a grimpé à près de 11 %, soit le taux le plus élevé depuis la Grande Dépression des années 30. Les faillites et les saisies agricoles atteignent des niveaux record. Le déficit commercial du pays passe de 25 milliards de dollars en 1980 à 111 milliards de dollars en 1984. En outre, les énormes augmentations des dépenses militaires, combinées à des coupes insuffisantes dans d'autres programmes, ont produit les plus grands déficits budgétaires de l'histoire du pays. Pour résoudre le problème du déficit, Reagan fait un revirement de politique et soutient une augmentation des impôts en 1982.

Au début de 1983, l'économie avait commencé à se redresser et, à la fin de cette année-là, le chômage et l'inflation avaient considérablement diminué. Cette forte reprise a permis à Reagan d'être réélu haut la main face au démocrate Walter Mondale en 1984. La croissance économique se poursuit pendant le reste de la présidence de Reagan. Ses détracteurs lui reprochent toutefois que les réductions d'impôts et les fruits de la croissance économique profitent principalement aux riches et que le fossé entre riches et pauvres s'est creusé.

Conformément à son objectif de réduire le rôle du gouvernement dans l'économie du pays, Reagan a réduit les budgets de nombreux ministères. Il a également assoupli ou ignoré l'application des lois et règlements administrés par l'Agence de protection de l'environnement (EPA), le ministère de l'Intérieur, le ministère des Transports et la division des droits civils du ministère de la Justice, entre autres agences.

Pendant sa présidence, Ronald Reagan a nommé trois juges à la Cour suprême. Il s'agit de Sandra Day O'Connor, la première femme juge, d'Antonin Scalia et d'Anthony Kennedy. Il a également élevé William Rehnquist au rang de juge en chef en 1986, après le départ à la retraite de Warren Burger.

Ronald Reagan et les affaires étrangères

En politique étrangère, Ronald Reagan prend très tôt position contre l'Union soviétique. En 1983, il annonce son Initiative de défense stratégique, un système de défense antimissile basé dans l'espace, communément appelé Guerre des étoiles. Les Soviétiques perçoivent ce système comme une menace, mais au début du second mandat de Ronald Reagan, ils acceptent de reprendre les pourparlers sur le désarmement.

Des sommets historiques entre Ronald Reagan et le dirigeant soviétique Mikhaïl Gorbatchev en 1985, 1986 et 1987 ont abouti à un traité réduisant les armes nucléaires de portée intermédiaire. En 1988, les deux dirigeants se sont rencontrés à Moscou pour des discussions initiales sur le contrôle des arsenaux à longue portée.

La forte position anticommuniste de Reagan a également dicté la politique américaine dans d'autres parties du monde. En 1983, il envoie des forces américaines à la Grenade, une île des Caraïbes, pour y déposer un régime gauchiste. Il justifie l'invasion par la nécessité d'empêcher le pays de devenir un dangereux avant-poste soviétique.

Ailleurs, Ronald Reagan a accru l'aide militaire et économique aux gouvernements luttant contre des rébellions de gauche ; inversement, dans les pays dotés de gouvernements de gauche, il a soutenu les forces d'opposition. Cette politique a été appliquée le plus souvent en Amérique latine. Au cours des années 1980, les États-Unis ont soutenu les gouvernements dominés par l'armée au Salvador dans une guerre civile contre les forces de guérilla de gauche. Au Nicaragua, les États-Unis ont soutenu les guérillas connues sous le nom de contras dans leur guerre contre le gouvernement sandiniste de gauche.

Le Moyen-Orient s'est également avéré problématique pendant la présidence de Ronald Reagan. En 1983, un attentat terroriste à la bombe au Liban a tué 241 marines américains. En janvier 1986, Reagan a imposé des sanctions économiques à la Libye, accusant son gouvernement de parrainer des actes de terrorisme international.

En mars, la Libye a tiré des missiles antiaériens sur des avions de guerre américains, et les États-Unis ont répondu en attaquant des navires et des installations de missiles libyens. Puis, le 5 avril, deux personnes, dont un militaire américain, ont été tuées par l'explosion d'une bombe dans une discothèque de Berlin-Ouest, en Allemagne. Accusant la Libye, les États-Unis ont mené des raids de bombardement sur des "cibles liées au terrorisme" en Libye.

L'affaire Iran-Contra

En 1986, Ronald Reagan est mêlé au pire scandale de sa carrière politique. À la fin de l'année, le public découvre que son administration a secrètement vendu des armes à l'Iran en échange de l'aide de ce pays pour obtenir la libération d'otages américains détenus par des terroristes au Liban. Il s'agissait d'une violation de la politique américaine qui interdisait les relations avec les pays - comme l'Iran - qui soutenaient le terrorisme. Il fut bientôt révélé que les bénéfices de cette vente avaient été illégalement détournés au profit des contras au Nicaragua.

Les audiences du Sénat sur ce qu'on a appelé l'affaire Iran-contra ont commencé en 1987. Parmi les personnes inculpées figurent le conseiller à la sécurité nationale John Poindexter et le lieutenant-colonel Oliver North. En 1990, six anciens responsables de Reagan ont été condamnés dans cette affaire.

Ronald Reagan a accepté la responsabilité de l'accord "armes contre otages" mais a nié toute connaissance du détournement des bénéfices vers les contras. (En 1990, au cours de huit heures de témoignage filmé sur le complot des armes, l'ancien président a juré à plusieurs reprises : "Je ne me souviens pas").

Les dernières années de Ronald Reagan

Ni les nombreux scandales politiques de son administration, ni le poids des énormes déficits budgétaires n'ont retenu Reagan. Ronald Reagan se retire sur une crête de popularité dans sa maison en Californie. Après des années de santé déclinante, Reagan révèle en 1994 qu'on lui a diagnostiqué la maladie d'Alzheimer. Cette maladie cérébrale rend les apparitions publiques difficiles pour lui, mais sa femme apparaît occasionnellement en son nom. Ronald Reagan est décédé le 5 juin 2004 à Los Angeles, en Californie.

Questions de recherche

1. Quel est votre film préféré de Ronald Reagan et pourquoi ?
2. Que pensez-vous de l'idée de Ronald Reagan se tenant aux portes du paradis et les gardant ?
3. Avez-vous déjà étudié des discours de Ronald Reagan à l'école ? Que pensez-vous d'eux ?
4. Pourquoi est-il toujours aussi pertinent après toutes ces années ?

41. George H. W. Bush (1989-1993)

Parti républicain | Vice-président : Dan Quayle

"Mon oncle m'a proposé un emploi à Wall Street. Mais je voulais en sortir. Le genre de chose que je fais moi-même."

Après avoir servi deux mandats de vice-président sous Ronald Reagan, George H.W. Bush a été élu 41e président des États-Unis en 1988. Pour la première fois depuis la victoire de Martin Van Buren en 1836, un vice-président en exercice a succédé directement à la présidence par une élection plutôt que par le décès ou la démission du titulaire.

George H.W. Bush, le candidat républicain, a battu son adversaire démocrate, le gouverneur Michael Dukakis du Massachusetts, avec 53 % du vote populaire et 426 votes électoraux.

L'événement marquant de la présidence de Bush a été la guerre du Golfe persique, au cours de laquelle une force multinationale dirigée par les États-Unis a contraint l'Irak à se retirer du Koweït.

La guerre a fait grimper la cote de popularité de George H.W. Bush à environ 90 % au début de 1991, soit le taux le plus élevé jamais mesuré pour un président américain jusqu'alors. Cependant, à la mi-1992, sa cote de popularité est tombée en dessous de 30 % en raison des difficultés économiques.

George H.W. Bush échoue dans sa tentative de réélection, perdant l'élection de 1992 face au démocrate Bill Clinton. Bush n'a obtenu que 37 % du vote populaire, soit moins que n'importe quel président sortant depuis que William Howard Taft a perdu la présidence en 1912.

Enfance

George Herbert Walker Bush est né le 12 juin 1924 à Milton, Massachusetts, une banlieue de Boston. Son père, Prescott Sheldon Bush, était un banquier qui a également été sénateur des États-Unis. Sa mère était Dorothy Walker Bush. George a grandi à Greenwich, Connecticut, et a fréquenté des écoles privées dans cette ville et à Andover, Massachusetts.

Après avoir obtenu son diplôme de la prestigieuse Phillips Academy d'Andover en 1942, M. Bush s'est engagé dans la réserve navale américaine pour suivre une école d'aviation. À 20 ans, il devient le plus jeune pilote de la marine. Il a servi de 1942 à 1944 comme pilote de bombardier torpilleur sur des porte-avions dans le Pacifique pendant la Seconde Guerre mondiale, effectuant de nombreuses missions dangereuses ; en 1944, il a été abattu par les Japonais. Il a reçu la Distinguished Flying Cross pour son service pendant la guerre.

En 1945, peu après son retour au pays, Bush épouse Barbara Pierce. Leur premier enfant, George Walker Bush, est né en 1946. Leurs autres enfants sont Robin (1950), John (également appelé Jeb, né en 1953), Neil (1955),

Marvin (1956) et Dorothy (1959). La tragédie frappe la famille en 1953 lorsque Robin meurt d'une leucémie.

Suivant la tradition familiale, George H.W. Bush fréquente l'université de Yale après la fin de son service naval en septembre 1945. Il en sort en trois ans avec une licence en économie. Bush a ensuite emmené sa jeune famille dans les champs pétrolifères en plein essor de Midland, au Texas. Il devient rapidement vendeur de fournitures pour champs pétrolifères et est muté à Bakersfield, en Californie. Mais Bush n'aime pas ce travail et, en 1950, il retourne au Texas.

Au début des années 1950, George H.W. Bush a cofondé trois entreprises spécialisées dans les équipements de forage pétrolier et offshore. Au sein de la troisième de ces sociétés, Zapata Offshore Company, Bush a occupé le poste de président de 1956 à 1964 et de président du conseil d'administration de 1964 à 1966. En 1958, M. Bush a transféré le siège de la société et son domicile à Houston, au Texas.

Début de la carrière politique de Bush

En 1959, George H.W. Bush entre en politique en tant que membre du parti républicain. Lors d'un congé de Zapata en 1964, il a cherché et obtenu la nomination républicaine pour le Sénat des États-Unis. Bien qu'il ait perdu l'élection, ses 43,5 % des voix ont été considérés comme un accomplissement significatif pour un républicain au Texas.

Deux ans plus tard, George H.W. Bush rebondit et gagne un siège à la Chambre des représentants des États-Unis. Il est le premier républicain à représenter Houston au Congrès. Bush est nommé à la puissante commission des voies et moyens de la Chambre, qui s'occupe des questions financières fédérales. Il soutient certaines causes libérales, comme la législation qui donne le droit de vote aux jeunes de 18 ans et l'abolition du service militaire. En 1970, Bush abandonne son siège à la Chambre pour se présenter à nouveau au Sénat, mais il perd à nouveau.

George H.W. Bush s'étant présenté au Sénat à la demande du président Richard M. Nixon, ce dernier le récompense en le nommant ambassadeur des États-Unis auprès des Nations unies en 1971. En 1973, Nixon a nommé Bush président du Comité national républicain.

George H.W. Bush a continué à soutenir le président pendant le scandale du Watergate jusqu'à l'été 1974, lorsqu'il est devenu évident que Nixon avait menti et fait obstruction à l'enquête du gouvernement. Le 7 août 1974, George H.W. Bush remet la lettre qui demande la démission de Nixon, et le président démissionne le lendemain.

Le président suivant, Gerald R. Ford, lui donne le choix de son affectation. George H.W. Bush choisit de diriger le premier bureau de liaison des États-Unis à Pékin, la capitale de la Chine. Pendant son séjour à Pékin, Bush tente de renforcer les relations diplomatiques des États-Unis avec le gouvernement communiste. Il y reste jusqu'en décembre 1975, date à laquelle Ford le nomme à la tête de la Central Intelligence Agency (CIA).

Dans ce rôle, George H.W. Bush prend des mesures pour s'assurer que les activités de l'agence ne dépassent pas l'autorisation du Congrès. En 1977, avec l'arrivée au pouvoir du président démocrate Jimmy Carter, Bush démissionne de la CIA et retourne au Texas.

George H.W. Bush devient vice-président

En 1977, George H.W. Bush commence à jeter les bases d'une candidature à la présidence en 1980, en collectant des contributions et en mettant en place une organisation de campagne. Il annonce officiellement sa candidature en 1979. Bush obtient de bons résultats dans de nombreuses primaires républicaines, mais il ne parvient pas à égaler la popularité de son rival Ronald Reagan.

En mai 1980, George H.W. Bush se retire de la course et devient le colistier de Reagan à la vice-présidence. Les dirigeants républicains admirent sa relative jeunesse et son expérience en matière de politique étrangère. Le ticket Reagan-Bush bat le président Carter et le vice-président Walter Mondale par une large marge.

Considéré comme un conservateur modéré par ses partisans, Bush était critiqué pour avoir changé d'avis sur certaines questions afin de s'aligner sur les vues ultraconservatrices du président. Reagan apprécie toutefois ces signes de loyauté et choisit à nouveau Bush comme colistier en 1984. Les deux hommes remportent une victoire encore plus écrasante qu'en 1980.

En tant que vice-président, George H.W. Bush a parcouru plus d'un million de kilomètres en tant que représentant de l'administration. Il a été l'un des premiers et principaux candidats à devenir le candidat républicain à la présidence en 1988. Tout au long de sa campagne, cependant, il a dû faire face à des questions persistantes sur son implication dans le scandale Iran-contra. En 1986, il avait été révélé que l'administration Reagan avait secrètement vendu des armes à l'Iran en échange de l'aide de ce pays pour obtenir la libération d'otages américains détenus par des terroristes pro-iraniens au Liban.

Cette transaction violait une politique américaine qui interdisait les relations avec les pays qui soutenaient le terrorisme. Les fonds provenant de la vente avaient été envoyés illégalement aux rebelles contra qui combattaient le gouvernement communiste du Nicaragua. George H.W. Bush a maintenu qu'il était "hors du coup", bien qu'il ait admis être au courant de la vente d'armes à l'Iran.

George H.W. Bush surmonte le scandale Iran-Contra et le "facteur mauviette", c'est-à-dire les accusations selon lesquelles il ne serait pas assez fort pour diriger le pays, pour remporter l'investiture républicaine. Il nomme le sénateur Dan Quayle de l'Indiana comme colistier. Ce choix surprend de nombreux observateurs politiques, qui considèrent que Quayle n'est pas qualifié pour ce poste. Néanmoins, Bush remporte l'investiture et, après avoir mené une campagne électorale très négative, il bat le démocrate Michael Dukakis en novembre.

La présidence

Dès le début de sa présidence, George H.W. Bush a manifesté beaucoup plus d'intérêt pour la politique étrangère que pour la politique intérieure. En décembre 1989, il a envoyé des troupes américaines au Panama pour renverser le dictateur de ce pays, le général Manuel Noriega, qui était devenu célèbre pour sa brutalité et son implication dans le trafic de drogue. L'invasion fait des centaines de morts, principalement des Panaméens, et est dénoncée par l'Organisation des États américains et l'Assemblée générale des Nations unies. Noriega a été amené aux États-Unis pour y être accusé de trafic de drogue.

La présidence de George H.W. Bush a été marquée par de grands événements mondiaux, notamment l'effondrement du communisme en Europe de l'Est et en Union soviétique et la réunification de l'Allemagne. En novembre 1990, Bush rencontre le dirigeant soviétique Mikhaïl Gorbatchev à Paris et signe un pacte de non-agression mutuelle, conclusion symbolique de la guerre froide. Ils ont signé des traités réduisant fortement le nombre d'armes que les deux superpuissances avaient accumulées au cours des décennies d'hostilité de la guerre froide.

En août 1990, la région du golfe Persique est devenue le centre de l'attention internationale lorsque l'Irak a envahi et occupé le Koweït voisin. Bush a réagi avec force. Il a contribué à imposer un embargo mondial contre l'Irak, approuvé par l'ONU, afin de forcer son retrait et a envoyé des troupes américaines en Arabie saoudite pour contrer les pressions et les intimidations irakiennes.

Sa réussite diplomatique la plus importante est sans doute la construction habile d'une coalition d'États arabes et d'Europe occidentale contre l'Irak. Lorsque l'Irak ne s'est pas retiré du Koweït, Bush a autorisé une attaque aérienne menée par les États-Unis qui a débuté le 16 janvier 1991. La guerre du golfe Persique qui s'ensuit culmine avec l'invasion terrestre de l'Irak par les États-Unis, qui décime l'armée irakienne et libère le Koweït.

Grâce à la victoire sur l'Irak, la cote de popularité de Bush monte en flèche. Toutefois, sa popularité s'est rapidement affaiblie, car la récession économique qui a débuté à la fin de l'année 1990 a persisté jusqu'en 1992. Pour faire face à cette crise, George H.W. Bush ne s'écarte pas radicalement de la politique de Reagan, sauf en ce qui concerne les impôts. Sa promesse de campagne la plus mémorable avait été : "Lisez sur mes lèvres : pas de nouveaux impôts". En 1990, cependant, il a augmenté les impôts pour tenter de faire face à un déficit budgétaire galopant. Cette décision a retourné contre lui de nombreux membres du parti et électeurs conservateurs.

George H.W. Bush avait fait des promesses de campagne pour devenir le "président de l'environnement" et le "président de l'éducation". Il a signé la loi sur la pureté de l'air de 1990, qui obligeait les automobiles et les industries à respecter des normes plus strictes en matière de contrôle de la pollution, et a nommé le premier écologiste professionnel à la tête de l'Agence de protection de l'environnement. En matière de politique éducative, il a dévoilé ce qu'il a appelé le programme "America 2000". Parmi ses objectifs figurent de nouveaux tests nationaux de réussite dans les matières principales et la création d'écoles non traditionnelles.

George H.W. Bush a signé une loi prévoyant la plus grande expansion jamais réalisée du programme préscolaire Head Start. D'autres lois importantes ont été adoptées pendant le mandat de Bush, notamment la loi sur les Américains handicapés, qui oblige les entreprises, les écoles et les institutions publiques à fournir des installations accessibles aux personnes handicapées, et la loi sur les droits civils de 1991, qui permet aux travailleurs de réclamer plus facilement des dommages et intérêts en cas de discrimination au travail.

Le revirement de politique de Bush en matière de fiscalité et son incapacité à redresser l'économie se sont finalement avérés être sa perte. George H.W. Bush a mené une campagne terne pour sa réélection en 1992. Il a dû faire face à un défi féroce de Patrick Buchanan lors des primaires républicaines, puis a perdu des voix lors de l'élection générale face au candidat du tiers parti Ross Perot. Le candidat démocrate, le gouverneur Bill Clinton de l'Arkansas, remporte la présidence avec 43 % des voix contre 37 % pour Bush.

Dans les dernières semaines de son mandat, George H.W. Bush est intervenu dans une crise en Somalie, pays d'Afrique de l'Est déchiré par la guerre. Une guerre civile entre clans rivaux avait entraîné une famine parmi la population du pays. Bush a envoyé des troupes américaines en Somalie pour aider les soldats de la paix de l'ONU à distribuer de la nourriture et des fournitures médicales. Cet effort humanitaire a entraîné des combats qui ont tué 18 soldats américains au cours de la première année du mandat de Clinton. Par ailleurs, vers la fin de son mandat, Bush a gracié six fonctionnaires de l'administration Reagan accusés d'actions illégales liées à l'affaire Iran-contra.

Les dernières années et la mort de George H.W. Bush

Après l'investiture de Clinton en janvier 1993, George et Barbara Bush retournent à Houston. Bien que Bush se soit peu impliqué dans le parti républicain après sa présidence, il a vu deux de ses fils s'élever en politique. George W. Bush, gouverneur du Texas de 1995 à 2000, a été président des États-Unis de 2001 à 2009. Jeb Bush a été gouverneur de Floride de 1999 à 2007 et s'est présenté sans succès à la présidence en 2016.

En 2005, les anciens présidents George H.W. Bush et Clinton sont apparus dans une série de publicités télévisées visant à collecter des fonds pour les victimes du tsunami de l'océan Indien (2004) et de l'ouragan Katrina (2005). M. Bush a été nommé envoyé spécial des Nations unies pour la catastrophe résultant du tsunami de l'océan Indien. En 2011, il a reçu la médaille présidentielle de la liberté. George H.W. Bush est décédé à Houston le 30 novembre 2018.

Questions de recherche

---

1. Quelle est la chose la plus importante que vous ayez apprise de George H.W. Bush ?
2. Dans l'ensemble, quelle est votre opinion sur le mandat du président Bush ?
3. Y a-t-il eu des événements notables pendant sa présidence, comme la guerre du Golfe persique ou les négociations du traité du canal de Panama, qui vous ont marqué dans vos cours ou dans votre vie en général ?

42. Bill Clinton (1993-2001)

Parti démocrate | Vice-président : Al Gore

"Nous faisons tous mieux lorsque nous travaillons ensemble. Nos différences comptent, mais notre humanité commune compte encore plus."

Mettant l'accent sur le changement et une "nouvelle alliance" entre les citoyens et le gouvernement, le gouverneur Bill Clinton de l'Arkansas a été élu 42e président des États-Unis en 1992. Il était l'un des hommes les plus jeunes et le premier démocrate depuis 1976 à être élu à la plus haute fonction du pays.

Bill Clinton et son colistier à la vice-présidence, le sénateur Al Gore du Tennessee, ont battu le ticket républicain du président George Bush et du vice-président Dan Quayle. Clinton a été réélu en 1996, devenant le premier président démocrate depuis Franklin D. Roosevelt à être élu pour un second mandat complet.

Président populaire, Bill Clinton a supervisé la plus longue expansion économique du pays en temps de paix. Sa présidence a toutefois été entachée de scandales. En 1998, il est devenu le deuxième président américain à être mis en accusation. Il a été acquitté par le Sénat en 1999.

Les débuts de la vie de Bill Clinton

William Jefferson Blythe III est né le 19 août 1946 à Hope, Arkansas, une petite ville près de la frontière entre le Texas et l'Oklahoma. Son père, un voyageur de commerce, meurt dans un accident de voiture trois mois avant la naissance de Bill. Quelques années plus tard, sa mère, Virginia Dell Blythe, épouse Roger Clinton. Ce dernier fait déménager la famille à Hot Springs, dans l'Arkansas. Alcoolique, Roger bat parfois Virginia ; les deux divorcent mais se remarient ensuite. Pour aider à maintenir l'unité de la famille, Bill finit par prendre le nom de son beau-père.

Bill s'est intéressé à la politique dès son plus jeune âge. Pendant ses études secondaires, il s'est rendu à Washington, D.C., en tant que sénateur de l'American Legion Boys Nation. Il y a rencontré le président John F. Kennedy, une rencontre qui a renforcé ses ambitions politiques.

Bill Clinton a fréquenté l'université de Georgetown à Washington, D.C., où il a obtenu une licence en études internationales en 1968. Pendant ses années de collège et de lycée, il travaille pour le sénateur démocrate J. William Fulbright de l'Arkansas, président de la commission sénatoriale des relations étrangères, que Bill Clinton appellera plus tard son mentor. Fulbright critiquait ouvertement la guerre du Vietnam, et Bill Clinton s'y opposait également.

Bill Clinton a bénéficié d'un sursis pour la première année de ses études en tant que boursier Rhodes à l'université d'Oxford en Angleterre en 1968. Il tente ensuite de prolonger ce sursis en s'inscrivant au Corps de formation des officiers de réserve de l'armée (ROTC) à la faculté de droit de l'université de l'Arkansas. Il a rapidement changé ses plans et est retourné à Oxford, ce qui l'a rendu éligible au service militaire, mais il n'a pas été choisi.

En 1970, Bill Clinton entre à la faculté de droit de Yale. Il y rencontre Hillary Rodham, diplômée du Wellesley College et originaire de la banlieue de Chicago. Ensemble, ils travaillent pour la campagne présidentielle de George McGovern pendant l'été et l'automne 1972. L'année suivante, ils obtiennent leur diplôme de droit. Clinton retourne en Arkansas pour enseigner à la faculté de droit de l'université de l'Arkansas, tandis que Rodham part brièvement à Washington, où elle travaille pour le personnel de la Chambre des représentants pendant la mise en accusation du président Richard Nixon. Les deux hommes se sont mariés en 1975 et ont eu une fille, Chelsea, en 1980.

Bill Clinton en tant que gouverneur de l'Arkansas

La première campagne politique de Bill Clinton, pour un siège à la Chambre des représentants des États-Unis en 1974, se solde par un échec. Cette course serrée attire toutefois l'attention de l'État sur Bill Clinton et, deux ans plus tard, il est élu procureur général de l'Arkansas. En 1978, il remporte le poste de gouverneur. À 32 ans, il est la personne la plus jeune à être élue gouverneur d'un État depuis 1938.

Bill Clinton a perdu sa candidature à la réélection en 1980, mais il a retrouvé le poste de gouverneur deux ans plus tard. Il a été réélu trois autres fois par des marges substantielles. Démocrate centriste, Clinton a fait de la réforme de l'éducation et de la croissance économique les priorités de son administration. Ses améliorations en matière d'éducation comprennent l'augmentation des dépenses pour les écoles, l'élargissement des possibilités pour les enfants doués et les progrès dans l'enseignement professionnel.

Bill Clinton a également augmenté les salaires des enseignants et a introduit le premier programme du pays visant à tester les compétences des enseignants. Pour encourager les investissements dans l'État, il a accordé des allégements fiscaux aux industries. Il a également mis en place l'un des premiers programmes d'aide au travail du pays, qui obligeait les bénéficiaires de l'aide sociale à travailler en échange de l'argent qui leur était versé.

Bill Clinton devient un membre éminent du Democratic Leadership Council, un groupe qui cherche à rapprocher le programme du parti du centre de la politique américaine. Un sondage réalisé en 1991 auprès des gouverneurs l'a désigné comme le gouverneur le plus efficace du pays.

La nomination et l'élection de Bill Clinton

Bill Clinton a annoncé sa candidature à la présidence en 1991. Sa campagne a failli être ruinée par des accusations d'infidélité conjugale, publiées dans des journaux à sensation, et de conduite contraire à l'éthique pour avoir évité légalement le service militaire pendant la guerre du Vietnam. Il survit cependant et arrive en deuxième position lors des primaires du New Hampshire. Clinton obtient l'investiture démocrate en juin 1992. Il choisit le sénateur du Tennessee Al Gore comme colistier pour la vice-présidence.

Face au président sortant George Bush, M. Clinton fait valoir que douze années de leadership républicain ont conduit à la stagnation politique et économique. Il a exprimé sa sympathie pour les préoccupations des Américains ordinaires, en mettant l'accent sur des questions telles que l'emploi et les soins de santé.

La chaleur personnelle et le charisme de Bill Clinton, associés à ses opinions modérées, l'ont aidé à battre Bush et le candidat indépendant Ross Perot en novembre 1992. Bill Clinton a obtenu 43 % du vote populaire, contre 37 % pour Bush et 19 % pour Perot. Clinton a battu Bush au collège électoral par 370 voix contre 168.

Bill Clinton comme président

Bill Clinton a prêté serment le 20 janvier 1993, à une époque difficile pour les États-Unis. L'économie était morose. Le pays était également en proie à des crimes violents (en grande partie liés à la drogue), à la pauvreté, à la dépendance à l'égard de l'aide sociale, à des relations raciales problématiques et à la montée en flèche des coûts des soins de santé.

Bill Clinton a promis de relancer à la fois l'économie et la qualité de vie. Faisant écho au héros de son enfance, le président John F. Kennedy, dans son discours d'investiture, Clinton a souligné l'importance de chaque individu dans le renouveau du pays.

La présidence de Clinton a connu un début difficile. Sa tentative de tenir sa promesse électorale de mettre fin à la discrimination à l'encontre des gays et des lesbiennes dans l'armée se heurte aux critiques des conservateurs et de certains chefs militaires. En réponse, Clinton a proposé une politique de compromis - résumée par l'expression "Don't ask, don't tell" - qui n'a satisfait aucun des deux camps. Ses deux premiers candidats au poste de procureur général se retirent pour des questions d'éthique. Deux textes législatifs majeurs - un plan de relance économique et un projet de loi sur la réforme du financement des campagnes électorales - sont bloqués par les républicains au Sénat.

La réforme des soins de santé, qui avait été l'un des piliers du programme de campagne de Clinton, s'est avérée encore plus problématique. Clinton nomme sa femme à la tête d'un groupe de travail chargé d'élaborer un plan pour fournir une assurance maladie à chaque Américain. Les opposants conservateurs de Clinton au Congrès ont critiqué le rôle d'Hillary Clinton dans ce groupe de travail et se sont opposés à sa proposition finale. Après une année de débats, Clinton abandonne la réforme du système de santé en 1994.

Malgré ces premiers faux pas, le premier mandat de Bill Clinton a connu de nombreux succès. Clinton a changé le visage du gouvernement fédéral, en nommant des femmes et des minorités à des postes importants tout au long de son administration. Parmi celles-ci, citons Janet Reno au poste de procureur général, Donna Shalala au poste de secrétaire à la santé et aux services sociaux, Joycelyn Elders au poste de chirurgien général, Madeleine Albright à celui de première femme secrétaire d'État et Ruth Bader Ginsburg à celui de deuxième femme juge à la Cour suprême des États-Unis. En 1993, le Congrès a adopté l'Accord de libre-échange nord-américain (ALENA), qui a supprimé les obstacles au commerce entre les États-Unis, le Canada et le Mexique.

Le Congrès a également adopté un ensemble de mesures visant à réduire le déficit et une trentaine de projets de loi importants liés à l'éducation, à la prévention du crime, à l'environnement, aux femmes et à la famille. Parmi ceux-ci figurent la loi sur le congé familial et médical et la loi Brady sur la prévention de la violence liée aux armes à feu.

La controverse n'est cependant jamais loin de la Maison Blanche Clinton. En janvier 1994, le procureur général Reno a approuvé une enquête sur les transactions commerciales de Clinton et de son épouse avec une société de développement immobilier de l'Arkansas connue sous le nom de Whitewater. Dirigée à partir du mois d'août par l'avocat indépendant Kenneth Starr, l'enquête Whitewater a duré plusieurs années. Toutefois, elle n'a pas apporté de preuves concluantes d'actes répréhensibles commis par les Clinton.

Les augmentations d'impôts, l'échec de la réforme des soins de santé et l'enquête Whitewater ont rendu le parti démocrate vulnérable à la défaite lors des élections de mi-mandat de novembre 1994. Pour la première fois en 40 ans, les républicains ont pris le contrôle des deux chambres du Congrès.

Beaucoup ont vu dans cette victoire historique - la soi-disant révolution républicaine - un signe de la désapprobation des électeurs à l'égard de la présidence Clinton. Le député Newt Gingrich, qui devient président de la Chambre des représentants, mène l'attaque républicaine contre Clinton et les démocrates. Gingrich promet des réductions d'impôts généralisées, des coupes budgétaires et une refonte des programmes gouvernementaux tels que Medicare et l'aide sociale.

Au lendemain des élections, un Bill Clinton châtié a adouci certaines de ses positions et s'est accommodé de certaines propositions républicaines, comme un plan agressif de réduction du déficit. Toutefois, il a continué à s'opposer aux efforts des républicains visant à ralentir les dépenses publiques dans les programmes sociaux tels que Medicare.

À la fin de l'année 1995, une impasse s'est créée lorsque Bill Clinton a refusé de signer plusieurs projets de loi budgétaire du Congrès qui prévoyaient des coupes sombres dans de nombreux programmes gouvernementaux. L'impasse a conduit à deux fermetures partielles du gouvernement. La majorité des Américains ont tenu le Congrès républicain, et en particulier Gingrich, pour responsable de l'impasse, et la popularité de Clinton a rebondi.

Pendant les années Clinton, les États-Unis restent une cible pour les terroristes. En 1993, des terroristes internationaux ont bombardé le World Trade Center à New York. Au cours du second mandat de Clinton, des terroristes attaqueront les ambassades américaines au Kenya et en Tanzanie (1998) et un navire de la marine américaine au Yémen (2000). Le front intérieur est le théâtre d'une violence antigouvernementale inattendue lorsque, le 19 avril 1995, un Américain, Timothy McVeigh, fait exploser le bâtiment fédéral Alfred P. Murrah à Oklahoma City, Oklahoma, tuant 168 personnes.

En 1996, Clinton, s'appuyant sur les réformes de l'aide sociale qu'il avait mises en œuvre en tant que gouverneur de l'Arkansas, a approuvé une loi démantelant le système national d'aide sociale vieux de 61 ans. Il a déclaré que la législation offrait une "chance historique d'essayer de recréer le pacte social de la nation avec les pauvres". Le projet de loi, qui a divisé le parti démocrate, a mis fin à la garantie fédérale en faveur des pauvres qui avait été établie à l'époque du New Deal du président Franklin D. Roosevelt. La nouvelle mesure remettait l'argent fédéral aux États pour qu'ils gèrent leurs propres programmes d'aide sociale. Toutefois, la mesure exigeait qu'aucune famille ne reste à l'aide publique plus de cinq ans. Les adultes valides devaient travailler dans les deux ans suivant le versement des allocations.

En matière de politique étrangère, Bill Clinton a hérité de l'administration Bush des engagements militaires envers les missions de maintien de la paix des Nations unies en Somalie et en Bosnie-Herzégovine. Il a retiré les forces américaines de Somalie, un pays déchiré par des luttes de clans, après une forte pression publique. Il a maintenu les forces de maintien de la paix américaines en Bosnie-Herzégovine tout en parrainant les pourparlers de paix visant à mettre fin à la guerre civile ethnique dans ce pays.

Bill Clinton a joué un rôle de premier plan dans la tentative actuelle de résoudre le conflit entre Palestiniens et Israéliens au Moyen-Orient. En 1993, il a invité le premier ministre israélien Yitzhak Rabin et le dirigeant palestinien Yasir Arafat à Washington pour signer un accord historique sur l'autonomie palestinienne. En 1994, une délégation américaine pour la paix a négocié avec succès le retour au pouvoir du président haïtien démocratiquement élu, Jean-Bertrand Aristide, qui avait été évincé par un coup d'État militaire en 1991.

Aucun démocrate ne s'est présenté pour défier Bill Clinton à l'élection présidentielle de 1996. L'ancien leader de la majorité au Sénat, Bob Dole, émerge d'un peloton de prétendants républicains pour défier Clinton lors de l'élection de novembre. Une économie saine, combinée à une campagne terne de Dole, a permis à Clinton de remporter une victoire facile.

Bill Clinton a obtenu 49 % du vote populaire et 379 voix des grands électeurs. M. Dole termine avec 41 % du vote populaire et 159 votes électoraux. Ross Perot, qui se présentait comme le candidat du Parti réformiste, a obtenu 8 % du vote populaire.

Le second mandat de Bill Clinton

La forte croissance économique s'est poursuivie pendant le second mandat de Clinton, établissant finalement un record pour la plus longue expansion du pays en temps de paix. En 1998, l'administration Clinton supervise le premier budget équilibré depuis 1969. Les excédents budgétaires sont les plus importants de l'histoire du pays. Le dynamisme de l'économie a également permis d'atteindre des niveaux historiquement élevés d'accession à la propriété et le taux de chômage le plus bas depuis près de 30 ans.

Pourtant, les scandales continuent d'entacher la présidence de Clinton. En 1998, Kenneth Starr, l'enquêteur de l'affaire Whitewater, concentre son enquête sur une liaison présumée entre le président et une stagiaire de la Maison-Blanche, Monica Lewinsky. Bien que Clinton ait nié à plusieurs reprises que la liaison ait eu lieu, Starr a lancé une enquête exhaustive.

Après que des preuves solides de la liaison aient fait surface, Bill Clinton a présenté ses excuses à sa famille et au public américain. Sur la base du rapport Starr et des preuves à l'appui, la Chambre des représentants approuve deux articles de mise en accusation contre Bill Clinton. Ils l'accusent de parjure et d'obstruction à la justice dans sa tentative de dissimuler l'affaire. Il n'était que le deuxième président de l'histoire des États-Unis à être mis en accusation (le premier était Andrew Johnson en 1868). Le Sénat l'a acquitté de ces accusations en 1999. Malgré cette mise en accusation, la cote de popularité de Clinton reste élevée.

Au cours des dernières années de sa présidence, Bill Clinton a été actif dans le domaine des affaires étrangères. Fin 1998, il a ordonné des frappes aériennes contre l'Irak en réponse au refus de ce pays de coopérer pleinement avec les inspecteurs en désarmement des Nations unies (ONU). En 1999, les forces américaines ont dirigé l'Organisation du traité de l'Atlantique Nord (OTAN) dans une campagne de bombardement contre la Yougoslavie.

Elle était destinée à mettre fin aux attaques serbes contre les Albanais de souche dans la province du Kosovo. Cette campagne réussie s'est terminée au bout de trois mois par la signature d'un traité de paix. En 1998 et 2000, Bill Clinton a été salué comme un artisan de la paix lors de ses visites en Irlande et en Irlande du Nord. En 2000, il est devenu le premier président américain à se rendre au Vietnam depuis la fin de la guerre du Vietnam. Bill Clinton a passé les dernières semaines de sa présidence à tenter, sans succès, de négocier un accord de paix définitif entre les Israéliens et les Palestiniens.

Les années suivantes

Après avoir quitté la Maison Blanche en 2001, Bill Clinton est resté actif dans les affaires politiques. Il était un orateur populaire sur le circuit des conférences. Il vit à New York, ville que représente Hillary Rodham Clinton au Sénat américain. Son autobiographie, My Life, est publiée en 2004. La même année, la bibliothèque et le musée présidentiels William J. Clinton ouvrent leurs portes à Little Rock, en Arkansas.

En 2005, après qu'un tsunami dans l'océan Indien ait causé des morts et des dégâts considérables, Bill Clinton a été nommé par le secrétaire général des Nations unies, Kofi Annan, envoyé spécial pour les opérations de secours. En 2009, il a été nommé envoyé spécial des Nations unies en Haïti. À ce titre, il a supervisé les efforts de reconstruction après le tremblement de terre dévastateur de 2010. En 2013, il a reçu la médaille présidentielle de la liberté.

Bill Clinton a joué un rôle actif dans la carrière politique de son épouse. En 2008, il a fait campagne avec enthousiasme lorsque Hillary Clinton s'est présentée sans succès contre Barack Obama à l'investiture démocrate pour la présidentielle. Il a fait de même en 2016, lorsqu'elle a remporté l'investiture démocrate mais a finalement perdu l'élection face à Donald Trump.

Questions de recherche

1. Bill Clinton a-t-il eu un impact positif sur l'Amérique ?
2. Que pense Bill Clinton de sa propre présidence ?
3. Quel a été votre moment préféré de sa présidence ?
4. Pensez-vous personnellement que Bill Clinton serait à nouveau un homme politique efficace, et pourquoi ?

43. George W. Bush (2001-2009)
Parti républicain | Vice-président : Dick Cheney

"Je veux juste que vous sachiez que, quand on parle de guerre, on parle vraiment de paix."

George W. Bush, le fils aîné de l'ancien président des États-Unis George Bush, est sorti de l'ombre de son célèbre père pour être lui-même élu président en 2000. En tant que gouverneur populaire du Texas, George W. Bush avait attiré l'attention nationale en tant que "nouveau républicain" qui combinait les valeurs traditionnelles du parti républicain avec une vision sociale autoproclamée "conservatrice et compatissante".

Grâce à son charisme de garçon de la campagne et à son enthousiasme débordant, George W. Bush a fini par être élu 43e chef de l'exécutif du pays. Avec sa victoire, il a pris sa place aux côtés de John Quincy Adams en tant que deuxième fils de président à occuper ce poste.

Pour atteindre la Maison-Blanche, Bush a toutefois dû remporter l'une des élections présidentielles les plus serrées et les plus âprement disputées de l'histoire des États-Unis. Les résultats définitifs du vote populaire placent Bush et son colistier, Dick Cheney, ancien membre du Congrès du Wyoming, derrière le candidat démocrate, le vice-président Al Gore, et son colistier, le sénateur Joseph Lieberman du Connecticut, par quelque 500 000 voix sur plus de 100 millions de suffrages exprimés.

George W. Bush a toutefois remporté suffisamment d'États pour obtenir un total de 271 voix au collège électoral, soit une voix de plus que le nombre minimum requis pour accéder à la présidence ; M. Gore a échoué de peu, avec 266 voix électorales. Avec la victoire républicaine - qui n'a été assurée qu'après des semaines de recomptages et de contestations judiciaires - Bush est devenu le premier président à être élu malgré la perte du vote populaire depuis 1888, lorsque Benjamin Harrison avait battu Grover Cleveland. Le vote électoral a été le plus serré depuis que Rutherford B. Hayes a battu Samuel J. Tilden d'une voix en 1876.

George W. Bush et Cheney ont été réélus pour un second mandat en 2004 face à leurs adversaires démocrates, le sénateur John Kerry du Massachusetts et le sénateur John Edwards de Caroline du Nord. La sécurité nationale était un enjeu politique majeur de cette élection, qui était la première élection présidentielle aux États-Unis depuis les attaques terroristes du 11 septembre 2001.

Le pays étant presque également divisé sur de nombreux sujets, les deux partis se sont battus pour être élus au cours de campagnes particulièrement intenses, âpres et coûteuses. George W. Bush et Cheney ont été réélus avec 286 voix électorales contre 251 pour les démocrates et avec une majorité faible mais nette dans le vote populaire.

Les premières années de George W. Bush

George Walker Bush est né à New Haven, dans le Connecticut, le 6 juillet 1946. Il est le petit-fils de Prescott Bush, ancien sénateur du Connecticut, et le fils de George Herbert Walker Bush et de son épouse, Barbara. Après avoir obtenu son diplôme de l'université de Yale, George Bush père a déménagé sa famille à Midland, au Texas, où George Bush fils a passé ses années de formation pendant que son père amassait une fortune dans l'industrie pétrolière en plein essor.

Malgré sa richesse, la famille Bush a d'abord mené un style de vie modeste, typique de sa petite ville de l'ouest du Texas. Aîné de six enfants, George W. Bush se rappellera plus tard que son expérience d'enfant à Midland lui a inculqué l'amour de la vie dans les petites villes et l'appréciation des valeurs conservatrices traditionnelles de la famille, de la communauté et de la religion. L'enfance véritablement heureuse de George W. Bush est entachée d'une tragédie familiale : sa sœur cadette Robin meurt d'une leucémie à l'âge de trois ans en 1953.

De son propre aveu, George W. Bush n'a jamais éprouvé un grand intérêt pour l'apprentissage des livres. Au lieu de lire et d'étudier, il a passé sa jeunesse à jouer au baseball et à d'autres jeux. Il a obtenu de bonnes notes et a eu la réputation à l'école d'être un enfant brillant mais quelque peu turbulent. Malgré son manque d'assiduité à l'école, il est admis à la Phillips Academy d'Andover, dans le Massachusetts, l'une des écoles préparatoires les plus prestigieuses du pays.

Malgré des résultats scolaires médiocres à Andover, George W. Bush est admis en 1964 à l'université de Yale, l'alma mater de son père et de son grand-père. Bien que Bush ait obtenu un dossier académique médiocre et un diplôme d'histoire, il a développé des talents remarquables pour la socialisation et le recrutement d'amis qui lui serviront tout au long de sa vie politique.

Affaires et politique

Après avoir quitté Yale en 1968, Bush est retourné au Texas, où il a erré dans plusieurs villes, occupé divers emplois et acquis sa première expérience en politique. Peu de temps après avoir quitté l'université, il a été accepté dans la Texas Air National Guard en tant que pilote stagiaire, un poste qui rendait peu probable qu'il ait à servir dans la guerre du Vietnam.

En 1970, George W. Bush obtient un brevet de pilote de chasse. Cette année-là, il a également travaillé comme assistant de campagne pour son père, qui s'est présenté sans succès au Sénat, et a demandé à être admis à la faculté de droit de l'université du Texas, mais a été refusé.

Bien qu'il ait apparemment manqué au moins huit mois de service entre mai 1972 et mai 1973, Bush a obtenu une libération anticipée à l'automne 1973 pour suivre des cours de commerce à l'université de Harvard. Après avoir obtenu une maîtrise en 1975, il retourne dans sa ville natale de Midland, où il épouse Laura Welch, une ancienne camarade de classe du collège. Quatre ans plus tard, ils ont eu des filles jumelles, Barbara et Jenna.

Déterminé à se faire un nom en tant qu'homme d'affaires, il fonde Bush Exploration, une société de prospection pétrolière et gazière. En 1978, bien qu'il n'ait obtenu qu'un succès modeste dans le monde des affaires, il se présente à un siège vacant à la Chambre des représentants des États-Unis. Malgré une campagne étonnamment forte dans une circonscription majoritairement démocrate, il perd l'élection.

Les préoccupations commerciales occupent une grande partie de l'attention de George W. Bush au cours des années suivantes. Une forte baisse des prix du pétrole au début des années 1980 a nui à sa jeune entreprise. En 1984, Bush fusionne sa société avec une autre entreprise, Spectrum Corporation, mais la spirale descendante de l'industrie pétrolière se poursuit. Bush a été contraint de vendre la société pétrolière en difficulté à Harken Energy Corporation en 1986. Bush a reçu des actions de Harken, un poste de consultant pour la société et un siège au conseil d'administration de la société.

L'échec de Spectrum Corporation a eu un impact profond sur Bush. À l'époque de ses difficultés commerciales, il a rencontré le prédicateur chrétien évangélique Billy Graham dans la propriété familiale de Kennebunkport, dans le Maine. À la suite de cette rencontre, M. Bush, qui a été élevé dans la religion épiscopalienne mais s'est converti au méthodisme après son mariage, s'est reconsacré au christianisme. Connu dans sa jeunesse pour son penchant pour la fête et l'alcool, il décide également d'arrêter de boire et de se consacrer plus complètement à sa vie de famille.

En 1987, George W. Bush se rend à Washington, D.C., pour travailler en tant que conseiller de haut niveau sur la campagne de son père pour la présidence des États-Unis. Après la victoire de son père, George W. Bush est rentré au Texas et s'est installé à Dallas, où il a obtenu le plus gros succès de sa carrière professionnelle. En 1988, les propriétaires de l'équipe de baseball professionnelle des Texas Rangers annoncent leur intention de vendre l'équipe.

George W. Bush, un fan de baseball de longue date, a réuni une coalition d'hommes d'affaires locaux pour acheter l'équipe pour 46 millions de dollars. Bien que Bush lui-même ait contribué pour un peu plus de 600 000 dollars, ses collègues investisseurs l'ont nommé associé directeur des Rangers.

La période de Bush avec les Rangers lui a fourni son premier succès commercial sans réserve. Pendant son mandat, les Rangers sont devenus à la fois une équipe compétitive et un succès financier. De plus, la position très en vue de Bush en tant qu'associé gérant a fait de lui une figure proéminente dans tout le Texas.

Gouverneur

Espérant transposer son nouveau succès commercial dans le domaine politique, George W. Bush se présente au poste de gouverneur du Texas face à la populaire démocrate Ann Richards. George W. Bush met l'accent sur des questions telles que la réforme de l'aide sociale, la lutte contre la délinquance juvénile et la refonte du système scolaire de l'État. Soutenu en grande partie par une réaction nationale contre le parti démocrate pour les augmentations d'impôts de 1993, Bush réussit à renverser Richards lors des élections de 1994.

En tant que gouverneur du Texas, George W. Bush a reçu les éloges de ses partisans pour avoir adopté deux importantes réductions d'impôts, pour avoir réduit les dépenses de l'État et pour avoir fait baisser le taux de criminalité juvénile et adulte. Il a également supervisé une refonte du système et des programmes scolaires de l'État et a autorisé l'augmentation du salaire minimum des enseignants - des réformes qui ont contribué à améliorer les résultats des élèves aux tests standardisés dans tout le Texas.

De plus, George W. Bush a fait un effort concerté pour élargir la base du parti républicain en courtisant les électeurs issus des minorités qui soutenaient traditionnellement le parti démocrate.

M. Bush a baptisé sa vision républicaine modérée "conservatisme compatissant", une philosophie censée combiner le programme républicain traditionnel de réduction des impôts et des dépenses publiques avec une préoccupation plus démocrate pour les questions sociales et les personnes défavorisées.

Les opposants ont toutefois remis en question l'étiquette "compassionnelle", à la lumière de certaines politiques de Bush. Son administration a augmenté le nombre de crimes pour lesquels les mineurs peuvent être condamnés à des prisons pour adultes et a abaissé à 14 ans l'âge auquel les enfants peuvent être jugés comme des adultes. Tout au long de son mandat, George W. Bush a fait l'objet d'une attention internationale pour le recours fréquent à la peine capitale au Texas. Il a autorisé l'exécution de plus de 150 criminels condamnés, un taux qui dépassait de loin la moyenne nationale.

La nomination et l'élection de George W. Bush

M. Bush est facilement réélu au poste de gouverneur en 1998 avec un score record de 69 % des voix. Cette victoire écrasante, associée à ses succès politiques en tant que gouverneur, fait de lui l'un des principaux candidats à l'élection présidentielle de 2000. En 1999, George W. Bush annonce officiellement sa candidature à l'investiture du parti républicain. Bien qu'il doive faire face à un défi de taille de la part du sénateur John McCain de l'Arizona, George W. Bush est finalement le candidat républicain qui s'opposera au vice-président Al Gore, le candidat du parti démocrate, lors de l'élection présidentielle.

Pendant sa campagne, George W. Bush a reçu les éloges de ses partisans pour avoir tenté d'élargir la base traditionnelle du parti républicain en mettant l'accent sur un message d'inclusion politique pour les Américains issus de minorités. Il a demandé des réductions d'impôts importantes pour les familles dans le but de séduire une plus grande partie de la population.

Pour renforcer le soutien du noyau dur du parti républicain, George W. Bush choisit Dick Cheney comme candidat à la vice-présidence. Cheney, qui a occupé le poste de secrétaire à la défense sous l'administration de George Bush père, était considéré comme un politicien talentueux possédant le type de références conservatrices impeccables nécessaires pour équilibrer les opinions plus modérées de Bush.

Lors de l'élection du 7 novembre 2000, George W. Bush a remporté le vote populaire dans 30 États, tandis que Gore l'a emporté dans 20 États et le district de Columbia. Bush a balayé le Sud et une grande partie des régions des plaines et des montagnes Rocheuses, mais Gore a remporté les États les plus peuplés du Nord-Est et de la côte Ouest, ainsi que certains États clés du Midwest, ce qui a donné lieu à une compétition remarquablement serrée au sein du collège électoral. L'issue de l'élection a fini par dépendre de l'État de Floride, les deux candidats ayant besoin de ses 25 voix de grands électeurs pour atteindre le seuil de 270 requis pour gagner.

Le décompte initial en Floride a donné à George W. Bush une victoire dans le vote populaire d'environ 1 800 voix sur quelque 6 millions de suffrages exprimés. Un recomptage automatique, exigé par la loi de Floride en raison de l'étroitesse de la marge de victoire, a réduit l'avance de Bush à moins de 1 000 voix quatre jours après l'élection. L'étroitesse du scrutin a donné lieu à une longue bataille juridique, la campagne de Gore demandant des recomptages manuels dans plusieurs comtés fortement démocrates, où l'on affirmait que l'utilisation de machines obsolètes avait entraîné un nombre exceptionnellement élevé de bulletins rejetés.

Au cours des semaines suivantes, les avocats des deux candidats ont plaidé devant les tribunaux fédéraux, la Cour suprême de Floride et finalement la Cour suprême des États-Unis, l'équipe de Gore demandant des recomptages et le camp de Bush cherchant à les empêcher. Pendant cette période, l'avance de Bush a fluctué en raison de divers recomptages et de l'ajout de bulletins de vote par correspondance. La première certification du vote en Floride, faite une semaine après l'élection, donnait une marge de 300 voix à George W. Bush ; une certification révisée deux semaines plus tard a mis l'avance de Bush officiellement à 537 voix.

Après plus d'un mois de querelles juridiques, la Cour suprême des États-Unis a rendu une décision partagée qui a annulé une décision de la Cour suprême de Floride et interrompu les recomptages, préservant la légère avance de Bush dans le vote populaire en Floride et lui accordant de fait les votes électoraux décisifs de l'État. Lorsqu'il prend ses fonctions en janvier 2001, George W. Bush a la tâche de gouverner un pays profondément divisé quant à la légitimité de sa victoire.

La présidence

Dans la lignée de la sélection de Dick Cheney comme vice-président, Bush a choisi plusieurs des conseillers les plus fiables de son père pour son cabinet. Parmi ces fidèles partisans de Bush figurent deux des Afro-Américains les plus éminents du pays, le général à la retraite Colin Powell et l'experte en politique étrangère Condoleezza Rice.

George W. Bush nomme Powell au poste de secrétaire d'État et Rice au poste de conseiller à la sécurité nationale. Bush nomme Donald Rumsfeld au poste de secrétaire à la défense, un poste que Rumsfeld avait occupé sous la présidence de Gerald Ford. La nomination la plus controversée de Bush est celle de John Ashcroft au poste de procureur général. Ashcroft a été confirmé de justesse par le Sénat après avoir fait l'objet d'un interrogatoire intensif de la part des démocrates concernant son bilan en matière de droits civils et ses opinions sur des questions telles que le droit à l'avortement.

Au début de sa présidence, George W. Bush bénéficiait de majorités républicaines dans les deux chambres du Congrès. Il remporte un premier succès législatif en juin 2001, lorsque le Congrès adopte une loi de réduction des impôts de 1,35 trillion de dollars, malgré les objections des démocrates qui estiment qu'elle profite injustement aux riches. Le même mois, cependant, les démocrates prennent le contrôle du Sénat lorsque le sénateur du Vermont James M. Jeffords quitte le parti républicain et devient indépendant. Par la suite, le Sénat a opposé une résistance importante à de nombreuses initiatives nationales de Bush.

Dans le domaine des affaires étrangères, l'administration de George W. Bush a pris des mesures qui ont réduit les engagements internationaux du pays. Elle s'est opposée aux mesures internationales visant à contrôler le réchauffement climatique, s'est retirée du traité de 1972 sur les missiles antibalistiques et a rejeté la juridiction de la nouvelle Cour pénale internationale.

Le 11 septembre 2001, George W. Bush a été confronté à une crise qui a transformé sa présidence. Des terroristes ont détourné quatre avions commerciaux américains, en faisant délibérément s'écraser deux d'entre eux sur les tours jumelles du World Trade Center à New York et un troisième sur le siège du ministère de la défense au Pentagone, à l'extérieur de Washington, D.C. Le quatrième avion s'est écrasé dans un champ de Pennsylvanie après que les passagers se soient rebellés contre les pirates de l'air. Craignant pour la sécurité du président, qui se trouvait en Floride au début de la journée, les services secrets l'ont transporté par avion vers des bases de l'armée de l'air en Louisiane et au Nebraska. Lorsque Bush est rentré à la Maison-Blanche ce soir-là, le World Trade Center était en ruines, un côté du Pentagone était sérieusement endommagé et quelque 3 000 personnes avaient péri.

George W. Bush a répondu aux attentats en appelant à une guerre mondiale contre le terrorisme. Il s'est efforcé de former une coalition internationale pour combattre le terrorisme en utilisant des moyens financiers, juridiques et politiques ainsi que la force militaire. En octobre 2001, le Congrès a adopté le USA Patriot Act, qui a donné au Federal

Bureau of Investigation (FBI) et à d'autres organismes chargés de l'application de la loi de larges pouvoirs de recherche et de surveillance dans la poursuite de terroristes présumés, y compris une grande marge de manœuvre dans l'écoute et la détention de suspects.

Cette loi a suscité de nombreuses critiques de la part des défenseurs des libertés civiles. Pour coordonner les efforts de protection du pays contre les attaques, George W. Bush a créé le Bureau de la sécurité intérieure, qui est devenu un ministère en 2003.

L'administration George W. Bush a imputé les attentats du 11 septembre à Al-Qaïda, un groupe extrémiste islamique dirigé par Oussama ben Laden. Le 7 octobre 2001, les forces américaines et britanniques ont commencé à bombarder l'Afghanistan, dont le gouvernement taliban était accusé d'abriter Ben Laden et ses partisans. Les forces spéciales américaines ont ensuite été déployées sur le terrain. À la fin de l'année, Al-Qaida avait été mis en déroute et les talibans chassés du pouvoir, mais Ben Laden n'avait pas été retrouvé. (Il a finalement été tué lors d'un raid des forces américaines au Pakistan en 2011). George W. Bush a reçu un taux d'approbation élevé de la part des citoyens américains pour sa réponse aux attaques terroristes et à la guerre en Afghanistan.

En septembre 2002, George W. Bush a annoncé une nouvelle stratégie de sécurité nationale qui mettait l'accent sur la nécessité de se défendre contre les terroristes et les "États voyous" qui pourraient menacer le pays avec des "armes de destruction massive" - armes biologiques, chimiques ou nucléaires. En rupture avec la politique antérieure, la stratégie déclarait que le pays prendrait des mesures militaires "préventives" pour empêcher d'éventuelles attaques. Cette position a mis les États-Unis en conflit avec une grande partie de la communauté internationale, notamment la plupart des pays européens. Les détracteurs de la politique de "première frappe" préventive ont fait valoir qu'elle préconisait des actes de guerre susceptibles de violer le droit international. Ils ont également averti qu'elle créait un dangereux précédent pour les pays qui pourraient invoquer une menace perçue comme justification d'une agression militaire.

George W. Bush a signalé son intention de mettre en pratique la nouvelle stratégie en identifiant le président irakien Saddam Hussein comme une menace pour la sécurité. Fin 2002, Bush a accusé le gouvernement irakien de posséder et de développer des armes de destruction massive en violation des résolutions du Conseil de sécurité des Nations unies (ONU).

En octobre 2002, le Congrès américain a adopté une résolution autorisant Bush à utiliser la force militaire en Irak. L'administration a ensuite fait pression avec succès sur le Conseil de sécurité des Nations unies pour obtenir une nouvelle résolution visant à envoyer des inspecteurs en désarmement en Irak. En décembre, cependant, George W. Bush a déclaré que Saddam ne s'était pas entièrement conformé à la nouvelle résolution. Les États-Unis et leur principal allié dans cette affaire, le Royaume-Uni, ont tenté en vain pendant plusieurs semaines d'obtenir le soutien des autres membres du Conseil de sécurité pour une résolution autorisant explicitement une action militaire contre l'Irak. Pendant ce temps, des manifestations anti-guerre massives ont eu lieu dans plusieurs grandes villes, notamment en Europe.

George W. Bush a déclaré la fin de la diplomatie le 17 mars 2003, donnant 48 heures à Saddam pour se retirer et quitter l'Irak ou être éliminé par la force. Après le refus de Saddam de partir, Bush a ordonné l'invasion de l'Irak, qui a commencé le 20 mars (heure irakienne). À la mi-avril, une coalition composée principalement de forces américaines et britanniques était entrée dans toutes les grandes villes irakiennes et avait renversé le régime de Saddam. Les attaques de la guérilla irakienne se poursuivent cependant, et les forces de la coalition perdent le contrôle de nombreuses régions du pays. Entre-temps, les enquêtes n'ont pas permis de trouver des preuves pour étayer les affirmations de l'administration selon lesquelles Saddam avait développé des armes de destruction massive à grande échelle.

Alors que la guerre en Irak persiste, l'économie américaine s'effondre. Les marchés financiers ont subi un déclin prolongé, résultant en partie des craintes liées à la guerre et au terrorisme, des scandales comptables généralisés et de la faillite de plusieurs grandes entreprises. Le taux de chômage a grimpé en flèche, l'économie perdant des millions d'emplois.

Une série de quatre années consécutives d'excédents budgétaires a pris fin en 2002, lorsque la combinaison des dépenses militaires, des réductions d'impôts et de la faible croissance économique a ramené les déficits. En mai 2003, le Congrès a approuvé un deuxième paquet de réductions d'impôts de 350 milliards de dollars, mais il n'a pas réussi à relancer l'économie.

Lors de sa campagne de réélection en 2004, George W. Bush n'a pas mis l'accent sur l'économie, mais plutôt sur la sécurité nationale, en invoquant souvent les attaques terroristes du 11 septembre. Bien que la cote de popularité du président ait oscillé autour de 50 % ou moins dans les jours précédant l'élection, George W. Bush et Cheney ont remporté le vote populaire et les grands électeurs.

Ils ont obtenu environ 51 % du vote populaire, tandis que les candidats démocrates, les sénateurs John Kerry et John Edwards, ont obtenu environ 48 %. Alors que Kerry et Edwards ont remporté les votes électoraux sur la côte ouest, dans le nord-est et dans une partie du Midwest, Bush et Cheney ont prédominé dans le sud et le sud-ouest et dans la majeure partie du Midwest.

Le débat sur la sécurité nationale a également joué un rôle dans les changements de cabinet les plus médiatisés au début du second mandat de George W. Bush. Le secrétaire d'État Powell a annoncé sa démission peu après la réélection de Bush. Modéré sur le plan politique au sein d'une administration de partisans de la ligne dure, M. Powell a vu son influence à la Maison-Blanche décliner lorsqu'il a admis publiquement les failles du raisonnement de l'administration pour la guerre en Irak. Il a été remplacé par la conseillère à la sécurité nationale Condoleezza Rice, une défenseuse acharnée de la politique du président. Le ministre de la Justice John Ashcroft, largement critiqué par les défenseurs des libertés civiles pour son application zélée du USA Patriot Act, a démissionné et a été remplacé par Alberto Gonzales. En 2007, Gonzales démissionne à son tour, sous le feu des critiques concernant sa gestion du ministère de la justice.

Après s'être lancé dans un ambitieux programme de politique intérieure et étrangère au cours de son second mandat, George W. Bush a connu une série de revers. La lenteur des progrès et l'impopularité croissante de la guerre en Irak, ainsi qu'un certain nombre d'échecs législatifs, notamment l'échec du projet présidentiel de création de comptes privés de sécurité sociale, ont eu un impact négatif sur sa cote de popularité dans les sondages. M. Bush a également dû faire face à de vives critiques sur toute une série d'autres questions, de la lenteur de la réponse fédérale à l'ouragan Katrina en 2005 aux révélations selon lesquelles, après le 11 septembre 2001, M. Bush avait secrètement autorisé l'Agence nationale de sécurité à mener une surveillance domestique sans mandat. Le président a également souffert d'une série de scandales de corruption impliquant des dirigeants républicains de premier plan et de l'inculpation d'un collaborateur principal du vice-président pour parjure.

En 2005, George W. Bush a proposé la candidature de John G. Roberts, Jr, au poste de juge en chef de la Cour suprême, et Roberts a été rapidement confirmé. M. Bush subit toutefois un autre revers lorsque sa deuxième candidate à un poste vacant à la Cour suprême, Harriet Miers, conseillère à la Maison-Blanche, est jugée inacceptable par les militants conservateurs et se retire. Il propose alors la candidature de Samuel Alito Jr, qui est confirmée en 2006.

Les élections de mi-mandat de novembre 2006, dans lesquelles les Républicains ont subi de lourdes pertes, ont été interprétées comme un référendum national sur la gestion de la guerre en Irak par l'administration de George W. Bush. Après les élections, le secrétaire à la défense Rumsfeld, qui avait été critiqué pour sa gestion de la guerre, a démissionné et a été remplacé par Robert M. Gates. Au cours des deux dernières années de sa présidence, la cote de popularité de George W. Bush a continué à baisser, alors que la guerre en Irak continuait à faire des victimes parmi les soldats américains et que les talibans faisaient une réapparition en Afghanistan.

Une grave crise économique à la fin de l'année 2008 a conduit le Congrès à adopter un plan controversé de l'administration de George W. Bush visant à secourir le secteur financier à hauteur de 700 milliards de dollars de fonds publics. L'économie a cependant poursuivi sa chute libre, et la popularité de Bush a atteint de nouveaux sommets.

Lors de l'élection présidentielle de 2008, le sénateur John McCain a remporté l'investiture républicaine pour succéder à Bush. L'association de McCain aux politiques impopulaires de l'administration Bush a contribué à propulser le démocrate Barack Obama vers une victoire retentissante. George W. Bush a quitté ses fonctions le 20 janvier 2009 et est retourné à la vie privée au Texas.

Questions de recherche

1. Que pensez-vous du fait que George W. Bush soit le pire président de l'histoire ?
2. Pensez-vous que George W. Bush a fait de son mieux pour son pays pendant sa présidence ?
3. Que pensez-vous de la guerre en Irak (2003) ?
4. Aimeriez-vous demander quelque chose à George W Bush si vous deviez le rencontrer ?

44. Barack Obama (2009-2017)
Parti démocrate | Vice-président : Joe Biden

"Le meilleur moyen de ne pas se sentir désespéré est de se lever et de faire quelque chose. N'attendez pas que de bonnes choses vous arrivent. Si vous sortez et faites en sorte que de bonnes choses arrivent, vous remplirez le monde d'espoir, vous vous remplirez vous-même d'espoir."

En quatre ans seulement, Barack Obama a fait une ascension improbable, passant de l'assemblée législative de l'Illinois à la plus haute fonction des États-Unis. Premier Afro-Américain à accéder à la présidence, il est entré dans l'histoire en remportant une victoire retentissante sur le républicain John McCain lors de l'élection de 2008.

Le message éloquent d'espoir et de changement de Barack Obama a attiré des électeurs dans tout le pays, même dans des États qui avaient passé des décennies sans soutenir un candidat démocrate à la présidence. M. Obama et son vice-président, Joe Biden, ont été élus pour un second mandat en 2012.

Pendant la majeure partie de sa présidence, Barack Obama a dû faire face à une opposition républicaine tenace à presque toutes ses propositions. Néanmoins, il a contribué à sortir l'économie d'une crise historique et a supervisé l'adoption d'une loi historique sur la réforme des soins de santé. Barack Obama a également mis fin à l'impopulaire guerre en Irak et a réalisé des avancées diplomatiques avec l'Iran et Cuba.

Les premières années de Barack Obama

Barack Hussein Obama II est né le 4 août 1961 à Honolulu, Hawaii. Son père, Barack Obama père, était originaire du Kenya rural, où il a grandi en gardant des chèvres. Il est venu aux États-Unis pour étudier grâce à une bourse d'études. La mère d'Obama, S. Ann Dunham, était originaire du Kansas. Ils se sont rencontrés alors qu'ils étaient tous deux étudiants à l'université d'Hawaï. Lorsque le jeune Barack a deux ans, ses parents divorcent, et son père retourne au Kenya pour travailler comme économiste.

La mère de Barack Obama a ensuite épousé un étudiant indonésien, et Barack a vécu dans ce pays entre l'âge de six et dix ans. Pendant son séjour, Barack a fréquenté une école publique où il a reçu un enseignement islamique et une école privée catholique romaine où il a suivi un enseignement chrétien. Il est retourné à Hawaï en 1971, vivant tantôt avec ses grands-parents, tantôt avec sa mère.

Après avoir fait ses études secondaires à Honolulu, M. Obama a fréquenté pendant deux ans l'Occidental College dans la banlieue de Los Angeles, en Californie. Il est ensuite entré à l'université Columbia de New York, où il a obtenu une licence en sciences politiques en 1983. M. Obama a travaillé comme rédacteur et éditeur dans le domaine des affaires à New York avant de devenir organisateur communautaire à Chicago, dans l'Illinois, en 1985. À ce poste, il travaille avec des églises pour améliorer les conditions de vie dans les quartiers pauvres du South Side de la ville. Trois ans plus tard, il entre à la faculté de droit de Harvard, où il est le premier Afro-Américain à occuper le poste de président de la Harvard Law Review. Il a obtenu son diplôme avec les honneurs en 1991.

Alors qu'il travaillait dans un cabinet d'avocats de Chicago au cours de l'été 1989, Barack Obama a rencontré Michelle Robinson, originaire de Chicago, une jeune avocate du cabinet. Les deux se sont mariés en 1992 et ont eu deux filles, Malia et Sasha.

Début de carrière politique

Après ses études de droit, Obama retourne à Chicago et devient actif au sein du parti démocrate. Il a organisé le Project Vote, une campagne qui a permis d'inscrire des dizaines de milliers d'Afro-Américains sur les listes électorales. Il a également pratiqué le droit des droits civils et enseigné le droit constitutionnel à l'université de Chicago.

Le premier livre de Barack Obama, Rêves de mon père, a été publié en 1995 sans grande publicité, bien qu'il ait reçu des critiques généralement positives. L'ouvrage retrace le défi personnel que Barack Obama a dû relever pour accepter son héritage biracial et décrit un voyage qu'il a effectué dans le village de son père en Afrique. Après le divorce de ses parents, Barack Obama n'avait revu son père qu'une seule fois avant que celui-ci ne décède dans un accident de voiture en 1982.

En 1996, Barack Obama a été élu en tant que démocrate au Sénat de l'Illinois, où il a siégé pendant huit ans. En tant que sénateur de l'État, il a contribué à l'adoption de lois qui ont renforcé la réglementation sur le financement des campagnes électorales, étendu les soins de santé aux familles pauvres et réformé la justice pénale et les lois sur l'aide sociale. Il a également été président de la commission de la santé et des services sociaux de l'État.

En 2004, Barack Obama s'est porté candidat à un siège au Sénat des États-Unis. Lors des primaires démocrates, il est sorti vainqueur d'un groupe de sept candidats. Au cours de la campagne électorale générale, l'adversaire républicain d'Obama est contraint de se retirer après la révélation de détails sur sa procédure de divorce. Le parti républicain de l'État a alors fait appel à Alan Keyes, un animateur de radio conservateur et ancien diplomate qui a quitté le Maryland pour s'installer dans l'Illinois. Il s'agit de la première course au Sénat dans laquelle les deux principaux candidats sont des Afro-Américains.

Barack Obama a largement battu Keyes en novembre, remportant 70 % des voix. Il était seulement le troisième Afro-Américain à être élu au Sénat depuis la fin de la Reconstruction en 1877.

Alors qu'il faisait campagne pour le Sénat, Barack Obama est devenu l'un des jeunes politiciens les plus médiatisés de toute une génération. Le discours qu'il prononce lors de la convention nationale du parti démocrate en juillet 2004 met les congressistes en émoi et fait instantanément de lui une superstar de la politique. Ce discours entraînant a tissé des éléments de la biographie d'Obama avec le thème selon lequel tous les Américains sont liés d'une manière qui transcende les différences politiques, culturelles et géographiques. Après le discours, les mémoires d'Obama ont grimpé sur la liste des best-sellers.

Après avoir pris ses fonctions de sénateur en 2005, Barack Obama est rapidement devenu une figure majeure de son parti. Il obtient plusieurs mandats de commission très convoités, dont un poste au sein de la commission des relations étrangères. Il a également siégé aux commissions de l'environnement et des travaux publics et des anciens combattants. Il a soutenu la réforme de l'éthique au sein du gouvernement, s'est fait le champion des sources d'énergie alternatives et a œuvré pour sécuriser ou détruire les armes mortelles en Russie et ailleurs.

Barack Obama a atteint un niveau de visibilité rare pour un sénateur de premier mandat. Un voyage dans la maison de son père au Kenya en août 2006 a attiré l'attention des médias internationaux. Son deuxième livre, The Audacity of Hope, a été publié quelques semaines plus tard et est devenu instantanément un best-seller.

La nomination et l'élection de Barack Obama

Au début de l'année 2007, Barack Obama s'est déclaré candidat à l'investiture démocrate pour la présidentielle de 2008. La sénatrice Hillary Clinton, de New York, était la grande favorite de la course à l'investiture. Cependant, le charisme personnel d'Obama, son éloquence passionnante et sa promesse de campagne d'apporter des changements au système politique lui ont valu le soutien de nombreux démocrates, en particulier des jeunes et des électeurs issus des minorités.

Le 3 janvier 2008, Barack Obama a remporté une victoire surprise lors de la première grande course à l'investiture, le caucus de l'Iowa. Cinq jours plus tard, cependant, Mme Clinton a devancé M. Obama dans la primaire du New Hampshire. La course aux primaires qui s'ensuit est très serrée, sans qu'aucun leader n'émerge clairement, Obama et Clinton remportant tous deux d'importantes victoires. Ce n'est que le 3 juin, après les dernières primaires dans le Montana et le Dakota du Sud, que le nombre de délégués promis à Obama a dépassé le total nécessaire pour obtenir l'investiture démocrate.

Barack Obama a officiellement accepté l'investiture lors de la convention nationale du parti démocrate en août, devenant ainsi le premier Afro-Américain à être désigné comme candidat à la présidence par l'un des deux grands partis.

L'adversaire républicain de Barack Obama pour la présidence était le sénateur John McCain de l'Arizona. Lorsque McCain a reproché à Obama d'être trop inexpérimenté pour la fonction, ce dernier a répliqué en choisissant Joe Biden, sénateur de longue date du Delaware, comme colistier pour la vice-présidence.

La guerre en Irak a été l'une des questions clés de cette campagne âprement disputée, Barack Obama appelant à un retrait rapide de la plupart des forces américaines d'Irak tandis que McCain insistait sur le fait que les États-Unis devaient attendre une victoire complète avant de se retirer. Les autres sujets de débat ont été les soins de santé et la fiscalité. La campagne d'Obama a été soutenue par son avantage considérable en matière de collecte de fonds, des centaines de millions de dollars ayant été versés par un nombre record de donateurs.

Dans les semaines précédant l'élection, l'effondrement récent de certaines des plus grandes banques et institutions financières américaines a fait de l'économie la question la plus importante. L'effondrement économique a propulsé la campagne de M. Obama, qui a qualifié la crise de résultat de la politique du président républicain sortant, George W. Bush. De nombreux électeurs associent M. McCain à l'impopulaire Bush, et les sondages indiquent que la majorité d'entre eux pensent que M. Obama est mieux armé pour redresser l'économie.

En novembre 2008, Barack Obama a remporté la présidence de manière décisive, avec 365 grands électeurs et quelque 53 % du vote populaire. Il a remporté tous les États que le démocrate John Kerry avait gagnés lors de l'élection de 2004 et a également conquis un certain nombre d'États (dont le Colorado, la Floride, le Nevada, l'Ohio et la Virginie) que les républicains avaient emportés lors des deux élections présidentielles précédentes.

Le soir de l'élection, des dizaines de milliers de personnes se sont rassemblées dans le Grant Park de Chicago pour voir Obama remporter la victoire. En plus d'être le premier président afro-américain, Barack Obama est aussi le premier sénateur américain en exercice à remporter le poste depuis John F. Kennedy en 1960. Il a été inauguré en tant que président le 20 janvier 2009.

La présidence

Barack Obama est entré en fonction en promettant de mettre fin au conflit partisan qui empêchait les démocrates et les républicains de faire des compromis sur des lois importantes. Très vite, cependant, Obama a découvert combien il serait difficile d'obtenir la coopération de ses adversaires républicains au Congrès.

Selon les démocrates, les républicains ont cherché à faire obstruction aux politiques démocrates sans offrir de réelles propositions alternatives. Les républicains, quant à eux, reprochaient à Barack Obama et à ses alliés démocrates de gouverner sans participation substantielle des républicains. Ce clivage partisan allait devenir un thème durable de la présidence d'Obama.

Le premier mandat d'Obama

Au cours des premiers mois de son mandat, Barack Obama s'est efforcé de restaurer l'image internationale des États-Unis, que beaucoup estimaient avoir été ternie par les politiques de l'administration Bush. Il a ordonné la fermeture du centre de détention militaire controversé de Guantánamo Bay, à Cuba, dans un délai d'un an (un objectif qui n'a pas été atteint). Il a promis de travailler à l'élimination des armes nucléaires et d'améliorer les relations tendues avec la Russie.

En juin 2009, Barack Obama s'est rendu au Moyen-Orient et a prononcé un discours appelant à une nouvelle relation entre les États-Unis et le monde musulman. En reconnaissance de ces efforts, Obama a reçu le prix Nobel de la paix 2009, le comité Nobel citant ses "efforts extraordinaires pour renforcer la diplomatie internationale et la coopération entre les peuples."

La principale priorité nationale de M. Obama était la récession économique en cours. Aidé par les majorités démocrates au Sénat et à la Chambre des représentants, il a fait adopter par le Congrès un plan de relance massif qui a injecté des centaines de milliards de dollars dans l'économie en difficulté.

Fin 2009, les mesures de relance ont permis d'inverser le déclin spectaculaire du produit intérieur brut. Le signe le plus encourageant de la reprise a peut-être été le redressement spectaculaire de General Motors (GM). En juin 2009, le constructeur automobile s'était déclaré en faillite, ce qui avait entraîné un sauvetage de 60 milliards de dollars par le gouvernement et le rachat d'environ trois cinquièmes de ses actions. En mai 2010, GM, dans le cadre d'un nouveau plan d'affaires, a enregistré son premier bénéfice en trois ans. Malgré ces progrès, le chômage est resté élevé et les républicains se sont plaints que les mesures de relance étaient trop coûteuses.

Un projet de réforme financière de grande ampleur adopté en juillet 2010 a constitué une autre réponse à la récession. Visant à prévenir les conditions qui ont conduit à la crise économique, le projet de loi habilite le gouvernement à prendre le contrôle et à fermer les grandes entreprises financières en difficulté et crée un conseil de régulateurs fédéraux pour surveiller le système financier, entre autres dispositions. L'adoption de ce projet de loi a constitué une victoire législative majeure pour le président.

Une autre des premières priorités de la présidence de Barack Obama a été la réforme du système de santé du pays. Pendant la campagne électorale, M. Obama avait appelé à des réformes qui rendraient l'assurance maladie plus abordable et étendraient la couverture à des dizaines de millions d'Américains qui en sont dépourvus. Cette question a suscité un débat prolongé et parfois âpre, les républicains se plaignant que les propositions des démocrates constituaient une coûteuse "mainmise du gouvernement" sur les soins de santé.

Un nouveau mouvement populiste conservateur, le Tea Party, s'est bruyamment opposé aux réformes proposées en matière de soins de santé lors d'une série de réunions publiques à l'été 2009. Plus généralement, les membres du Tea Party s'opposent à ce qu'ils considèrent comme des impôts excessifs et à l'intervention du gouvernement dans le secteur privé.

Fin 2009, la Chambre des représentants et le Sénat, contrôlés par les démocrates, ont chacun adopté une version du projet de loi sur les soins de santé. Les dirigeants du Congrès se sont préparés à négocier un compromis entre les deux versions. Cependant, le triomphe d'un républicain lors d'une élection spéciale organisée pour pourvoir le siège du Sénat laissé vacant par le décès de Ted Kennedy a anéanti la majorité des démocrates, à l'abri du filibuster.

En mars 2010, alors que cette mesure historique était sur le point d'être rejetée, M. Obama et d'autres dirigeants démocrates ont lancé une campagne de dernière minute pour la faire adopter. Le président s'est montré plus énergique dans la promotion du projet de loi, tant auprès du Congrès que du peuple américain. Plus tard dans le mois, le Congrès a adopté le projet de loi sans le soutien des républicains. Officiellement appelée loi sur la protection des patients et les soins abordables, elle est également connue sous le nom d'Obamacare.

Les principaux défis de M. Obama en matière de politique étrangère étaient les guerres en cours en Irak et en Afghanistan. Tout au long de la campagne présidentielle, il a fait valoir que les efforts militaires américains devaient se concentrer sur l'Afghanistan plutôt que sur l'Irak. Conformément à cette philosophie, M. Obama a fixé un calendrier de 18 mois pour le retrait des troupes de combat américaines d'Irak. La situation en Irak a continué de s'améliorer et, en août 2010, comme prévu, la mission de combat des États-Unis en Irak a pris fin.

Le retrait des quelque 50 000 soldats américains qui étaient restés dans le pays en tant que force de transition s'est achevé en décembre 2011, mettant fin à la guerre d'Irak. Pendant ce temps, alors que les talibans connaissaient une résurgence en Afghanistan, Barack Obama a augmenté le nombre de troupes américaines sur place. Le 1er mai 2011, il a annoncé que les forces spéciales américaines avaient tué Oussama ben Laden, chef du groupe terroriste Al-Qaïda, lors d'une fusillade dans un complexe à Abbottabad, au Pakistan.

Ailleurs au Moyen-Orient, des soulèvements populaires connus sous le nom de Printemps arabe ont renversé des gouvernements autoritaires de longue date en Tunisie et en Égypte et ont entraîné des conflits généralisés dans d'autres pays. L'administration Obama a exprimé son soutien aux objectifs démocratiques des manifestants tout en essayant d'éviter une intervention directe dans les affaires des autres pays.

En Libye, cependant, Barack Obama a estimé que l'intervention des États-Unis était nécessaire lorsque le dictateur Mouammar Kadhafi a déclenché une répression militaire brutale des manifestations contre son régime. En mars 2011, les forces américaines et européennes ont lancé des frappes aériennes contre la Libye dans le but de mettre hors d'état de nuire l'armée de l'air et les systèmes de défense aérienne de ce pays. Une semaine plus tard, les États-Unis ont confié le commandement en Libye à l'Organisation du traité de l'Atlantique Nord (OTAN). Les attaques de l'OTAN ont aidé les forces rebelles à évincer Kadhafi, mais la Libye est restée très instable.

Barack Obama a officiellement donné le coup d'envoi de sa candidature à la réélection en mai 2012. Son adversaire républicain était Mitt Romney, ancien gouverneur du Massachusetts. Comme en 2008, l'économie a été le thème central de la course. Bien que les conditions économiques aient continué à s'améliorer, la reprise après la "grande récession" de 2007-2009 a été lente et inégale.

Les bénéfices sont de nouveau en hausse pour de nombreuses entreprises et le système financier a retrouvé sa stabilité. Toutefois, le marché immobilier continue de se débattre et le taux de chômage reste élevé. Romney a passé une grande partie de sa campagne à critiquer la gestion de l'économie par Barack Obama, mais l'effort républicain n'a pas abouti. Le 6 novembre 2012, Obama a été réélu pour un second mandat présidentiel, remportant 332 grands électeurs contre 206 pour Romney.

Le second mandat présidentiel d'Obama

Après l'élection, Barack Obama a entamé des négociations avec les dirigeants républicains concernant le budget fédéral. L'enjeu était une série de mesures économiques qui devaient expirer au début de 2013. Au premier rang de ces mesures figurent les réductions d'impôts introduites sous la présidence de M. Bush. Une autre question cruciale était la séquestration, c'est-à-dire les réductions automatiques des dépenses dans les programmes militaires et non militaires exigées par la loi sur le contrôle budgétaire de 2011.

Un projet de loi de compromis signé en janvier 2013 a préservé les réductions d'impôt sur le revenu de l'ère Bush pour la plupart des Américains, mais a augmenté les impôts des personnes gagnant 400 000 dollars ou plus par an et des couples gagnant 450 000 dollars ou plus. Le compromis a retardé mais n'a pas empêché les coupes dans les dépenses militaires et sociales, qui ont commencé en mars.

Les Républicains ont essayé d'utiliser les négociations budgétaires pour aider leur bataille en cours contre Obamacare. Alors qu'une autre échéance se profilait en octobre 2013, les républicains associés au mouvement Tea Party ont mené une tentative d'inclure un report d'un an de la mise en œuvre d'Obamacare dans la nouvelle résolution budgétaire.

Après que le Congrès soit arrivé à une impasse sur la résolution, le gouvernement fédéral a partiellement fermé pour la première fois en 17 ans, fermant les bureaux du gouvernement et mettant des centaines de milliers d'employés temporairement au chômage. La fermeture a duré 16 jours avant que le Congrès n'adopte un projet de loi qui a financé le gouvernement jusqu'au 15 janvier 2014. À la fin de 2013, le Congrès a adopté un accord budgétaire de deux ans qui a remplacé la plupart des réductions automatiques des dépenses exigées par la séquestration par des réductions ciblées. Le compromis a également augmenté les dépenses discrétionnaires dans les programmes militaires et non militaires.

Avec la résolution temporaire de la bataille budgétaire, l'attention du public s'est portée sur le déploiement désastreux d'Obamacare en octobre 2013. Les problèmes se sont concentrés sur HealthCare.gov, le site Web conçu pour permettre de souscrire une assurance maladie. Le site était souvent lent ou simplement inopérant, empêchant de nombreux utilisateurs de s'inscrire au programme.

Cependant, à mesure que les performances des sites web se sont améliorées, des millions d'Américains ont acheté des plans d'assurance par le biais du site. Début avril 2014, après la fin de la première période d'inscription ouverte, le président a annoncé que 7,1 millions de personnes s'étaient inscrites à Obamacare, atteignant ainsi l'objectif de l'administration.

Barack Obama a également soulevé l'ire des républicains par son recours aux décrets - des directives qui ne nécessitent pas l'approbation du Congrès. Le président utilise son pouvoir exécutif pour régler des questions qui restaient enlisées au Congrès. En 2014, Obama a signé des décrets qui ont augmenté le salaire minimum des travailleurs sous contrat fédéral, introduit de nouvelles restrictions sur les émissions de carbone des centrales électriques pour lutter contre le réchauffement climatique, et accordé des permis de travail et un statut légal temporaire à des millions d'immigrants illégaux.

Bien que les républicains aient critiqué Barack Obama pour avoir fait un usage abusif de ses pouvoirs exécutifs, le président a maintenu que ses actions étaient nécessaires pour obtenir des résultats dans un contexte de blocage du Congrès.

Pour de nombreux Américains, l'élection d'Obama en tant que premier président afro-américain a représenté une avancée historique dans l'histoire troublée des relations raciales du pays. Au cours de son second mandat, cependant, les tensions raciales ont de nouveau été sous les projecteurs nationaux. En août 2014, le tir mortel de Michael Brown, un adolescent afro-américain non armé, par un policier blanc a entraîné des jours de manifestations à Ferguson, dans le Missouri. Bien que le président Obama ait soigneusement cherché à ne pas prendre parti, une série d'incidents très médiatisés a maintenu la question de la violence policière contre les Afro-Américains à la une des journaux et a donné naissance à un mouvement de protestation connu sous le slogan Black Lives Matter.

Le pays a été encore plus abasourdi et attristé lorsque, en juin 2015, neuf Afro-Américains ont été abattus par un jeune homme blanc lors d'un crime haineux dans une église noire historique de Charleston, en Caroline du Sud. Barack Obama a prononcé l'éloge funèbre d'une des victimes de la fusillade, abordant les relations raciales et le contrôle des armes à feu.

La tragédie de Charleston n'est qu'une des nombreuses fusillades de masse qui ont poursuivi l'épidémie de violence armée aux États-Unis. En juin 2016, un tireur a tué 49 personnes dans une boîte de nuit à Orlando, en Floride, dans la fusillade de masse la plus meurtrière de l'histoire moderne des États-Unis. Moins d'un mois plus tard, un tireur embusqué a abattu quatre policiers et un agent de transport rapide à Dallas, au Texas, à l'issue d'une manifestation pacifique contre les fusillades, plus tôt dans la semaine, d'hommes afro-américains par la police en Louisiane et au Minnesota. Appelé si souvent à réconforter le pays en deuil à la suite d'une tragédie, M. Obama a été surnommé le "consolateur en chef".

Le mariage entre personnes de même sexe est une autre question sociale controversée qui a divisé le pays pendant la présidence d'Obama. Au cours de ses premières années de mandat, Obama n'a soutenu que les unions civiles pour les couples de même sexe, mais en 2012, il a changé de position et est devenu le premier président américain en exercice à soutenir publiquement le mariage homosexuel.

En juin 2015, la Cour suprême des États-Unis a jugé dans l'affaire Obergefell v. Hodges que les interdictions des États de se marier entre personnes de même sexe et de reconnaître les mariages entre personnes de même sexe célébrés dans d'autres juridictions étaient inconstitutionnelles. Cet arrêt a ainsi légalisé le mariage entre personnes de même sexe dans tout le pays.

Dans le domaine des affaires étrangères, le Moyen-Orient a continué d'être au centre des préoccupations du second mandat d'Obama. À la mi-2014, près de trois ans après le retrait des dernières troupes américaines d'Irak, M. Obama a de nouveau été contraint de réagir aux événements survenus dans ce pays. Depuis plus d'un an, le gouvernement du pays, soutenu par les États-Unis, combattait un groupe sunnite militant appelé l'État islamique en Irak et au Levant (ISIL ; également connu sous le nom d'État islamique en Irak et en Syrie [ISIS]).

En juin 2014, Barack Obama a autorisé l'envoi d'un maximum de 300 soldats américains des opérations spéciales pour former et conseiller les forces de sécurité irakiennes. En août et septembre, les États-Unis ont lancé des frappes aériennes contre ISIL en Irak et en Syrie, tandis qu'Obama s'efforçait de mettre en place une coalition d'une vingtaine de pays pour se joindre à la campagne militaire. Les frappes aériennes des États-Unis et de la coalition se sont poursuivies jusqu'à la fin de la présidence d'Obama.

En Syrie, la lutte contre l'ISIL a été compliquée par le conflit entre le gouvernement autoritaire et les forces rebelles. Le conflit a commencé lorsque le président syrien Bachar el-Assad a ordonné une violente répression contre les manifestants pro-démocratie. À la mi-2012, la crise s'est transformée en guerre civile.

Après que le gouvernement a utilisé des armes chimiques dans ses attaques, les États-Unis ont fourni des armes et d'autres formes de soutien aux rebelles, mais M. Obama a choisi de ne pas intervenir avec l'armée américaine. La guerre a fait rage pendant le reste de la présidence d'Obama, les forces gouvernementales prenant le dessus sur les rebelles, tandis que des centaines de milliers de Syriens mouraient. Si certains reprochent à la réponse mesurée d'Obama d'avoir aggravé le conflit, d'autres soutiennent sa décision de ne pas impliquer les États-Unis dans une autre guerre complexe du Moyen-Orient.

La stratégie d'Obama pour combattre le terrorisme a impliqué une expansion majeure de l'utilisation des frappes de drones. Selon des responsables de l'administration, M. Obama a autorisé plus de 500 frappes de drones contre des terroristes présumés dans un certain nombre de pays, dont le Pakistan, le Yémen, la Somalie et la Libye. Ce total représente plus de 10 fois le nombre de frappes ordonnées par le président George W. Bush.

L'administration de Barack Obama a déclaré que les frappes avaient tué quelque 3 000 terroristes et jusqu'à 117 civils. Les groupes de défense des droits de l'homme, cependant, ont affirmé que beaucoup plus de civils - peut-être jusqu'à 800 - sont morts dans ces attaques.

Le second mandat d'Obama a été marqué par des réalisations diplomatiques majeures. L'une d'elles a été un accord historique dans lequel l'Iran a accepté de limiter son programme nucléaire en échange de la réduction des sanctions économiques contre le pays. M. Obama a déclaré que l'accord avait coupé "toute voie d'accès à l'arme nucléaire" pour l'Iran.

Une autre réussite en matière de politique étrangère a été la percée des relations diplomatiques entre les États-Unis et Cuba. Les États-Unis avaient suspendu leurs relations avec Cuba en 1961, pendant la guerre froide. En 2015, les États-Unis et Cuba ont officiellement ouvert leurs ambassades dans la capitale de l'autre pays et, en 2016, M. Obama est devenu le premier président américain en exercice à se rendre à Cuba depuis plus de 80 ans.

Barack Obama a quitté ses fonctions en janvier 2017. À son départ, sa cote de popularité s'élevait à près de 60 %, soit nettement plus que celle du président entrant, Donald Trump.

Questions de recherche

1. Quelle est votre opinion sur le président Barack Obama ?
2. Pensez-vous qu'Obama a réellement amélioré la position internationale des États-Unis au cours de son mandat, ou pas du tout ?
3. Que préférez-vous de son mandat de président ?

45. Donald Trump (2017-2021)
Parti républicain | Vice-président : Mike Pence

"Regardez, écoutez et apprenez. Vous ne pouvez pas tout savoir par vous-même. Quiconque pense le faire est destiné à la médiocrité."

Dans un renversement politique stupéfiant, Donald Trump a été élu le 45e président des États-Unis en 2016. Il est entré dans l'histoire en devenant le premier candidat à être élu à la plus haute fonction du pays sans avoir d'expérience politique ou militaire préalable.

Avant d'entrer en politique, Donald Trump a fait fortune en tant que promoteur immobilier et a acquis la célébrité en tant que star de la téléréalité. En 2016, son statut de célébrité l'a aidé à remporter l'investiture du Parti républicain pour la présidentielle, et lors de l'élection générale, il a battu Hillary Clinton pour prendre la présidence. Il a occupé le poste de président de 2017 à 2021.

Donald Trump est également entré dans l'histoire en devenant le premier président à être destitué deux fois. Il a été destitué en 2019 pour deux chefs d'accusation, abus de pouvoir et obstruction au Congrès. Il était accusé d'avoir fait pression sur l'Ukraine pour qu'elle lance des enquêtes sur les transactions commerciales de son rival politique, Joe Biden, et du fils de ce dernier.

Les enquêtes auraient pu faire croire que Biden était impliqué dans un scandale, ce qui aurait pu nuire à ses chances lors de la prochaine élection présidentielle. Trump a été blanchi des deux accusations lors de son procès au Sénat.

Après que Donald Trump a perdu l'élection présidentielle de 2020 face à Biden, ce dernier a insisté faussement sur le fait qu'il y avait eu une fraude électorale généralisée. Lui et ses alliés ont emprunté plusieurs voies pour tenter d'annuler les résultats de l'élection. Trump a été de nouveau destitué en 2021, accusé d'avoir encouragé une foule violente de ses partisans à prendre d'assaut le Capitole des États-Unis alors que les résultats de l'élection étaient en cours de certification.

Enfance et éducation

Donald John Trump est né à New York, dans l'État de New York, le 14 juin 1946. Son père était un riche promoteur immobilier qui construisait des immeubles d'habitation dans les arrondissements de Queens et de Brooklyn. Donald Trump a fréquenté l'Académie militaire de New York, où il a obtenu de bons résultats, puis il a étudié à l'Université Fordham.

En 1968, Donald Trump est diplômé de la Wharton School of Finance de l'université de Pennsylvanie. Cette année-là également, pendant la guerre du Viêt Nam, il obtient un diagnostic d'épines osseuses. Cela lui permet de bénéficier d'une exemption médicale de l'appel sous les drapeaux (il avait déjà bénéficié de quatre reports d'appel pour ses études).

La carrière commerciale de Trump

Donald Trump a commencé sa carrière en travaillant dans l'entreprise de son père, dont il a aidé à développer le parc immobilier locatif. En 1971, il prend le contrôle de la société, qu'il rebaptise Trump Organization. Dans les années 1970, alors que la ville de New York connaît des difficultés financières, Donald Trump réalise une série d'achats immobiliers astucieux à Manhattan. Il achète et rénove plusieurs complexes hôteliers et tours d'habitation vieillissants et en construit de nouveaux. Il s'appuie largement sur les prêts, les cadeaux et autres aides financières de son père, ainsi que sur les relations politiques de ce dernier à New York.

Dans les années 1980, Donald Trump a également investi dans le centre de jeu voisin d'Atlantic City, dans le New Jersey. Dans les années 1990, les avoirs de Trump comprenaient plus de 25 000 logements locatifs et coopératifs dans le Queens et à Brooklyn, des immeubles de grande hauteur tels que la Trump Tower et l'Empire State Building à Manhattan, et plusieurs complexes d'hôtels et de casinos à Atlantic City.

L'empire de Trump s'est effondré au début des années 1990 lorsque, en raison d'une économie en déclin et d'un effondrement de l'immobilier, il n'a pas remboursé ses prêts aux banques et autres créanciers. L'échec d'un service de navette aérienne sur la côte Est, qu'il avait acheté à American Airlines en 1988, a aggravé la dette de Trump. En 1991, Trump a cédé le contrôle de la compagnie aérienne à ses créanciers, et elle a rapidement été rachetée par USAir.

Bien qu'il doive quelque 900 millions de dollars, Donald Trump a pu négocier avec les prêteurs pour obtenir de nouveaux prêts et éviter ainsi la faillite. Néanmoins, trois de ses casinos et son hôtel Plaza à New York ont fait faillite au début des années 1990. À la suite de ces échecs, la plupart des grandes banques ont refusé de faire des affaires avec lui.

La fortune de Trump a rebondi avec la reprise de l'économie dans les années 1990. Au début du XXIe siècle, Trump a commencé à développer plusieurs grands complexes hôteliers et résidentiels dans le monde, notamment la Trump World Tower à New York, le Trump International

Hotel and Tower à Chicago (Illinois) et le Mar-a-Lago Club à Palm Beach (Floride).

Donald Trump a également fait sa marque dans l'industrie du divertissement. En 1996, il a acheté la Miss Universe Organization, qui produit les concours de beauté Miss America, Miss USA et Miss Teen USA. En 2004, il a fait ses débuts en tant qu'animateur d'une série de télé-réalité intitulée The Apprentice, dans laquelle il confiait des tâches à des candidats en lice pour un emploi dans son entreprise. L'émission est devenue un succès, popularisant la phrase d'accroche de Trump "Vous êtes viré" et consolidant sa réputation d'homme d'affaires rusé et franc. L'émission Celebrity Apprentice, lancée en 2008, mettait en scène des personnalités connues.

Donald Trump a commercialisé son nom en tant que marque dans de nombreuses autres entreprises commerciales. Parmi elles, la Trump Entrepreneur Initiative (anciennement Trump University), une société d'éducation en ligne qui a cessé ses activités en 2011. En 2016, Trump a réglé des poursuites judiciaires alléguant une fraude de la part de cette société pour 25 millions de dollars.

En 2019, plus de deux ans après le début de sa présidence, Donald Trump a accepté de payer 2 millions de dollars de dommages et intérêts et de reconnaître sa culpabilité pour régler un autre procès intenté par le procureur général de New York. La poursuite l'avait accusé d'avoir utilisé illégalement des actifs de son organisme de bienfaisance, la Trump Foundation, pour financer sa campagne présidentielle de 2016. Dans le cadre du règlement, la Fondation Trump a été dissoute.

En 2005, Donald Trump a épousé Melania Knauss, un mannequin. Ses deux mariages précédents, avec Ivana Zelnickova et Marla Maples, se sont soldés par un divorce. Il a eu cinq enfants de ses trois mariages.

Donald Trump devient un homme politique

Tout en se faisant un nom dans le monde des affaires et du spectacle, M. Trump est également devenu actif en politique. En 1999, il a changé son inscription sur les listes électorales, passant du parti républicain au parti réformiste, et a créé un comité exploratoire pour étudier la possibilité de se présenter à la présidence, mais il a finalement renoncé à le faire. Donald Trump a ensuite réintégré le parti républicain.

Donald Trump a maintenu un profil public élevé pendant l'élection présidentielle de 2012 - attirant beaucoup d'attention pour avoir remis en question sans fondement la citoyenneté du président américain Barack Obama - mais, une fois encore, il ne s'est pas présenté. En 2015, cependant, Donald Trump s'est inscrit aux primaires républicaines pour la course présidentielle de 2016.

Lors de la campagne, Trump s'est rapidement imposé comme un outsider politique, une position qui s'est avérée populaire auprès de nombreux électeurs. Promettant de "rendre l'Amérique grande à nouveau", il a mis l'accent sur la création d'emplois, le remplacement de la loi sur la protection des patients et les soins abordables (la loi sur les soins de santé également connue sous le nom d'Obamacare) et l'amélioration des relations extérieures. Il a également promis de freiner l'immigration illégale, de négocier des accords commerciaux avantageux, d'adopter une position économique ferme à l'égard de la Chine et de vaincre le groupe terroriste État islamique.

Donald Trump a toutefois suscité la controverse avec une série de remarques incendiaires, comme la proposition d'interdire l'entrée des musulmans aux États-Unis. À la consternation de nombreux politiciens au sein de l'establishment républicain, Trump a émergé d'un champ de candidats bondé pour remporter l'investiture du parti en mai 2016. En juillet, Donald Trump a choisi le gouverneur de l'Indiana Mike Pence comme colistier pour la vice-présidence. Lors de la convention nationale républicaine qui s'est tenue plus tard dans le mois, Donald Trump a été officiellement désigné comme le candidat du parti.

L'adversaire démocrate de Trump lors de l'élection générale était Hillary Clinton. La controverse a continué à suivre M. Trump pendant sa campagne, car il a fait l'objet de nombreuses critiques, même parmi les républicains les plus en vue, pour une série de remarques négatives sur les femmes. Un certain nombre de femmes ont par la suite affirmé avoir été harcelées ou agressées sexuellement par Trump dans le passé, des allégations que Trump a démenties.

La campagne de Donald Trump s'est attachée à dépeindre Clinton comme une initiée politique corrompue et indigne de confiance. En particulier, Donald Trump a condamné Mme Clinton pour son utilisation d'un serveur de messagerie privé lorsqu'elle était secrétaire d'État - qu'une enquête du FBI avait jugée "extrêmement négligente" mais qui ne méritait pas de poursuites judiciaires. Si ces attaques ont été populaires auprès de certains électeurs, Donald Trump a semblé avoir du mal à élargir son soutien. La plupart des sondages le montraient à la traîne de Clinton dans les semaines précédant l'élection. Dans les dernières semaines de la campagne, il a affirmé à plusieurs reprises que l'élection était truquée, les médias étant particulièrement partiaux à son égard.

Lorsque les Américains ont voté le 8 novembre 2016, cependant, Donald Trump a continué à défier les attentes - et les sondages - avec une performance inattendue. Bien qu'il ait perdu le vote populaire par près de 3 millions de voix, Trump a capturé les votes électoraux d'un certain nombre d'États clés qui avaient voté démocrate lors de l'élection présidentielle de 2012, notamment la Floride, l'Ohio, la Pennsylvanie et le Wisconsin. Au final, Trump a remporté la présidence avec un total de 304 voix électorales contre 227 pour Clinton.

Ce n'est que la quatrième fois qu'un candidat triomphe au collège électoral alors qu'il a perdu le vote populaire. Le soir même de l'élection, la victoire de Donald Trump était déjà considérée comme l'une des plus grandes surprises politiques de l'histoire des États-Unis.

Donald Trump devient président

Donald Trump est entré à la Maison Blanche le 20 janvier 2017. À l'époque, certains pensaient que le poids de la fonction présidentielle l'amènerait à modifier son comportement et à devenir un politicien plus conventionnel. En tant que président, cependant, Trump a conservé son style effronté et conflictuel.

Donald Trump a attaqué à plusieurs reprises les articles de presse défavorables à son égard en les qualifiant de "fake news", laissant entendre que les organes de presse en question publiaient sciemment de fausses informations. Les vérificateurs de faits ont constaté que Trump lui-même a émis de fausses déclarations à plusieurs reprises ; le Washington Post a rapporté qu'en novembre 2020, Trump avait fait publiquement plus de 22 000 "affirmations fausses ou trompeuses."

Donald Trump est également devenu le premier président à utiliser Twitter comme principal moyen de communication. Il a utilisé la plateforme quotidiennement pour attaquer ses adversaires, pour se vanter de ses réalisations et même pour publier des déclarations présidentielles semi-officielles.

Cabinet et Cour suprême

Donald Trump a pris un temps inhabituellement long pour constituer son cabinet, en partie à cause de la résistance des démocrates. Son cabinet était inhabituel en ce sens qu'il était le moins diversifié depuis des décennies et de loin le plus riche de l'histoire des États-Unis. Certaines nominations ont été controversées parce que les personnes choisies s'étaient opposées par le passé aux missions de leurs agences. Par exemple, Scott Pruitt, le choix de Trump pour diriger l'Agence de protection de l'environnement (EPA), a passé une grande partie de sa carrière en tant que procureur général de l'Oklahoma à poursuivre l'EPA au nom de l'industrie pétrolière et gazière. Betsy DeVos, le choix de Trump pour le poste de secrétaire à l'éducation, avait souvent exprimé son mépris pour l'éducation publique. Trump a également été critiqué pour avoir donné à son gendre, Jared Kushner, et à sa fille Ivanka Trump des rôles importants en tant que conseillers.

Donald Trump a eu deux occasions de nommer des juges de la Cour suprême au cours de ses deux premières années de mandat. Au début de sa présidence, il a nommé Neil Gorsuch pour occuper le siège devenu vacant à la suite du décès d'Antonin Scalia en février 2016. Barack Obama avait nommé un juge modéré pour remplacer Scalia, mais le Sénat, contrôlé par les républicains, avait refusé de tenir des audiences sur cette nomination.

Les républicains ont soutenu que, puisque l'élection présidentielle aurait lieu plus tard cette année-là, le gagnant de l'élection devrait choisir le remplaçant de Scalia. Le siège est donc resté vacant jusqu'après l'entrée en fonction de Donald Trump en 2017. Gorsuch, un juge solidement conservateur, a été confirmé par le Sénat en avril 2017. Puis, en juillet 2018, Trump a nommé Brett Kavanaugh pour remplacer le juge de la Cour suprême Anthony Kennedy, qui prend sa retraite.

Au cours du processus de confirmation, plusieurs femmes ont accusé Kavanaugh de les avoir agressées sexuellement au début des années 1980. Après qu'une brève enquête du FBI n'ait pas permis de trouver des preuves à l'appui des allégations, Kavanaugh a été confirmé de justesse par le Sénat en octobre.

L'occasion pour Donald Trump de nommer un troisième juge à la Cour suprême s'est présentée en septembre 2020, au décès de la juge Ruth Bader Ginsburg, une libérale. À moins de deux mois de l'élection présidentielle, Trump a rapidement nommé une juge conservatrice, Amy Coney Barrett, pour le siège. Malgré leur refus d'examiner la candidature d'Obama au début de 2016, le Sénat contrôlé par les républicains a agi rapidement pour donner suite à la nomination de Trump. Barrett a été confirmée en octobre 2020, huit jours seulement avant l'élection présidentielle. Les nominations de Trump à la Cour suprême ont ainsi assuré une majorité conservatrice à la Cour, avec six juges conservateurs contre trois juges libéraux.

Les soins de santé sous Trump

L'un des premiers objectifs de l'administration de Donald Trump était l'abrogation de l'Obamacare, que Trump considérait comme un échec coûteux. Pendant sa campagne, Trump a promis qu'il remplacerait l'Obamacare par un projet de loi qui fournirait une meilleure couverture d'assurance maladie à des coûts moindres. Il a également promis que personne ne perdrait son assurance maladie dans le cadre de son plan.

Le premier jour de Donald Trump en tant que président, il a signé un décret comme première étape vers l'abrogation d'Obamacare. (Un décret est une directive présidentielle qui ne nécessite pas l'approbation du Congrès). En mars 2017, les républicains de la Chambre des représentants ont présenté un nouveau plan de soins de santé.

Le Congressional Budget Office a estimé que le plan réduirait le déficit fédéral de 337 milliards de dollars sur 10 ans, mais qu'il augmenterait également le nombre de personnes non assurées de 24 millions. Les républicains modérés et conservateurs ne parvenant pas à se mettre d'accord sur le plan, les leaders de la Chambre l'ont retiré sans vote. En mai, la Chambre a adopté une version révisée du projet de loi sans le moindre vote démocrate. Les dirigeants républicains du Sénat ont révélé leur plan d'abrogation d'Obamacare en juin, mais en juillet, le Sénat a rejeté à la fois ce projet de loi et une version réduite.

L'effondrement apparent des efforts déployés depuis sept ans par les républicains pour mettre fin à Obamacare constitue une défaite majeure pour le parti et pour Donald Trump. Néanmoins, ils n'ont pas abandonné la question. Au contraire, ils ont recentré leurs efforts sur l'affaiblissement de l'Obamacare. Ils ont introduit un certain nombre de mesures visant à rendre l'assurance maladie qu'elle fournit moins accessible, moins abordable et moins efficace. Trump a déclaré que son objectif était de laisser Obamacare "exploser".

La politique environnementale de Trump

Donald Trump a également utilisé des décrets pour mettre en œuvre des politiques affectant l'environnement. En janvier 2017, il a signé des décrets visant à encourager la construction des oléoducs Dakota Access et Keystone XL. L'administration Obama avait bloqué ces deux projets en raison de préoccupations relatives à leur impact environnemental.

En mars, Trump a signé un décret qui annulait diverses politiques de l'ère Obama visant à lutter contre le réchauffement climatique. Cependant, la décision environnementale la plus marquante de l'administration Trump a été l'annonce, en juin 2017, du retrait des États-Unis de l'accord de Paris sur le changement climatique.

Dans le cadre de cet accord, les États-Unis et 194 autres pays avaient convenu d'un large éventail de mesures destinées à lutter contre le réchauffement climatique. Donald Trump a affirmé que l'accord nuirait à l'économie américaine en raison des réductions des émissions de gaz à effet de serre imposées par le gouvernement. Sa décision de se retirer a été condamnée par des dirigeants gouvernementaux et politiques, des scientifiques, des chefs d'entreprise et des militants du monde entier.

Immigration

L'un des premiers décrets les plus controversés de Donald Trump a mis en œuvre l'"interdiction des musulmans" proposée pendant sa campagne. Ce décret était censé répondre à l'intérêt de la sécurité nationale. Il suspendait temporairement l'immigration aux États-Unis en provenance de sept pays dont la population est majoritairement musulmane.

L'interdiction de voyager, comme on l'a appelée, a suscité des protestations dans les aéroports et a été stoppée par des tribunaux fédéraux. En mars 2017, Donald Trump a publié un nouveau décret qui retirait l'Irak de la liste des pays ciblés et réduisait les catégories de personnes dont les voyages seraient affectés. Néanmoins, l'application de l'interdiction de voyager révisée a également été bloquée par les tribunaux. En juin, la Cour suprême des États-Unis a autorisé la poursuite de certaines parties de l'interdiction de voyager tout en acceptant d'entendre les arguments sur l'interdiction plus tard dans l'année.

Avant la tenue de ces audiences, Donald Trump a publié une troisième version de l'interdiction. Elle continue de s'appliquer aux immigrants de six pays à majorité musulmane, mais inclut désormais les immigrants de Corée du Nord et certains responsables gouvernementaux du Venezuela. La troisième interdiction, comme les deux précédentes, a immédiatement été contestée devant les tribunaux. En fin de compte, en juin 2018, la Cour suprême a confirmé l'interdiction.

L'administration de Donald Trump a également procédé à des réductions drastiques du nombre de réfugiés admis aux États-Unis. Un premier décret a réduit le plafond annuel de réfugiés à 50 000, soit moins de la moitié de la limite fixée au cours de la dernière année de la présidence d'Obama. D'autres réductions ont ramené le plafond à 18 000 pour l'année fiscale 2020, le niveau le plus bas jamais enregistré.

En avril 2018, l'administration Trump a adopté ce qu'elle a appelé une politique d'immigration de "tolérance zéro". Cette nouvelle politique consistait à séparer de force les enfants de leurs parents dans les familles qui avaient traversé ensemble la frontière entre les États-Unis et le Mexique. Fin juin, selon le décompte du gouvernement, plus de 2 800 enfants avaient été enlevés à leurs parents. Ils ont été envoyés dans des refuges gérés par le gouvernement pendant que leurs parents attendaient d'être poursuivis pour entrée illégale sur le territoire.

Rapidement, les photographies et les reportages d'enfants terrifiés ont conduit à une condamnation internationale de la politique de séparation. Face à la pression des républicains au Congrès, Donald Trump a signé un décret fin juin pour mettre fin aux séparations. Cependant, même après ce décret, les séparations se sont poursuivies. En réponse à une décision de justice, le gouvernement a révélé fin 2019 que plus de 1 000 enfants avaient été séparés de leur famille après juin 2018.

Le gouvernement a également identifié plus de 1 500 enfants supplémentaires qui avaient été séparés de leurs parents avant juin 2018, certains avant l'introduction de la politique de "tolérance zéro".

Une autre politique visant à réduire l'immigration illégale a été la forte augmentation des arrestations d'immigrants sans papiers par l'Immigration and Customs Enforcement (ICE). L'ICE est une agence du département de la sécurité intérieure qui a été créée en 2003. Pendant la présidence d'Obama, l'ICE s'est concentrée sur les immigrants sans papiers qui avaient un casier judiciaire grave.

Donald Trump a toutefois ordonné à l'ICE de trouver, d'arrêter et d'expulser toutes les personnes dépourvues de documents, quelle que soit la durée de leur séjour aux États-Unis et qu'elles aient ou non commis des crimes. Les agents de l'ICE ont mené des raids chez des particuliers, dans des églises, des écoles, des palais de justice et des sites d'emploi dans tout le pays. Les dirigeants démocrates et les organisations de défense des droits civiques ont condamné ces raids, les jugeant trop sévères et inutiles.

Relations extérieures

L'un des principaux thèmes de la campagne présidentielle de Donald Trump était son opinion selon laquelle les États-Unis ont longtemps été traités de manière injuste ou exploités par d'autres pays, y compris par certains alliés traditionnels des États-Unis.

Donald Trump a menacé d'imposer des droits de douane aux pays qui se livrent à ce qu'il considère comme des pratiques commerciales déloyales, et il a sévèrement critiqué l'Organisation mondiale du commerce (OMC). Il a également promis de renégocier l'Accord de libre-échange nord-américain (ALENA), qu'il a qualifié de "pire accord commercial" que les États-Unis aient jamais signé.

Début 2018, l'administration Trump a annoncé des droits de douane élevés sur les importations en provenance de plusieurs pays. Certains de ces tarifs visaient particulièrement la Chine, mais d'autres ont touché de proches alliés des États-Unis, notamment le Canada, le Mexique et l'Union européenne (UE). En réponse, la Chine a imposé des droits de douane sur une variété de produits américains. Au cours des mois suivants, les deux pays se sont mutuellement imposé des droits de douane supplémentaires, créant ainsi une "guerre commerciale". Le Canada, le Mexique et l'Union européenne ont également riposté aux tarifs américains en imposant leurs propres tarifs. Ces différends ont perturbé les échanges entre les États-Unis et leurs principaux partenaires commerciaux.

Les États-Unis, le Canada et le Mexique ont conclu un accord en 2019 pour lever leurs droits de douane. Cet accord a permis de lever un obstacle à l'approbation par le Congrès du nouvel accord États-Unis-Mexique-Canada (USMCA), que les trois pays ont signé fin 2018. Après avoir été approuvé par les assemblées législatives des trois pays, l'USMCA a remplacé l'ALENA en 2020.

Une accélération du programme d'armes nucléaires de la Corée du Nord a conduit à un échange de menaces entre Donald Trump et le dirigeant nord-coréen Kim Jong-Un en 2017. En 2018, cependant, Trump a accepté une invitation à rencontrer Kim pour discuter des plans de retrait des armes nucléaires de la péninsule coréenne.

Ils se sont rencontrés à Singapour en juin, marquant la première rencontre en face à face entre les dirigeants en exercice des deux pays. Ils se sont à nouveau rencontrés à Hanoi, au Vietnam, en février 2019 et pour la troisième fois dans la zone démilitarisée (DMZ) entre la Corée du Nord et la Corée du Sud en juin 2019. Lors de leur troisième rencontre, Donald Trump est devenu le premier président américain en exercice à mettre le pied en Corée du Nord. Cette période historique de diplomatie a conduit Kim à suspendre ses essais nucléaires, mais l'avenir du programme nucléaire nord-coréen n'a pas été résolu.

Troubles présidentiels

Les événements de la présidence de Trump ont été éclipsés par des questions sur les liens de son administration avec la Russie. En février 2017, le conseiller à la sécurité nationale de Trump, Michael Flynn, a été contraint de démissionner. Il avait été révélé que Flynn avait menti sur les conversations téléphoniques qu'il avait eues avec l'ambassadeur russe aux États-Unis avant et après l'élection de Trump.

Le Federal Bureau of Investigation (FBI) avait écouté les conversations dans le cadre d'une enquête secrète sur une éventuelle collusion (coopération illégale) entre des responsables russes et des membres de la campagne Trump pour influencer l'élection de 2016. Donald Trump a rejeté les informations de presse sur l'existence d'une telle enquête en les qualifiant de "fake news". Cependant, le directeur du FBI, James Comey, a confirmé l'enquête lors d'un témoignage devant le Congrès en mars. Après que Comey a témoigné à nouveau en mai sur l'ingérence russe dans l'élection, Trump l'a licencié.

Peu après, Donald Trump a reconnu que l'enquête sur la Russie avait pesé dans sa décision. Les médias ont ensuite pris connaissance d'un mémo rédigé par Comey qui résumait une conversation à la Maison Blanche au cours de laquelle Trump lui avait demandé d'abandonner l'enquête du FBI sur Flynn. Ces révélations ont suscité des inquiétudes, même chez certains républicains, quant à la possibilité que Trump ait fait obstruction à la justice dans ses efforts pour influencer l'enquête. Le ministère de la Justice a ensuite nommé l'ancien directeur du FBI Robert Mueller comme conseiller spécial chargé de superviser l'enquête sur la Russie.

L'enquête de près de deux ans menée par Mueller a permis de découvrir de nombreuses preuves que la Russie avait tenté d'interférer dans l'élection de 2016. Elle a également conduit à des accusations criminelles contre plusieurs proches collaborateurs de Trump. En mars 2019, Mueller a soumis un rapport final à William Barr, le procureur général des États-Unis. Le rapport indiquait qu'il n'y avait pas suffisamment de preuves pour démontrer que Donald Trump ou sa campagne avaient conspiré avec la Russie pour influencer l'élection.

Le rapport présente également les détails de 10 événements que M. Mueller a examinés en tant qu'obstruction possible à la justice. Mueller n'a pas conclu que Donald Trump avait commis un crime, mais il n'a pas non plus disculpé le président (le déclarer innocent). Bien que M. Barr ait refusé d'approfondir l'affaire, les démocrates du Congrès ont poursuivi leurs propres enquêtes.

En septembre 2019, une nouvelle controverse est apparue. Des reportages ont révélé qu'un responsable du renseignement américain avait déposé une plainte concernant un appel téléphonique de juillet 2019 entre Donald Trump et Volodymyr Zelensky, le président de l'Ukraine. Le "lanceur d'alerte" anonyme a écrit que Trump avait fait pression sur Zelensky pour qu'il enquête sur les transactions commerciales de Joe Biden et de son fils Hunter en Ukraine. Joe Biden, qui avait été vice-président des États-Unis sous Barack Obama, était l'un des principaux candidats démocrates à affronter Trump lors de l'élection présidentielle de 2020.

Au moment de l'appel, les États-Unis retenaient des centaines de millions de dollars d'aide militaire à l'Ukraine qui avaient été autorisés par le Congrès. Les dirigeants démocrates considéraient le lien possible entre la retenue de l'aide militaire et la demande de Trump d'une enquête à motivation politique sur les Biden comme un abus de pouvoir présidentiel.

Donald Trump a soutenu qu'il n'avait rien fait de mal, et les législateurs républicains se sont généralement rangés de son côté. En septembre 2019, la Chambre des représentants contrôlée par les démocrates a lancé une enquête pour savoir si Trump devait être mis en accusation.

Après une enquête de près de trois mois, Trump est devenu seulement le troisième président de l'histoire des États-Unis à être destitué (les autres étant Andrew Johnson et Bill Clinton). Le 18 décembre 2019, la Chambre des représentants contrôlée par les démocrates a approuvé deux articles de destitution, l'un pour abus de pouvoir et l'autre pour obstruction au Congrès. Les votes de la Chambre préparent le terrain pour un procès au Sénat, contrôlé par les républicains. Dans les jours précédant le procès, les républicains du Sénat ont déclaré qu'ils travaillaient avec les avocats de Trump pour assurer un procès rapide se terminant par l'acquittement du président.

Au cours du procès, les républicains ont utilisé leur majorité pour bloquer une tentative des démocrates d'amener des témoins et des preuves supplémentaires. Le 5 février 2020, le Sénat a acquitté Donald Trump des deux accusations d'impeachment. Un seul républicain, Mitt Romney de l'Utah, s'est joint aux démocrates pour voter la condamnation de Trump pour abus de pouvoir. Le vote sur l'accusation d'obstruction au Congrès a été complètement conforme à la ligne des partis.

Covid-19

Début 2020, une épidémie d'un nouveau coronavirus, à l'origine de la maladie COVID-19, a atteint les États-Unis. Elle est rapidement devenue une pandémie mondiale. Au cours des premiers mois de l'année, l'administration Trump a instauré quelques restrictions de voyage, mais a généralement pris peu de mesures concernant la maladie. En mars, les États-Unis comptaient le plus grand nombre de cas confirmés de COVID-19 au monde.

Donald Trump a déclaré une urgence nationale et a alloué certains fonds fédéraux aux États pour lutter contre la pandémie. Son administration a ensuite concentré ses efforts sur l'accélération des essais de vaccins.

La maladie s'est rapidement propagée dans le pays, dépassant les capacités de dépistage et submergeant les hôpitaux dans certaines régions. À la fin du mois de mai, 100 000 Américains étaient morts du COVID-19. En l'absence d'un plan fédéral global pour ralentir la propagation de la maladie, les réponses à la pandémie ont varié selon les États et les localités. Dans certains endroits, les gens ont poursuivi leur vie quotidienne plus ou moins comme d'habitude.

Dans d'autres endroits, les écoles, les restaurants et les entreprises non essentielles ont été temporairement fermés et les gens ont été invités à rester chez eux autant que possible pour ralentir la propagation du virus. La réduction de l'activité commerciale a entraîné une grave récession. Le Congrès a adopté un projet de loi de relance économique, que M. Trump a promulgué en mars. Malgré cela, le taux de chômage est monté en flèche, atteignant le niveau le plus élevé que le pays ait connu depuis la Grande Dépression.

Craignant que le marché boursier et d'autres aspects de l'économie ne souffrent si trop de gens restent à la maison, Donald Trump et son administration ont souligné l'importance de rouvrir le pays. Trump a minimisé à plusieurs reprises la gravité de la maladie, la comparant à la grippe saisonnière et affirmant que la pandémie disparaîtrait bientôt.

Donald Trump a également contredit à plusieurs reprises les conseils des experts en santé publique, y compris ceux qui servent dans son administration. Bien que les scientifiques de la santé publique aient massivement conclu que le port de masques faciaux pouvait freiner considérablement la propagation du virus, Trump a généralement refusé d'en porter un. En juillet, il a annoncé que les États-Unis se retireraient de l'Organisation mondiale de la santé (OMS), réduisant ainsi considérablement son financement. Trump a également fait la promotion de remèdes non éprouvés et a laissé entendre qu'un vaccin contre le coronavirus serait disponible avant l'élection présidentielle de 2020.

Les élections de 2020

Dans sa campagne de réélection, Donald Trump a affronté le candidat démocrate, Joe Biden, qui avait été vice-président sous Obama. De manière inhabituelle, le parti républicain n'a pas publié de nouvelle plateforme de parti exposant des propositions politiques spécifiques. Au lieu de cela, Donald Trump s'est à nouveau présenté avec le slogan "Make America Great Again".

Donald Trump a organisé de nombreux grands rassemblements de campagne sans qu'il y ait de distanciation sociale ni d'obligation de porter un masque. Les experts en maladies infectieuses ont soupçonné que ces événements ont entraîné une augmentation des cas de coronavirus et des décès dans les communautés où ils ont eu lieu. En septembre, l'administration Trump a également organisé une célébration pour sa nomination d'Amy Coney Barrett à la Cour suprême, au cours de laquelle Trump et de nombreux autres participants n'ont pas porté de masque et n'ont pas pratiqué la distanciation sociale. Peu après, plusieurs participants ont été testés positifs au COVID-19.

Moins d'une semaine après l'événement, Donald Trump a annoncé qu'il avait lui-même contracté le COVID-19. Il a été emmené à l'hôpital, où il a reçu des traitements expérimentaux qui n'étaient pas disponibles pour le grand public. Il s'est rétabli et a rapidement repris la campagne.

Au moment de l'élection, le 3 novembre, les États-Unis avaient signalé plus de 9 millions de cas de COVID-19 et plus de 230 000 décès dus à cette maladie. Le taux de mortalité par habitant dû au COVID-19 était plus élevé aux Etats-Unis que dans la plupart des autres pays.

En raison de la pandémie, de nombreuses localités ont autorisé les électeurs à voter par courrier. Donald Trump a affirmé, sans preuve, que le vote par correspondance était associé à la fraude électorale. On pensait que les démocrates seraient plus nombreux que les républicains à voter par courrier. Trump a tenté d'inciter les gens à se méfier du processus électoral et du comptage des bulletins de vote par correspondance. Il a également affirmé à tort que tous les votes devaient être comptés le soir de l'élection pour être valides.

Néanmoins, au fur et à mesure que les votes étaient comptés, il est devenu évident que Donald Trump perdrait le vote populaire de plusieurs millions de voix. Le 7 novembre, les principaux médias rapportent que Biden a obtenu suffisamment de voix pour remporter la présidence au collège électoral. Donald Trump n'a cependant pas concédé sa défaite, contestant plutôt les résultats.

Donald Trump a prétendu sans fondement que la victoire lui avait été refusée par une campagne massive de fraude électorale. Dans un effort remarquable pour renverser les résultats de l'élection, la campagne Trump et ses alliés ont déposé plus de 50 procès. Ces procès remettent en cause les procédures électorales et dénoncent diverses irrégularités du scrutin. De nombreux responsables républicains ont publiquement soutenu les efforts de Donald Trump pour invalider des millions de votes. Néanmoins, la grande majorité des affaires ont été rejetées par des juges (tant conservateurs que libéraux) ou retirées.

Bill Barr, le procureur général des États-Unis, a déclaré que le ministère de la Justice n'avait pas réussi à découvrir de preuves de fraude électorale massive. Le 14 décembre, les votes du collège électoral sont officiellement exprimés, Trump perdant contre Biden par 232 voix contre 306. Il avait perdu le vote populaire face à Biden par plus de 7 millions de voix.

Néanmoins, Donald Trump a continué à contester les résultats. Lui et ses alliés ont répété à plusieurs reprises à leurs partisans - à tort - que l'élection leur avait été volée et qu'ils devaient agir. Une prochaine étape du processus électoral consistait pour le Congrès à certifier officiellement les votes du collège électoral. Trump a essayé d'obtenir de Pence qu'il s'engage à rejeter la certification (une action qui n'est pas légalement ouverte au vice-président).

Pence a toutefois refusé. Le 6 janvier, alors que le Congrès se réunissait au Capitole pour la certification, Donald Trump a organisé un rassemblement massif devant la Maison Blanche. Il a exhorté la foule de milliers de personnes à se rendre au Capitole pour "se battre". Dans un discours rempli d'images violentes, il a déclaré que Biden serait "un président illégitime" et que "lorsque vous attrapez quelqu'un dans une fraude, vous êtes autorisé à suivre des règles très différentes." Une foule violente de ses partisans s'est ensuite dirigée vers le Capitole et a pénétré de force dans le bâtiment à la recherche de Pence et des membres du Congrès. La foule a brisé des fenêtres, escaladé des murs, affronté violemment des policiers et saccagé des bureaux du Congrès. Des chants "Pendez Mike Pence" ont été entendus, et un noeud coulant a été installé à l'extérieur.

Le vote de certification a été interrompu. Pour leur sécurité, Pence, les membres du Congrès et leur personnel ont dû se cacher à divers endroits dans le bâtiment. Quelques heures plus tard, la police a finalement évacué la foule du Capitole. Cinq personnes, dont un agent de la police du Capitole, sont mortes à la suite de ce siège. La foule comprenait de nombreuses personnes portant ou ayant porté des symboles racistes et antisémites.

Le Congrès a repris sa certification du vote électoral plus tard dans la nuit. Les membres démocrates de la Chambre ont rapidement rédigé un article de destitution contre le président, l'accusant d'"incitation à l'insurrection". Le 13 janvier, la Chambre a voté une nouvelle fois la mise en accusation de Trump. Cette fois, 10 républicains se sont joints à tous les représentants démocrates pour voter en faveur de la destitution.

Donald Trump a été jugé par le Sénat en février. Il a été acquitté une fois de plus, mais cette fois-ci, sept républicains se sont joints à tous les démocrates pour voter en faveur de sa condamnation. Il s'agissait du vote le plus bipartisan en faveur de la condamnation dans un cas de destitution présidentielle dans l'histoire des États-Unis. Bien qu'une majorité de sénateurs - 57 contre 43 - ait voté pour la culpabilité de Donald Trump, il manquait 10 voix pour atteindre les deux tiers nécessaires à la condamnation.

Questions de recherche

---

1. Quel est le premier mot qui vous vient à l'esprit lorsque vous pensez au président Trump ?
2. Quelle est la chose la plus effrayante que Trump ait dite ?
3. Pourquoi les gens veulent-ils tant le destituer, et comment le ressent-il maintenant ?

46. Joe Biden (2021-maintenant)
Parti démocrate | Vice-président : Kamala Harris

"La vraie bravoure, c'est quand on a très peu de chances de gagner, mais qu'on continue à se battre."

L'homme politique démocrate Joe Biden est devenu le 46e président des États-Unis en 2021. Il a mené une longue carrière politique. Joe Biden était l'un des plus jeunes sénateurs de l'histoire des États-Unis lorsqu'il est entré en fonction en 1973. En remportant six fois sa réélection, il s'est assuré l'honneur d'être le sénateur du Delaware ayant servi le plus longtemps.

En 2008, Joe Biden a été élu vice-président des États-Unis en tant que colistier de Barack Obama. Joe Biden a occupé le poste de vice-président de 2009 à 2017. Joe Biden s'est présenté à la présidence en 2020 en tant que candidat démocrate.

Joseph Robinette Biden, Jr, est né le 20 novembre 1942 à Scranton, en Pennsylvanie. Il obtient une licence à l'université du Delaware en 1965, puis un diplôme de droit à l'université de Syracuse (New York) en 1968.

Joe Biden travaille ensuite comme avocat dans le Delaware et fait ses premiers pas en politique en tant que conseiller du comté de New Castle de 1970 à 1972. Joe Biden a été élu au Sénat des États-Unis en 1972, à l'âge de 29 ans. De 1991 à 2008, tout en siégeant au Sénat, il a été professeur adjoint à la branche de Wilmington (Delaware) de la faculté de droit de l'université Widener.

En tant que sénateur, Joe Biden a été nommé à la commission des relations étrangères, dont il a été le président de 2001 à 2003 et de 2007 à 2009. Il a également fait partie de la commission judiciaire, dont il a été le président de 1987 à 1995. En outre, Joe Biden était membre du Caucus sur le contrôle international des stupéfiants et a été le principal sénateur à rédiger la loi qui a créé le bureau chargé de superviser la politique nationale de contrôle des drogues.

Joe Biden s'est présenté deux fois à l'élection présidentielle avant de devenir vice-président. Il s'est présenté à l'investiture démocrate pour la présidentielle de 1988, mais s'est retiré après qu'il a été révélé que certaines parties de son discours de campagne avaient été plagiées par le leader du parti travailliste britannique Neil Kinnock. La campagne présidentielle de 2008 de M. Biden n'a jamais pris de l'ampleur et il s'est retiré de la course en janvier de cette année-là. Après avoir obtenu l'investiture du parti démocrate pour la présidentielle, M. Obama a annoncé qu'il avait choisi M. Biden comme candidat à la vice-présidence en août.

Joe Biden comme vice-président

En novembre, Barack Obama et Joe Biden ont battu John McCain et sa colistière, Sarah Palin, et Biden a également été facilement réélu à son siège au Sénat. Il a démissionné du Sénat peu avant de prêter serment en tant que vice-président en janvier 2009. En novembre 2012, Obama et Biden ont été réélus pour un second mandat, battant le ticket républicain de Mitt Romney et Paul Ryan.

En tant que vice-président, Joe Biden a joué un rôle actif au sein de l'administration, en tant que conseiller influent de M. Obama et en tant que fervent défenseur de sa politique. En outre, il a contribué à éviter plusieurs crises budgétaires et a joué un rôle clé dans l'élaboration de la politique américaine en Irak. La relation étroite entre Biden et Obama a été évidente lorsque le président l'a surpris en lui remettant la médaille présidentielle de la liberté, avec distinction, le 12 janvier 2017, quelques jours avant qu'ils ne quittent leurs fonctions.

Pendant la présidence de Donald Trump, Joe Biden a gardé un profil élevé et a été un critique virulent de l'administration. En avril 2019, il a annoncé qu'il rejoignait la course à l'investiture démocrate pour la présidentielle de 2020. "Nous sommes dans la bataille pour l'âme de cette nation", a-t-il déclaré, et il s'est décrit comme le candidat ayant les meilleures chances de battre Trump.

Les sondages montrent que Joe Biden est le favori lorsqu'il entre dans la course. Toutefois, sa candidature a suscité l'opposition de certains démocrates qui pensaient que le parti avait besoin d'un candidat plus jeune et plus libéral. Joe Biden fait piètre figure au début de la saison des élections primaires. Il a terminé en quatrième position lors des caucus de l'Iowa en février 2020 et en cinquième position lors des primaires du New Hampshire plus tard dans le mois. Un soutien clé de la part du représentant américain Jim Clyburn, un législateur afro-américain très influent de Caroline du Sud, a contribué à renforcer le soutien à Biden, qui a remporté la victoire lors de la primaire de Caroline du Sud fin février.

Joe Biden remporte ensuite 10 des 14 primaires d'État organisées lors du Super Tuesday, début mars. Après avoir remporté des victoires dominantes dans le Michigan, en Floride et dans d'autres États au cours des semaines suivantes, Joe Biden est devenu le candidat présumé du Parti démocrate à l'élection présidentielle. En août 2020, il a nommé

Kamala Harris comme sa colistière à la vice-présidence. Plus tard dans le mois, il a été officiellement désigné comme le candidat démocrate à la présidence.

Le programme de Joe Biden comprenait un certain nombre de politiques qui plaisaient aux progressistes. Il a notamment soutenu l'aide gouvernementale aux communautés à faibles revenus, une législation ambitieuse sur le changement climatique et des services de garde d'enfants abordables. Joe Biden a également appelé à l'expansion des plans fédéraux de soins de santé, tels que la loi sur la protection des patients et les soins abordables, qui avait été promulguée pendant la présidence d'Obama. Joe Biden a vivement critiqué la gestion par Trump de la pandémie de coronavirus, qui avait rendu malades des millions d'Américains et provoqué une grave récession économique.

Pour éviter la propagation du coronavirus, un grand nombre d'électeurs ont choisi, lors des élections de novembre, de voter par correspondance plutôt qu'en personne. En conséquence, le dépouillement des votes après l'élection a pris un peu plus de temps que d'habitude dans certains États clés. Trump a prétendu à tort que les votes ne devaient pas être comptés après la nuit de l'élection, le 3 novembre, tandis que Biden a conseillé la patience. Au fur et à mesure que les votes sont comptés au cours des jours suivants, il devient évident que Joe Biden remporte le vote populaire avec plusieurs millions de voix.

Le 7 novembre, alors que Joe Biden a pris une avance décisive dans le décompte des voix du collège électoral, les principaux médias ont annoncé qu'il avait obtenu suffisamment de voix pour devenir le prochain président du pays. Donald Trump refuse cependant de reconnaître sa défaite, affirmant au contraire qu'il est victime d'une fraude électorale massive. Aucune preuve n'a été trouvée pour étayer cette affirmation. Pour tenter d'annuler les résultats de l'élection, la campagne de Trump et ses alliés ont intenté plus de 50 procès, mais ils ont presque tous échoué. Les votes du collège électoral ont été officiellement exprimés le 14 décembre. Joe Biden a remporté 306 voix contre 232 pour Trump. Joe

Biden remporte le vote populaire avec plus de 7 millions de voix. Joe Biden a reçu 51,3 % du vote populaire contre 46,9 % pour Trump.

Joe Biden a commencé la transition vers une nouvelle administration, annonçant un programme et sélectionnant le personnel. Dans le même temps, Trump a continué à demander l'annulation des résultats de l'élection. La dernière étape du processus électoral consistait pour le Congrès à certifier officiellement les votes du collège électoral le 6 janvier 2021.

La présidence

Ce jour-là, Trump a organisé un rassemblement massif à la Maison Blanche, exhortant la foule à se rendre au Capitole pour "se battre" pour lui. Une foule violente de ses partisans a alors pris d'assaut le Capitole, où le Congrès se réunissait pour certifier les votes. Il faut plusieurs heures pour sécuriser le bâtiment, mais le Congrès finit par certifier la victoire de Joe Biden. Joe Biden a prêté serment en tant que président le 20 janvier.

Questions de recherche

1. Quel a été votre moment préféré de la campagne ?
2. Quelle est la chose qui vous a surpris chez Joe Biden en tant que président ?
3. Quel conseil donneriez-vous aux futurs dirigeants ?
4. Qui est votre préféré parmi les démocrates à l'heure actuelle (Biden, Bernie Sanders, Kamala Harris) ? Pourquoi ?

Votre cadeau

Vous avez un livre dans les mains.

Ce n'est pas n'importe quel livre, c'est un livre de Student Press Books ! Nous écrivons sur les héros noirs, les femmes qui prennent le pouvoir, la mythologie, la philosophie, l'histoire et d'autres sujets intéressants !

Puisque vous avez acheté un livre, nous voulons que vous en ayez un autre gratuitement.

Tout ce dont vous avez besoin, c'est d'une adresse électronique et de la possibilité de vous abonner à notre newsletter (ce qui signifie que vous pouvez vous désabonner à tout moment).

Alors, qu'attendez-vous ? Inscrivez-vous dès aujourd'hui et recevez votre livre gratuit instantanément ! Tout ce que vous avez à faire est de visiter le lien ci-dessous et d'entrer votre adresse e-mail. Vous recevrez immédiatement le lien pour télécharger la version PDF du livre afin de pouvoir le lire hors ligne à tout moment.

Et ne vous inquiétez pas, il n'y a pas d'attrape ou de frais cachés, juste un bon vieux cadeau de notre part ici à Student Press Books.

Visitez ce lien dès maintenant et inscrivez-vous pour recevoir votre exemplaire gratuit de l'un de nos livres !

Lien : https://campsite.bio/studentpressbooks

Livres

Nos livres sont disponibles chez tous les principaux détaillants de livres en ligne. Découvrez les packs numériques (bundle) de nos livres ici : https://payhip.com/studentPressBooksFR

La série de livres sur l'Histoire des Noirs.

Bienvenue dans la série de livres sur l'Histoire des Noirs. Découvrez des personnalités Noires exemplaires grâce à ces biographies inspirantes de pionniers d'Amérique, d'Afrique et d'Europe. Nous savons tous que l'Histoire des Noirs est importante, mais il peut être difficile de trouver de bonnes ressources.

Beaucoup d'entre nous connaissent personnages principaux de la culture populaire et des livres d'Histoire, mais nos livres présentent également des héros et héroïnes Noirs moins connus du monde entier, mais dont les histoires méritent d'être racontées. Ces livres de biographies vous aideront à mieux comprendre comment les souffrances et les actions de ces personnes ont façonné leurs pays respectifs et leurs communautés, pour les générations à venir.

Titres disponibles :

1. 21 personnalités noires inspirantes : La vie de personnages historiques du XXe siècle : Martin Luther King Jr., Malcom X, Bob Marley et autres
2. 21 femmes noires exceptionnelles : L'histoire de femmes noires importantes du XXe siècle : Daisy Bates, Maya Angelou et bien d'autres

La série de livres Émancipation des femmes.

Bienvenue dans la série de livres Émancipation des femmes. Découvrez des figures féminines courageuses des temps modernes grâce à ces biographies inspirantes de pionnières du monde entier. L'émancipation des femmes est un sujet important qui mérite plus d'attention qu'il n'en reçoit. Pendant des siècles, on a dit aux femmes que leur place était à la maison, mais cela n'a jamais été vrai pour toutes les femmes, ni même pour la plupart d'entre elles.

Les femmes sont encore sous-représentées dans les livres d'histoire, et celles qui s'y font une place doivent généralement se contenter de quelques pages. Pourtant, l'Histoire regorge de récits de femmes fortes, intelligentes et indépendantes qui ont surmonté des obstacles et changé le cours des choses simplement parce qu'elles voulaient vivre leur propre vie.

Ces livres biographiques vous inspireront tout en vous donnant de précieuses leçons sur la persévérance et le dépassement face à l'adversité ! Apprenez de ces exemples que tout est possible si vous y mettez du vôtre !

Titres disponibles :

1. 21 Femmes d'exception : La vie de combattantes pour la liberté qui ont repoussé les frontières : Angela Davis, Marie Curie, Jane Goodall et bien d'autres
2. 21 femmes inspirantes : la vie de femmes courageuses et influentes du XXe siècle : Kamala Harris, Mère Teresa et bien d'autres
3. 21 femmes extraordinaires : Les vies exemplaires des femmes artistes et créatrices du XXe siècle : Madonna, Yayoi Kusama et bien d'autres
4. 21 femmes de génie : Les vies déterminantes de femmes scientifiques pionnières au XXe siècle

La série de livres Les dirigeants du monde.

Bienvenue dans la série de livres sur les dirigeants du monde. Découvrez des personnages royaux et présidentiels, emblématiques du Royaume-Uni, des États-Unis et d'autres pays. Grâce à ces biographies inspirantes de membres de la famille royale, de présidents et de chefs d'État, vous apprendrez à connaître les personnes courageuses qui ont osé prendre le pouvoir, avec notamment leurs citations, leurs photos et des faits rares.

Les gens sont fascinés par l'histoire et la politique et par ceux qui les ont écrites. Ces livres offrent des perspectives nouvelles sur la vie de personnalités remarquables. Cette série est parfaite pour tous ceux qui veulent en savoir plus sur les grands dirigeants de notre monde ; les jeunes lecteurs ambitieux et les adultes qui aiment se documenter sur des personnages importants.

Titres disponibles :

1. Les 11 familles royales britanniques : La biographie de la famille de la Maison Windsor : La Reine Elizabeth II et le Prince Philip, Harry et Meghan et bien d'autres
2. Les 46 présidents des États-Unis : Leur histoire, leur réussite et leur héritage : de George Washington à Joe Biden
3. Les 46 présidents des États-Unis : Leur histoire, leur réussite et leur héritage — Édition augmentée : de George Washington à Joe Biden

La série de livres Une mythologie passionnante.

Bienvenue dans la série de livres Une mythologie passionnante. Découvrez les dieux et déesses d'Égypte et de Grèce, les divinités nordiques et d'autres créatures mythologiques.

Qui sont ces anciens dieux et déesses ? Que savons-nous d'eux ? Qui étaient-ils vraiment ? Pourquoi les gens les vénéraient-ils dans les temps anciens, et d'où venaient-ils ?

Ces livres offrent des perspectives nouvelles sur les dieux anciens, qui inviteront les lecteurs à réfléchir à leur place dans la société et à s'intéresser plus encore à l'Histoire. Ces livres sur la mythologie abordent également des sujets qui l'ont influencée, tels que la religion, la littérature et l'art, dans un format attrayant avec des photos ou des illustrations accrocheuses.

Titres disponibles :

1. L'Égypte ancienne : Un guide des mystérieux dieux et déesses de l'Égypte ancienne : Amon-Râ, Osiris, Anubis, Horus et bien d'autres
2. La Grèce antique : Un guide des dieux, déesses, divinités, titans et héros de la Grèce classique : Zeus, Poséidon, Apollon et plus encore
3. Anciens contes nordiques : Découvrez les dieux, déesses et géants de la mythologie des Vikings : Odin, Loki, Thor, Freya et plus encore

La série de livres Les grandes théories expliquées.

Bienvenue dans la série de livres **Les grandes théories expliquées**. Découvrez la philosophie, les idées des anciens philosophes et d'autres théories intéressantes. Ces livres réunissent les biographies et les idées des philosophes les plus célèbres de régions telles que la Grèce et la Chine antiques.

La philosophie est un sujet complexe, et de nombreuses personnes ont du mal à en comprendre ne serait ce que les bases. Ces livres sont conçus pour vous aider à en savoir plus sur la philosophie, ils sont uniques en raison de leur approche simple. Il n'a jamais été aussi facile et amusant d'acquérir une meilleure compréhension de la philosophie qu'avec ces livres. En outre, chaque livre comprend des questions afin que vous puissiez approfondir vos propres pensées et opinions !

Titres disponibles :

1. Philosophie grecque : La vie et les idées des philosophes de la Grèce antique : Socrate, Platon, Pythagore et bien d'autres
2. Éthique et morale : Philosophie morale, bioéthique, défis médicaux et autres idées éthiques

La série de livres Inspiration des futurs entrepreneurs.

Bienvenue dans la série de livres **Inspiration des futurs entrepreneurs**. Il n'est jamais trop tôt pour que les jeunes ambitieux commencent leur carrière ! Que vous ayez l'esprit d'entreprise et que vous cherchiez à bâtir votre propre empire, ou que vous soyez un entrepreneur en herbe qui commence à emprunter une route longue et ardue, ces livres vous inspireront grâce aux histoires d'hommes d'affaires qui ont réussi.

Découvrez leurs vies, leurs échecs et leurs réussites qui vous donneront envie de prendre le contrôle de votre existence au lieu de simplement la regarder passer !

Titres disponibles :

1. 21 entrepreneurs à succès : La vie des grands fondateurs du XXe siècle : Elon Musk, Steve Jobs et bien d'autres
2. 21 entrepreneurs révolutionnaires : Les vies incroyables des hommes d'affaires du XIXe siècle : Henry Ford, Thomas Edison et bien d'autres

La série de livres L'Histoire facile.

Bienvenue dans la série de livres L'Histoire facile. Explorez divers sujets historiques, de l'âge de pierre jusqu'à l'époque moderne, ainsi que les idées et les personnages marquants qui ont traversé les âges.

Ces livres sont un excellent moyen d'éveiller votre intérêt pour l'histoire. Les manuels scolaires, secs et ennuyeux, rebutent souvent les lecteurs, car ils aiment les histoires de gens ordinaires qui ont changé le monde. Ces livres vous donnent l'opportunité de les découvrir tout en vous fournissant les informations historiques importantes.

Titres disponibles :

1. La Première Guerre mondiale : La Première Guerre mondiale, ses grandes batailles, les personnages et les forces en présence
2. La Deuxième Guerre mondiale : L'Histoire de la Seconde Guerre mondiale, Hitler, Mussolini, Churchill et autres personnages clés

3. L'Holocauste : Les Nazis, la montée de l'antisémitisme, la Nuit de Cristal et les camps de concentration d'Auschwitz et de Bergen-Belsen.
4. La Révolution française : L'Ancien Régime, Napoléon Bonaparte, la Révolution française, les guerres napoléoniennes et de Vendée

Nos livres sont disponibles chez tous les principaux détaillants de livres en ligne. Découvrez les packs numériques (bundle) de nos livres ici :
https://payhip.com/studentPressBooksFR

Conclusion

Nous espérons que vous avez apprécié votre lecture sur les 46 présidents des États-Unis.

Vous avez appris des faits intéressants sur les présidents américains, notamment ce qu'ils ont fait avant de devenir présidents, comment ils ont servi en tant que présidents, et quelle est leur vie aujourd'hui.

Nous pensons que vous avez aimé en découvrir plus sur ces hommes courageux, qui ont osé devenir président des États-Unis.

J'espère que vous avez aimé découvrir certains de leurs traits les plus importants, tels que la bravoure, l'intelligence et la détermination.

Avez-vous aimé cette lecture éducative ? Qu'en avez-vous pensé ? Faites-le-nous savoir avec un beau commentaire sur ce livre !

Nous en serions ravis, alors n'oubliez pas d'en laisser un !

Milton Keynes UK
Ingram Content Group UK Ltd.
UKHW021010291124
451807UK00015B/1187